木造住宅設計の教科書

和田 浩一 編著
橋本 幸博・藤野 栄一 著

住宅計画・意匠・構造・
設備設計まで一冊でわかる

技術評論社

〈ご注意〉必ずお読みください

●本書記載の内容は、2020年10月1日現在の情報です。そのため、ご購入時には変更されている場合もあります。また、本書は著者が独自に調べた内容を出版したものです。

●本書の内容について万全を期して作成いたしましたが、万一、ご不明な点や誤り、記載漏れなど、お気づきの点がありましたら、奥付に記載の小社連絡先にてご連絡をお願いします。

●本書に記載された内容は、情報の提供のみを目的としています。本書の運用については、必ずお客様自身の責任と判断によって行ってください。これらの情報の運用の結果について、技術評論社および著者はいかなる責任も負いかねます。

●本書の全部または一部について、小社の許諾を得ずに複製することを禁止しております。

以上の注意事項をご承諾いただいた上で、本書をご利用願います。これらの注意事項をお読みいただかずに、お問い合わせいただいても、技術評論社および著者は対処しかねます。あらかじめ、ご承知おきください。

はじめに

木造軸組構法の住宅設計を学ぶには、建築計画や製図の教科書のほかに建築法規や構造の教科書が必要となります。しかし、これらの教科書は、各分野ごとに目標が異なるために事例として取り上げられる演習問題に共通性がなく、相互関係を理解するために多くの時間を要します。また、大学における一般的な建築教育では、実務的な木造住宅設計の一連のプロセスを学ぶ実習や演習を用意しているケースは少なく、それらを習得するには、実際の設計業務に就いて学習するしかありません。そのため、本書は学校で学ぶ初学者のみならず、設計業務に就いたばかりの方も対象として、実践的な木造住宅設計の一連のプロセスが習得できる教科書を目指しています。

本書が、建築を学ぶ大学生、職業能力開発施設での受講者、実務における初学者に対する木造住宅設計教育に資することを願っています。

本書で使われている写真は、日頃から職業能力開発総合大学校が行っている技能・技術教育に対してご理解いただいている事業所に提供していただきました。また、図・表は、卒業生による協力を得て作成しました。あらためて関係各位に感謝申し上げます。

2020 年 10 月

著者代表　和田 浩一

目次

1 章

設計の進め方

1.1 住宅の計画と設計

住宅は、雨や風、寒さや雪、暑さ、危険な動物など、自然の脅威から身を守るためのシェルターとして発達してきた。そこへ快適な生活と資産を守る目的が加わり、より安全で安心な生活が求められるようになった。住宅は、いつもその時代の要求に追随しながら変化を遂げ、今日に至っている。現在の住宅は、人々の生活をサポートするためのなくてはならない大切な基盤となっている。

1　住宅の変遷

戦後、産業構造の工業化や市街地の拡大と人口の都市部への流入に伴い、大量の住宅ストックが形成されてきた。住宅ストックは、当初居住空間の質よりも量を確保することを目的として進められてきた。しかし、近年は住宅ストックが満たされ、質の時代へ移行してきた（写真 1.1）。住宅には、快適で充実した住生活を営むために居住者の理想や趣味嗜好を多く取り入れるようになってきた。人びとの生活に経済的なゆとりが出てきたことと、個人を尊重する時

写真 1.1　明るく快適なリビング・ダイニング　※1

代背景があったからである。昨今では、二世帯・三世代住宅、高齢者・バリアフリー住宅、リフォーム・リノベーション（リフォームにより性能アップすること。）、住宅性能評価、省エネ・ゼロエネルギー住宅、スマートハウス（住宅設備や家電などで消費するエネルギーをコントロールする住宅）などがキーワードとして挙げられ、趣味嗜好重視の時代から環境を考慮した持続型社会（サスティナビリティ）へと移行してきている。

2 対象とする住宅の構法

近年建築されている木造住宅は、木造軸組構法（写真 1.2）、木造枠組壁構法（写真 1.3）、木質パネル工法に分類されている。木造軸組構法は、日本で古くから発達してきた伝統構法を簡略化して発展させた構法で、在来構法とも呼ばれている。木造軸組構造は主に柱や梁、土台といった軸組（線材）で構成されている。設計やリフォームの自由度が、木造枠組壁構法や木質パネル工法に比べて高いのが特徴である。今もなお親しまれ、「平成 20 年の戸建て住宅の工法による内訳」では 68% を占めており、もっとも着工数が多い工法である。

木造枠組壁構法とは、断面が 2 インチ × 4 インチの木材（この断面形状からツーバイフォー工法ともいう）で枠組をつくり、釘で合板を枠に打ちつけることにより強度のある面としての床や壁をつくって組み立てる工法である。木質パネルエ法とは、あらかじめ工場でつくったパネルを現場に運び込んで組み立てる工法（プレハブ工法ともいう）である。均質なパネルを工場で大量生産できるので、住宅メーカーの中には、この工法を採用しているところもある。木造枠組壁構法と木質パネル工法は、ともに壁や床を面として強度を確保しているため、改修の際の開口部の変更などが容易ではない。

住宅の設計において大切なのは、それぞれの構法の特徴を理解し、時代背景を読み取り、かつ施主の意向を汲み取ったうえで、設計者として情報やアイディアを取捨選択しながら施主の想像する以上の設計提案を行うことである。そして情報やアイディアを取捨選択しながら、施主が想像する以上の設計提案を行うことである。

写真 1.2　**木造軸組構法**　※ 2

写真 1.3　**木造枠組壁構法**　※ 4

1.2 設計のプロセス

本書は、住宅設計の基本となる木造軸組構法住宅設計を学ぶ初学者のために制作されている。一般的なテキストは、計画、法規、構造、環境・設備分野に分かれているものが多い。しかし、実務の設計では、計画と法規、計画と構造、計画と環境、計画と設備などのように、計画を中心として各分野を並行して考えることが多い。そして、行きつ戻りつしながら、これらの内容を総合的に考えて設計を進めるため、計画、法規、構造、環境、設備など、分野別の設計プロセスもわかりにくくなっている。

本書では、モデルとなる住宅（以下、モデル住宅という）の設計プロセスをとおしながら、計画、法規、構造、環境・設備について検討した内容を1つのテキストにまとめ、住宅設計をわかりやすく解説することを目的としている（図 1.1）。そのため、住宅設計に必要な法規の基礎的知識を付与するための「設計準備」、おおまかに所要室をゾーニング配置する「設計初期の全体計画」、ゾーニングで配置された所要室の大きさや空間のつながりなどを詳細に決定していく「意匠設計」に分けて説明していく。

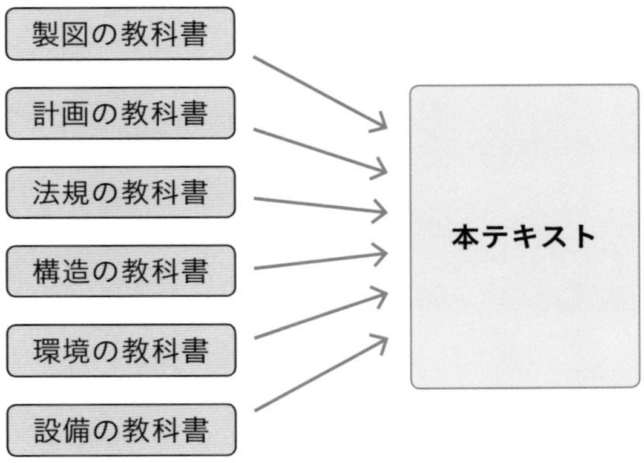

図 1.1　教科書の構成

意匠設計のあとは、「軸組みの計画」で柱や梁などの配置、「壁量計算に基づく構造安全性の検討」で構造安全の確認を行い、最後に「環境・設備設計」へと進めていく（図 1.2）。

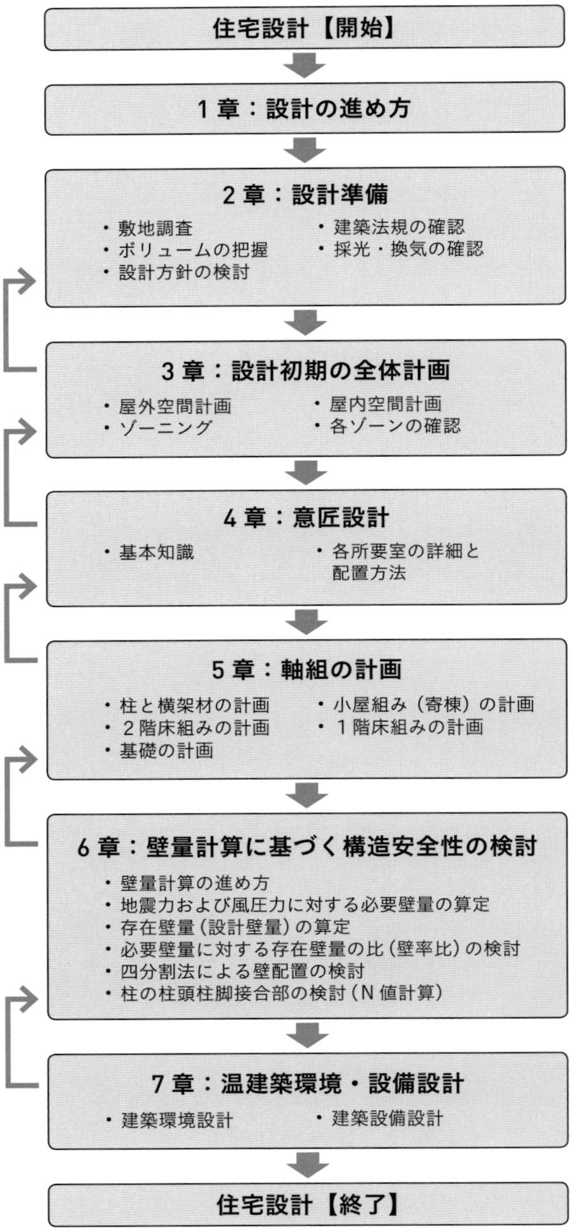

図 1.2　設計のプロセス

設計準備とは

住宅設計を始めるにあたり、数多くの条件を抽出し、分析して取捨選択しながら、方針を決めて計画を進めていく。まず、敷地調査によって建てられる住宅のボリュームを建築基準法に照らし合わせながら把握する。そのために、建築基準法における、建物のボリュームに関係する集団規定について説明を行う。

さらに、施主に対して適切なヒアリング調査を行うことで、要望に順位づけすることと、潜在的に望んでいることも捉えておくことが重要である。１章では、建築基準法や調査の進め方について説明を行う。

設計初期の全体計画とは

設計初期の全体計画では、類似用途別に所用室の分類を行い、空間のグループ化を行う。住宅は、一般的にリビングやダイニングなどの『家族生活ゾーン』、夫婦室や子供室、老人室などの『個人生活ゾーン』、トイレや浴室などの『生理・衛生ゾーン』、階段や廊下、玄関駐車・駐輪、庭などの『その他のゾーン』に分けられる。ゾーニングは、このグループ化された空間ボリュームを方位、動線、大きさ、空間のつながり、採光や換気を考慮にいれて敷地内に配置していく作業である。そのために、各ゾーンの大きさを基礎知識として記述している。次に、それぞれのゾーンの基本的な配置の仕方についても説明する。この段階が終わると、ある程度の設計の骨格が見えてくる。

意匠設計とは

意匠設計は、設計初期の全体計画においてゾーニングで配置された空間ボリュームを具体的な空間の大きさに変換し、室内の仕上げや家具の種類・大きさ・位置も決め、空間を正確な位置と大きさに決定してゆく作業である。そのためには、高さ寸法も含めた具体的な空間の寸法、各種家具の寸法、建具の寸法、作業動線、見え方、採光、通風、構造などを考慮しながら意匠設計を行う。

軸組みの計画とは

柱と梁の検討では、意匠設計において決めた空間の機能や大きさ、空間構成を基に安全な木造軸組構法住宅へ変換する方法を学ぶ。具体的には、人や家具などの重さ、風、地震、地域によっては積雪などにも耐える構造的に安全な建物とするために、ルールに則って垂直材と横架材を配置する作業である。この垂直材と横架材　の配置は、意匠設計から構造設計への橋渡しとなる重要な内容である。この検討を経ないと6章の壁量計算に基づく構造安全性の検討に進むことはできない。

近年の木造軸組構法住宅では、プレカットが一般的になっている。プレカット工場が、意匠設計した図面を基に小屋伏図、2階床伏図、1階床伏図、土台伏図などを描き、木材を加工して建築現場に運んでいる。しかし、意匠設計の段階で垂直材と横架材の配置を検討することを怠ると、あとに柱と梁が配置できずに大きな手戻りが生じる。また、梁の架け方によっては意図した空間にならないことも発生する。さらに、意匠設計者がプレカット工場で作成した各伏図の確認や承認もできなくなる。

柱と梁の検討は、木造軸組構法の知識を必要とするために、初学者にとって難しい内容である。そのため本テキストでは、垂直材と横架材の架け方のプロセスについて順を追って、わかりやすく説明する。

壁量計算に基づく構造安全性の検討とは

階数2階以下、延べ床面積500㎡以下の小規模な木造建物（四号建築）については、通常、建築基準法に規定される仕様を満足することにより構造計算を省略することができる。また、小規模な木造建築について、地震力や風圧力に対する建物の構造安全性は、建築基準法施行令第46条の規定「通称：壁量計算」を満足させることにより確認することができる。

6章では、この「壁量計算」の考え方と進め方を計算例に沿って学ぶ。本章を読み進めると、地震力や風圧力に対する木造住宅の構造安全性の検討手法が理解できるとともに、水平力に対する耐力壁の配置計画の勘所が見えてくる。

建築環境・設備設計とは

建築環境設計では、住宅の断熱性能・気密性能・日射遮蔽性能を考慮して、住宅の省エネルギー基準を満足するような外皮（外壁・屋根・床・窓ガラスなど）の仕様を決定する。また、快適な温熱環境と適切な空気環境が得られるように、自然換気および通風を考慮した建築計画を行う。

建築設備設計では、給排水・衛生設備の設計として、公道に埋設されている配水管・公共下水道・ガス本管から給水管・排水管・ガス管を分岐して使用箇所へ接続するまでの過程を設計し、生活に必要な水回りの衛生器具設備が利用できるようにする。また、雨水排水を行うために、屋根面積を基準として雨水排水管の管径を決定し、屋外排水管のルートを計画する。空調・換気設備の設計では、キッチン・トイレ・浴室・洗面脱衣室など機械換気が必要な室の換気設備を設計し、冷暖房が必要な居室についてエアコンの室内機・室外機の配置を計画する。

モデル住宅

南側からの鳥瞰パース

東側道路からの外観パース

図 1.3 **外観** ※5

① 敷地

本書で扱うモデル住宅の敷地は、実務的な設計を学べるようにするため、次のような条件とした。

- 全国にあるような、郊外型の閑静な住宅地である
- 規模は、中規模とするために 12.5m × 12.5m（156.25m^2、約 47.17 坪）である
- 道路付けの特殊性をなくすために、東側の一方向道路である
- 実務的な斜線の計算方法が学べるように、真北を東側に 30° 傾いている
- 地盤面の算定が必要になるように、敷地を前面道路よりも 290mm 高い

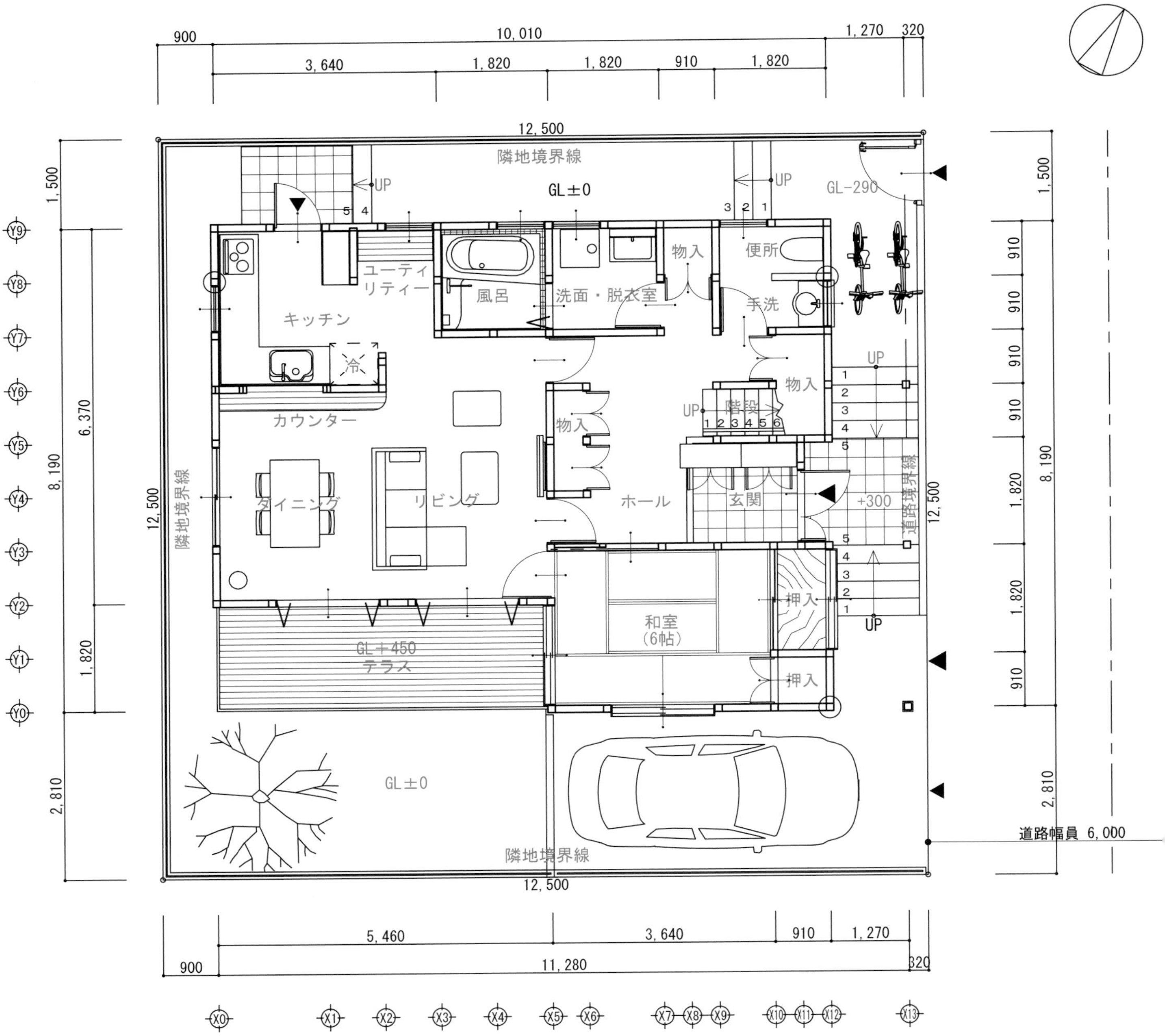

配置図兼１階平面図　S=1:100

図 1.5　モデル住宅（1階平面図）

② 建物

モデル住宅の建物は、着工数が多い木造軸組構法とし、次のような条件とした（図 1.4〜1.13）。

- 郊外型の一般的な建物面積である 130m² 前後とした
- 車の所有は 1 台で、自転車も利用する家族とした
- 家族構成は、高齢者に配慮した住宅設計とするために、高齢者 1 名、子供 2 名を有する 5 人家族とした
- 建物の南側を採光、換気、通風のために積極的に庭（空地）を取った
- 家族のコミュニケーションを促進するするための家族生活空間（共用スペース）とした

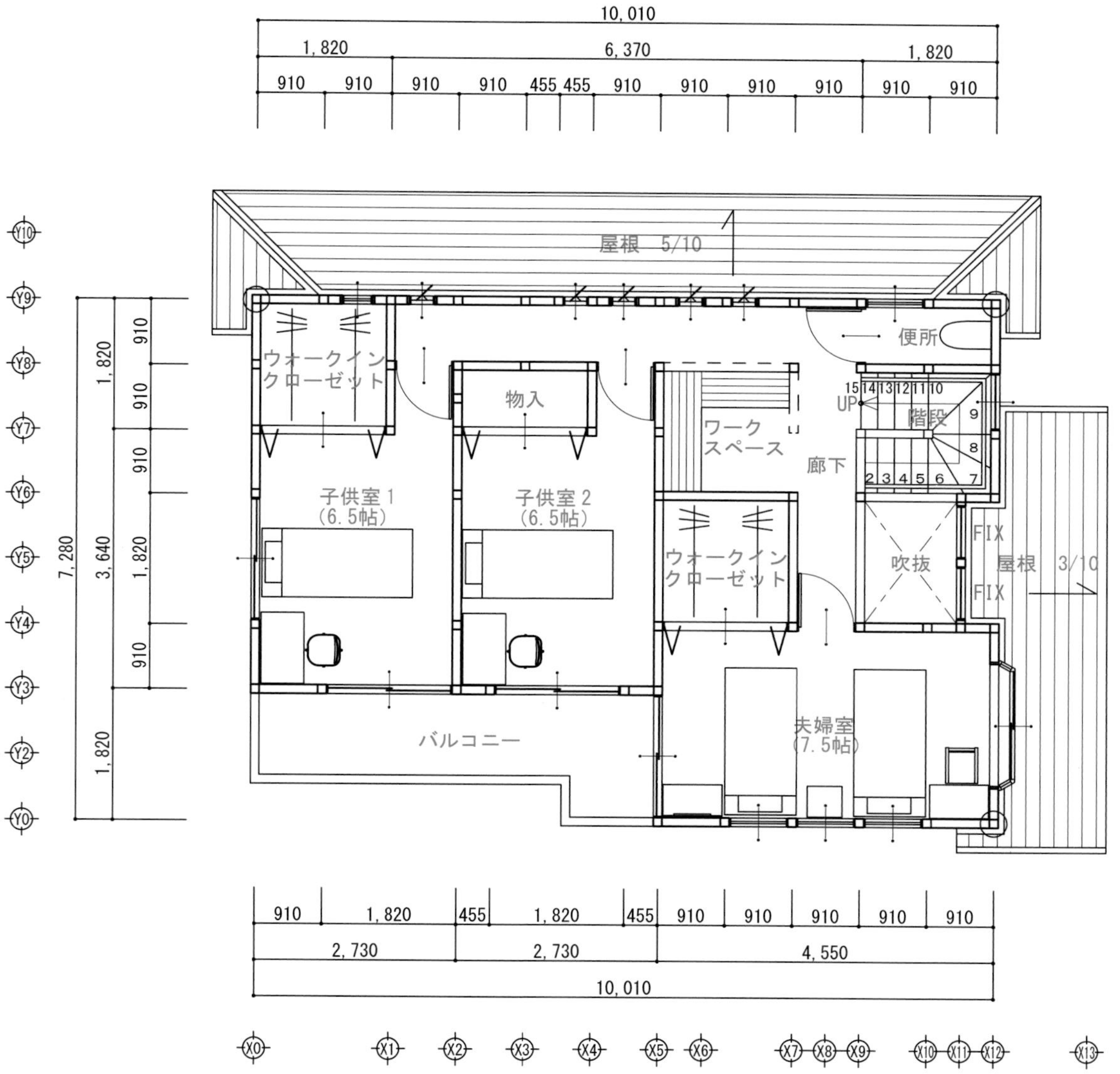

2 階平面図　S=1:100

図 1.6　モデル住宅（2 階平面図）

南側 立面図　S=1：100

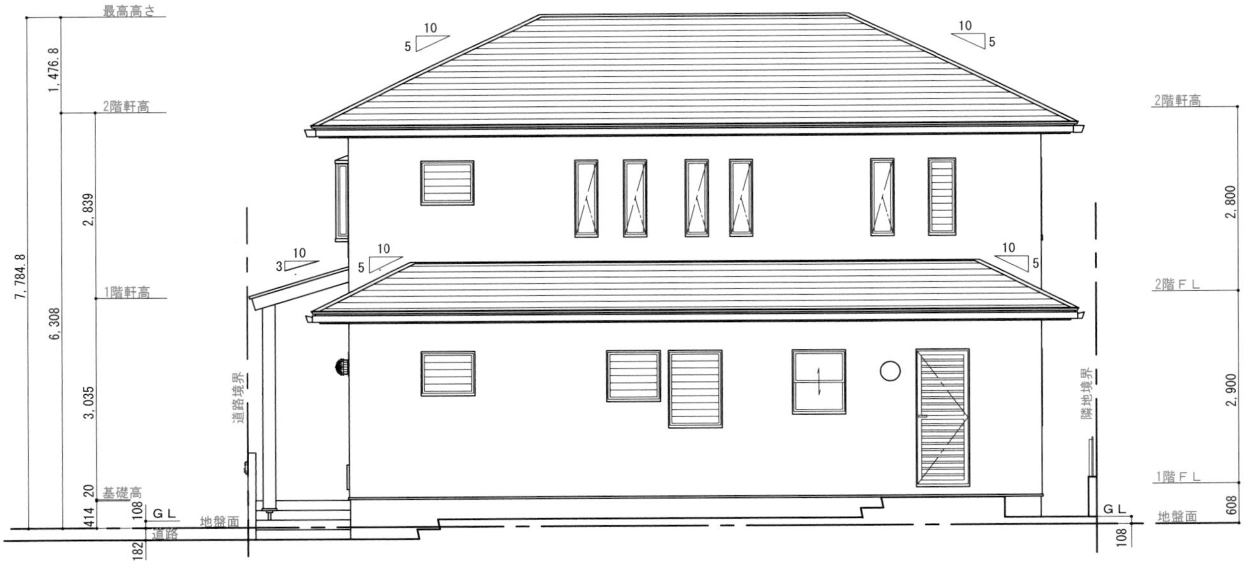

北側 立面図　S=1：100

（90％縮小）

図 1.7　モデル住宅（南側・北側立面図）

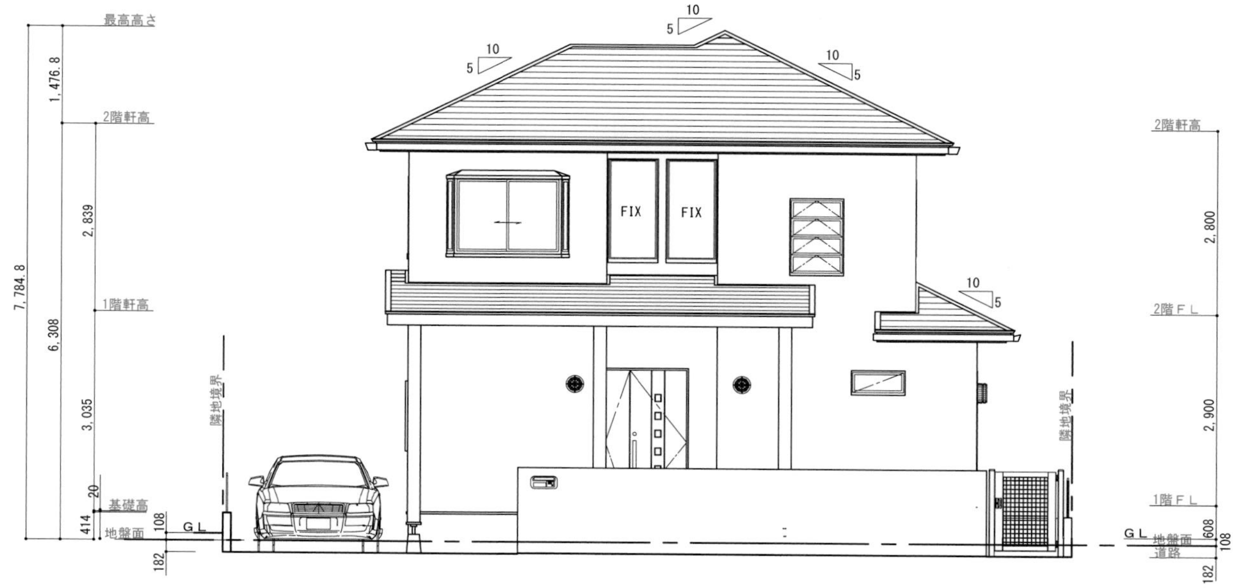

東側 立面図 S=1:100

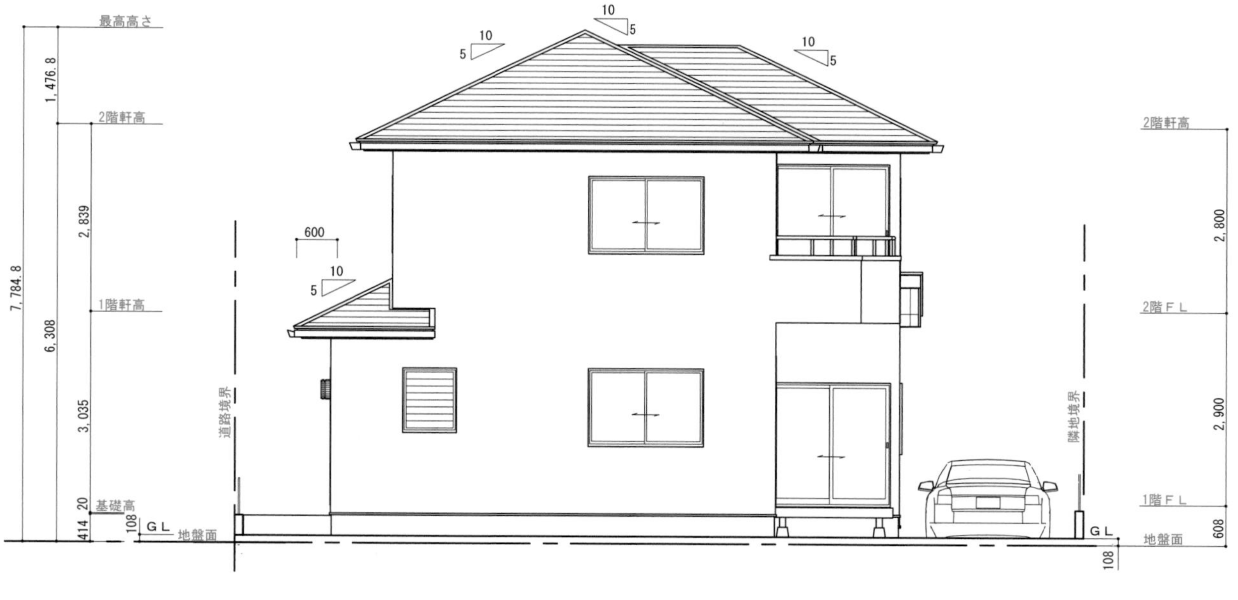

西側 立面図 S=1:100

(90%縮小)

図 1.8 モデル住宅(東側・西側立面図)

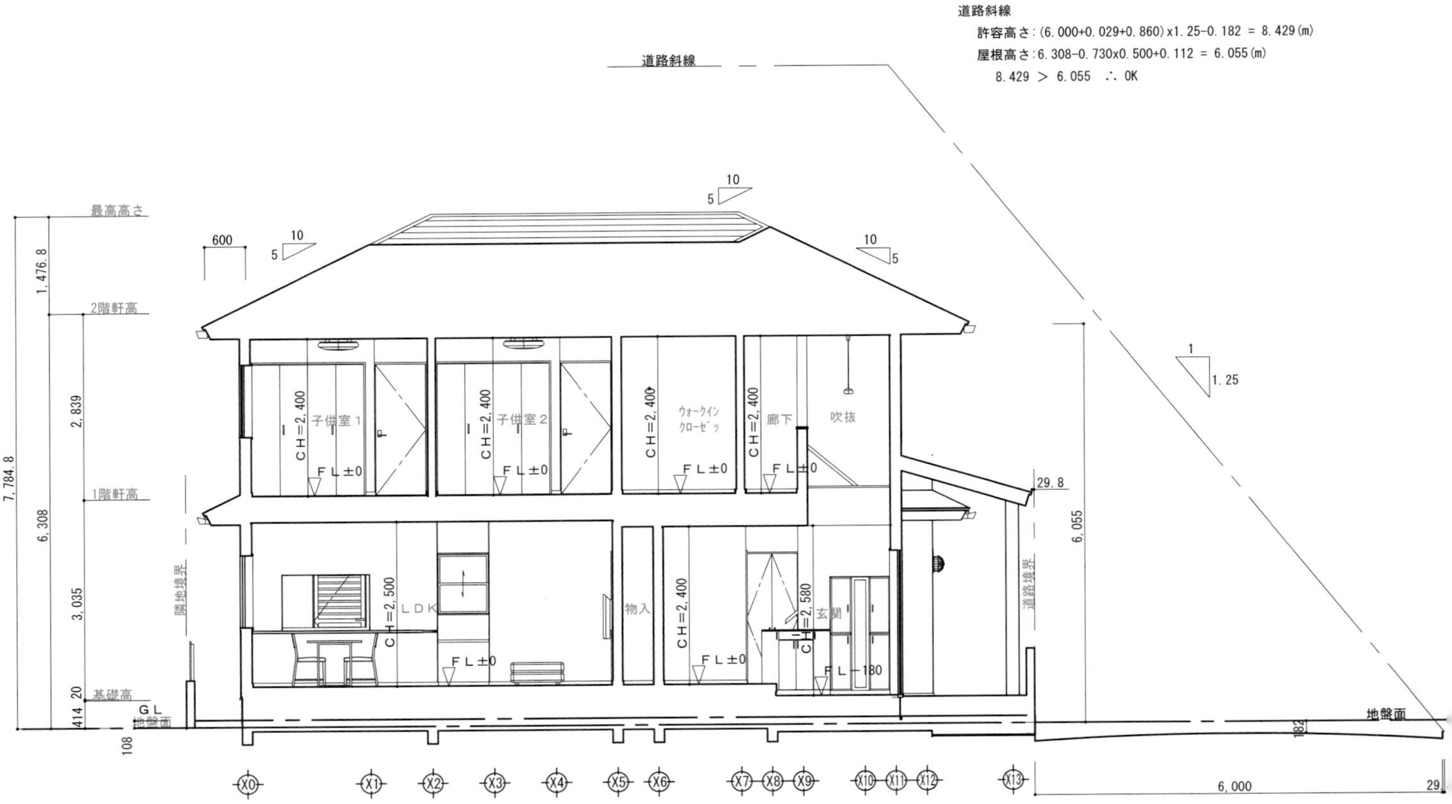

A-A′ 断面図（Y5通り） S=1：100

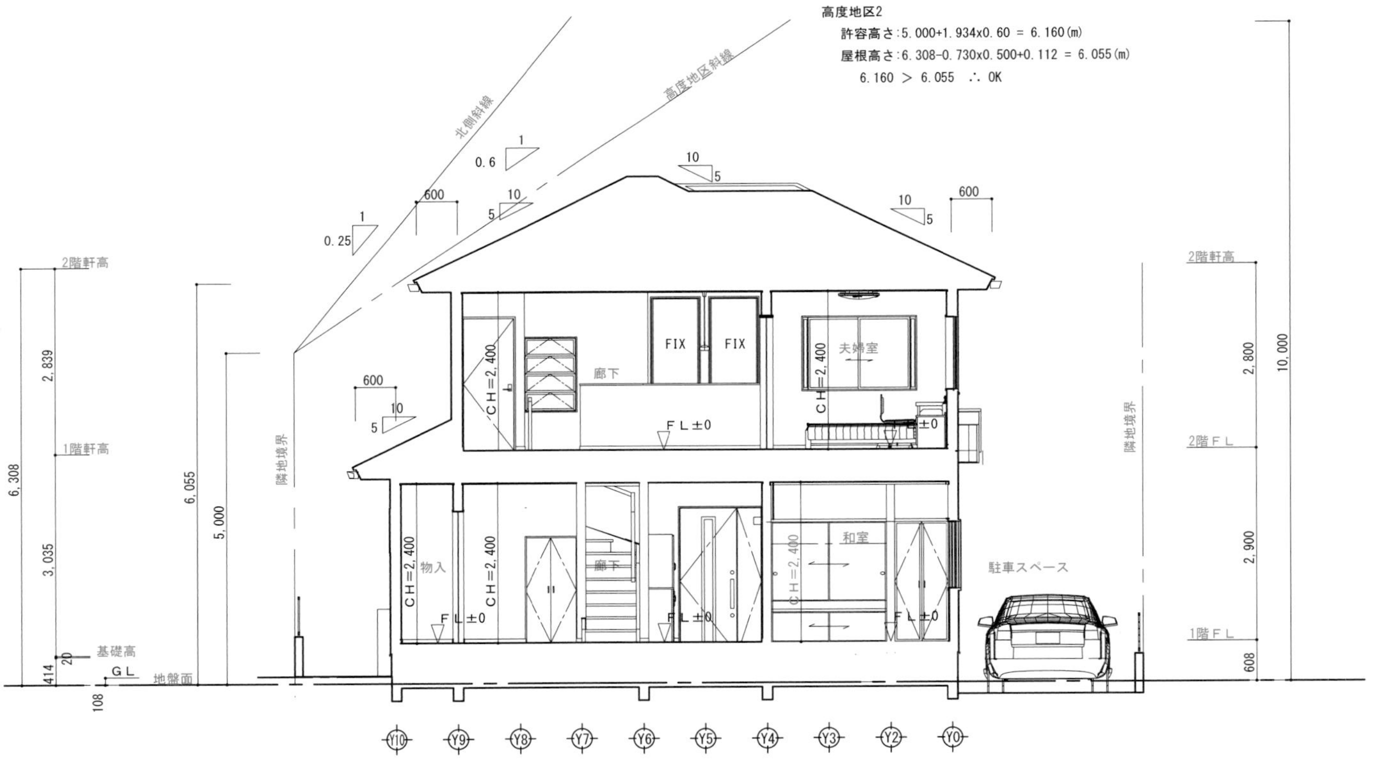

B-B′ 断面図（X7-8通り） S=1：100

(90%縮小)

図 1.9 モデル住宅（断面図）

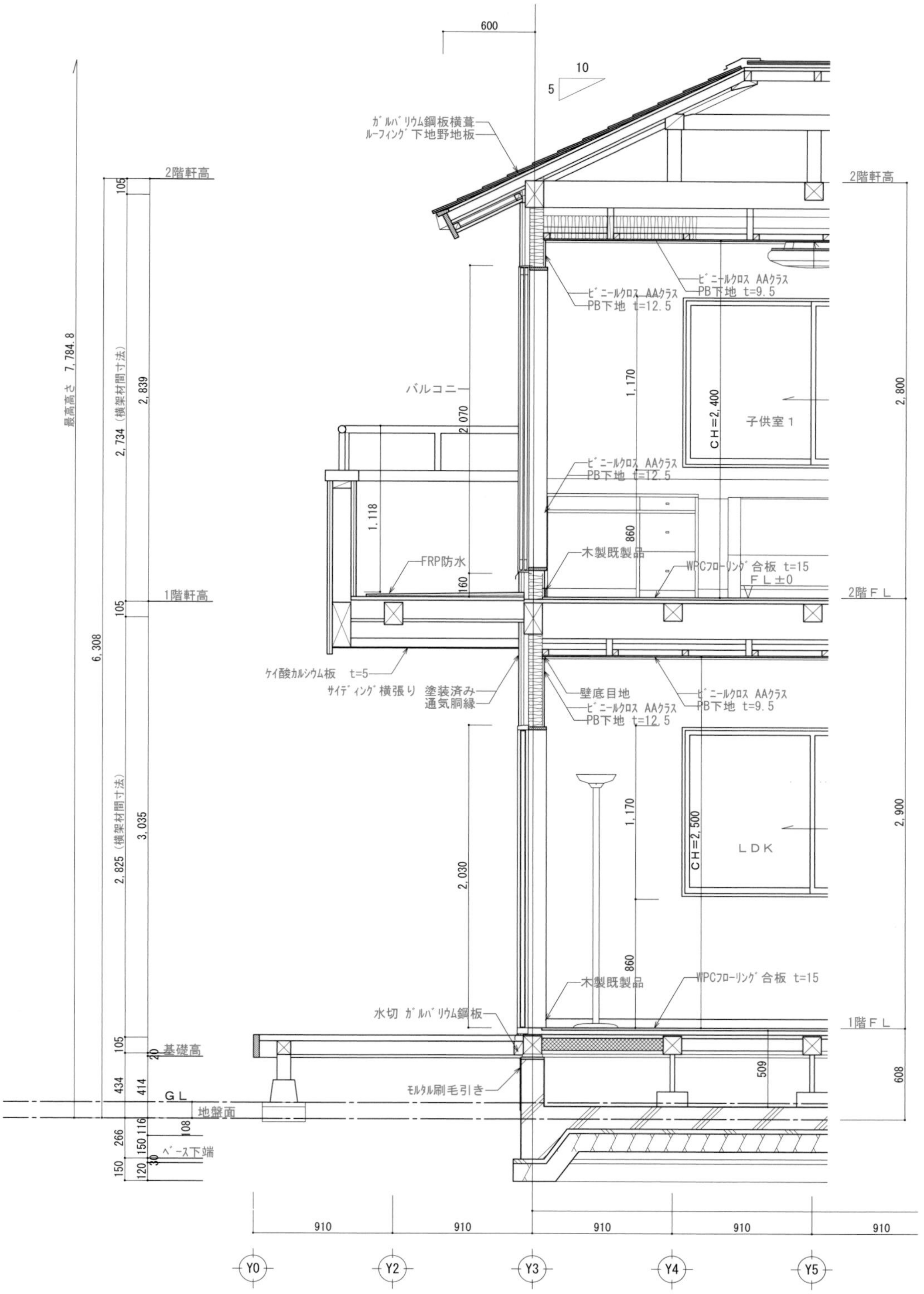

矩計図（X0-1 通り） S=1:30

（70％縮小）

図 1.10 モデル住宅（矩形《かなばかり》図）

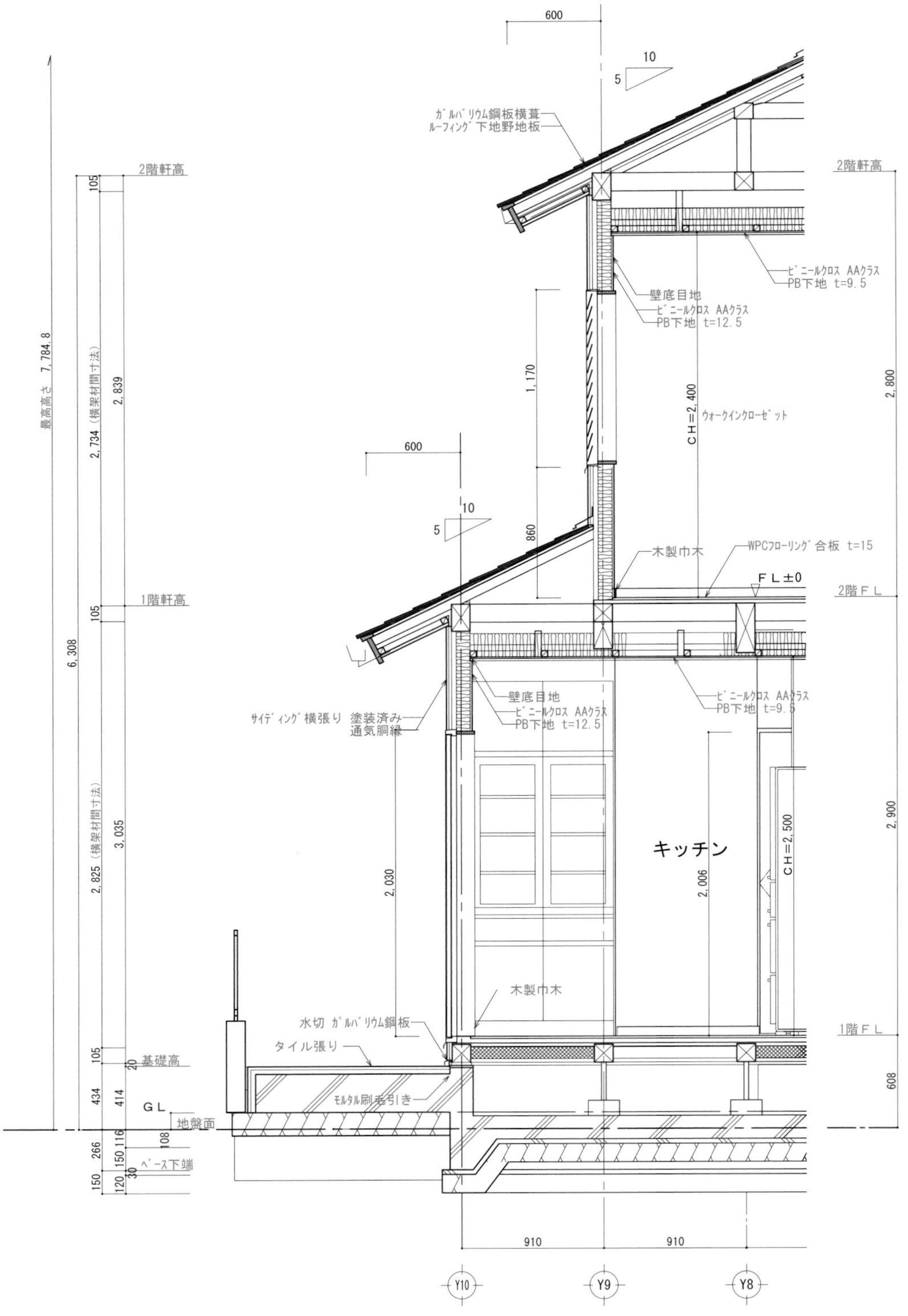

矩計図（X0-1通り） S=1:30

（70％縮小）

図 1.11 モデル住宅（矩形《かなばかり》図）

北面
S=1:50
CH=2,500
1,170
860
700
900
970
1,060
巾木60
FL±0
910
5,460
X0
X1
X2
X3
X4
X5
東面
S=1:50
2,000
2,030
800
6,370
Y10
Y9
Y8
Y7
Y6
Y5
Y4
Y3
南面
S=1:50
2,230
西面
S=1:50
ユーティリティー
キッチン
カウンター
ダイニング
リビング
北面
西面
東面
南面
テラス

図 1.12　**L.D.K. 展開図**

リビングのパース

2F 階段周りのパース

図 1.13　**内観**　※5

2章

設計準備

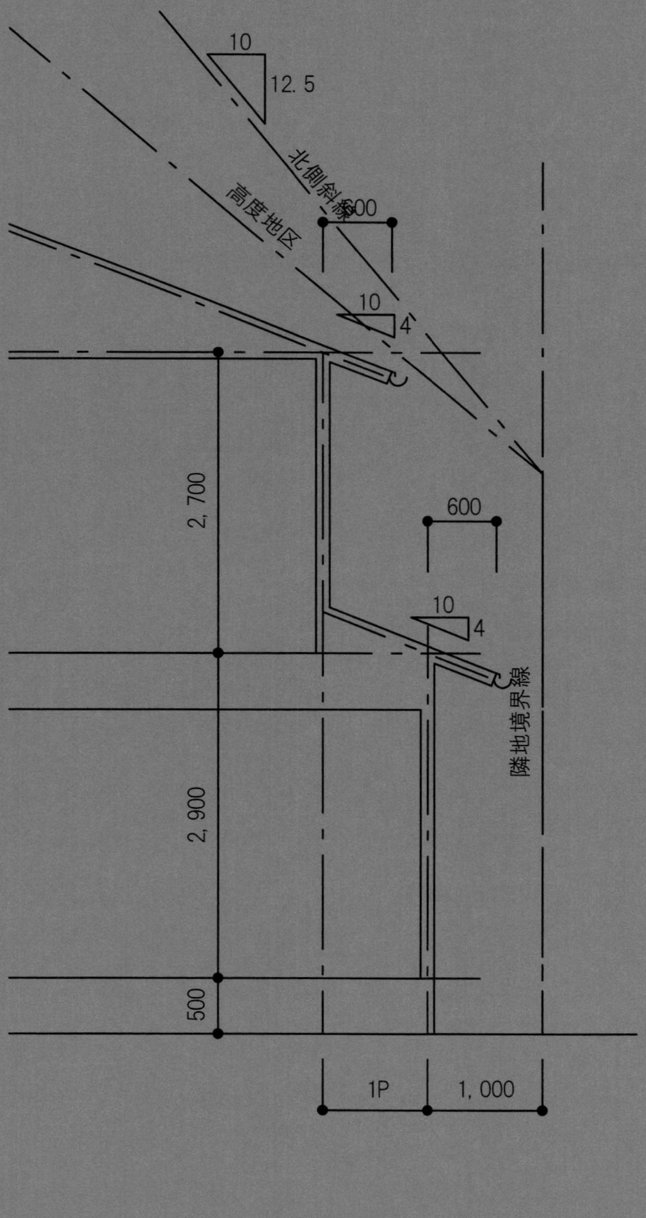

2章　設計準備

概要

建築設計の依頼があると、まず始めなければならないのが敷地調査と家族へのヒアリング調査である。建築設計は、敷地の上に建物を設計するために、敷地から多くの制約を受ける。そのため、設計の前に敷地の状況を把握することが求められる。ただし、これは状況により異なる。たとえば、設計依頼者（クライアント）が既に敷地を取得しているケースや建て替えなどは、敷地が明確に決まっているため、一般的には敷地調査を始めると良い。敷地の条件を把握したうえでクライアントの要望を聞きだしたほうが、より建物のイメージを掴むことができる。一方、クライアントから建物のみならず敷地探しの依頼もあった場合などは、家族へのヒアリング調査から始めることになる。ここでは、ヒアリングで最低限必要な項目を示し説明する。

一般的な住宅地は、都市計画で指定されている用途地域、市町村で決めている地区計画などによる制約がある。特に、地区計画の規制項目として、建築物の用途や形態・意匠の制限、容積率の制限、建ぺい率の制限、壁面の位置、外壁後退などがあるため、設計に大きな影響を及ぼす。そのため、敷地を取得する前に、その敷地の制限を入念に調査しておきたい。

本章では、敷地に関する条件を把握したあとに、建築基準法に関する知識として、建築の形態に影響を与える各斜線や建ぺい率、容積率、居室に影響を与える採光と換気について説明する。近年は、外皮計算（温熱環境）についても確認項目となった。外皮計算については、7 章で説明する。

2.1 敷地調査

2.1.1 敷地の確認

1 住宅の敷地を選定するための条件

住宅は、オフィスビルや商業施設と違い、人間が日常的に生活する場であることから、良好な環境が望まれる。そのため、敷地選定は特に重要であり、適切な敷地を選んだ場合、快適で充実した生活が送れる。一方、不適切な敷地を選んだ場合、地盤沈下や騒音の問題、近隣とのトラブルなど、日常の生活に支障をきたすことになりかねない。住宅にとって良い敷地とはなんだろうか。生活の利便性が良くなるほど騒音が大きくなるなど、トレードオフ（一方を追求すると他方が犠牲になるような両立しない相反する関係）の関係になるので、住まい手にとっての重みづけが必要である。次に、敷地選びに重要なポイントを挙げる。

写真 2.1　宅地の掘削工事と山留《やまどめ》　※ 1

① 安全であること

もっとも重要な要素は、安全である。特に自然災害や人為的な災害に巻き込まれ、人命を脅かすような敷地は避けるべきである。土地の調査をして山崩れが起きそうな山裾《やますそ》ではないか、元々海や沼などの埋め立て地で液状化するような土地ではないかなど、自然災害についても十分に考慮する（**写真 2.1 〜 2.3**）。

写真 2.2　法面《のりめん》の工事　※ 4

写真 2.3　斜面を利用した緑道　※ 4

② 衛生的であること

住宅地になる前の土地の利用が、化学工場などではないか、近隣に騒音や空気汚染につながるような施設がないか、高層ビルにより長い時間日陰を生じないかなどを調べることが必要である。敷地が属する用途地域によっても、将来の状況がみえてくる。工業専用地域に一般の住宅を建てられないが、準工業地域になると、工場と住宅が混じり合った状況が起きる。また、商業地域も同様に商業施設と住宅が混じり合ってくるので、騒音や治安問題が生じる可能性があることを予想しておかなければならない。健康に暮らすためにも物理的、精神的に有害なものはできる限り排除し、治安が良く良好な空気と十分な日照を得られる環境の良い敷地を選びたい。

③ 都市基盤設備が整っていること

現在の人びとの生活は、電化製品で満ち溢《あふ》れている。そのため、電気のない生活は考えられなくなっており、都市基盤施設の中でもっとも不可欠な要素である。そのほか、上下水道、ガスが整備されていることが望ましい。都市部では、埋設されたガス管をとおしてガスが供給されている（写真 2.4、2.5）。

一方、都市部以外では、ボンベに入れて供給されるプロパンガスも多く利用されている。また、下水がない地域では、し尿浄化処理施設を敷地内に設けることが義務づけられている。そのほか、高齢者にとっては、医療施設や食料の販売店が近隣にあり、電車やバスなど、交通の便が良いことも望ましい。

（a）上下水道・ガスの整備

（b）ゴミ集積所の整備

写真 2.4　**都市衛生整備**　※4

（a）道路と宅地の整備

（b）街路の整備

写真 2.5　**都市基盤整備**　※4

2 敷地の規模と形状

住宅をつくるためには、ある一定規模の敷地が必要である。建物のほかのスペースとして、玄関までのアプローチ、駐輪・駐車スペース、庭、ごみ置き場や冷暖房の室外機置き場、勝手口までのアプローチなどのスペースが必要である。そのほかに民法では、壁から隣地境界までの最低距離が 50cm と定められていることや軒の出、日照や通風などの空きなども考慮すると、さらに余裕のスペースが必要となる。郊外型戸建住宅の場合、建ぺい率が 60% 以下となることが望ましい。

建物の平面形状は、敷地の大きさにもよるが、図 2.1 に示すように、南北に長い長方形よりも東西に長い長方形が良い。建物が東西に長ければ、必然的に南面の窓の面積が大きくなる。そのため、室内に日照を容易に得ることができる。一方、建物が南北に長くなると、窓も東面、あるいは西面の面積大きくがなる。リビングや子供室、老人室などは、南面がもっとも適しており、次に東面、西面、北面の順となる。

敷地の断面形状は、図 2.2 に示すように、フラットか、緩やかに南側に傾斜しているほうが

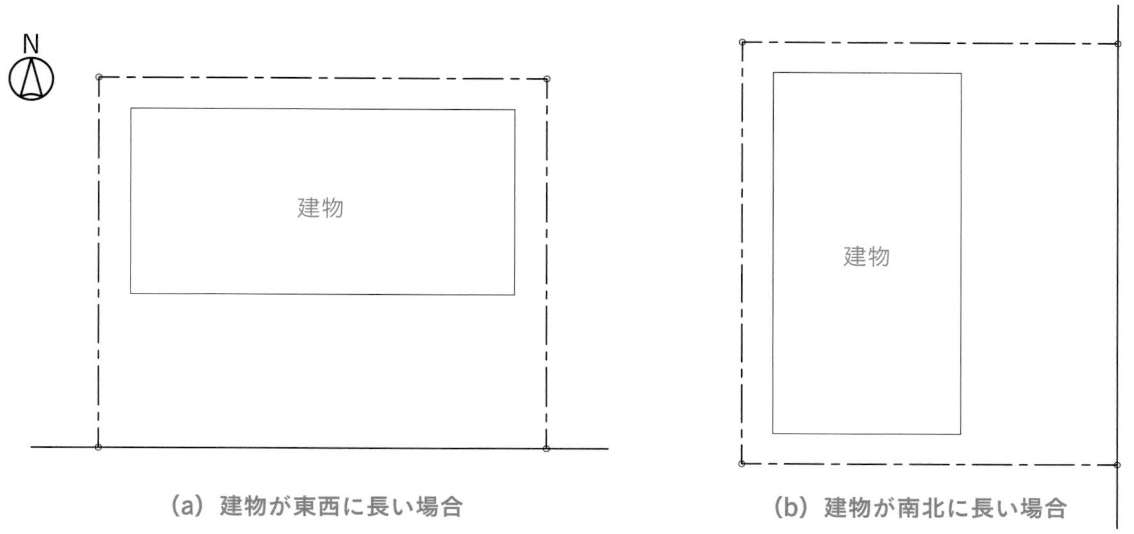

(a) 建物が東西に長い場合　(b) 建物が南北に長い場合

図 2.1　建物の配置

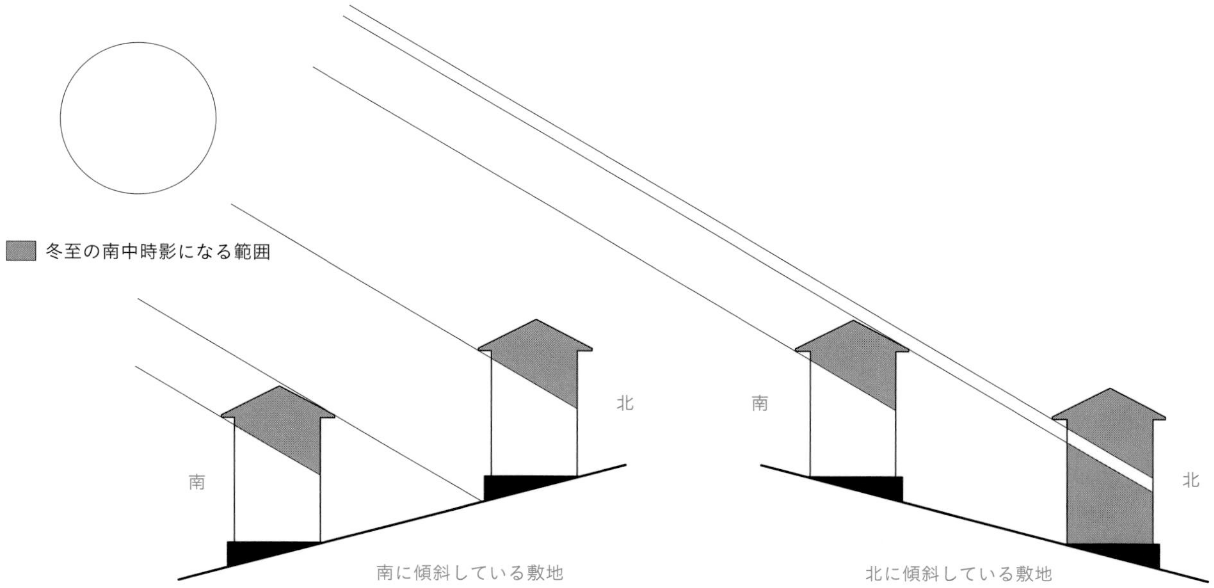

図 2.2　敷地の傾斜と日当たり

望ましい。南側に傾斜している場合は、前面にある建物による日影の影響が緩和されやすくなる。南側傾斜の次に望ましいのが、東側、西側、北側の順となる。特に、南側の近くに山などがあると、冬至に日が当たらなくなることもある。

地区計画により区画整理された敷地は、ある一定規模以上に形成されていることが多いが、それ以外の敷地は多角形や狭小など、さまざまある。しかし、厳しい条件下でも、設計で工夫することにより、魅力的な建物になることも多い。写真 2.6 は、建築基準法による形態制限を受けながらも、ビルトインガレージ付き 3 階建て住宅を計画して土地を有効に利用した例である。

写真 2.6　敷地を有効に利用した住宅の例　※ 2

3　地盤と建築基準法

住宅を建てるためには、地盤の調査を行い、地盤の強度を考慮して設計をしなければならない。地盤に必要な強度がない場合は、地盤改良や杭《くい》が必要になってくる。地域の名前に川や沼、窪《くぼ》などを含んでいる場合は、埋め立てている場合があるので、地盤の強度を確認する必要がある（写真 2.7）。敷地を安く購入したものの地盤改良や杭に大きな費用がかかることもあるので、敷地の購入前には調査をしておいたほうが良い。一般的には、敷地を購入する前でも所有者から調査の了解を得られることが多い。

地盤調査のほかに敷地の購入前に調査をしておかなければならないのが、用途地域や高さ制限、面積制限、地区計画、前面道路の幅員、接道の長さなどの建築基準法による制限である。一般的には、市街化区域となっている敷地にしか住宅を建てることができないので、先ず用途地域を確認する必要がある。同じ用途地域でも高さの制限や、建ぺい率、容積率、防火の規定が異なる。地区計画が定められている場合

（a）手動式　※ 4　　（b）機械式　※ 3

写真 2.7　スウェーデン式サウンディング試験

は、より厳しい制限が設定されていることも多い。ただし、この厳しい制限は、住むための良好な環境を維持するために定められているので、居住するにあたっては、利点と考えるほうが良い。前面道路の幅員や接道の長さも、建てる建物の形状に影響を与える。敷地の大きさを正確に測るためには、測量が必要である。また、真北についても正確に調べておく必要がある（写真 2.8）。東京都の場合、磁北と真北が6度程度ずれているので、注意が必要である。後述するが、真北を利用する北側斜線により、建物の形態が大きく変わってくる。設計が終了すると、地鎮祭（写真 2.9）、地縄張り（写真 2.10）、基礎をつくるためのやり方（写真 2.11）へと進んでゆく。

写真 2.8　**真北の測定**　※3

写真 2.9　**地鎮祭**　※4

写真 2.10　**地縄張り**　※3

写真 2.11　**やり方**　※3

4　日照

住宅のリビングや寝室などの居室は、オフィスビルなどとは異なって採光を確保することが、とても大切である。そのためには、図 2.3のように、一般的に居室を南側に配置すると日当たりなどの環境が良くなる。北側に配置されるべきトイレや脱衣室、浴室などの非居室を南側に配置した場合の衛生上の問題は、冷蔵庫や空調機、換気扇などの電化製品の普及により、ある程度緩和されてきた。しかし、南側に居室を確保するためにも、非居室を北側に配置することが望ましい。

図 2.4 に示すように、南側の隣地に建物が建っている場合は、設計対象敷地の南側に空地となる庭を配置するように心掛けると良い。東京

では、冬至に太陽の角度が31度程度まで傾くことから、南側の建物高さを一般的な軒の高さ6mとした場合、南側の建物から10mまでの間が日影になる計算になる。そのため、南側に奥行5m程度の庭を設けると、冬至でも1階の居室に1日4時間程度の日照が得られるようになる。敷地が狭小で日照を確保できない場合は、2階にリビングを配置する方法もある。

居室としてリビング、ダイニング、寝室などがあるが、採光上もっとも配慮したいのは、家族団らんの場となるリビングである。また、一般的に寝室の中でもっとも日当たりに配慮したいのは、子供室である。次いで、老人室、夫婦室となる。ただし、夫婦室に関しては、必ずしも南側が適切だとは限らず、休日などに長く睡眠を取りやすくするために日が入りにくい北側でも良い。同様にアトリエやパソコン作業を中心とした書斎なども北側の方が良いケースもある。

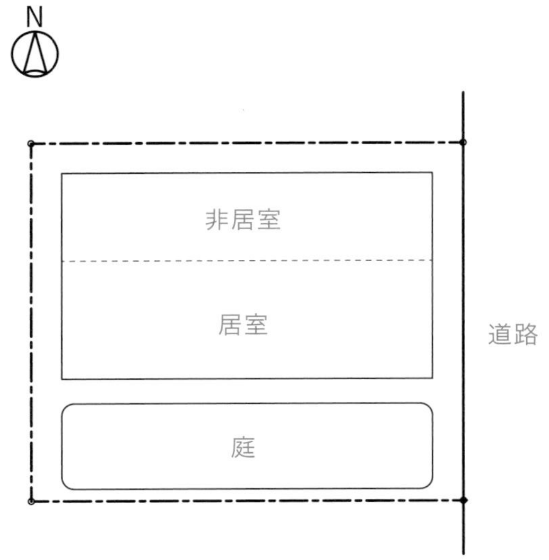

図 2.3　**方位と室の配置**

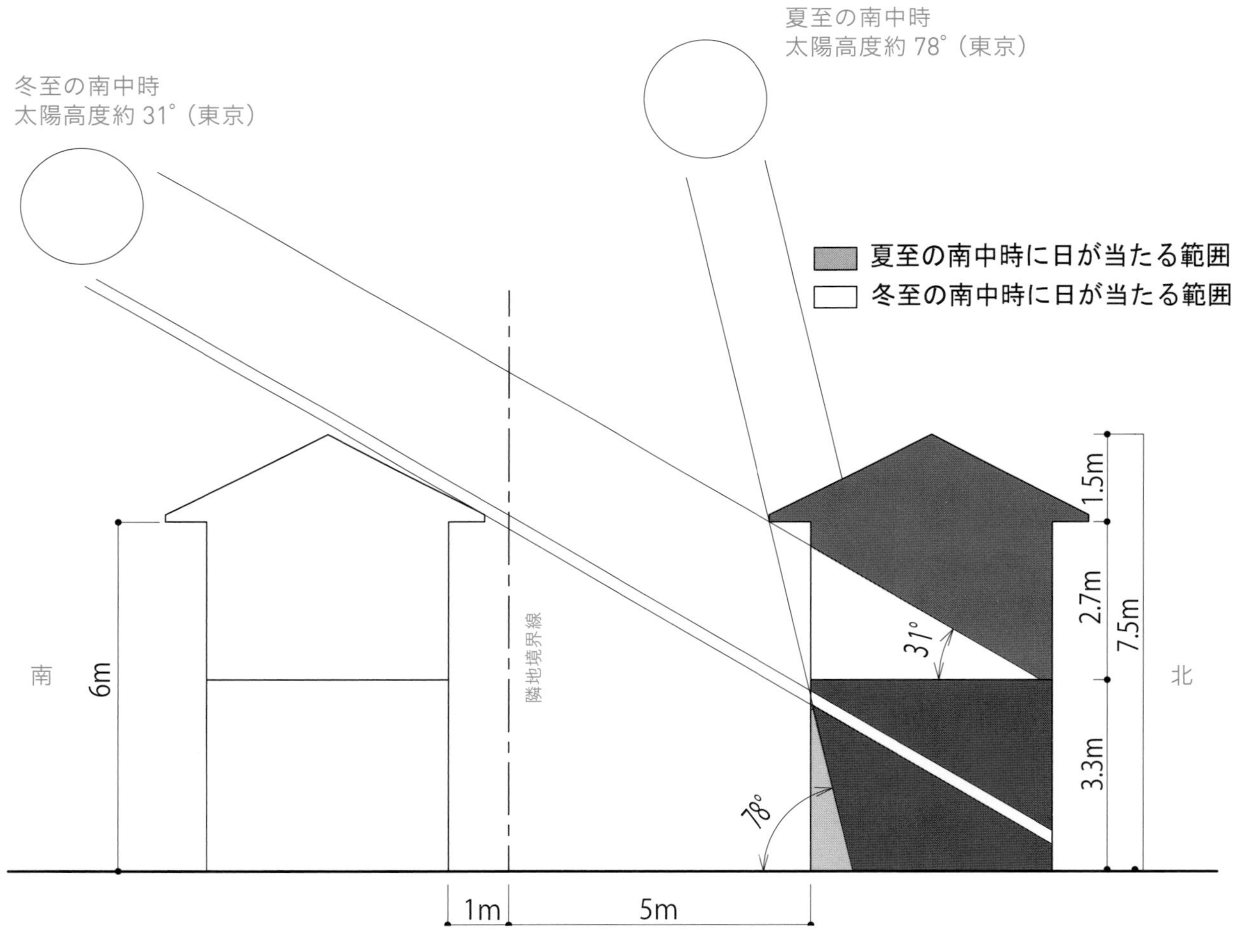

図 2.4　**南の庭と日光の入り方**

さらに、夏の直射日光や西日への対策も考えておかなければならない。伝統的な日本の住宅に見られるような長い軒や庇《ひさし》は、夏の強い日差しや雨が室内に入り込むのを防ぎ、冬は傾いた日光を室内に取り込むことができ、たいへん有効である。西日が室内に入ると夏の夕方に室温が上昇し、夜になっても室温が下がらず過ごし難くなるため、ルーバーや簾《すだれ》などを活用すると効果的である。

2.1.2 敷地周辺の確認

敷地の周辺についても、都市計画による地域・地区計画や用途地域、建ぺい率・容積率などの規制も調べておくことが必要である。一、二種低層住居専用地域は、閑静な住環境（写真2.12）を確保しやすいが、近隣商業地域、準工業地域、一・二種中高層住居専用地域などになると、当初は周辺にそれほど高い建築がなくても、時間が経つにつれて高い建物に囲まれたり、騒音に悩まされることにもなりかねない。

生活の基盤となる上下水道、ガス、電気などのほかに、一般家庭ででたゴミ処理の方法についても調査しておくと良い。音については、日常生活での車や飛行機、鉄道などの騒音のほかに、犬が吠《ほ》える声、楽器やオーディオによる音漏れなど、近隣での騒音についても確認が必要である。また、そこにしばらく生活してみないとわからない音もある。そのため、設計を行う際には、長期間調査をすると短期間の調査ではわからないことが発見できる。また、耳に聞こえてくる音については、すぐに判断できるが、工場の機械などが稼働して発生する振動など、普段では感じ取れない低い周波数の音もある。さらに、大型車両が通る幹線道路や高架沿いなどは、地盤振動を起こして睡眠障害なども引き起こす可能性があるため注意が必要である。対策として、長時間での調査が難しいような場合は、近隣住民へのヒアリングなどで確かめると良い。

空気については、周辺の交通量や工場による空気汚染、近隣にある飲食店の厨房《ちゅうぼう》からの排気による匂いもあり、確認をしておく必要がある。はじめは、良い匂い　だと思っても、毎日同じ匂いを嗅ぐことで、あとになって障害になることもある。

写真 2.12　**閑静な住環境**　※4

2.2 建築法規の確認

建物をつくるには、建築基準法や建設業法、都市計画法、消防法、民法など、さまざまな法律の下で行わなければならず、これらを遵守しなかった場合は、いくら設計図を描いても建築の許可が得られない。また、建築の許可が下りても、そのあと住民から苦情がでてトラブルになり、法律に反していた場合は、設計者がその責任を負うことになる。そのためにも、建築基準法と関連法規を理解しておく必要がある。

これらの法律の内容を一度理解し、必要に応じて法令集などで確認できるようにしておかなければならない。ここでは、住宅の計画・設計を進める前に、住宅に関わる最低限の建築基準法の知識を得てほしい。同様に、意匠設計を行うための構造に関する最低限の知識を5章と6章で解説する。

建築基準法では、建物自体の安全や衛生について規定する単体規定と、建物と都市との関係について規定する集団規定に分類される。

●単体規定

個々の構造や防火・避難など、建物自体の安全や衛生について規定し、敷地外に影響を与えないようにするための規定

●集団規定

都市計画区域および準都市計画区域内に適用し、用途地域や高さ制限、建ぺい率、容積率、各種斜線など、都市に影響を与えないようにするための規定

■表 2.1　用途地域の概要と住宅建設の可否

用途地域	地域の概要	住宅建設の可否
第一種低層住居専用地域	低層住宅の良好な住環境を守るための地域	○
第二種低層住居専用地域	主に低層住宅の良好な住環境を保護するための地域	○
第一種中高層住居専用地域	中高層住宅の良好な住環境を保護するための地域	○
第二種中高層住居専用地域	主に中高層住宅の良好な住環境を保護するための地域	○
第一種住居地域	住宅の環境を保護するための地域	○
第二種住居地域	主に住宅の環境を保護するための地域	○
準住居地域	道路の沿道などにおいて、自動車関連施設などと、住居が調和した環境を保護するための地域	○
田園住居地域	農地や農業関連施設などと調和した低層住宅の良好な住環境を守るための地域	○
近隣商業地域	近隣の住民に対する日用品の供給を行うことを主たる内容とし、商業そのほかも業務の利便を増進するための地域	○
商業地域	主に商業そのほかの業務の利便を増進するための地域	○
準工業地域	主に環境悪化をもたらす恐れのない工業の利便を増進するための地域	○
工業地域	主に工業の利便を増進するための地域	○
工業専用地域	工業の利便を増進するための地域	×

この2つの規定をクリアして初めて建築確認申請ができる。

この節では、集団規定で示されている用途地域と都市計画で示されている地区計画について解説を行う。

2.2.1 用途地域

用途地域は、都市計画法の地域地区の1つであり、住宅地域や商業地域、工業地域といった用途の混在を防止する目的で定められている。用途の制限に関する規制は、建築基準法の規定による。用途地域は、表 2.1 のように第一種低層住居専用地域から工業専用地域まで13種類の地域に分類されている。地域により特徴があり、住宅建設が不可能な地域もある。表 2.2 は、住宅設計に必要となる店舗兼用住宅についての知識である。用途地域ごとに、店舗の内容により建築ができるものと、できないものに分かれる。都市計画図は、図 2.5 のように地図上に用途地域や建ぺい率、容積率、高度地区など、さまざまな情報が記載されている。本書のモデル住宅は、枠で囲った地域を仮定しており、第一種低層住居専用地域、建ぺい率60%、容積率150%、最高高さ12m、第1種高度地区であることを示している。

■表 2.2　用途地域と店舗兼用住宅の可否

建物の用 ＼ 用途地	事務所	食堂、喫茶店、理髪店、美容院、クリーニング取次店、質屋、貸衣装屋、貸本屋、学習塾、華道教室、囲碁教室	洋服屋、畳屋、建具屋、自転車店、家庭電気器具店	パン屋、米屋、豆腐屋、菓子屋	アトリエ、工房
第一種低層住居専用地域	※1	※1	※1	※1	※1
第二種低層住居専用地域	※1	○	○	○	※1
第一種中高層住居専用地域	※	○	○	○	※1
第二種中高層住居専用地域	○	○	○	○	○
第一種住居地域	○	○	○	○	○
第二種住居地域	○	○	○	○	○
準住居地域	○	○	○	○	○
田園住居地域	※1	※2	※2	※2	※2
近隣商業地域	○	○	○	○	○
商業地域	○	○	○	○	○
準工業地域	○	○	○	○	○
工業地域	○	○	○	○	○
留意点（制限）	※1 居住の用途部分の面積が延べ面積の 1/2 以上で、兼用する用途部分の床面積の合計が 50㎡以下のものに限る。 ※2 兼用する用途部分の床面積の合計が 150m^2 以下のものに限る。農産物に関る場合は 500m^2 以下				
	※汚物運搬用自動車等の駐車施設を同一敷地内に設けてはならない。		※原動機の出力の合計が 0.75kW 以下のものに限る。		

図 2.5　都市計画図の例

2.2.2 地区計画

地区計画は、都市計画法により、まちづくりの全体構想に基づいて住民の合意を得て定められている。計画では、道路、公園、広場などの配置や建築物などに関する制限などが規定されており、それぞれの地区の特性にふさわしいまちづくりを誘導するための内容が記載されている。一例として、本書のモデル住宅を仮定している東京都小平市の地区計画の一部を図 2.6 と表 2.3、および図 2.7 に示す。本書のモデル住宅は、この用途地域と地区計画を適用する。

小平市では、建物の壁面位置の制限や垣、または柵《さく》の構造などに制限を設けている。

図 2.6　地区計画区域の例

■表 2.3　地区計画の例（本モデル住宅の敷地の概要）

地区整備計画	地区名称	住宅地区
	用途地域	第一種低層住居専用地域
	建ぺい率	60%
	容積率	150%
	高度地区	第一種高度地区
	防火および準防火地区	準防火地域
	最高高さ	12m
	建物の敷地面積の最低限度	120㎡
	建築物の壁面位置の制限	建築物の外壁またはこれに代わる柱面から道路境界線までの距離は 1m 以上とし、隣地境界線までの距離は 0.7m 以上とする。ただし、次の建築物はこの限りではない。
		1. 物置、そのほか、これに類する用途に供し、軒の高さが 2.3m 以下でかつ床面積の合計が 5㎡以下であるもの。
		2. 自動車倉庫で軒の高さが 2.3m 以下であるもの。
	垣または柵の構造の制限	道路に面する垣または柵の構造は、生垣又はフェンスとする。ただし、門柱および地盤から 0.6m 以下のコンクリートブロック塀等はこの限りではない。

「かき又はさくの構造の制限」に関する取扱いについて（例）

地区計画では、「緑豊かな街並みによる良好な住環境を形成するため、道路に面する箇所にかき又はさくの構造の制限」を定めています。

○かき又はさくの構造の制限

道路に面して設置する場合は、生垣又はさく（フェンス）とする。ただし、門柱、門扉及び宅地地盤面から 0.6m 以下のコンクリート塀等は適用除外とする。

・かき（生垣）
道路に面する箇所に生垣を設置する場合は生垣造成補助制度があります。

・さく（フェンス）
道路に面する箇所にさく（フェンス）を設置する場合は下記に通り、制限があります。

・さく（フェンス）は透過性（透視可視）のものとする。
・形状は、網状（ネット）フェンス、柵状フェンス、格子状フェンスなど。
・材質は、スチール製、アルミ製、木製など。
※原則、目隠しフェンスは設置不可
※隣地境界のさく（フェンス）については、地区計画の対象外

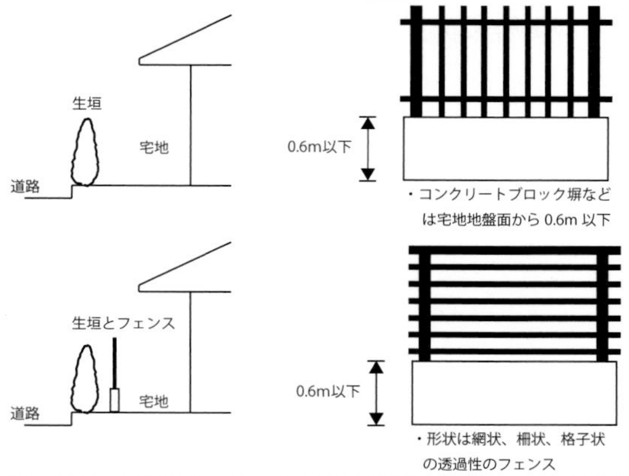

「地区計画の外壁の後退距離」に関する取り扱いについて（例）

地区計画では、「ゆとりのあるまち並みを確保し良好な近隣関係を保持するため、道路及び隣地境界線と建物の間に一定の距離を確保すること」を定めています。

1. 道路境界線までの距離　　1m以上
2. 隣地境界線までの距離　　0.7m以上
3. 二階以上の部分については、真北方向の敷地境界線（隣地境界線、道路境界線）までの距離を 1.5m以上とする。

○外壁後退の対象
・バルコニー（3 面すべて透過性がある場合、対象とならない）
・出窓（床面積に算入する場合）
・屋外階段
・外廊下
・玄関ポーチ（屋内的用途に供する部分を床面積に算入する場合）

○外壁後退の対象外
・玄関ポーチ、屋根、軒（のき）、庇（ひさし）、
面格子（めんこうし）、窓の手すりなど

○外壁の後退距離の例

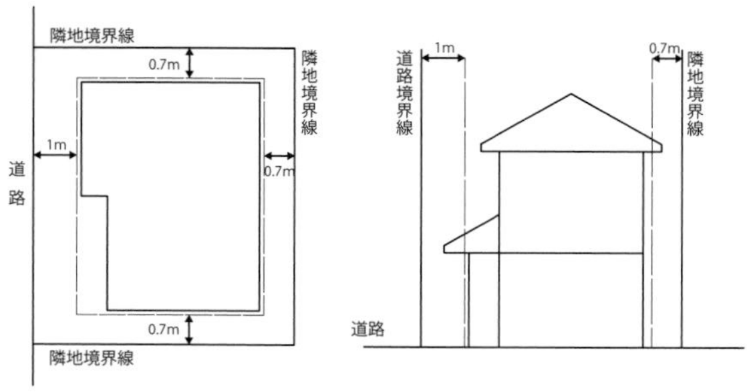

図 2.7　地区計画詳細の例

2.3 ボリュームの把握

2.3.1 各斜線の確認

高さ制限は、高い建物による心理的な圧迫感を与えず、通風・日照などを確保することを目的に、その土地に建てられる建物の高さを制限するために設けられている。高さ制限は、用途地域や高度地区などの種別によって上限が異なる。用途地域別高さ制限の規定を表 2.4 に示す。

1 絶対高さ（建築基準法第 55 条第 1 項）

第一種低層住居専用地域、第二種低層住居専用地域、田園住居地域内の建築物の高さは、10m または 12m 以下に定められている。この高さを地方自治体が決めており、この定められた建築物の絶対高さの限度を超えてはならない。

■表 2.4　用途地域別に見た高さ制限の規定

用途地域	高さ制限				
	絶対高さ	道路斜線	隣地斜線	北側斜線	高度地区
第一種低層住居専用地域	○	○		○	○
第二種低層住居専用地域	○	○		○	○
第一種中高層住居専用地域		○	○	○	○
第二種中高層住居専用地域		○	○	○	○
第一種住居地域		○	○		
第二種住居地域		○	○		
準住居地域		○	○		
田園住居地域	○	○		○	
近隣商業地域		○	○		
商業地域		○	○		
準工業地域		○	○		
工業地域		○	○		

2 道路斜線（建築基準法第 56 条第 1 項第一号、別表第 3）

道路の幅員による建築物の各部分の高さは、表 2.5 のように地域、地区、区域および容積率の限度の区分に応じて、建築物の各部分から前面道路の反対側の境界線までの水平距離に、係数（1.25 または 1.5）を乗じて得られる。ただし適用範囲は、前面道路の反対側の境界線からの水平距離が表に掲げる適用距離以下に限る。高さの算定にあたっては、道路の中心線からの高さである。

道路斜線の緩和

（建築基準法施行令第 2 条第 1 項第 6 号）

前面道路の境界線から建物が後退した場合（建築基準法第 56 条第 2 項）、道路斜線を検討する際の水平距離は、建物が道路から後退した場合に後退距離（セットバック）の緩和が受けられる。図 2.8 のように後退距離だけ道路の反対側にあるものとみなすことができる。

ただし、後退距離は、道路と建物の間の距離がもっとも小さい部分が適用される。また、軒が出ている場合も、軒の先端から道路までの距離が適用さるので注意が必要である。

■表 2.5 道路斜線制限の適用距離と勾配

地域、地区または、区域	容積率の限度（%）	適用距離（m）	係数
第一種低層住居専用地域、第二種低層住居専用地域、第一種中高層住居専用地域、第二種中高層住居専用地域、第一種住居地域、第二種住居地域、準住居地域、田園住居地域（4 に掲げるものを除く）	A ≦ 200	20	1.25 1 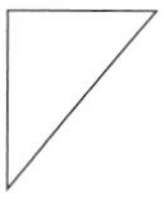
	200 ＜ A ≦ 300	25	
	300 ＜ A ≦ 400	30	
	400 ＜ A	35	
近隣商業地域、商業地域	A ≦ 400	20	1.5 1 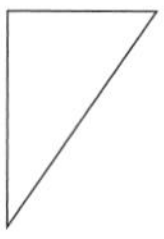
	400 ＜ A ≦ 600	25	
	600 ＜ A ≦ 800	30	
	800 ＜ A ≦ 1000	35	
	1000 ＜ A ≦ 1100	40	
	1100 ＜ A ≦ 1200	45	
	1200 ＜ A	50	
準工業地域（4 項に掲げるものを除く）、工業地域、工業専用地域	A ≦ 200	20	1.5 1 
	200 ＜ A ≦ 300	25	
	300 ＜ A ≦ 400	30	
	400 ＜ A	35	
第一種住居地域、第二種住居地域、準住居地域、準工業地域の高層住居誘導地区内で住宅の用途の部分の床面積の比率が 2/3 以上のもの	-	35	1.5 1 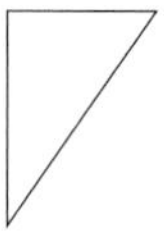

1章 設計の進め方
2章 設計準備
3章 設計初期の全体計画
4章 意匠設計
5章 軸組の計画
6章 壁量計算に基づく構造安全性の検討
7章 建築環境・設備設計

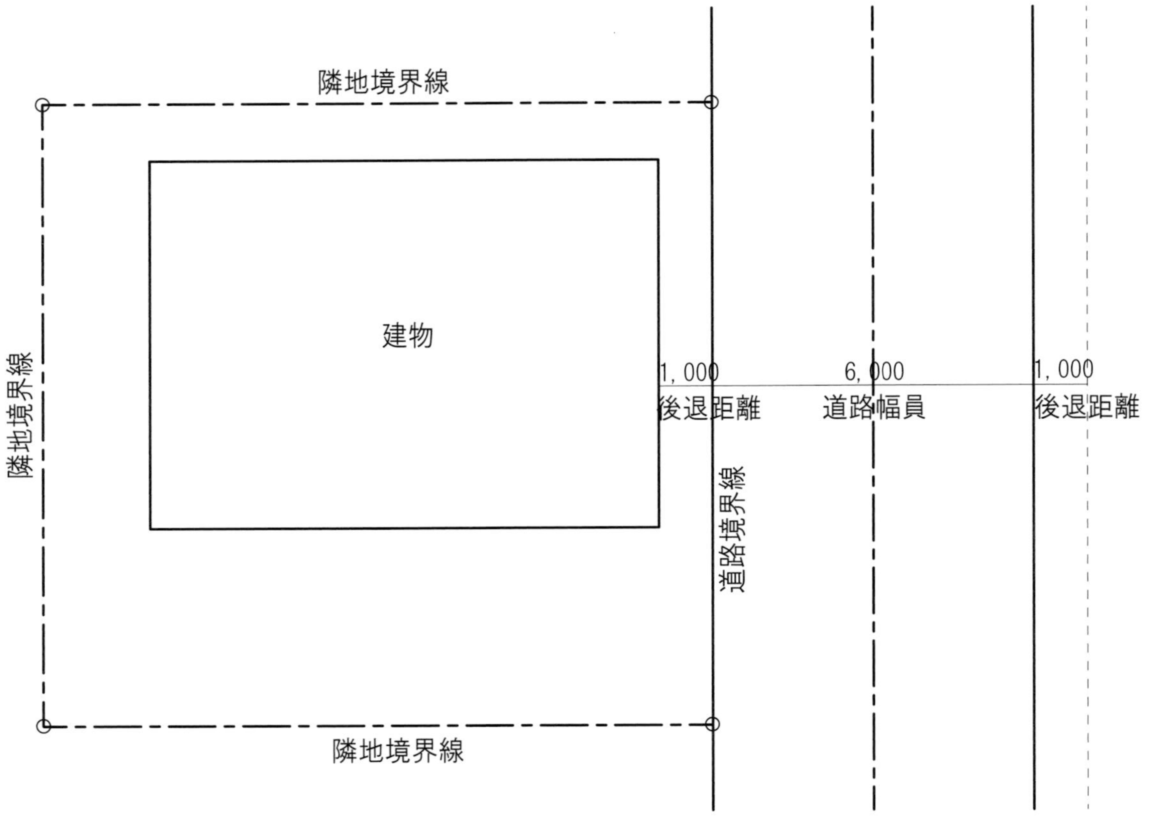

(a) 平面図

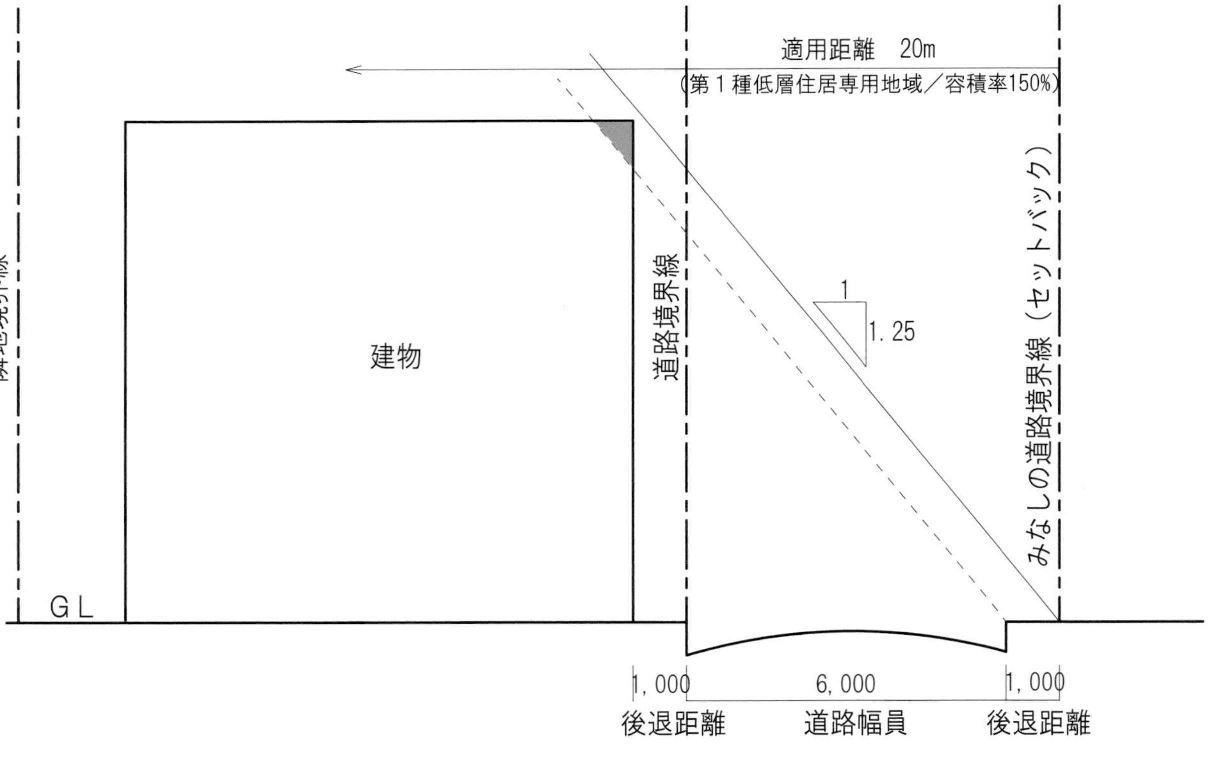

(b) 断面図

図 2.8　**前面道路の境界線から建物が後退した例**

コラム

2 方向道路のみなし規定

敷地が 2 つの道路と接している場合は、道路斜線制限において、みなし規定がある。ここでは、敷地が 8 m道路と 4 m道路に接道している場合を例に説明する。

敷地を、第 1 種中高層住居専用地域、指定容積率 200% と仮定する。

1 前面道路による容積率の算定

❶ 大きい方の道路（8m）より容積率を求める

8m × 4/10 × 100 ＝ 320%

指定容積率 200% ＜ 320%

そのため、200% がこの敷地の容積率の限度となる

❷ 斜線の適用距離を求める

第 1 種中高層住居専用地域で容積率の限度が 200% なので、適用距離が 20m となる

2 道路斜線制限

❶ 8m 道路の斜線制限を求める

道路の反対側より 1.25 勾配で、適用距離 20m にすると図C2.1 となる

❷ 4m 道路の斜線制限（2A かつ 35m を超える部分）を求める

4m 道路の入り口より、2A の値（8m × 2 =16m）を超える部分は、4 m道路の中心線から 10m の範囲のみ 4 m道路を適用する。この時、道路の反対側より 1.25 勾配の斜線が図C2.2 となる

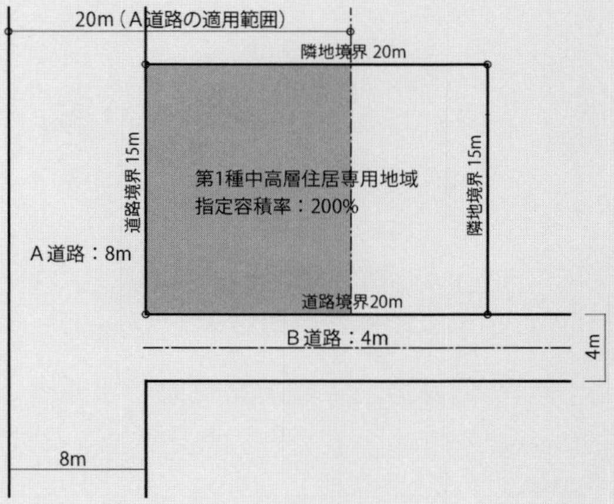

図C 2.1

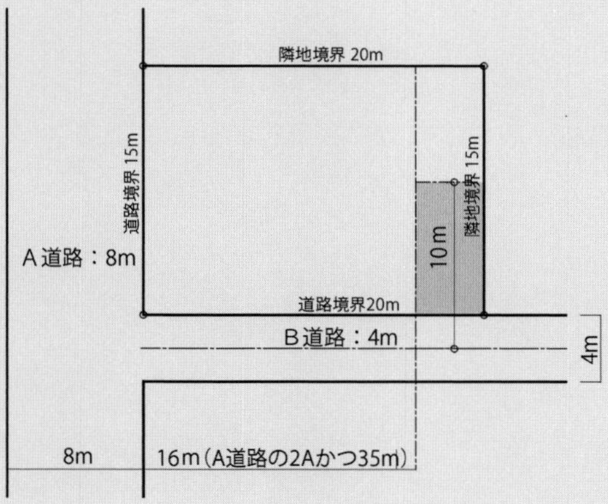

図C 2.2

❸ 4m 道路の斜線制限（2A かつ 35m 以内）を求める

4m 道路は、8m 道路に接道しているので、道路幅員を 8m とみなす。そのため、道路境界より 8m の部分を反対側のみなし道路境界とする。そのみなしの道路境界より 1.25 勾配で、適用距離 20m とし、図C2.2 で求めた部分を除くと図C2.3 となる

❶～❸で求めた斜線制限をまとめると図C2.4 となり、立体的に表すと図C2.5 となる。

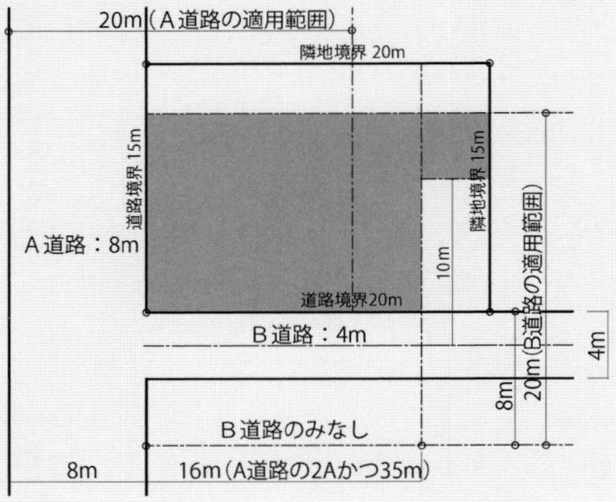

図 C 2.3

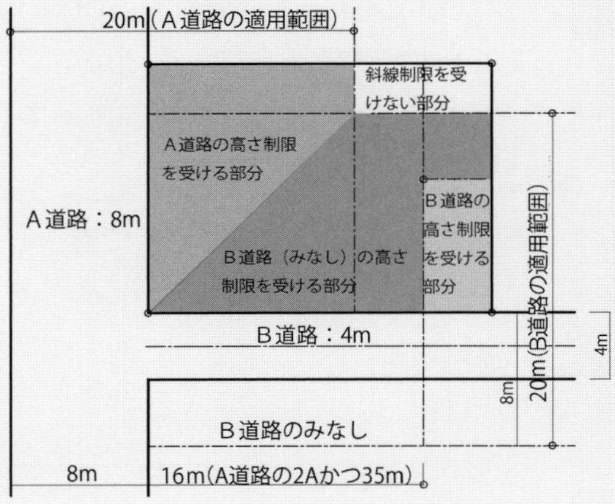

図 C 2.4

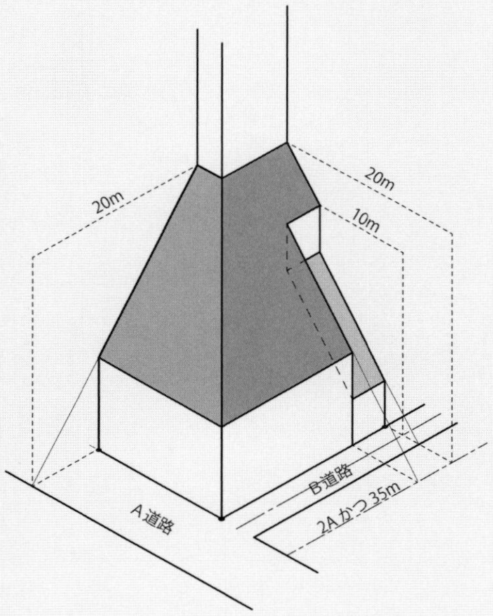

図 C 2.5

（建築基準法施行令第 132 条）

1 建築物の前面道路が 2 以上ある場合においては、幅員の最大な前面道路の境界線からの水平距離がその前面道路 の幅員の 2 倍以内で、かつ、35m 以内の区域およびその他の前面道路の中心線からの水平距離が 10m をこえる 区域については、すべての前面道路が幅員の最大な前面道路と同じ幅員を有するものとみなす。

3 隣地斜線（建築基準法第 56 条第 1 項第一号）

隣地斜線による建物高さの制限を算定する場合は、表 2.6 と図 2.9 のように隣地との距離に 1.25 もしくは 2.5（地域別による）を乗じて、20m もしくは 31m（地域別による）を加えて計算する。その勾配と距離は、用途地域によって異なる。

隣地斜線の緩和

隣地斜線には、各部のセットバックの緩和がある。第一種低層住居専用地域、第二種低層住居専用地域、田園住居地域は、絶対高さが 10m もしくは 12m の制限があるので、上記の隣地斜線の制限は適用しない。なお、高さの算定にあたっては、地盤面からの高さとする。

■表 2.6　隣地斜線制限

制限	地域
1.25 ×隣地との距離 +20m	第一種中高層住居専用地域 第二種中高層住居専用地域 第一種住居地域 第二種住居地域 準住居地域 用途地域の指定がない区域で 1.25 の地域
2.5 ×隣地との距離 +31m	近隣商業地域 商業地域 準工業地域 工業地域 工業専用地域 用途地域の指定のない区域で 2.5 の地域

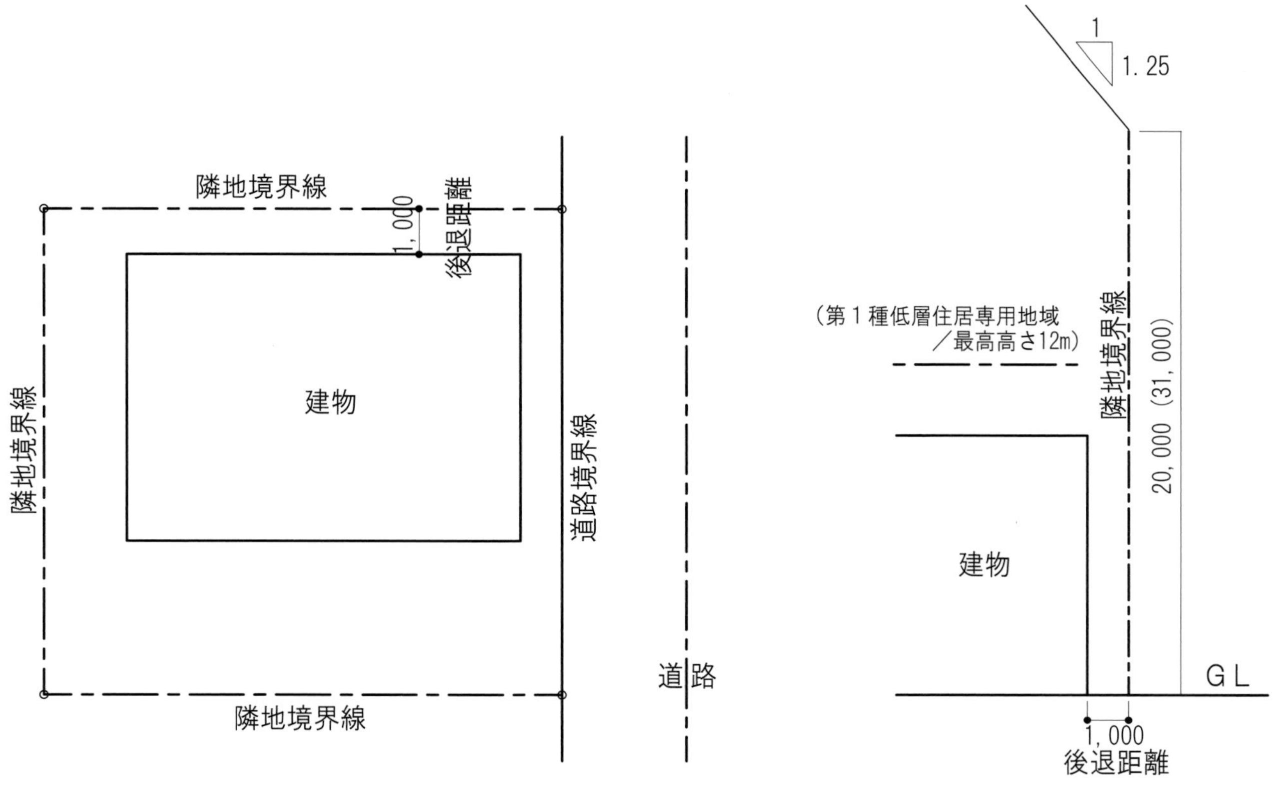

（a）平面図　　（b）断面図

図 2.9　隣地斜線の制限の例

4　北側斜線（建築基準法第 56 条第 1 項第三号）

北側斜線による建物高さの制限を算定する場合は、隣地との距離に 1.25 を乗じて、5m もしくは 10m（用途地域別による）を加えて計算する。

表 2.7 以外の地域は、北側斜線による制限は適用しない。また、隣地斜線と同様に高さの制限を算定するが、後退距離による緩和はない。

■表 2.7　北側斜線の制限

制限	地域
1.25 ×隣地との距離 +5m	第一種低層住居専用地域 第二種低層住居専用地域 田園住居地域
1.25 ×隣地との距離 +10m	第一種中高層住居専用地域 第二種中高層住居専用地域

5　高度地区（建築基準法第 58 条）

高度地区とは、用途地域内において市街地の環境を維持し、または、土地利用の増進を図るため、建築物の高さの最高限度または最低限度を定めた地区である。北側斜線と同様に高度地区が設定され、北側に対してのみ算定を行うが、北側斜線とは勾配が異なる。

東京都の高度地区の例を図 2.10 に示す。

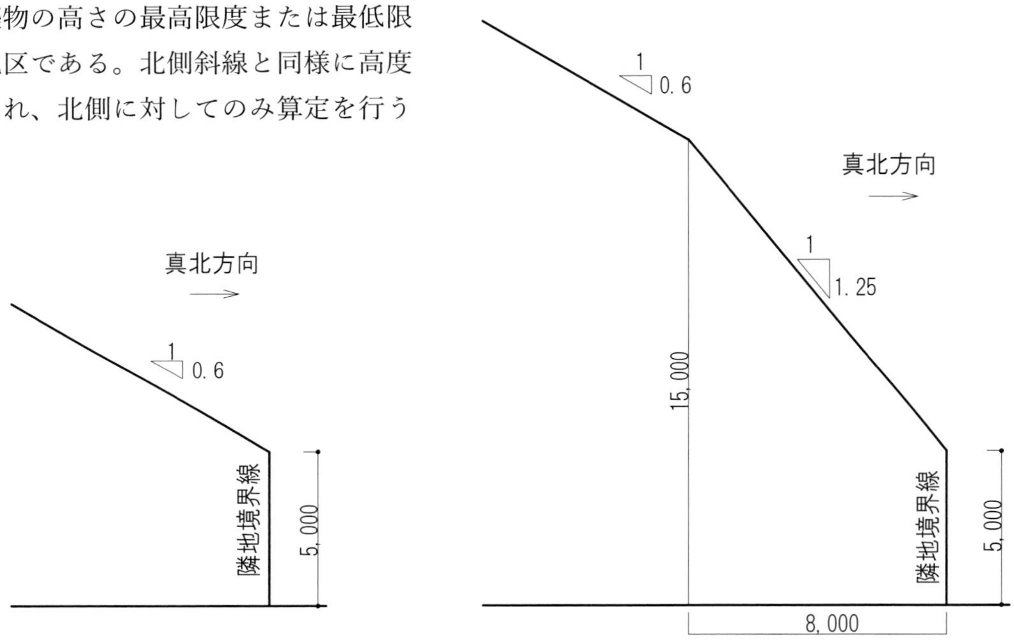

第一種高度地区　　第二種高度地区

図 2.10　東京都の高度地区の例

6　地盤面の算定（平均地盤面）（建築基準法施行令第 2 条第 2 項）

① 地盤面の考え方

地盤面とは、基本的に建築物が周囲の地面と接する位置の平均の高さの水平面を指す（図 2.11）。

法規上、次の場合は地盤面より高さを検討することになる。

a）建築物の高さ（h）

b）隣地斜線

c）北側斜線

d）高度地区

e）日影（日影を計算する場合の地盤面を平均地盤面という）

道路斜線については、前面道路の中心からの高さより検討する。

② 高低差が 3m を超える場合の算定方法

敷地の高低差が 3m を超える場合は、高低差 3m 以内ごとの平均の高さにおける水平面を地盤面とする（図 2.12）。ただし、日影規制測定面を定める場合は、敷地全体で一つ定める。

③ 地盤面の計算方法

建築物の外周部が接する地面に高低差がある場合、その高さの平均値が地盤面となる。この例では、建築物が GL（設計 GL）面の上につくられており、GL面の下方に布基礎がつくられていると仮定し（図 2.13）、GL と敷地の間にできる見付面積を算定し、その平均の高さを地盤面として求める。

2 階部分が大きい場合は、建ぺい率を算定するために敷地に投影される外形線を用いて算定する。

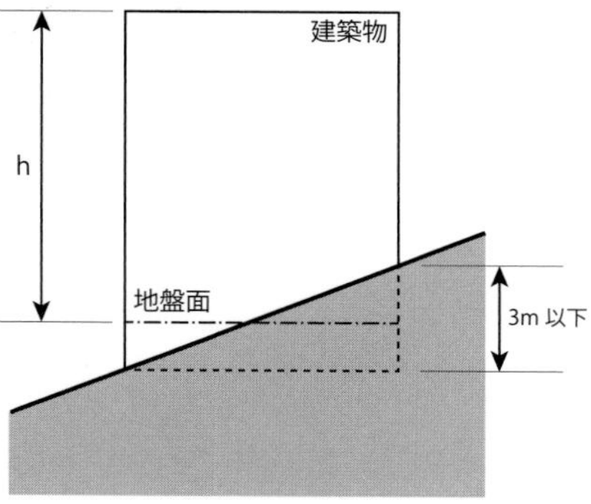

図 2.11　地盤面の考え方（高低差 3m 以下）

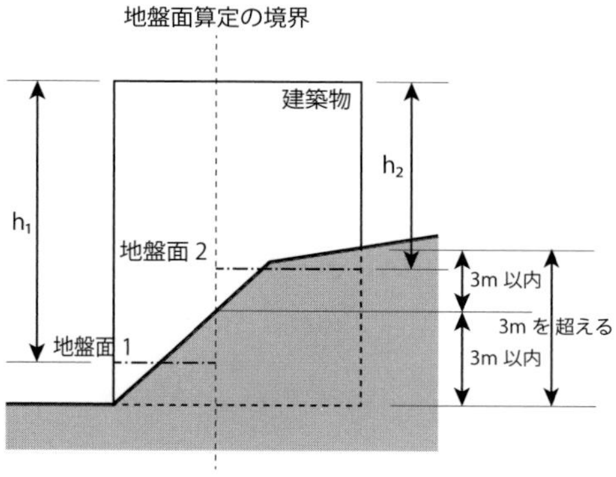

図 2.12　地盤面の考え方（高低差 3m 超）

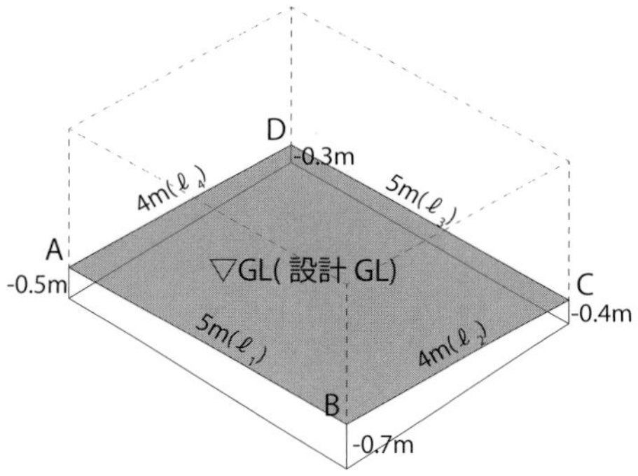

図 2.13　地盤面算定の例 1

i ）見付面積を算定する

設計 GL を基準として、各辺が地面に接している面の面積を算定する（図 2.14）。

S_1 ＝（ 0.5 ＋ 0.7 ）× 5 / 2 ＝ 3.0（㎡）

S_2 ＝（ 0.7 ＋ 0.4 ）× 4 / 2 ＝ 2.2（㎡）

S_3 ＝（ 0.4 ＋ 0.3 ）× 5 / 2 ＝ 1.75（㎡）

S_4 ＝（ 0.3 ＋ 0.5 ）× 4 / 2 ＝ 1.6（㎡）

S_{total} ＝ 3.0 ＋ 2.2 ＋ 1.75 ＋ 1.6 ＝ 8.55（㎡）

ii ）建築物のそれぞれの面の水平長さを合計する

$L = \ell_1 + \ell_2 + \ell_3 + \ell_4$

L ＝ 5 ＋ 4 ＋ 5 ＋ 4 ＝ 18（m）

iii ）設計 GL からの平均の高さを算定する

$H = S_{total} / L$

H ＝ 8.55／18 ＝ 0.475（m）…GL からの地盤面の高さ

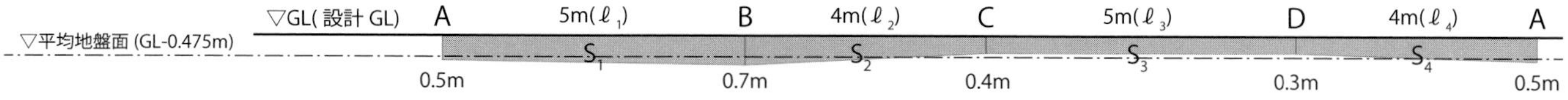

図 2.14　平均地盤面算定の例 2

例題

モデル住宅の地盤面の検討

モデル住宅における建築物と敷地の高低差は、図 2.15 のとおりである。この±0を、GLとする。

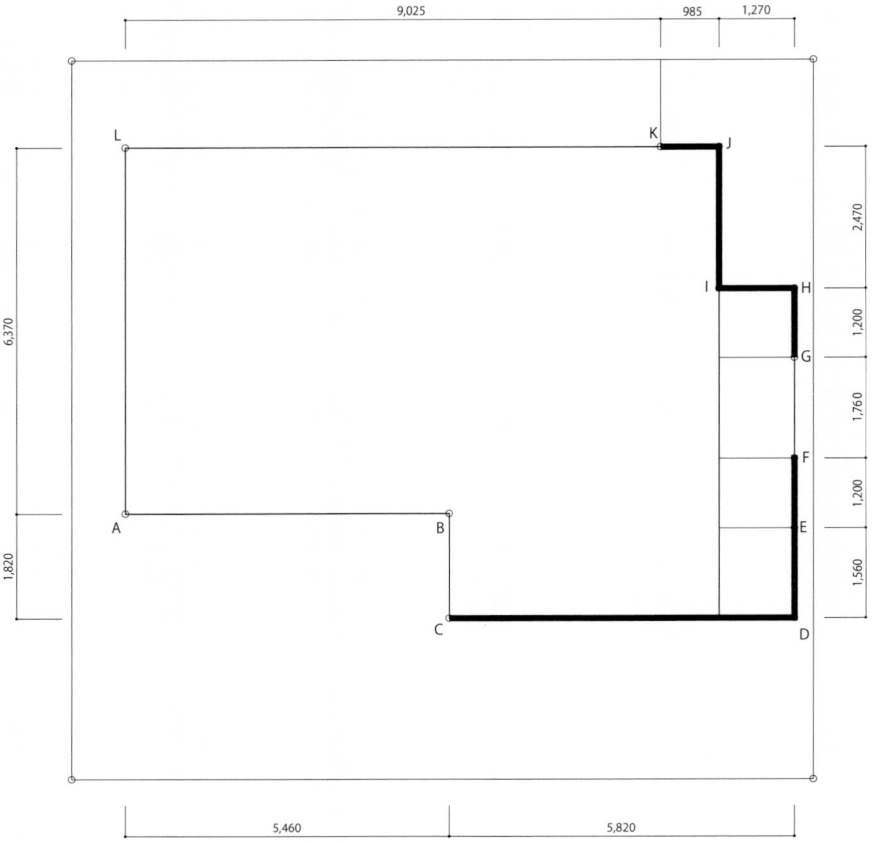

図 2.15　建築物と敷地の高低差

i）見付面積を算定する

GL（±0）を基準として、各辺が地面に接している部分の立面の見付面積を算定する。

- **南側（A～B～C～D）**（図 2.16）

  $S_{AB} = 0.00 \times 5.46 = 0.0000$（㎡）

  $S_{BC} = 0.00 \times 1.82 = 0.0000$（㎡）

  $S_{CD} = 0.29 \times 5.82 = 1.6878$（㎡）

- **東側（D～E～F～G～H～I～J）**（図 2.17）

  $S_{DEF} = 0.29 \times 2.76 = 0.8004$（㎡）

  $S_{FCT} = 0.00 \times 1.76 = 0.0000$（㎡）

  $S_{GHIJ} = 0.29 \times 4.940 = 1.4326$（㎡）

E～F, G～Hについては階段がないものとして見付面積を算定している（安全側）。

- **北側（J～K～L）**（図 2.18）

  $S_{JK} = 0.29 \times 0.985 = 0.28565$（㎡）

  $S_{KL} = 0.00 \times 9.025 = 0.0000$（㎡）

J～Kについては階段がないものとして見付面積を算定している（安全側）。

- **西側（L～A）**（図 2.19）

  $S_{JA} = 0.00 \times 6.37 = 0.0000$（㎡）

- **見付面積合計**

  $S_{ALL} = 4.20645$（㎡）

ii）建築物の外形について水平長さ（建ぺい率を算定するための外形線）を合計する

$L = 38.94$（m）

iii）設計GLから平均の高さを算定する

$H = S_{ALL} / L$

$H = 4.20645 / 38.94 ≒ 0.1080239$（m）

…設計GLから算定した地盤面まで距離

地盤面は、GL−108.02㎜となる。

図 2.16 (a) 南側立面
(b) 南側見付面積の算定

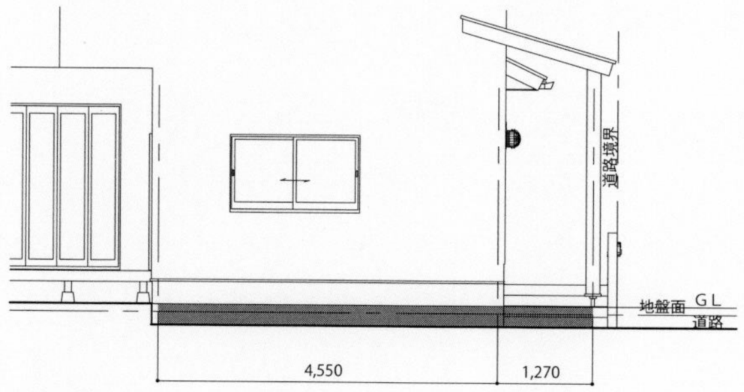

(a)

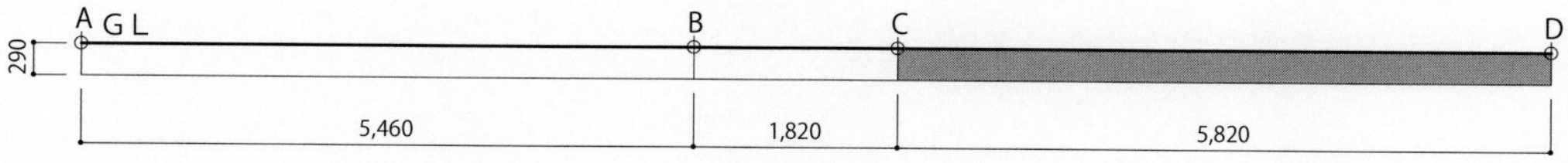

(b)

図 2.17 (a) 東側立面
(b) 東側見付面積の算定

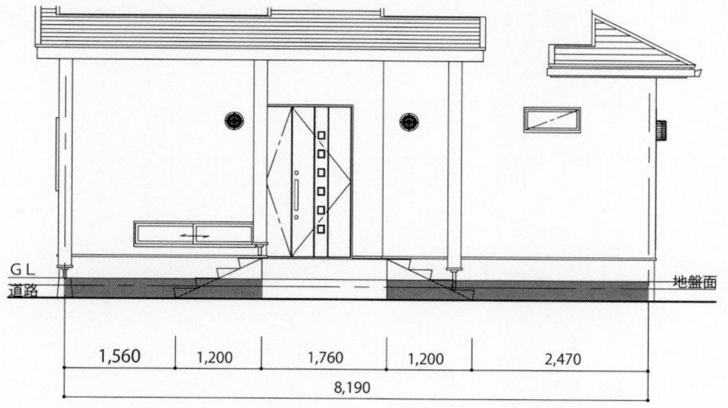

(a)

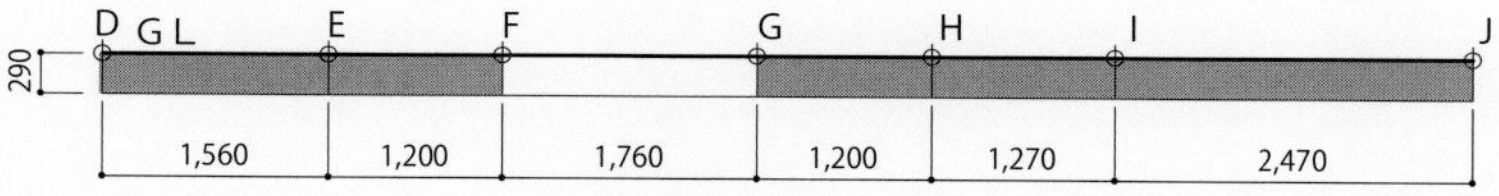

(b)

図 2.18 (a) 北側立面
(b) 北側見付面積の算定

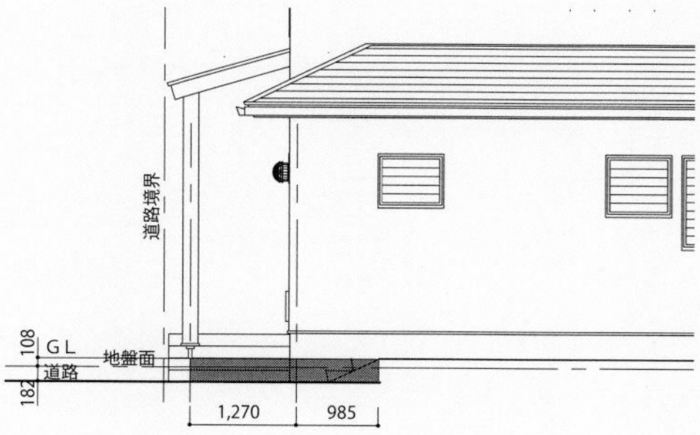

(a)

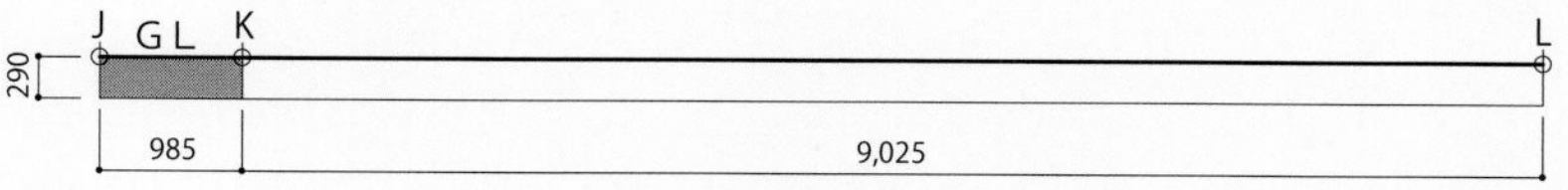

(b)

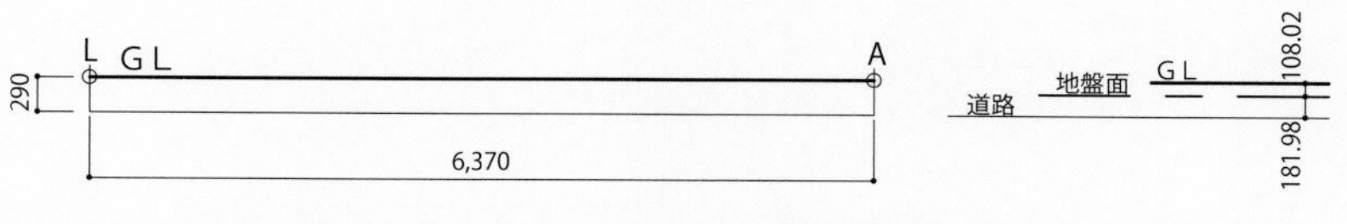

本書では、地盤面をGLより108mm下がった位置としている。

図 2.19 西側の見付面積の算定

1章 設計の進め方
2章 設計準備
3章 設計初期の全体計画
4章 意匠設計
5章 軸組の計画
6章 壁量計算に基づく構造安全性の検討
7章 建築環境・設備設計

7　日影規制（法第 56 条 2 項）

中高層建築物の建築によってその周囲に日照の障害が増えたことから、「日影規制」が制定された。日影規制をうける建築物は、用途地域ごとに高さや階数で定められている。日影を測定する高さは、第一種・第二種低層住居専用地域では平均地盤面より 1.5 メートル、その他の地域では平均地盤面より 4 メートル又は、6.5 メートル高い位置としている。日影規制は、5 メートルの範囲で建築物が直接隣地に及ぼす影響を規制し、10 メートルの範囲でこれを超えて広がる日影や隣地の建築物などの日影による影響を規制している。指定された時間で描いた「時間日影図」が、5 メートル範囲、10 メートル範囲を超えていないことを確認する（図 2.20 A）。

例題

モデル住宅を用いて日影規制を検討した結果が、図 2.20 A である。5 時間日影線が 5m 測定線を超えず、3 時間日影線も 10m 測定線を超えていないため、建築可能と判定される。

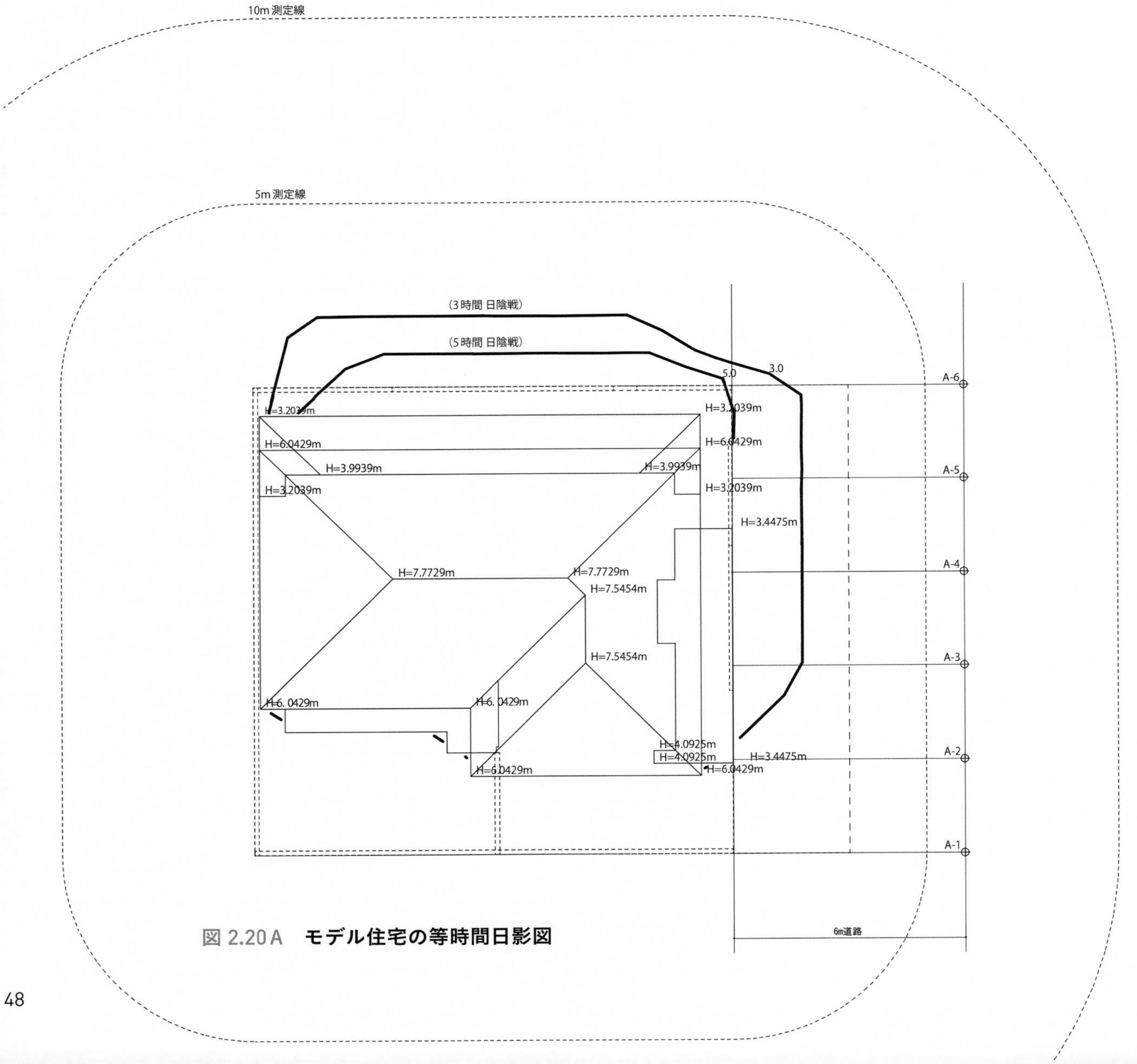

図 2.20 A　モデル住宅の等時間日影図

8 天空率（法第56条第7項）

道路斜線や北側斜線は、少しでも建物にかかれば不適合建物となり建築できない。しかし、斜線の緩和規定である天空率計算を用いることにより制限をクリアすれば適合建物となる。

天空率計算は、道路の反対側に人が立ち、設計建物を見たときの半球における設計建物と天空の割合を計算し、比較する。

設計建物が適合する建物の天空に対する割合以下になれば規定をクリアして建築可能になる（図 2.20 B・C）。

例題

モデル住宅を用いて天空率を検討した結果が、図 2.20B と図 2.20C である。計画建物が適合建物の天空に対する割合以下（天空率が大きい）ので建築可能と判定される。

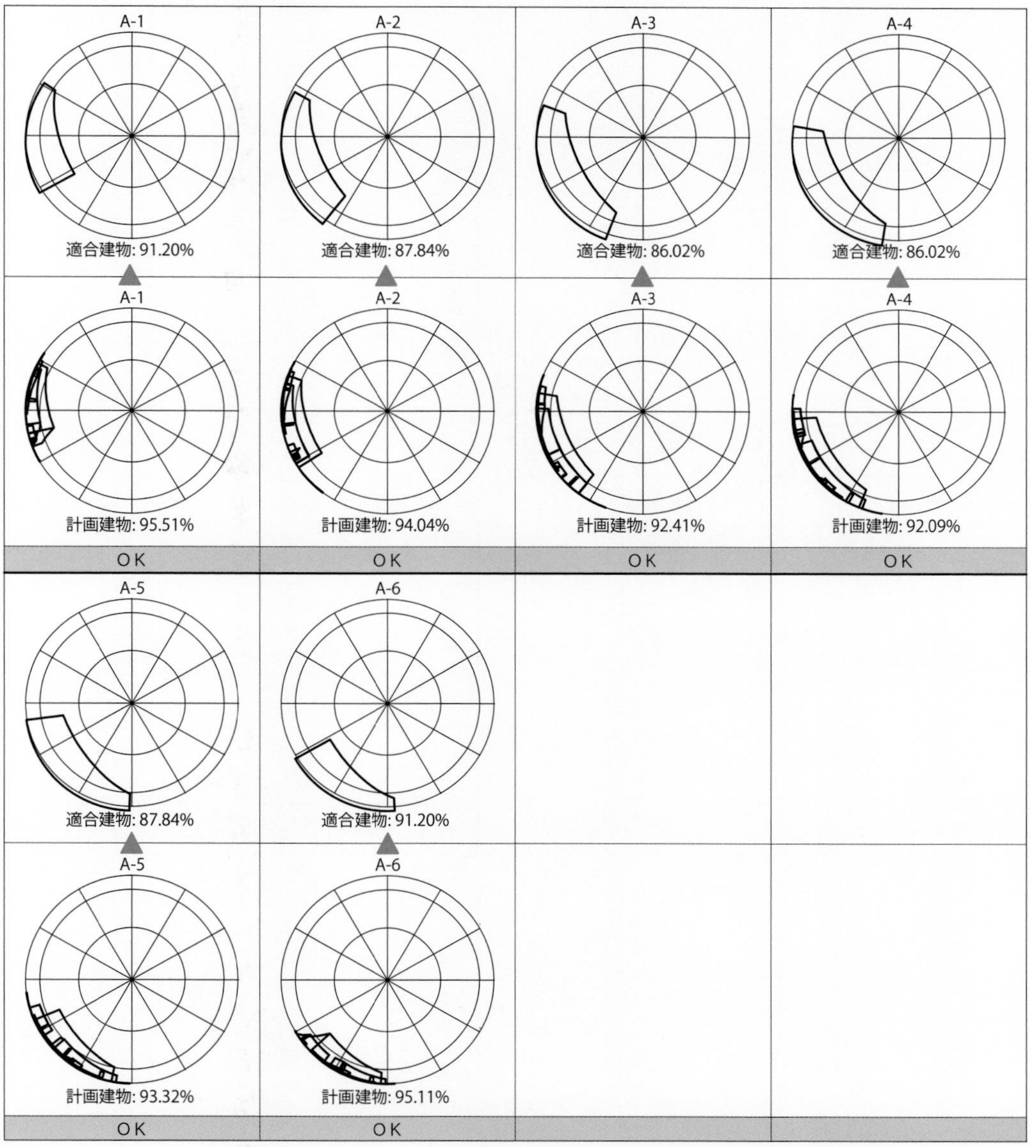

図 2.20B　モデル住宅の天空率判定

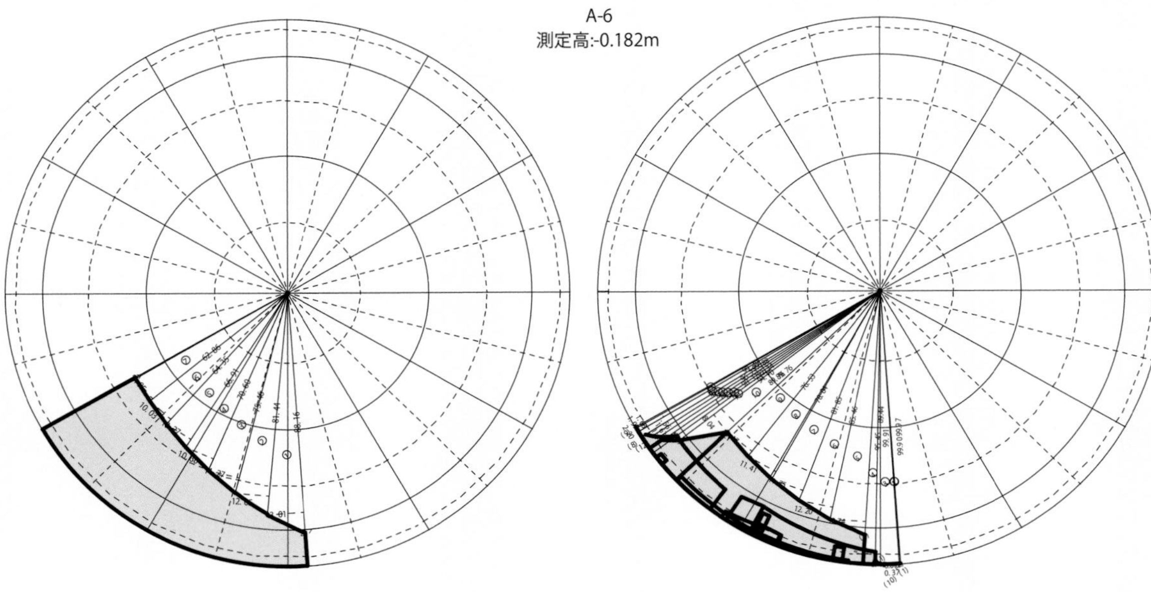

適合建物正射影図位置確認表

位置	配置図		天空図		
	高さ 実寸(m)	距離 実寸(m)	仰角:h (°)	方位角 (°)	r×cos(h) 図寸(㎜)
<1>	7.57450	13.87835	28.6248	-3.9930	87.78
<2>	7.57450	6.02980	51.4779	60.2551	62.28

適合建物天空率算定表(図寸)

天空率算定図半径:			100.00mm
三斜面積:			
三斜No.	底辺(mm)	高さ(mm)	面積(mm2)
1	88.16	13.01	573.481
2	81.44	12.05	490.676
3	75.46	11.27	425.218
4	70.60	10.68	377.004
5	66.91	10.27	343.583
6	64.35	10.03	322.716
7	62.86	9.95	312.729
		三斜合計面積	2845.407
扇形面積:(mm2)			
100.00 × 100.00 × 3.14159265 × 64.2481 ° / 360 °			5606.705
正射影面積:(mm2)			
5606.705 − 2845.407			2761.298
全天空面積:(mm2)			
100.00 × 100.00 × 3.14159265			31415.927
天空率:			
(31415.927 - 2761.298) / 31415.927 × 100			91.22 %

計画建物正射影図位置確認表

位置	配置図		天空図		
	高さ 実寸(m)	距離 実寸(m)	仰角:h (°)	方位角 (°)	r×cos(h) 図寸(㎜)
(1)	0.60000	13.88278	2.4747	-3.9550	99.91
(2)	0.60000	13.77483	2.4941	-3.7379	99.91
(4)	6.23690	12.47542	26.5621	3.6140	89.45
(5)	6.23690	7.06272	41.4469	46.4943	74.96
(6)	3.39790	6.90308	26.2078	53.8508	89.72
(8)	0.60600	6.03099	5.7379	59.1150	99.50
(9)	0.60600	6.02980	5.7390	60.2551	99.50
(10)	0.29000	13.87835	1.1971	-3.9930	99.98
(11)	3.66844	11.75443	17.3326	1.1177	95.46
(12)	3.39790	18.34617	10.4929	57.8497	98.33

計画建物天空率算定表

天空率算定図半径:			100.00mm
三斜面積:			
三斜No.	底辺(mm)	高さ(mm)	面積(mm2)
1	99.97	0.06	2.999
2	99.90	0.37	18.481
3	99.91	8.45	422.119
4	95.45	4.13	197.104
5	89.44	12.74	569.732
6	85.46	12.20	521.306
7	81.85	11.75	480.868
8	78.84	11.41	449.782
9	76.53	11.17	427.420
10	89.76	8.04	360.835
11	89.76	1.87	83.925
12	92.34	1.56	72.025
13	94.70	1.61	76.233
14	96.73	1.65	79.802
15	98.32	1.68	82.588
16	99.88	2.20	109.868
17	99.49	1.97	97.997
		三斜合計面積	4053.084
扇形面積:(mm2)			
100.00 × 100.00 × 3.14159265 × 64.2481 ° / 360 °			5606.704
正射影面積:(mm2)			
5606.704 − 4053.084			1553.620
全天空面積:(mm2)			
100.00 × 100.00 × 3.14159265			31415.926
天空率:			
(31415.926 - 1553.620) / 31415.926 × 100			95.05 %

図 2.20C　モデル住宅の天空率算定確認

8 各種斜線の計算方法（平坦地のケース）

地図上の北（真北）と磁北はズレており、地域によってもその角度は異なるため、注意が必要である。このズレを「磁気偏角」といい、日本では東側に行くほど差が大きくなり、3～10度の差がある（札幌で9.2°、東京で7°、那覇で4.1°）。北側斜線や高度地区は、真北方向の隣地・道路境界までの距離（c）が必要となる。真北方向の距離（c）は、次に示す三角関数を用いて求める。

本モデル住宅は、第一種低層住居専用地域、第一種高度地区に位置しているため、北側斜線と高度地区の検討が必要となる。図2.21の公式を利用して真北方向の距離（c）を求め、この距離を北側斜線や高度地区の算定に適用する。

本モデル住宅の距離計算の例を図2.22に示す。この方法により算出した真北方向の距離（c）を利用し、次の手順で高さの確認を行う。

i）本モデル住宅は、第一種低層住居専用地域、第一種高度地区に位置しているため、北側斜線と高度地区の検討が必要となる

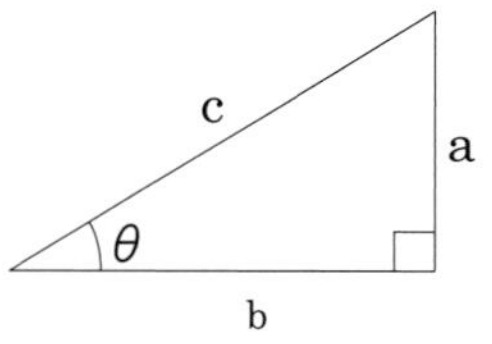

$$cos\theta = \frac{b}{c}$$

$$c = \frac{b}{cos\theta}$$

図2.21　三角関数

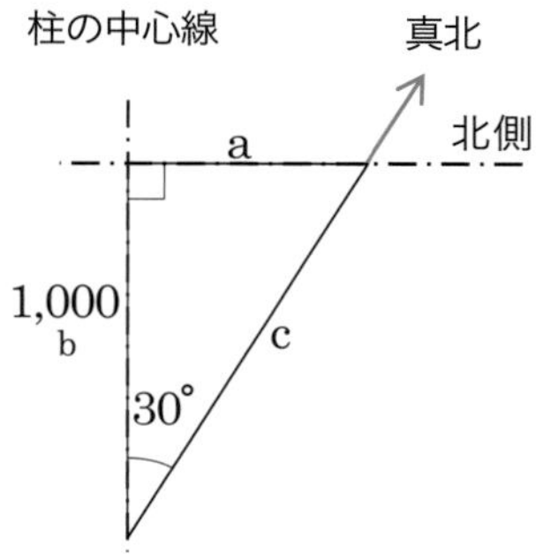

$$cos30° = \frac{1,000}{c}$$

$$c = \frac{1,000}{cos30°}$$

$$c \fallingdotseq 1,155$$

図2.22　真北方向の距離計算例

ii）北側斜線と高度地区による制限高さを比較し、より制限が厳しい（低い）方を採用する

●北側斜線の検討

iii）第一種低層住居専用地域の北側斜線制限である　1.25×隣地との北側方向の距離＋5mを適用する（図2.23）

iv）前に求めた真北方向の隣地までの距離1,155mmを利用して下記のように計算を行う

1.25×真北方向の距離+5,000mm＝制限高さ

1.25×1,155＋5,000＝6,443.75mm

外壁中心線上の制限高さは、6,443.75mmとなる

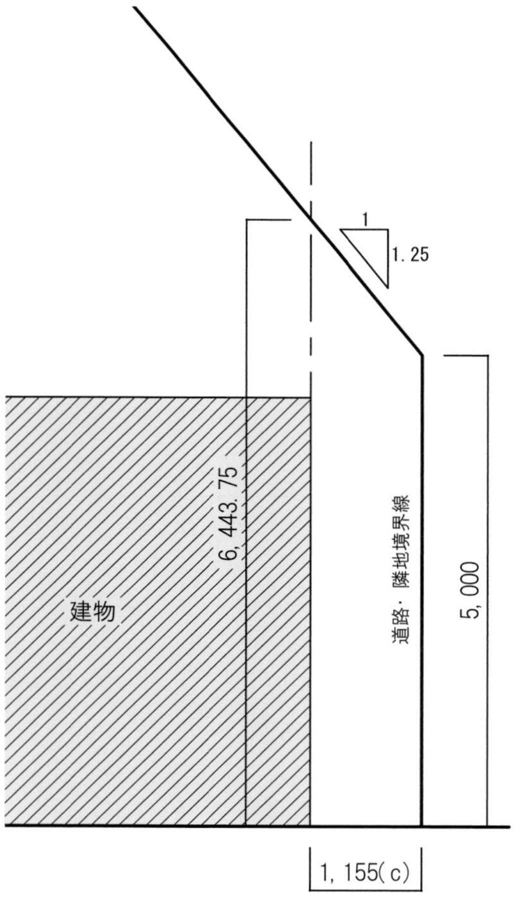

図2.23　北側斜線の計算例

●高度地区の検討

vi）第１種高度地区制限の 0.6 ×（隣地との北側方向の距離）＋５m を適用する（図 2.24、写真 2.13）

制限高さ＝ 0.6 ×真北方向の距離＋ 5,000mm

0.6 × 1,155 ＋ 5,000 ＝ 5,693mm

制限高さは　5,693mm となる

vii）北側斜線制限と第１種高度地区とを比較した結果、第１種高度地区の値が小さい（制限が厳しい）ため（図 2.25）**、高度地区が適用される。**

ここで着目してもらいたいのは、距離（c）を用いて求めた斜線と計算で求めた斜線（P0,P1,P2 を結んだ線）に違いがあることである。斜線に建物が当たりそうになった時は、計算で求めた斜線を用いると良い。

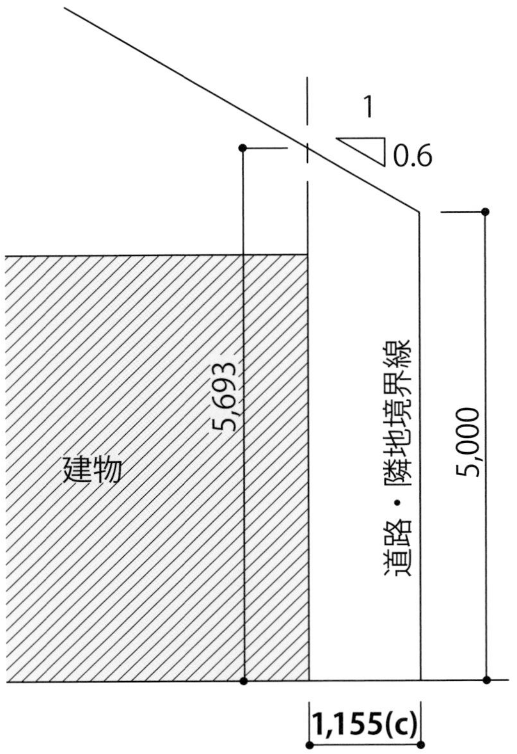

図 2.24　高度地区の計算例

写真 2.13　高度地区と建物　※ 2

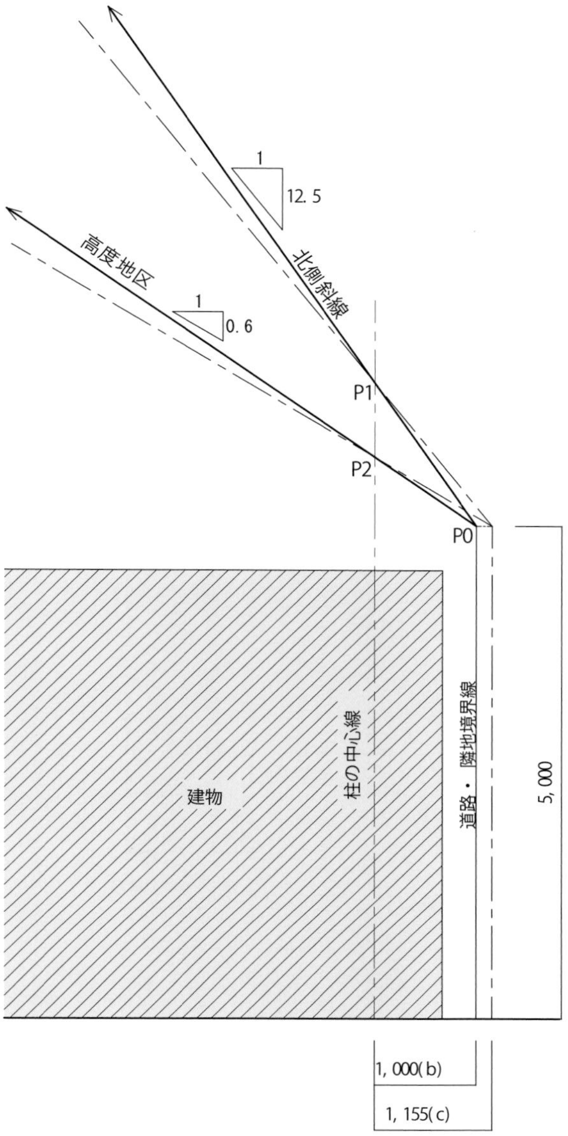

図 2.25　**北側斜線と高度地区の比較**

●1階と2階を北側の隣地から後退させた場合の検討

viii）隣地より1階の柱の中心線を1,000mm後退させたとき、2階をどの程度後退させれば北側斜線、高度地区の制限をクリアできるか、一般的な住宅の階高を利用してシミュレーションを行う（図 2.26）

ix）2階を1階の柱の中心線から910mm（1P）後退させると、第1種高度地区にあたらない。そのことから、北側の境界までの距離を1階において1,000mm、2階において1,910mmまで建物を寄せて建てられることがわかる

x）実際は、柱の中心線ではなく、建物全体で斜線制限にあたらないことを考慮する。屋根の勾配により考慮しなくてはならないポイントを表 2.8 **に示す**

■表 2.8　**屋根勾配で考慮するポイント**

屋根の勾配を北側斜線・高度地区と比較した場合	配慮しなくてはならない点
屋根の勾配が斜線より緩	軒先・雨どいで斜線があたる
屋根の勾配が斜線より急	棟で斜線があたる

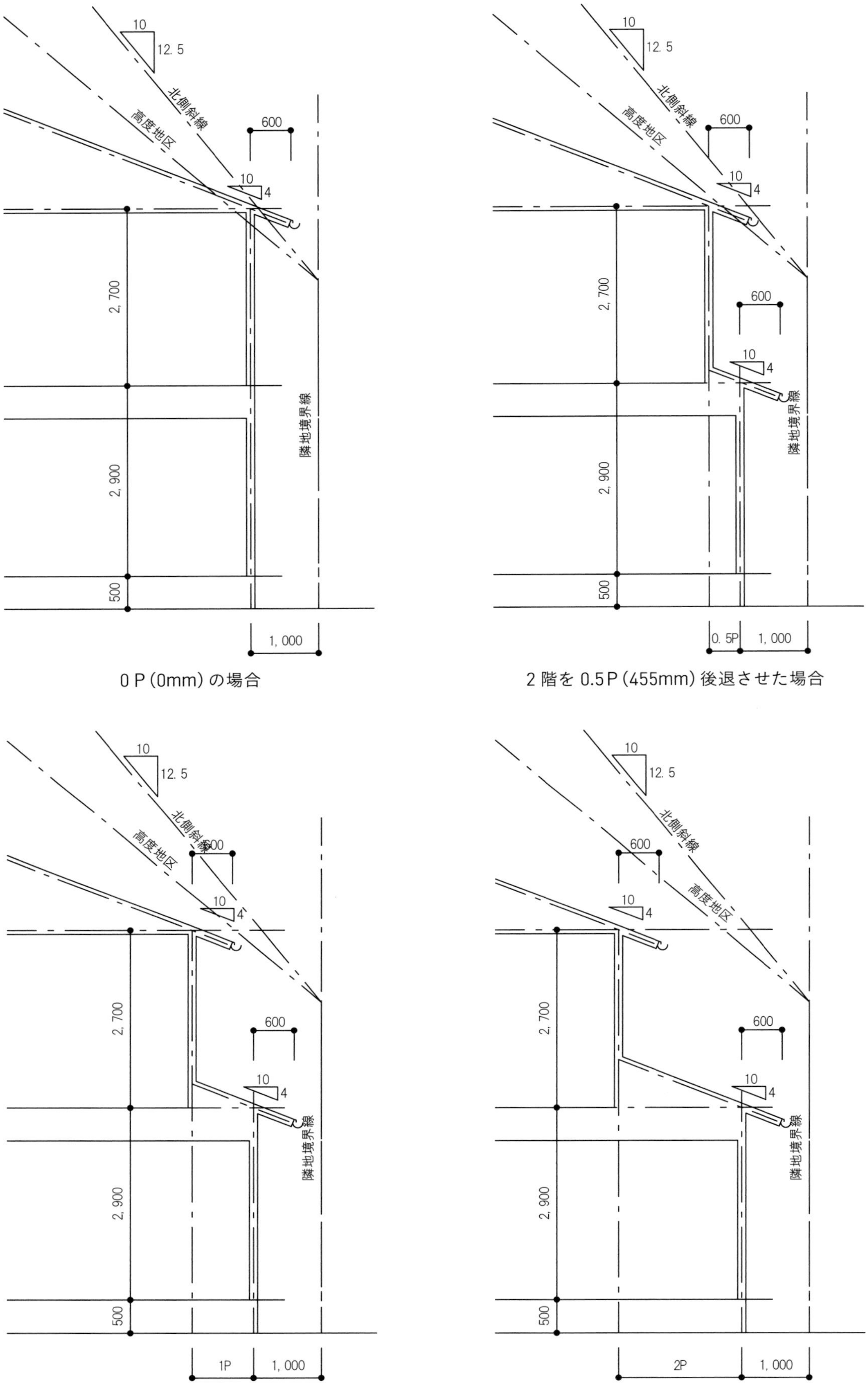

0P(0mm)の場合

2階を0.5P(455mm)後退させた場合

2階を1P(910mm)後退させた場合

2階を2P(1,820mm)後退させた場合

図2.26 北側斜線(高度地区)と建物後退の検討

2.3.2 建築面積・延べ面積の確認

1 建ぺい率

建ぺい率は、敷地に対する建築物の建築面積の割合で求める。

建ぺい率（%）＝建築面積／敷地面積× 100

●緩和

下記のいずれかに該当するものは、制限となる建ぺい率に 10% 加算することができる（表 2.9）。

i ）防火地域内にある耐火建築物（木造の建物は、耐火建築物とはならないため、実際はこの緩和は適用されることはない）

ii ）街区の角にある敷地などで特定行政庁が指定するもの

ただし、下記のいずれかに該当するものは、建ぺい率の制限がない（100% とすることができる）ものとする。

i ）建ぺい率の限度が 80% とされている地域内でかつ、防火地域内にある耐火建築物

ii ）派出所、公衆トイレ、公共用歩廊そのほかこれに類するもの

iii）公園，広場，道路，川そのほか、これらに類するものの内にある建築物で特定行政庁が安全上、防火上および衛生上支障がないと認めて許可したもの

■表 2.9　建ぺい率の制限

<table>
<tr><th rowspan="2">制限
用途地</th><th rowspan="2">都市計画</th><th colspan="3">緩和</th></tr>
<tr><th>防火地域内にある
耐火建築物</th><th>街区の角にある
敷地等で特定行政庁
が指定するもの</th><th>左記の両方が
当てはまる場合</th></tr>
<tr><td>第一種低層住居専用地域
第二種低層住居専用地域
第一種中高層住居専用地域
第二種中高層住居専用地域
田園住居地域
工業専用地域</td><td>30%、40%、
50%、60%</td><td>+10%</td><td rowspan="8">+10%</td><td>+20%</td></tr>
<tr><td rowspan="2">第一種住居地域
第二種住居地域
準住居地域
準工業地域</td><td>50%、60%</td><td>+10%</td><td>+20%</td></tr>
<tr><td>80%</td><td>100%</td><td>100%</td></tr>
<tr><td rowspan="2">近隣商業地域</td><td>60%</td><td>+10%</td><td>+20%</td></tr>
<tr><td>80%</td><td>100%</td><td>100%</td></tr>
<tr><td>商業地域</td><td>80%</td><td>100%</td><td>100%</td></tr>
<tr><td>工業地域</td><td>50%、60%</td><td>+10%</td><td>+20%</td></tr>
<tr><td>用途地域の指定がない区域</td><td>30%、40%、
50%、60%、
70%</td><td>+10%</td><td>+20%</td></tr>
</table>

2　容積率

容積率は、敷地面積に対する建築物の延べ面積の割合で求める。

容積率 (%) ＝ 延べ面積／敷地面積 × 100

① 容積率の制限

i) 用途地域による制限（建築基準法第 52 条第 1 項）

用途地域による容積率の制限は、表 2.10 のとおりである。

ii) 前面道路による制限（建築基準法第 52 条第 2 項）

前面道路が 2 以上あるときは、その幅員の最大のものを用いて計算する。

前面道路の幅員が 12m 未満の場合は、当該前面道路の幅員に数値に表 2.10 の前面道路の数値を乗じたもの以下でなければならない。

ii）ｉ）、ii）のうち容積率の厳しい方（割合が小さい）を採用する。

② 緩和

i ）地階の緩和
（建築基準法 52 条第 3 項、第 4 項、第 5 項）

建築物の地階でその天井が地盤面からの高さ 1m 以下にある住宅の用途に供する部分は、各階の住宅の用途に供する部分（住宅用であれば物入れも含む）の床面積の合計 1/3 を限度として算入されない。その際の地盤面とは、建築物が周囲の地面と接する位置の平均の高さにおける水平面をいう。

ii）自動車車庫等の緩和
（建築基準法施工令第 2 条第 1 項第四号、第 3 項）

自動車車庫等は各階の床面積の合計の 1/5 を限度として延べ面積に算入しない

これらの緩和を使えば、指定容積よりも大きな建物を設計することができるので、狭小の敷地などでは、有効である。

③ 地域、区または区域が 2 以上にわたる場合の制限

各部分の面積の敷地に対する割合を乗じて得たものの合計以下としなければならない。

■表 2.10　容積率の制限

<table>
<tr><th>用途地域</th><th>都市計画</th><th>前面道路</th></tr>
<tr><td>第一種低層住居専用地域
第二種低層住居専用地域
田園住居地域</td><td>50%、60%、80%、100%、150%、200%</td><td>最大の前面道路× 4/10</td></tr>
<tr><td>第一種中高層住居専用地域
第二種中高層住居専用地域</td><td>100%、150%、200%、300%、400%、500%</td><td rowspan="2">最大の前面道路× 4/10
（特定行政庁が都道府県都市計画審議会の議を経て指定する区域内においては最大の前面道路× 6/10）</td></tr>
<tr><td>第一種住居地域
第二種住居地域
準住居地域
近隣商業地域
準工業地域</td><td>100%、150%、200%、300%、400%、500%</td></tr>
<tr><td>商業地域</td><td>200%、300%、400%、500%、600%、700%、800%、900%、1000%、1100%、1200%、1300%</td><td rowspan="4">最大の前面道路× 6/10
（特定行政庁が都道府県都市計画審議会の議を経て指定する区域内においては最大の前面道路× 4/10 または最大の前面道路× 8/10）</td></tr>
<tr><td>工業地域</td><td rowspan="2">100%、150%、200%、300%、400%</td></tr>
<tr><td>工業専用地域</td></tr>
<tr><td>用途地域の指定がない区域</td><td>50%、80%、100%、200%、300%、400%
（特定行政庁が都道府県都市計画審議会の議を経て定めるもの。）</td></tr>
</table>

例題

これからの設計に備えるために、図 2.27 のモデル住宅を用いて建ぺい率と容積率の計算を行い、理解を深める。

① 建ぺい率

i ）都市計画による建ぺい率の制限　60%

ii ）敷地面積に対する建築面積の割合で求める

・敷地面積

12.5m × 12.5m ＝ 156.25m^2

・建築面積

（5.46m × 6.37m）＋（5.46m × 8.19m）＋（1.27m × 5.46m）
＋（4.46m ×（1.25 － 1）m ＋ 0.25m ×（0.57 ＋ 1.25 － 1）m）≒ 80.24m^2
（玄関ポーチに柱があるので、柱で囲まれた部分が加算される。また、バルコニーが 1m 以上出ているので、バルコニーの先端より 1m 引いた分も面積に加算される）

・建ぺい率

建築面積 / 敷地面積 × 100 ＝ 建ぺい率（%）
80.24m^2 / 156.25m^2 × 100 ≒ 51.35%

iii ）比較

60%（建ぺい率の制限）≧ 51.35%（モデル住宅の建ぺい率）
したがって、モデル住宅は建築可能となる

② 容積率

i ）容積率の制限を求める

a）都市計画による容積率の制限　150%

b）前面道路による制限

道路幅 × 前面道路による係数 × 100

6m × 4/10 × 100 ＝ 240%
比較　150% ＜ 240%
厳しい方を採用するため、都市計画の制限 150% を採用する

ii ）建物の容積率を求める

・敷地面積

12.5m × 12.5m ＝ 156.25m^2

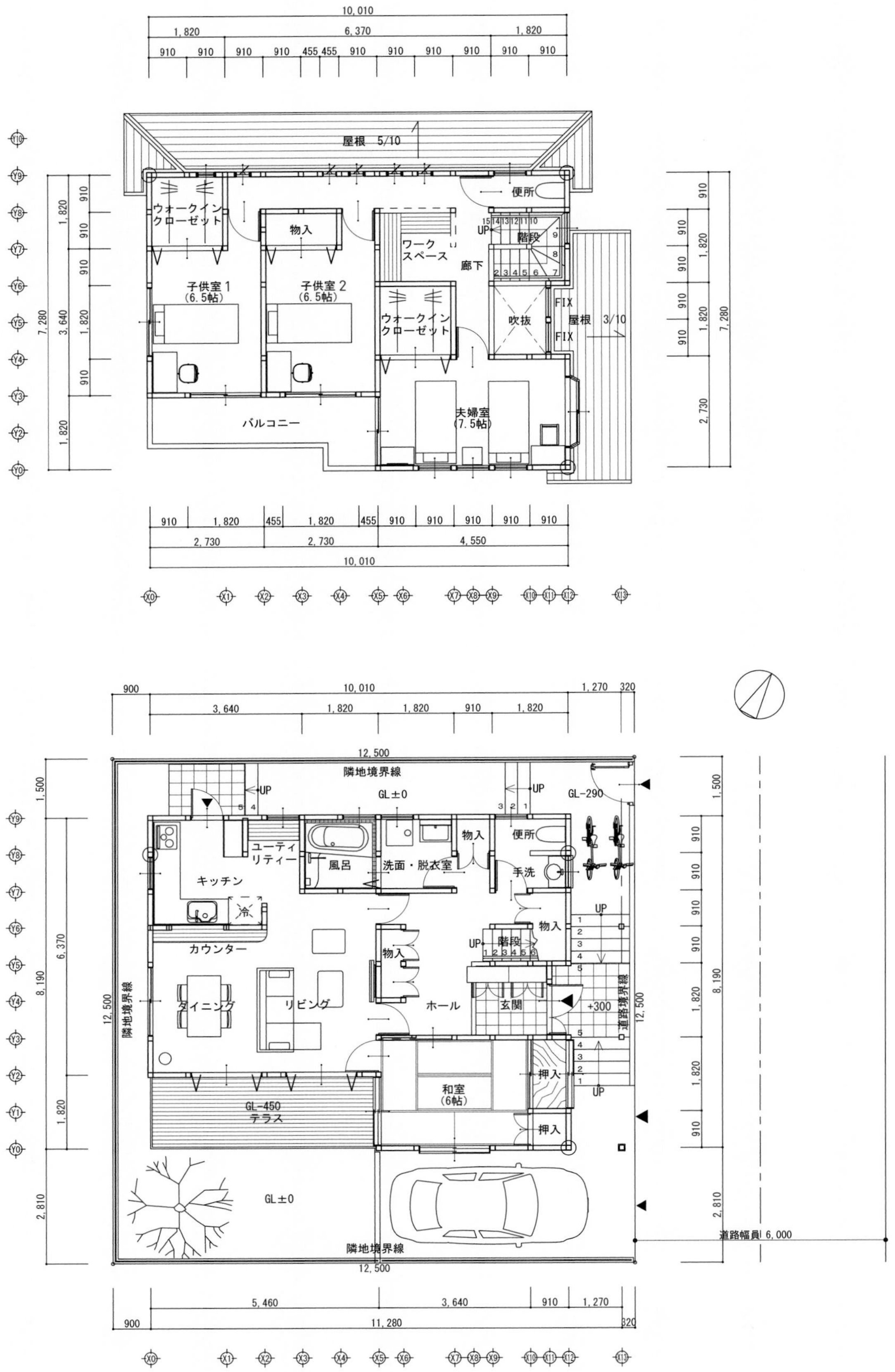

図 2.27　配置図兼 1 階平面図・2 階平面図　※ 縮尺　S = 1 : 150

・延べ面積

1 F

$(5.46\text{m} \times 6.37\text{m}) + (4.55\text{m} \times 8.19\text{m}) - (0.455\text{m} \times 1.82\text{m}) = 71.22\text{m}^2$

（玄関ポーチに柱があるが、解放されているとみなすので容積率算定のための面積に入れない）

2 F

$(5.46\text{m} \times 5.46\text{m}) + (4.55\text{m} \times 7.28\text{m}) - (1.82\text{m} \times 1.82\text{m}) \fallingdotseq 59.62\text{m}^2$

（階段は、上下階ともに面積に入れるが、吹抜け部分は、床面積に入れない。また、バルコニーも解放されているので容積率算定のための床面積に入れない）

合計

$1.22\text{m}^2 + 59.62\text{m}^2 = 130.84\text{m}^2$

・容積率

延べ面積 / 敷地面積 × 100

$130.84\text{m}^2 / 156.25\text{m}^2 \times 100 \fallingdotseq 83.74\%$

iii）比較

150%（容積率の制限）≧ 83.74%（モデル住宅の容積率）したがって、モデル住宅は建築可能と判定される。

2.4 採光・換気の確認

2.4.1 室の採光と通風の検討

人間は、太陽光を浴びることにより、交感神経を刺激し、体内のリズムをつくりだすことによって、すがすがしい気持ちで生活を送ることができる。

自然採光の確保は、生活に活力を与えてくれるため欠かすことができない。また、換気を怠ると、人が排出する二酸化炭素で空気が淀み、さらに建材や家具などからホルムアルデヒドの発散がある場合は、シックハウス症候群となって頭痛やめまい、吐《は》き気、皮膚障害、鼻炎、呼吸器障害など、生活に支障をきたすことになる。

それらを避けるためにも自然換気、機械換気を問わず、換気設備が必要になる。ここでは、人の感覚や健康などの生活に影響を与える採光と換気についての説明を行う。

1 法的な規制

窓の見つけ面積は、そのまま採光面積となるのではなく、表 2.11 に示す採光補正係数を用いて計算する必要がある。また、同様に換気のための窓面積についても建築基準法に基づいた計算が必要である。

■表 2.11　採光補正係数A（≦3）の算定方法

<table>
<tr><th rowspan="3">用途地域</th><th colspan="4">採光補正係数（3を超える場合は3）</th></tr>
<tr><th rowspan="2">計算式</th><th colspan="2">開口部が道に面しない場合</th><th rowspan="2">開口部が
道に面する場合</th></tr>
<tr><th>水平距離 D</th><th>採光補正係数</th></tr>
<tr><td>第一種低層住居専用地域</td><td rowspan="8">D/H × 6.0−1.4</td><td rowspan="8">7 m以上
7 m未満</td><td rowspan="8">採光補正係数が 1 未満の場合は 1
採光補正係数が負の場合は 0</td><td rowspan="14">採光補正係数が
1 未満の場合は 1</td></tr>
<tr><td>第二種低層住居専用地域</td></tr>
<tr><td>第一種中高層住居専用地域</td></tr>
<tr><td>第二種中高層住居専用地域</td></tr>
<tr><td>第一種住居地域</td></tr>
<tr><td>第二種住居地域</td></tr>
<tr><td>準住居地域</td></tr>
<tr><td>田園住居地域</td></tr>
<tr><td>準工業地域</td><td rowspan="3">D/H × 8.0−1.0</td><td rowspan="3">5 m以上
5 m未満</td><td rowspan="3">採光補正係数が 1 未満の場合は 1
採光補正係数が負の場合は 0</td></tr>
<tr><td>工業地域</td></tr>
<tr><td>工業専用地域</td></tr>
<tr><td>近隣商業地域</td><td rowspan="3">D/H × 10.0−1.0</td><td rowspan="3">4 m以上
4 m未満</td><td rowspan="3">光補正係数が 1 未満の場合は 1
採光補正係数が負の場合は 0</td></tr>
<tr><td>商業地域</td></tr>
<tr><td>用途指定のない区域</td></tr>
</table>

D：開口部から境界線までの水平距離
H：開口部の中心から直上の軒までの垂直距離

2 通風のとりかた

住宅の省エネルギーを実現するためには、通風が大きな役目を果たす。換気のための窓は、同時に通風も確保できる。

夏の南風が通るように、南側に大きな窓を設け、冬の北風を室内に入れないように、北側を小さな窓とする。窓を設置すれば必ず通風を得られるとは限らず、風の通り道がなければ風は通らない。そのためには、前述したように風が入る窓と風が抜ける窓をセットで設けると良い。

また、暖められた空気が上昇しようとする性質を利用し、下階から上階へ流れる風（温度差換気）も活用したい。

さらに、室内においても南側から入ってきた風を北側に通すために、室内のドアの位置や廊下の配置が重要になってくる。風の通り道を明確にイメージしながら設計するように心掛けたい。

2.4.2 採光の確認

1 採光の基準（建築基準法第 28 条）

住宅の居室（基準法で定める居室）においては、衛生上自然光を確保するため、一定以上の面積の開口部を設けなければならない。住居系用途地域の場合、窓の有効採光面積は、居室床面積の 1/7 以上が必要となる（保育園や小学校などは 1/5 以上、オフィスや大学の教室などは /10 以上）。

2 計算手順

窓の有効採光面積は、単純な窓の開口面積ではなく、その窓の設置状況（窓の設置高さ、窓外部の開放度、用途地域の種別）により採光補正係数を求め、窓の開口面積にその採光補正係数を乗じて得られた値を有効採光面積として利用する。

計算式は次のようになる。

- **採光関係比率：D / H**
- **採光補正係数 (A)**
  ＝ 採光関係比率 (D / H) × 6
  − 1.4（住居系用途地域）
- **有効採光面積 (W)**
  ＝ 窓の開口面積×採光補正係数 (A)

判定

- **有効採光面積 (W) / 床面積 (S) ≧ 1/7**
  を満たせば、建築基準法をクリア。

D：開口部の直上部分から隣地境界線等までの水平距離

H：該当する開口部の高さの中心から直上部分までの垂直距離

ここでは、住居系用途地域を想定して、これより計算の手順を説明する。

ⅰ）採光関係比率を求める

採光関係比率は、該当する開口部の高さの中心から直上部分までの垂直距離（H）と、開口部から隣地境界線などまでの水平距離（D）

によって算定する（図 2.28）。開口部の上部屋根が勾配になっている場合は、水平方向の窓の中心（平均になるので）から、直上の屋根までの垂直距離とする。

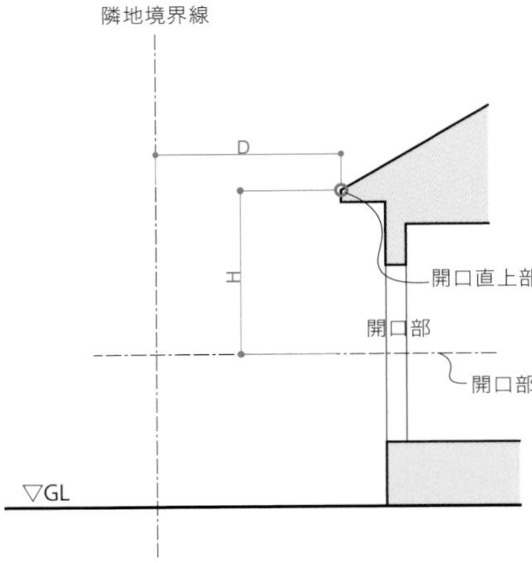

図 2.28　採光関係比率 D / H の考え方

採光関係比率：D/H

開口部の上部が図 2.29 のように複数ある場合は、それぞれについて計算し、厳しい方の値（小さい方の値）をその開口部の採光関係比率としてに採用する。この例をもとに 1 階開口部の有効採光面積の計算方法について解説すると、開口部（1 階部）に対して開口直上部は 2 カ所あるとして算定する。

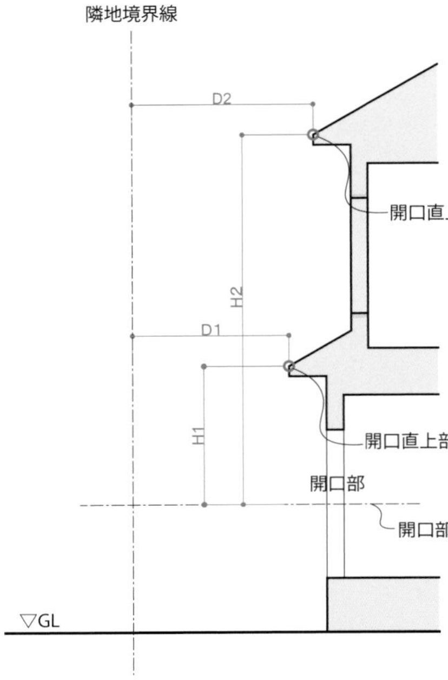

図 2.29　採光関係比率 D / H の考え方

採光関係比率を算出するには、

開口直上部 1 について　D1 / H1

開口直上部 2 について　D2 / H2

上記 2 つの値のうち、小さい方が開口部の採光関係比率となる

ii）採光補正係数を求める

採光関係比率を用いて、採光補正係数を求める。採光補正係数を求めるには、用途地域別の算定式を用いる

採光補正係数（A）
＝ 採光関係比率（D/H）× 6
－ 1.4（住居系用途地域）

iii）有効採光面積（W）を求める

窓の開口面積に ii）で算定した採光補正係数を乗じる

有効採光面積（W）
＝ 窓の開口面積 × 採光補正係数

（窓の開口面積、および開口部の高さについては、窓の内法寸法を用いて算出する）

iv）床面積に対する割合を確認する

計算を行うにあたり、居室の床面積を算出する。床面積は採光を必要とする空間として考え、収納、押入などについては床面積に算入しない（表 2.12）

有効採光面積（W）を居室の床面積（S）で除し、1/7 以上（住居系用途地域の場合）であることを確認する（図 2.30）

有効採光面積（W）/ 床面積（S）≧ 1/7

（窓の前面にバルコニーがある場合、その手摺の高さが一般的な 1.1m であれば、採光の障害物として無視することができる。）

■表 1.12 居室の床面積の算入・不算入

用途	採光	換気
物入・収納	不算入	参入＊
CL	不算入	参入＊
WCL	不算入	参入＊
押入	不算入	参入
床の間	参入（安全側）	参入

＊アンダーカットがある場合

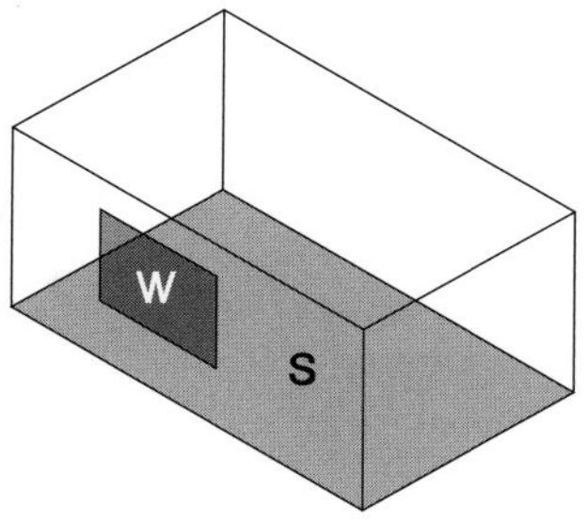

図 2.30 窓と床の面積のイメージ

Point

出窓の取扱い

下記条件によって不算入となる。
・外壁面からの突出が 50cm 未満である
・出窓の床面からの高さが 30cm 以上である
・窓面積の出窓見付面積に対する割合が 1/2 以上である。

バルコニーの取扱い

窓の上部に存するバルコニーの場合、手摺《てすり》金物の上端ではなく、手摺壁上端部で高さを求める（金物部は開放性があるとみなす）。
居室前にあるバルコニーの手摺は考慮しなくても良い（H ＝ 1,100mm 程度）。

キーワード

アルコーブ

壁の一部が、凹状にくぼんだり、天井の一部が低くなっている空間のことを言う。天井の一部を低くすることで空間に変化ができ、印象が変わる。玄関にアルコーブ（写真 2.14）を設けると、ドアを開いたときに前を通っている人にぶつからない、ドアを開けたときに風の影響を受けにくい、視線も遮りやすいなどの利点がある。近年は、玄関先をアルコーブということもある。

写真 2.14 玄関アルコーブの例 ※1

例題

有効採光面積の確認・検討

モデル住宅での、各居室に求められる有効採光面積の適否を確認する。

居室は図 2.31 の 5 室となる（L.D.K.、祖父室、子供室 1・2、寝室）。隣地境界線との離れは最大 4,530mm となる（すべて D ≦ 7m）。

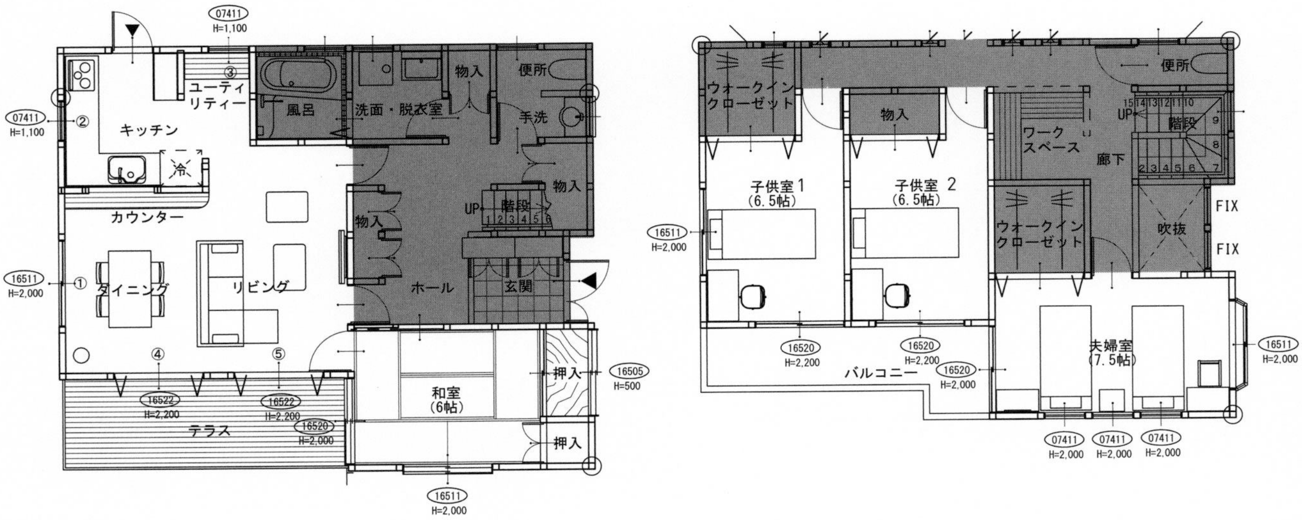

図 2.31　**有効採光面積を算定する居室**

① 祖父室（和室）（図 1.32）

祖父室には、三つの窓がある。南側と西側の窓、東側の地窓を比べた場合、隣地境界までの距離 D が大きく南側の窓で採光の確保が可能になることが予想されるため、先に南側の窓による採光計算を行う。南側の窓で採光をクリアすれば、西側の窓による採光計算を行う必要はない。

西側の窓については、上部のバルコニーの出と隣地境界線との離れが複数あることに注意が必要である。また、地窓は上部に押入れがあることから、採光の検討に含めない。

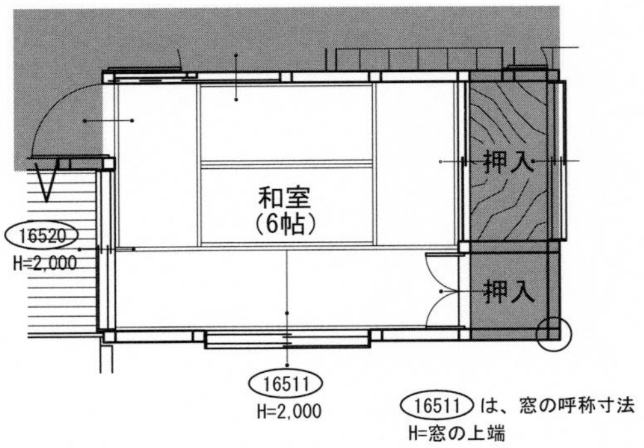

図 2.32　**祖父室の開口部の配置**

i ）採光関係比率を求める

・南側窓①部分

[窓①呼称寸法 16511]：

内法寸法 W ＝ 1,650mm、H ＝ 1,100mm

FL ＋ 2000mm の位置（上端）に開口部上端が取り付いている。

2 階屋根の先端部を開口部上部として計算する。

D / H ＝ 2,165 / 4,194 ＝ 0.51

…採光関係比率

ii）採光補正係数を求める

採光補正係数 A = 0.51 × 6 − 1.4 = 1.66

（窓の前面が隣地境界の場合）

iii）有効採光面積を求める

窓① (W) = 1.65 × 1.10 × 1.66 = 3.012 m²

iv）祖父室の採光を判定する

和室の床面積 9.937

3.012 ≧ 9.937 × 1/7

を満たすので、建築基準法をクリアする。

② L.D.K.（図 2.33）

リビング、ダイニング、キッチン、ユーティリティーの空間は仕切りがないので一体として計算する。窓④または⑤で採光面積をクリアできると予想できるが、それぞれの窓について計算方法を例示する。

●西側窓①②の部分（図 2.34）

［窓①呼称寸法 16511］：

内法寸法 W = 1,650mm、H = 1,100mm

［窓②呼称寸法 07411］：

内法寸法W = 740mm、H = 1,100mm

いずれも FL + 2,000mm の位置に開口部上端が取り付いている。

i）採光関係比率を求める（窓①②共通）

不利な 2 階屋根の先端部を開口部上部として計算する（図 2.35）

D / H = 170 / 3,979 = 0.04

…採光関係比率

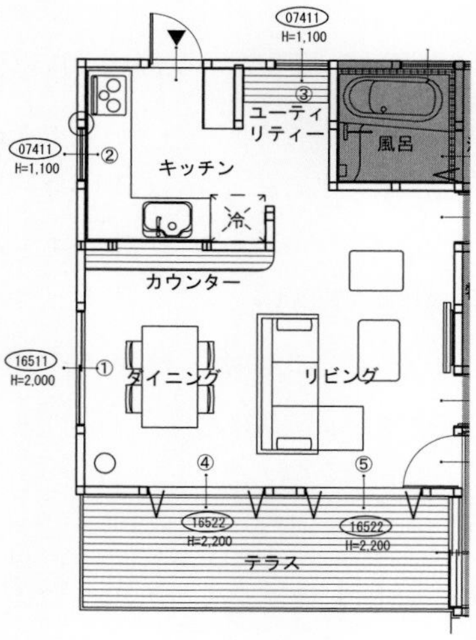

図 2.33 **L.D.K. の開口部の配置**

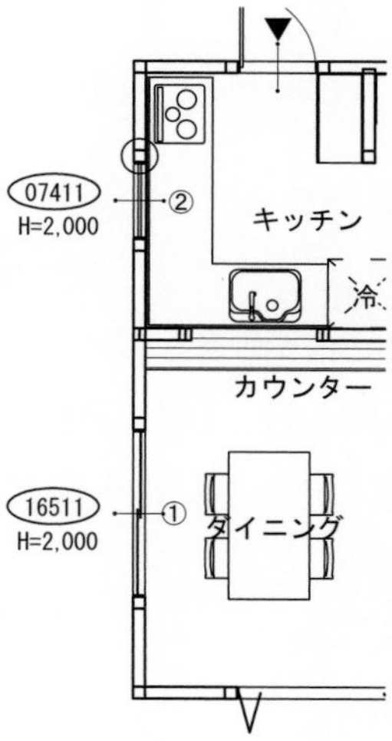

図 2.34 **西側窓①②**

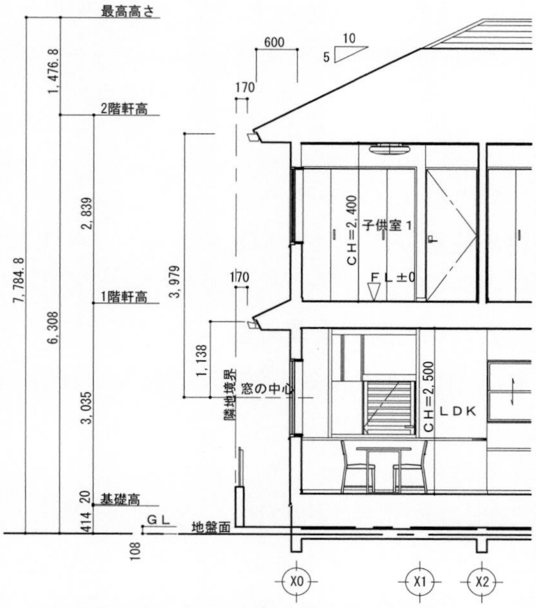

図 2.35 **開口部中心と開口部上部、隣地境界との距離**

ii）採光補正係数を求める

採光補正係数 A = 0.04 × 6 − 1.4

（窓の前面が隣地境界の場合）

= − 1.16 → 0

（A ≦ 0 の場合は 0）

iii）有効採光面積を求める

窓①（W）= 1.65 × 1.10 × 0 = 0 m^2

窓②（W）= 0.74 × 1.10 × 0 = 0 m^2

よって、西側窓は有効採光面積には算入できない

（D / H = 0.24 を超えない限り、A は 0 となるため採光面積も 0 となる）

●北側窓③部分（図 2.36）

［窓③呼称寸法 07411］：

内法寸法 W = 740mm、H = 1,100mm

FL + 2,000mm の位置に開口部上端が取り付いている。

i）採光関係比率を求める

下屋と 2 階屋根の先端部を開口部上部として計算する（図 2.37）

［下屋］D1 / H1

= 855 / 1,100 = 0.777 …採光関係比率

［2 階屋根］D2 / H2

= 1,765 / 3,939 = 0.448 …採光関係比率

2 つの採光関係比率より、小さいほうの 0.448 を採用する

ii）採光補正係数を求める

採光補正係数 A = 0.448 × 6 − 1.4 = 1.288

iii）有効採光面積を求める

窓③（W）= 0.74 × 1.10 × 1.288 = 1.048 m^2

●南側窓④部分（図 2.38）

［窓④呼称寸法 16522］：

内法寸法 W = 1,650mm、H = 2,200mm

FL + 2,200mm の位置に開口部上端が取り付いている。

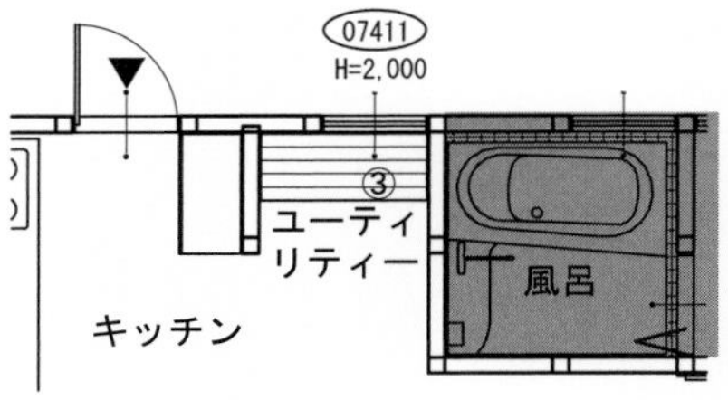

図 2.36　**北側窓③**

図 2.37　**開口部中心と開口部上部、隣地境界との距離**

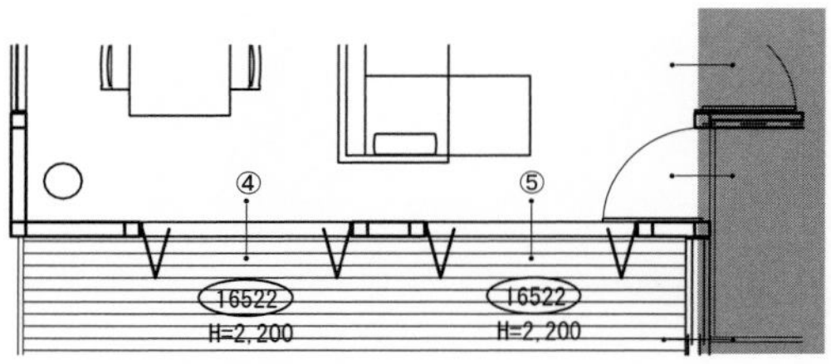

図 2.38　**南側窓④⑤**

i）採光関係比率を求める

バルコニーの手摺上端と、2 階屋根の先端部を開口部上部として計算する（図 2.39）。

［バルコニー手摺上端］D1 / H1

= 3,271 / 2,650 = 1.23 …採光関係比率

［屋根］D2 / H2

= 3,894 / 4,334 = 0.89 …採光関係比率

2 つの採光関係比率より、小さいほうの 0.89 を採用する（安全のために小数点 3 位以下を切り捨てた）。

ii）採光補正係数を求める

採光補正係数 A

= 0.89 × 6 − 1.4 = 3.94 → 3.0

（A ≧ 3 の場合は 3）

よって採光補正係数は、3.0 となる。

iii）有効採光面積を求める

窓④（W）= 1.65 × 2.2 × 3.0 = 9.90m²

●南側窓⑤部分（図 2.40）

[窓⑤呼称寸法 16522]：

内法寸法 W = 1,650mm、H = 2,200mm

FL + 2000mm の位置に開口部上端が取り付いている。

i）採光関係比率を求める

バルコニーの手摺上端と、2 階屋根の先端部を開口部上部として計算する（図 2.41）。ここで、バルコニーの形状が直角に折れ曲がっているため、バルコニーの出によって隣地境界線までの距離 D が異なる。そのため、バルコニーの出に合わせて窓を 2 分割して計算する

●窓⑤ A 部分

[バルコニー手摺] D1 / H1

= 3,271 / 2,650 = 1.23 …採光関係比率

[2 階屋根] D2 / H2

= 3,894 / 4,334 = 0.89 …採光関係比率

2 つの採光関係比率より、小さいほうの 0.89 を採用する

ii）採光補正係数を求める

採光補正係数 A

= 0.89 × 6 − 1.4 = 3.94 → 3.0

（A ≧ 3 の場合は 3）

よって、採光補正係数は、3.0 となる

iii）有効採光面積を求める

・窓⑤ A 部分

= 0.885 × 2.20 × 3.0 = 5.84 m²

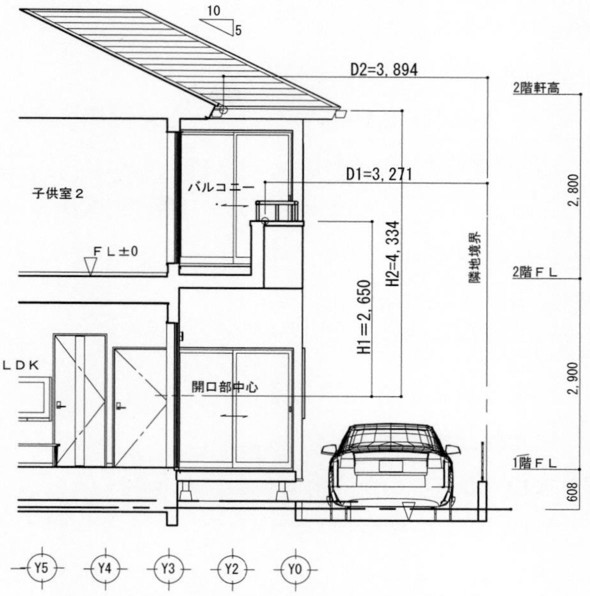

図 2.39 開口部中心と開口部上部、隣地境界との距離

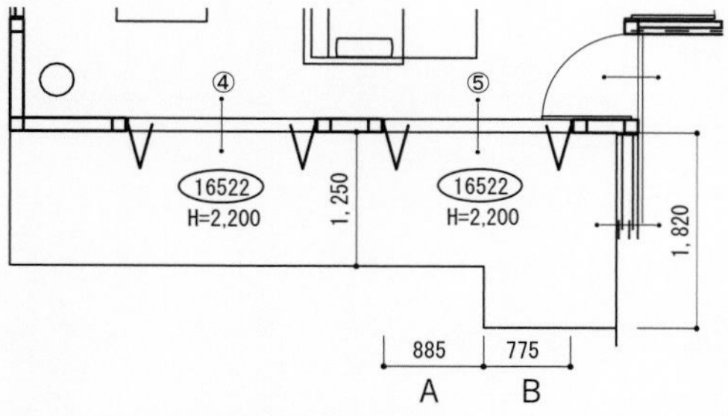

図 2.40 南側窓⑤と上部バルコニーの形状

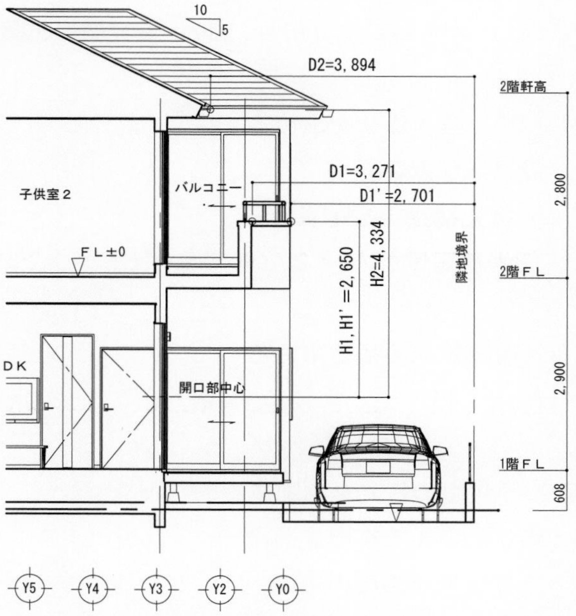

図 2.41 開口部中心と開口部上部隣地境界との距離（窓⑤ B 部分）

●窓⑤B部分

[バルコニー手摺] D1' / H1'

= 2,701 / 2,650 = 1.01 …採光関係比率

[2階屋根] D2 / H2

= 3,894 / 4,334 = 0.89 …採光関係比率

2つの採光関係比率より、小さいほうの0.89を採用する

i）採光補正係数を求める

採光補正係数A

= 0.89 × 6 − 1.4 = 3.94 → 3.0

(A ≧ 3の場合は3)

よって、採光補正係数は、3.0となる

ii）有効採光面積を求める

窓⑤B = 0.775 × 2.20 × 3.0 = 5.11 m^2

窓⑤全体有効採光面積

= A + B = 5.84 + 5.11 = 10.95 m^2

iii）L.D.K.の採光を判断する

■ L.D.K.の床面積 …31.468m^2

■有効採光面積の適否

有効採光面積 = ③+④+⑤

= 1.04 + 9.90 + 10.95 = 21.89

21.89 > 31.4687 × 1/7 …OK

①子供室1、2（図2.42、2.43）

2階の子供室1、2（同じ部屋面積・窓）については、下記のことに注意して採光計算を行う。

- ウォークインクロゼット、収納を床面積には算入しない
- 室前面のバルコニー手すり壁は考慮しない
- 屋根の軒の出と、隣地境界線との距離を確認する

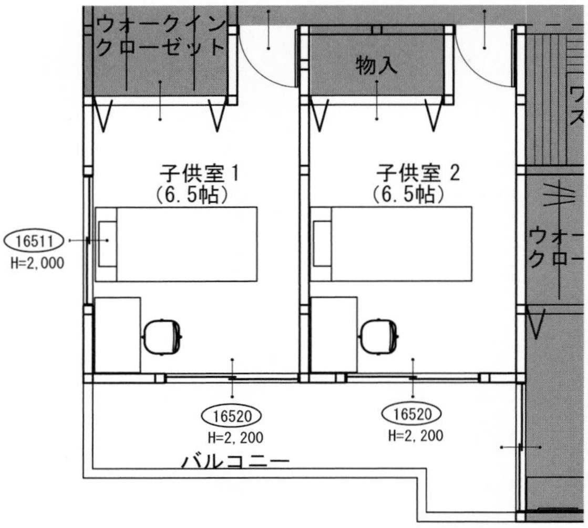

図2.42　子供室1・2の窓寸法

i）採光関係比率を求める

2階屋根の先端部を開口部上部として計算する

D / H = 3,894 / 1,390 = 2.80 …採光関係比率

ii）採光補正係数を求める

採光補正係数A

= 2.80 × 6 − 1.4

= 15.4 → 3 (A ≧ 3の場合は3)

iii）有効採光面積を求める

= 1.65 × 2.0 × 3 = 9.9㎡

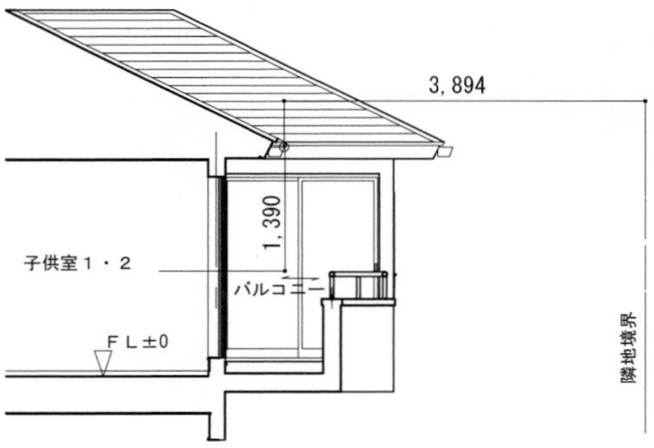

図2.43　子供室1・2の断面寸法

iv）子供室の採光を判断する

■子供室1・2の床面積 …10.765[㎡]

■有効採光面積の適否

9.9 ≧ 10.765 × 1 / 7 …OK

②夫婦室（図 2.44）

2 階の夫婦室については、下記のことに注意して採光計算を行う。

- ウォークインクロゼットを床面積には算入しない
- 室前面のバルコニー手すり壁は考慮しない
- 出窓は、開口部の最大幅として算出する

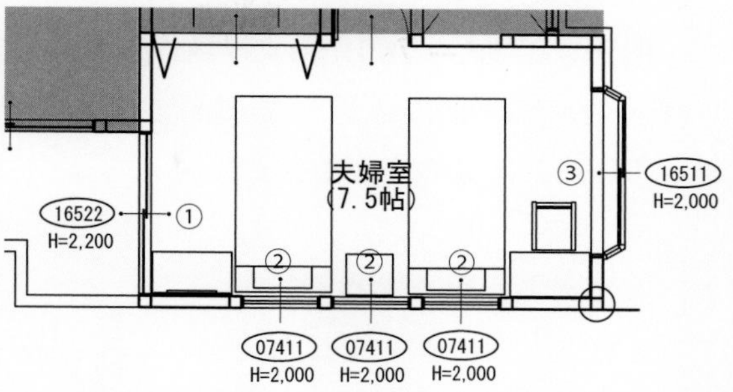

図 2.44　夫婦室の窓寸法

●窓①部分（図 2.45）

[窓① 16520]：

内法寸法 W ＝ 1,650mm、H ＝ 2,000mm

FL ＋ 2,000mm の位置に開口部上端が取り付いている。

軒の出寸法によって、開口部上部位置が異なるため、窓を 2 分割して計算を行う。

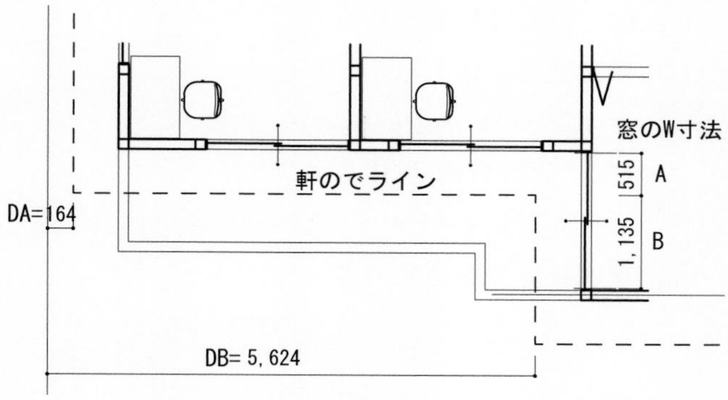

図 2.45　夫婦室窓① 隣地境界との距離

●窓① A 部分（図 2.46）

i ）採光関係比率を求める

2 階屋根の先端部を開口部上部として計算する

D / H ＝ 164 / 1,390 ＝ 0.11　…採光関係比率

ii ）採光補正係数を求める

採光補正係数 A ＝ 0.11 × 6 − 1.4

＝ − 0.74 → 0（A ≦ 0 の場合は 0）

係数が 0 となるため、面積計算は行わない

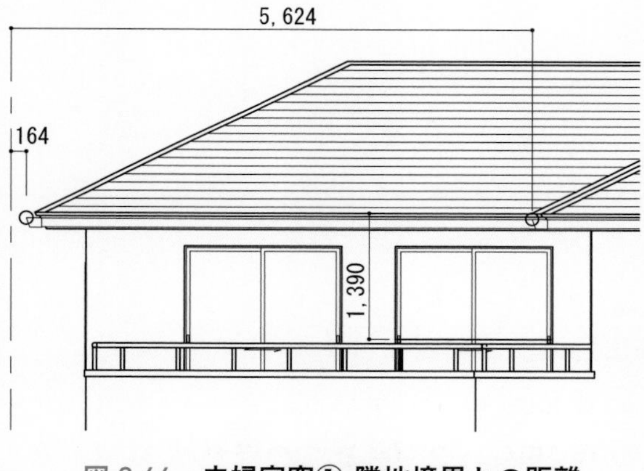

図 2.46　夫婦室窓① 隣地境界との距離

・窓① B 部分

i ）採光関係比率を求める

2 階屋根の先端部を開口部上部として計算する

D / H ＝ 5,624 / 1,390 ＝ 4.04

…採光関係比率

ii ）採光補正係数を求める

採光補正係数 A ＝ 4.13 × 6 − 1.4

＝ 22.84 → 3　（A ≧ 3 の場合は 3）

窓① B の範囲のみ採光計算に有効な窓として、面積を検討する

iii ）有効採光面積を求める

・窓①の B 部分

＝ 1.135 × 2.0 × 3 ＝ 6.81 m^2

●窓②部分

[窓② 07411]：

内法寸法 W ＝ 740mm、H ＝ 1,100mm

FL ＋ 2,000mm の位置に開口部上端が取り付いている。3つの窓とも共通条件となる

i ）採光関係比率を求める

2階屋根の先端部を開口部上部として計算する（図 2.47）

D/H ＝ 2,074 / 1,140 ＝ 1.81 …採光関係比率

ii ）採光補正係数を求める

採光補正係数 A

＝ 1.81 × 6 － 1.4 ＝ 9.46 → 3

（A ≧ 3 の場合は 3）

iii ）有効採光面積を求める

0.74 × 1.1 × 3 × 3 ［窓の数］ ＝ 7.362 m^2

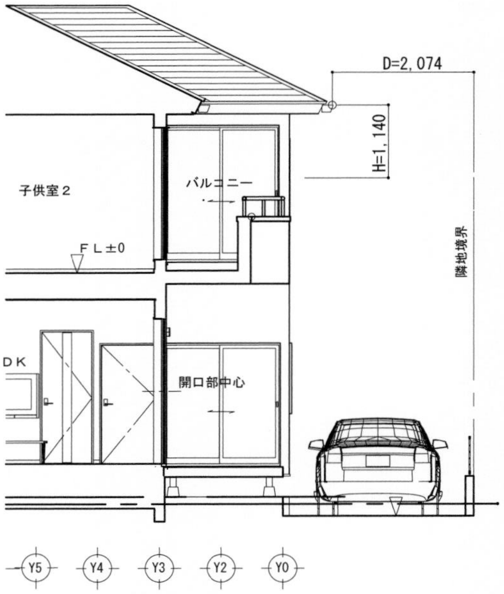

図 2.47　**夫婦室窓①の距離**

●窓③部分

[窓③ 16511]：

内法寸法W＝ 1,650mm、H ＝ 1,100mm

FL ＋ 2,000mm の位置に開口部上端が取り付いている。

出窓寸法算定については、図 2.48 のように開口面の最大幅と考えても良い。

（また、出窓の屋根部を開口部上部と考えることができる）

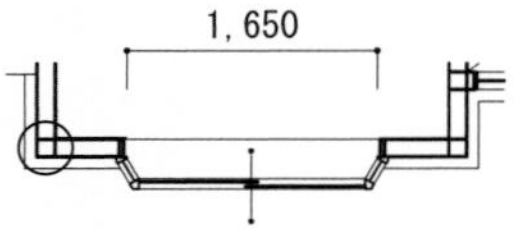

図 2.48　**夫婦室窓③ 出窓寸法の考え方**

●出窓直上部の場合（図 2.49）

i ）採光関係比率を求める

出窓の屋根部を開口部上部として計算する

D1 / H1 ＝ 1,300 / 620 ＝ 2.09

…採光関係比率

ii ）採光補正係数を求める

採光補正係数 A ＝ 2.09 × 6 － 1.4

＝ 11.14 → 3　（A ≧ 3 の場合は 3）

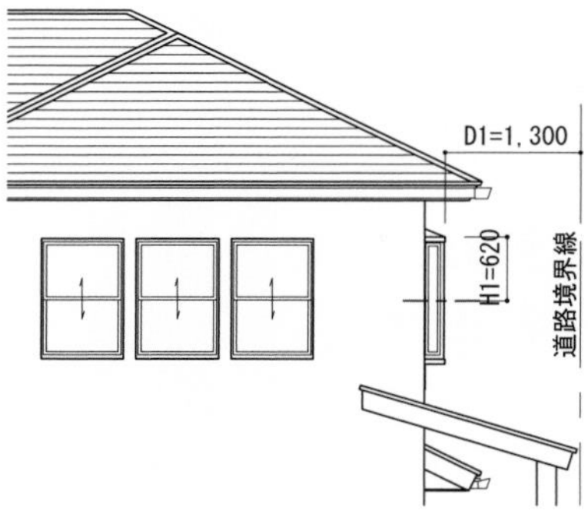

図 2.49　**夫婦室窓③の距離（出窓上）**

●軒の出の場合

i）採光関係比率を求める

2階屋根部を開口部上部として計算する（図 2.50）

D2 / H2 ＝ 854 / 1,099 ＝ 0.777

…採光関係比率

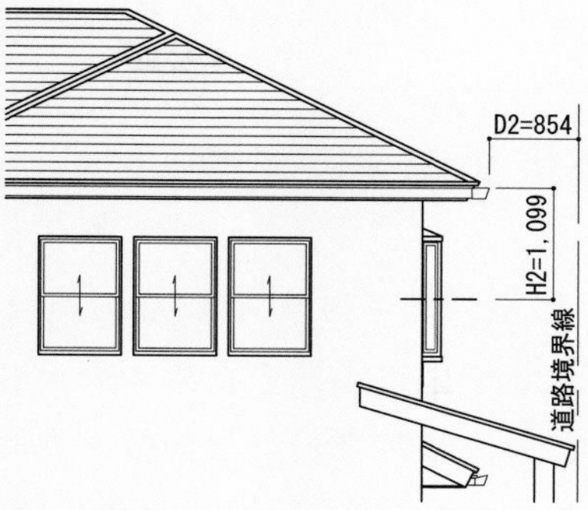

図 2.50　**夫婦室窓③の距離（軒）**

ii）採光補正係数を求める

採光補正係数 A ＝ 0.777 × 6 － 1.4

＝ 3.262 → 3（A ≧ 3 の場合は 3）

採光補正係数は 3 となる

iii）有効採光面積を求める

1.65 × 1.10 × 3 ＝ 5.445[m^2]

iv）夫婦室の採光を判断する

■夫婦室の床面積…12.422[m^2]

■有効採光面積の適否

有効採光面積＝①＋②＋③

＝ 6.81 ＋ 7.362 ＋ 5.445 ＝ 20.298

20.298 ＞ 12.422 × 1/7　…OK

キーワード

排煙設備

延べ床面積が 200 ㎡を超す住宅では、排煙設備として居室の床面積に対して、1/50 の自然排煙窓を必要とする。このときの排煙上有効な窓は、天井から 80cm 以内の部分である。

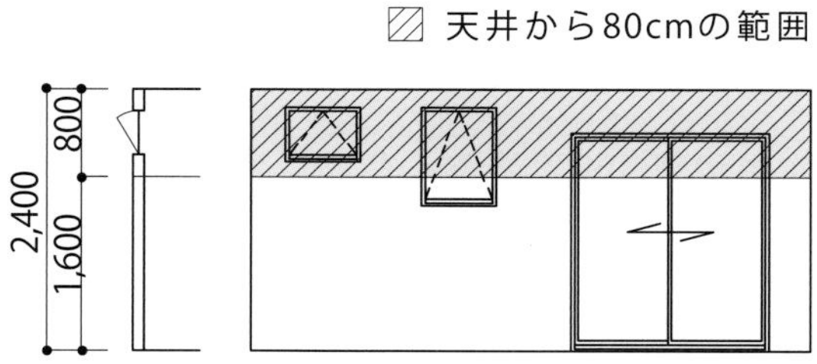

図 2.51　**排煙窓**

換気設備

火気使用室（調理室、浴室、そのほかの室でかまど、コンロそのほか火を使用する設備、もしくは器具を設けたもの。最近の住宅では、キッチンのガスコンロの上部に設ければ良い）には、自然換気設備のほかに、所定の換気設備が必要となる。

2.4.3 換気の確認

1 換気の基準（建築基準法28条2項）

住宅の居室（基準法で定める居室）においては、採光と同様に換気のための窓そのほかの開口部を設けなければならない。その換気に有効な部分の面積は、その居室の床面積に対して、1/20以上としなければならない。もし、1/20以上換気に有効な部分の面積を確保できない場合（換気上の無窓の居室）は、機械換気が必要となる。

2 計算手順

設計を進めるうえで、居室に設置した窓などの開口が、必要な換気面積を有しているか計算・比較し、満たさない場合に、開口部の形状を再度検討することが一般的なプロセスである。居室に必要な換気上有効な開口部面積については、開口部の形式（形状）によって換気効率が異なるため、それぞれに定められた倍数を用いて計算する。有効採光面積の検討のように、開口部前面の距離に影響しないため、はめ殺し窓のように開放性のない窓でない限り、換気についての条件を満たす場合が多い。そのため、採光の確認のあとに換気の確認をおこなう。

手順は、以下のようになる。

i）当該居室の床面積を求める
ii）換気上必要な開口面積を求める
（床面積 × 1/20）
iii）居室に存する開口部の有効開口部面積を求める
iv）上記 ii ≦ iii であることを確認する

居室に必要な換気上有効な開口部面積
＝当該居室の床面積の1/20以上

開口部の形式（形状）別の倍数については、代表例を表1.13に挙げる。

窓の換気に有効な部分の面積は、引違い窓であれば、窓枠内側の面積の1/2となる。また、窓の面積を求める寸法については、カタログなどに記載されている内法基準寸法を用いて計算しても良い。

住宅の換気に必要な有効面積が不足する場合、次の換気設備のいずれかを設置する必要がある。

①自然換気設備（一般的な窓の追加）
②機械換気設備

②の機械換気設備を設置する場合は、次に示す計算を利用する。

有効換気量（V）=20（Af-20Aw）/N（m^2）
Af: 居室の床面積（m^2）
Aw: 換気上有効な開口部の面積（m^2）
N:10以下
（実況に応じた1人当りの占有面積 m^2）

■表2.13　窓の形状と有効な部分

窓の形状	引違い	片引き	両開き
	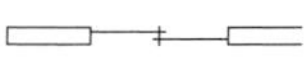		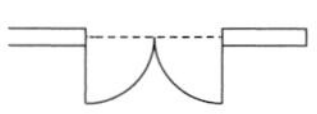
倍数	1/2	1/2	1

例題

換気の確認・検討

例題として、夫婦室について計算を行う。

i）夫婦室の床面積を計算する

換気については、ウォークインクローゼットの扉が折れ戸のためアンダーカットがあると想定し、床面積に算入する

夫婦室

4.55 × 2.73 = 12.4215 (m²)

ウォークインクローゼット

1.82 × 1.82 = 3.3124 (m²)

合計　15.7339 (m²)

ii）換気上必要な開口面積を求める

床面積に 1/20 を乗じる

15.7339 × 1/20 = 0.786695 (m²)

…必要開口面積

iii）開口部の有効開口部面積を求める

夫婦室には、引違い窓（バルコニー、出窓）、突き出し窓を使用している。ここで、バルコニー側の引違い窓（窓①）は大きく、必要開口面積をクリアできると考えられるので、最初に計算を行う

・窓①の計算

窓寸法は、

窓①呼称寸法 16520：

内法寸法 W = 1,650 mm、H = 2,000 mm

開口部面積　1.65 × 2.00 = 3.30 (m²)

引違い窓なので、1/2 倍を乗じる

3.30 × 1/2 = 1.65 (m²) …有効換気開口面積

iv）上記②≦③であることを確認する

必要開口面積　≦　有効換気開口面積

0.786695 (m²)　≦　1.65 (m²)　…OK

モデル住宅には、1 階に L.D.K. と祖父室、2 階には夫婦室と子供室 1、子供室 2 が居室である（図 2.52）。同様に、有効換気面積の検討をした（表 2.14）。いずれも、有効換気面積が床面積の 1/20 を越しているので、判定は OK となる。

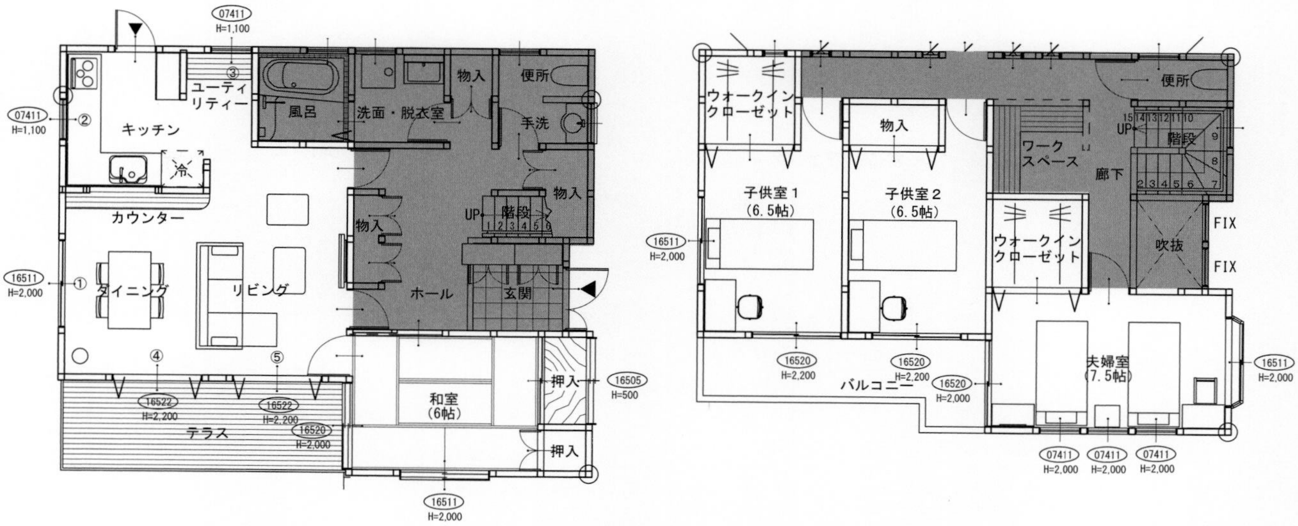

図 2.52　**モデル住宅の換気の検討**

■表 2.14　有効換気面積の検討

階	室名	部屋床面積 A	1/20	必要換気面積 A × 1/20	建具記号	開口部		有効面積（㎡）	倍数	有効換気面積（㎡）	判定
						W（m）	H（m）				
1	LDK	26.08515			①	1.65	1.10	1.82	0.5	0.9075	
		6.21075			②	0.74	1.10	0.81	1.0	0.8140	
		1.65620			③	0.74	1.10	0.81	1.0	0.8140	
					④	1.65	2.20	3.63	0.5	1.8150	
					⑤	1.65	2.20	3.63	0.5	1.8150	
		33.9521		1.70						6.1655	OK
1	和室（祖父室）	9.9372			①	1.65	1.10	1.82	0.5	0.9075	
		2.4843			②	1.65	2.00	3.30	0.5	1.6500	
		12.4215		0.62						2.5575	OK
2	子供室 1	10.7653			①	1.65	2.00	3.30	0.5	1.6500	
		3.31245			②	1.65	1.10	1.82	0.5	0.9075	
		14.0777		0.70						2.7225	OK
2	子供室 2	10.7653			①	1.65	2.00	3.30	0.5	1.6500	
		1.6380									
		12.4033		0.62						1.8150	OK
2	夫婦室	12.4215			①	1.65	2.00	3.30	0.5	1.6500	
		3.3124			②× 3	0.74	1.10	0.814	0.5	1.2210	
					③	1.65	1.10	1.82	0.5	0.9075	
		15.7339		0.79						3.7785	OK

NGの場合は、令 20 条の 2 に基づく換気量の検討が必要　（V=20・Af/N　N：1 人当りの専有面積　Af：床面積）

2.5 設計方針の検討

2.5.1 家族調査

住宅は、家族の生活スタイルに合わせた設計を行うことがもっとも重要である。そのためには、その住宅に住む家族の個々の仕事や趣味、要望を的確に聞き取ることが大切である。

一方、家族全員の要望はさまざまで必ずしも一致した意見だとは限らない。また、要望の中にも矛盾が生じていることも多い。その場合、設計者は、それらの要望の中から優先づけを行い、取捨選択しながら最終的な建物へと導かなくてはならない。

潜在的な要望を含め、うまく要望を聞きだせなかった場合、設計案をつくっても施主が納得する案とならなかったり、あとに要望がでてきて設計を大幅に変更せざるを得ない場合がでてくる。ある程度、施主の納得いく案にならないと、設計者としての信用を失うことにもなりかねない。

次に挙げる項目が、住宅の設計前に家族から採るアンケートの一般的な例である。それを調査表にしたものが表 2.15 である。

① 家を建てる理由
② 家族構成
③ 工事費
④ 敷地
⑤ 構造
⑥ 夫・妻の生活
(仕事、趣味、将来計画、要望など)
⑦ 子供の生活(趣味、要望など)
⑧ 特記事項
⑨ 工事期間

■表 1.15　家族調査書

打合せ日	令和　年　月　日（　）	打合せ場所	
依頼者		計画名	

連絡先

②家族構成		E-mail	
住所		勤務先	
連絡先（自宅）		連絡先（勤務先）	

設計要望

①計画の理由					
自己作成間取り	有・無		③工費（予算）		
参考事例	有・無		自己資金（ローンなど）		
⑤構造			規模	㎡	
必要設備			④敷地		
設計範囲			工事範囲		
業者の指定	有・無	（業者名：　連絡先：　）			

過ごし方

⑥夫生活	夫：　（年齢　歳）	職種内容		年収	
		趣味			
	仕事	出勤：　帰宅：		家事	
		自宅での仕事	有・無	料理	
	帰宅後	帰宅後の過ごし方			
	休日	休日の過ごし方			
⑦妻生活	妻：　（年齢　歳）	職種内容		年収	
		趣味			
	仕事	出勤：　帰宅：		家事	
		自宅での仕事	有・無	料理	
	帰宅後	帰宅後の過ごし方			
	休日	休日の過ごし方			
子供生活	子：　（年齢　歳）	職種内容		年収	
		趣味			
	通学	出勤：　帰宅：		将来	
		自宅での仕事	有・無	親の希望	
	帰宅後	帰宅後の過ごし方			
	休日	休日の過ごし方			

新居先

所在地		
交通・最寄	JR（　）・私鉄（　）徒歩・バス・そのほか　分	
面積	㎡	特徴
道路	前面道路　m　側面道路　m　そのほか（　）	
周辺状況（将来予測）		

敷地条件

用途地域		建ぺい率	%
防火指定	準防火・防火・無指定	容積率	%
そのほか　規制			

備考欄

2.5.2 所要室の検討

住宅に必要な所要室は、家族の構成によって大まかに想像ができる。最低限必要とされる所要室は、リビング、ダイニング、キッチン、浴室、トイレ、洗面脱衣室、寝室である。

一般的には、子供には子供室が、老人には老人室が必要になる。そのほかに、余裕があればワークスペース（家事室、書斎など）なども検討してみたい。敷地周辺の状況、敷地、家族の趣味などのさまざまな条件から住宅を考えなければならない。そのためには、しっかりとした聞き取りが必要となる。

聞き取りの際に気をつけなければならないのは、時間が経つことで状況が変化してくることである。幼児が二人以上いる場合、幼少のころは子供の数だけ部屋の数を用意するよりも相部屋とするほうが好ましいが、成長するにつれて独立した部屋が必要となる。二世帯三世代となれば別だが、やがては成人して就職や結婚を機に家を離れ、子供部屋が不要になることもある。

また、老人の場合は、設計時に健康でも徐々に体が衰え、最後は介護が必要になる場合も少なくない。そのためにも、竣工《しゅんこう》時に家族が満足するだけではなく、将来を見据えた計画を立てて設計することが必要である。

住宅設計を学ぶにあたっては、コンセプチュアルなデザイン優先の設計の前に、住宅の機能やヒューマンスケールを的確にとらえた設計を習得し、そのあとに住宅設計の可能性を追求してもらいたい。

2.5.3 コンセプトの検討

コンセプト（Concept）とは、一般的には概念や理念のことを指し、創造された作品や商品の全体に貫かれた、骨格となる発想や考え方という意味である。建築では、計画・設計にあたりコンセプトを決め、コンセプトに沿って形態や空間を決めていくことが多い。つまり、このコンセプトは抽象的な言葉（明るい空間）などではなく、より具体的にイメージできる言葉（朝陽が差し込む空間）などが望ましい。また、コンセプトは意図と捉えることもでき「意味のある空間」へとつながる表現にすることが重要である。

実際のコンセプトのつくり方から建築への具現化の流れは、次のとおりである（図 2.28）。

① 問題を提起する

建築をつくるために敷地調査や家族へのヒアリングを行い、置かれている状況を把握する。そこから、課題探索を行い、解決しなければならない条件を可能な限り書きだす。そして、それらの条件を分類し、情報整理を行う。このときに、着眼点によって分類の仕方も変わってくる。

② 目標を設定する

整理された情報を重要度に応じて優先順位（ヒエラルキー）をつけて、そこに秘められた課題の分析を行う。そこから、もっとも骨格となっている概念や理念をコンセプトとする。解決しなければならない目標を設定することで設計のテーマを決定する。

③ 建築へ発展させる

問題設定した内容を解決するために、解決法の模索を行う。解決案がでてきたら、建築全体のストーリーを思い描き、全体の問題設定と解決案を関連づける。そのストーリーを実現するために、軸組木造建築や枠組み木造建築、吹抜け、アルコーブ、らせん階段、フローリング、突き出し窓といったように建築言語を使って言葉から建築へ変換し、展開する。

④ 建築空間として具現化する

空間言語（空間構成、床の広さや天井の高さ、吹き抜け、仕上げのテクスチャー、色など）と建築構造や建築材料を組み合わせながら、空間イメージをつくりあげていく。そしてそのイメージを図面やパースとして施主や他人にもわかるように具現化（施工まで捉えると、具体的な建築物にするための基本設計や実施設計、施工図面化）していく。

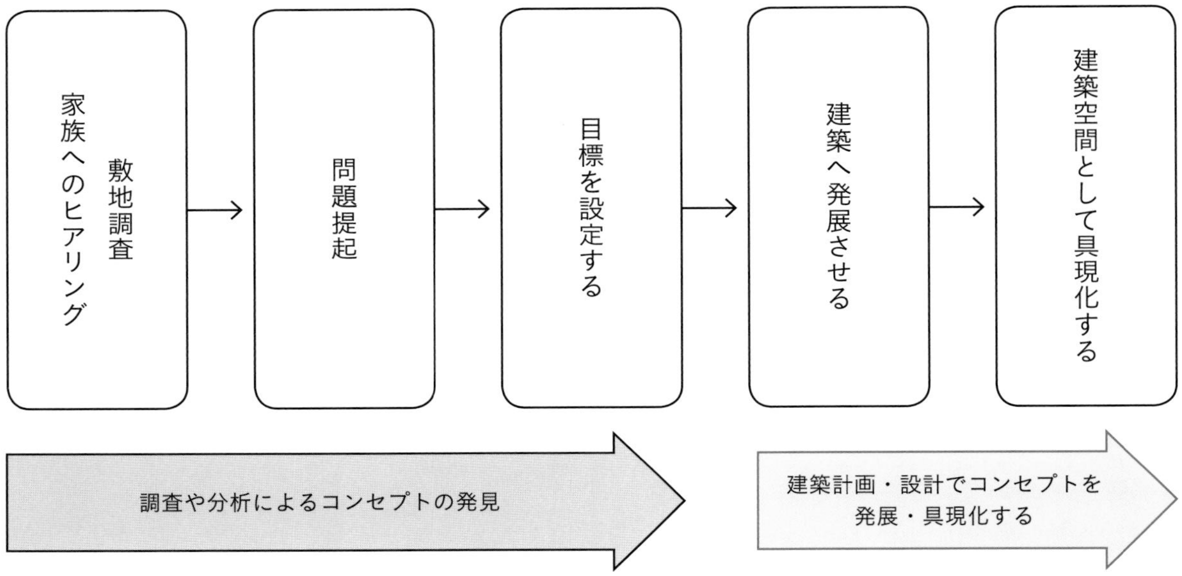

図 2.28　**コンセプトから設計へ**

3章

設計初期の全体計画

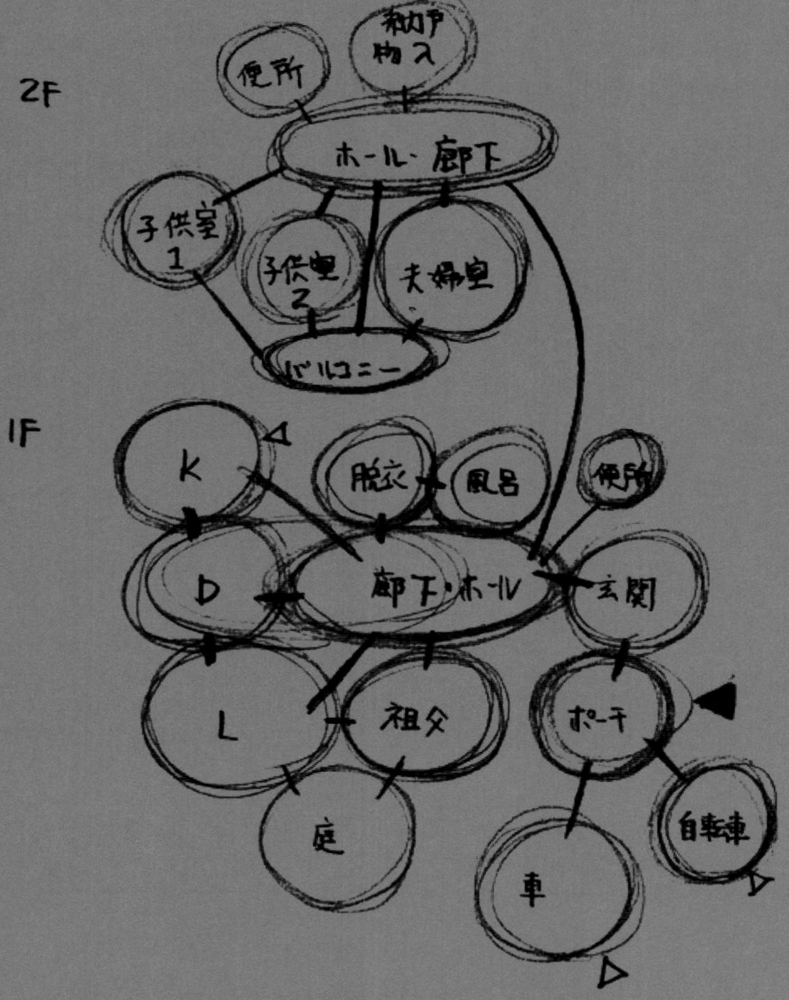

3章　設計初期の全体計画

概要

建物内部と外部空間の設計では、敷地や周辺の情報、家族の情報や希望など、与えられた条件だけではなく、設計者自らが設定した条件を基に計画を進める必要がある。計画とは、設計するための環境（工学）やデザインするための法則、空間の寸法などに関する知識、それに基づいた与条件の抽出や整理をすることである。つまり、設計をするための準備の段階が計画である。設計は、計画したことを念頭におきながら、生活者のさまざまな行動を想像し、そこで繰り広げられるシーン（場面・情景）を建築空間として形にすることである。あいまいなイメージを建築空間にするプロセスでは、スケッチや言葉、ダイアグラムを用いて計画案を検討してまとめる。シーンを創造する際は、さまざまな視点（見る場所と角度）からイメージすると良い。できれば、双方向の視点で空間を想像できるようになりたい。

建物を設計するとき、直ぐに建物に着手したくなるが、その前に敷地全体の利用方法を検討しなければならない。建物の内部から設計を始めると、最後に駐車や駐輪がうまく収まらなかったり、無駄な空間が多くなり空地としての庭が確保できず、設計を初めからやり直さなければならなくなるケースが多い。そのため本書では、土地利用の検討より始める。

3.1 屋外空間計画

3.1.1 土地利用の検討

検討内容

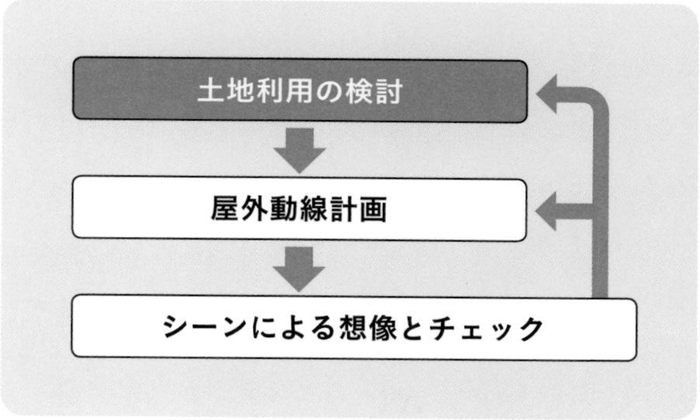

土地利用の検討では、アプローチ、建物、空地、駐車・駐輪スペースの位置や大きさを検討する。このプロセスを経ることで、設計しようとする建物の大きさを把握することが可能となる。比較的大きなスケールの空間を扱うことから、設計の手戻りや無駄なスペースの発生を抑制するため入念に検討する必要がある。ここでは、図 3.1 に示すようなスケッチを描きながら、敷地の使い方を検討する。このときに、ある程度の建物の大きさや駐車スペースの大きさを把握しておく（図 3.1)。

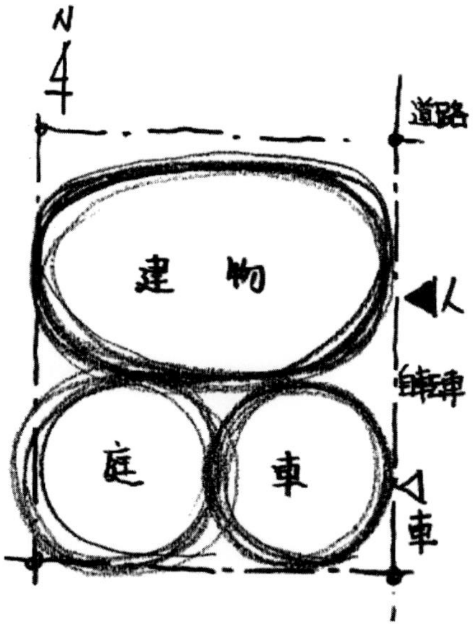

図 3.1　**初期スケッチ**

1　方位に対する建物の配置

建物の配置計画は、方位、道路の位置、敷地の形状、計画しようとする建物の形状、敷地内の空地（庭など)、通風・採光、景観などを総合的に考え決定することが大切である。

建物の大きさは、郊外型住宅で 4 ～ 5 人家族を想定した場合、一般的に 120m^2 前後である。建築面積（建ぺい率）をもっとも小さくする場合、1 階と 2 階の床面積が同じになる。その場合 60m^2 が、建築面積として必要になる。敷地面積に対して、駐車スペースと駐輪スペース、庭などの空地を考えながら（隣地から 1m 以上離すことをイメージしながら）この面積を大づかみで配置する（図 3.2)。ここでは、最低限の建物のボリュームをつかむことだけにとどめ、後の設計においてこのボリュームが変化する心構えをもつ。

方位は、条件が1対1に対応しているのではなく、図3.3のように複雑に絡み合いながら関係している。また、これらの条件の下には図3.4のように、さらにさまざまな条件が付随している。たとえば、道路の位置と方位によってある程度の駐車スペースの位置が決まり、それが建物の位置や形状に影響を与える。そして、道路と建物の形状、駐車スペースが決まると、道路から玄関までのアプローチと駐車スペースから玄関までのアプローチも決まってくる。そのため、これらの上位の条件をある程度考慮に入れて設計をスタートしないと設計の手戻りが多くなり、無駄なスペースも発生しやすくなる。一度ですべてを決めようと思っても、これまでに述べたような定量的に判断できる設計条件だけではなく、家族関係や個々の趣味など、定性的な設計条件が複雑に絡み合ってくるために、さまざまな面からの検討が必要となる。

2　駐車スペースの位置

一般的に駐車スペースは、玄関近くに配置して玄関までスムーズにアプローチできるよう計画する。敷地面積に余裕がない場合、駐車スペースと玄関が離れているとアプローチが長くなり、外部空間に無駄なスペースが増えることになる。また、雨の日や買い物後の荷物を運ぶ際も不便となる。駐車スペースにより、道路の間にある生垣やフェンスなどの境界が切れるために、防犯対策にも十分注意する。

(a) 車の出入り口

敷地が2つの道路に面する角地、あるいは交差点などとなっている敷地は見通しが悪く車の出入庫の際に危険が伴うため、車の出入口は角から5m以上、交差点などからは5m又は10m以上離さなければならない(図3.5)。また、道路が2つ以上ある場合は、往来が多い方を駐車入り口にしないほうが良く、歩道を切るのは、なるべく避ける。

(b) 駐車スペースの規模

一般的な駐車スペースの検討はセダンタイプの車で行う。セダンタイプの車の大きさは、図3.6で示すように幅1,800mm、長さ4,500mm

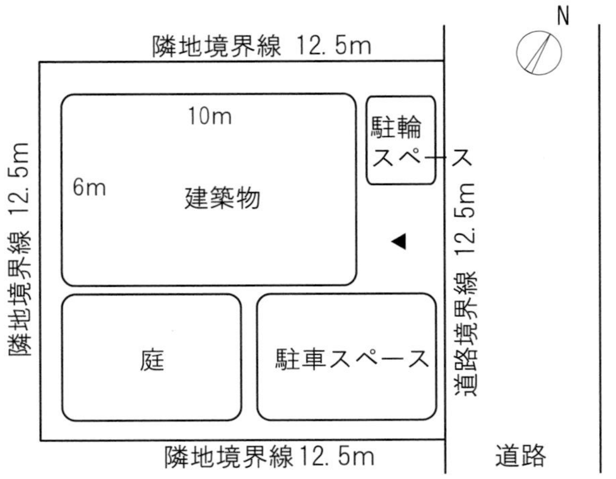

図3.2　土地利用ゾーニング

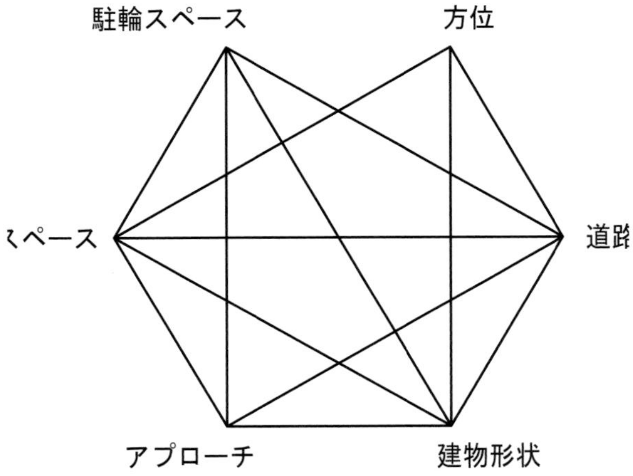

図3.3　土地利用ゾーニング

である。車の両側に乗り降りのためのスペースを確保すると、駐車スペースは、最低でも図3.7（a）のように幅3m、長さ5mが必要となる。また、複数台の車を並列駐車する場合や周囲に十分な空きスペースがある場合には、1台あたりの幅を図3.7（b）のように2,5mとすることができる。

車いす使用の際は乗り降りにゆとりを確保するため、幅3.5m以上必要である。縦列駐車の場合は、車の走路も含めると、幅は同じく2.5mであるが、長さが7mほど（図3.7（c））必要となるため、並列駐車よりも駐車面積が大きくなる。

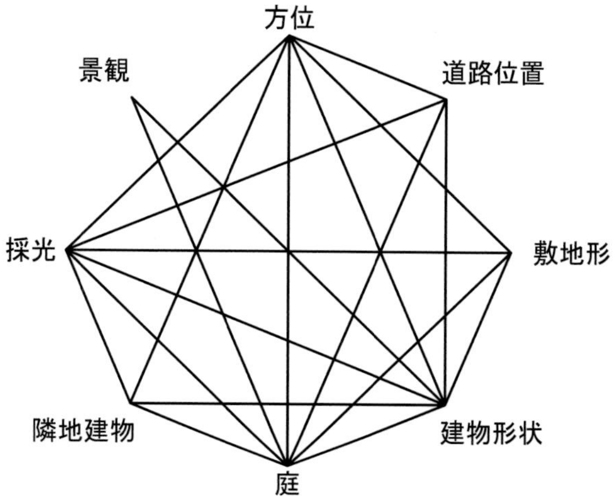

図3.4　設計条件の関係性

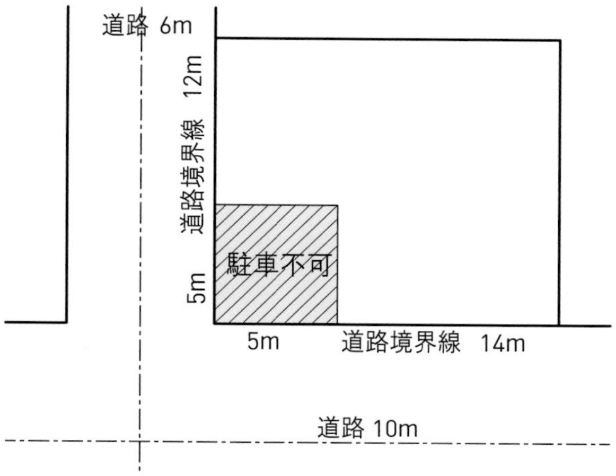

図3.5　車の出入り口を設けられない範囲

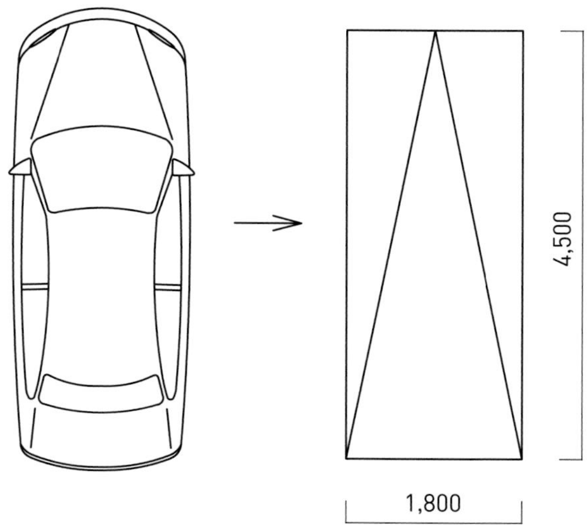

図3.6　一般的な車の大きさ

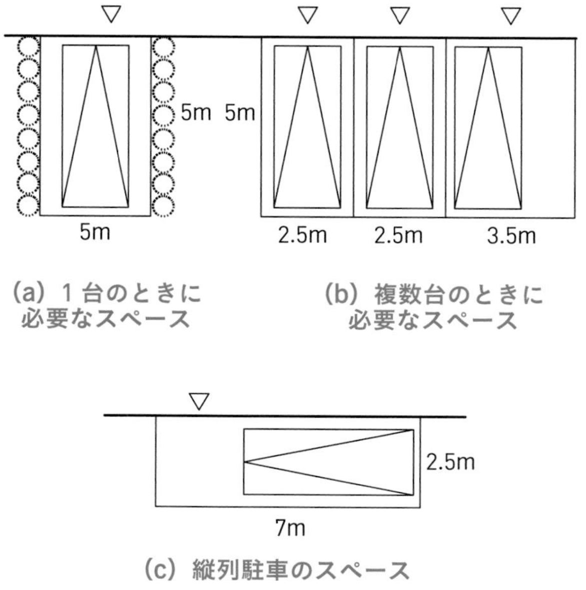

図3.7　駐車に必要なスペース

3　道路と駐車スペースの関係

敷地が狭い場合は、車の走路と人のアプローチが重なり危険になることがあるので注意が必要である（図3.8）。また、道路が2面以上ある場合は、往来が多い側を駐車入り口にすると危険である。

接道の位置により、一般的な駐車スペースと玄関の配置の関係は、次のとおりである。

(a) 南側道路

道路が南側にある場合、駐車は必然的に南側となるため、建物は北側に寄せて配置することになる。その結果、南側に空地をつくりやすい利点がある。また、南側に窓が多く配置されるために、道路から見た建物に表情をつけやすい。一方、南側の空地の一部が駐車スペースと駐輪スペース、玄関までのアプローチになるために、庭が小さくなる傾向がある。また、南側の道路から庭が見えやすくなるために、プライベートを確保しにくいなどの欠点もある。東寄り（図3.9）と西寄り（図3.10）の駐車は、家の中のプランによって玄関位置が変わってくるので、それに合わせて駐車を決めるとよい。

(b) 東・西側道路

道路が東側、または西側にある場合、駐車スペースを建物の南側もしくは北側に配置することで大きく異なる。南側に駐車スペースを配置した場合は、建物を北側に寄せて配置しやすく、南側に空地を取りやすくなるなどの利点がある。南側駐車は、玄関が、東（西）側もしくは東南（南西）になりやすい。一方、駐車スペースにより南側のプライバシーが保ちにくいなどの欠点が生じる。さらに南側に駐車スペースを配置する場合は、車を建物に寄せるか（図3.11）、隣地境界に寄せるか（図3.12）検討する。

建物に寄せた場合は、玄関までの動線が短くなるが、駐車スペースに近接した部屋から車が間近に見えてしまうため、窓の形状に影響する（本モデル住宅）。一方、南側の隣地境界に寄せた場合、アプローチが長くなるが、境界から遠くなり圧迫感を感じなくなる。

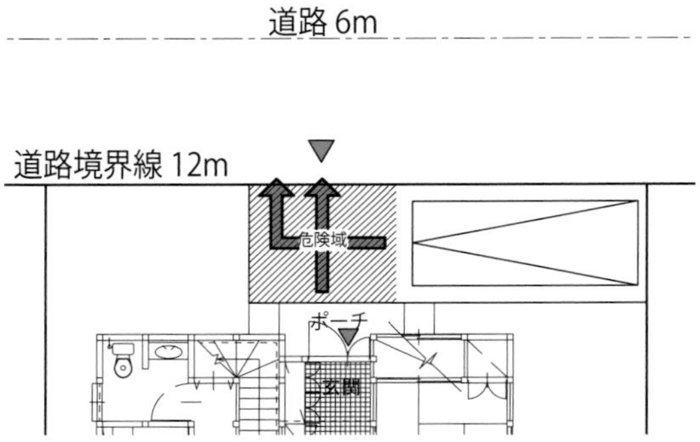

図3.8　車と人の動線が重なるケース

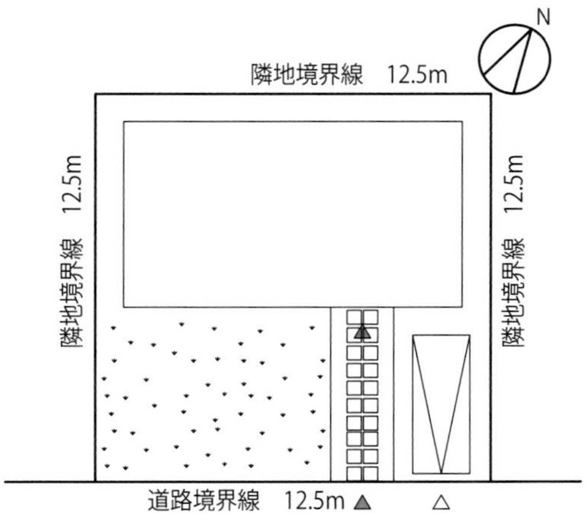

図3.9　南側駐車スペース（東寄りの駐車）

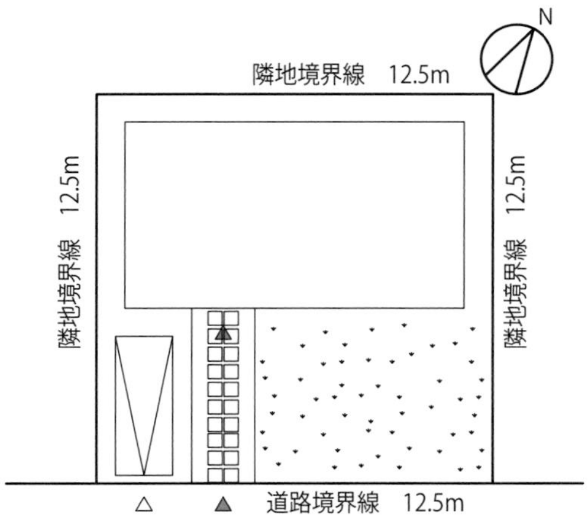

図3.10　南側駐車スペース（西寄りの駐車）

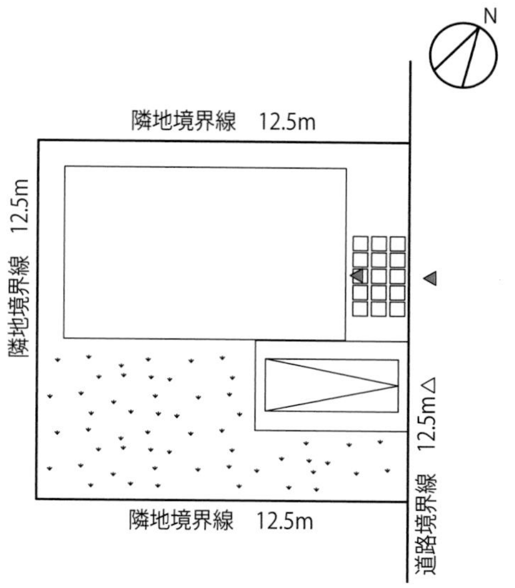

図 3.11 **東側駐車スペース（建物寄りの駐車）**

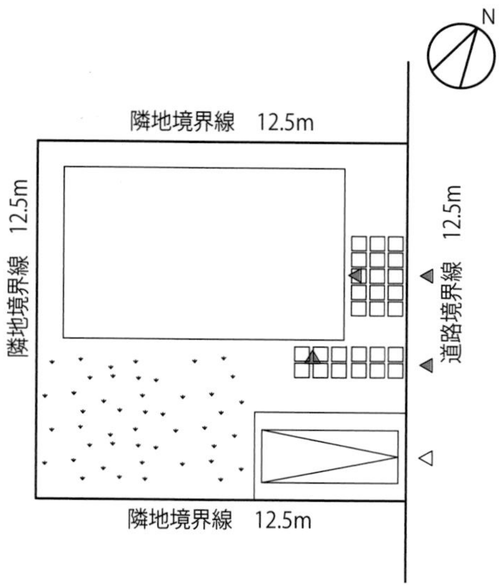

図 3.12 **東側駐車スペース（隣地寄りの駐車）**

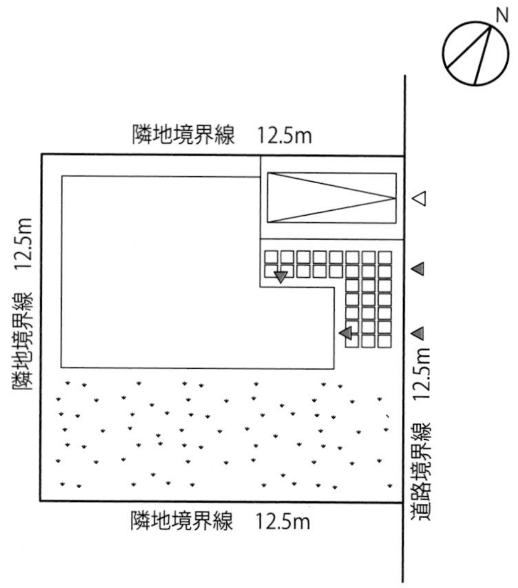

図 3.13 **北側駐車スペース**

北側に駐車スペースを配置した場合は、建物が駐車スペースを囲むＬ字型になりやすいが、南側庭のプライバシーが確保しやすい。北側駐車は、玄関が北東（北西）側、東（西）側、あるいは北側になりやすい（図 3.13）。

(c) 北側道路

道路が北側にある場合、東（西）側の隣地と建物の間に駐車スペースを配置すると、Ｉ型（図 3.14）か建物が駐車スペースを囲むＬ字型（図 3.15）になりやすい。そのため、東（西）側駐車は、玄関が東（西）側、あるいは北側となる。また、建物の北側に駐車スペースを配置（図 3.16）すると、北側に余裕ができるために、駐輪スペースや玄関の位置が自由になるなどの利点があるが、建物が南側に寄ってしまい南側空地の確保や、日の当たる庭と採光が取りにくくなるなどの欠点が生じる。北側駐車は、玄関が北側、あるいは北東（北西）側となる。いずれも北側道路の場合、建物の北側にはトイレや階段、洗面脱衣室、風呂などの窓が配置されることが多いことから、道路に接する建物の表情がつけにくいので、工夫が必要となる。一方、北側道路の土地は、南側道路の土地よりも土地の単価が安く、庭をうまく取れた場合は、プライベートを確保しやすいなどの利点もある。

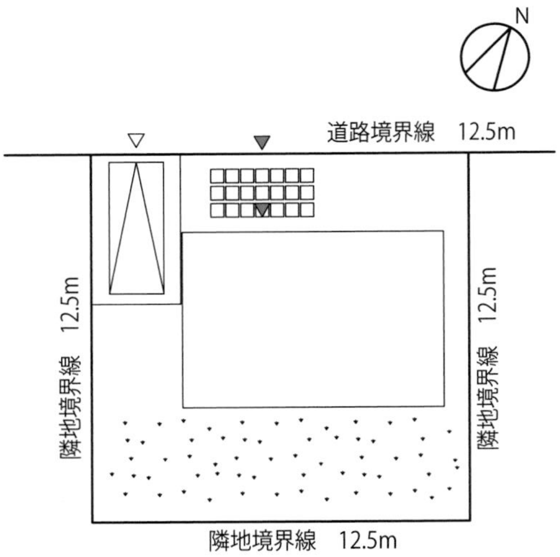

図 3.14　**北側駐車スペース（建物の隣に配置）**

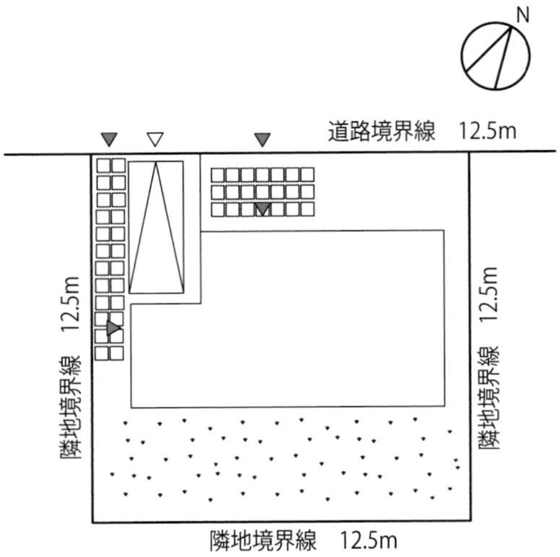

図 3.15　**北側駐車スペース（建物を欠く配置）**

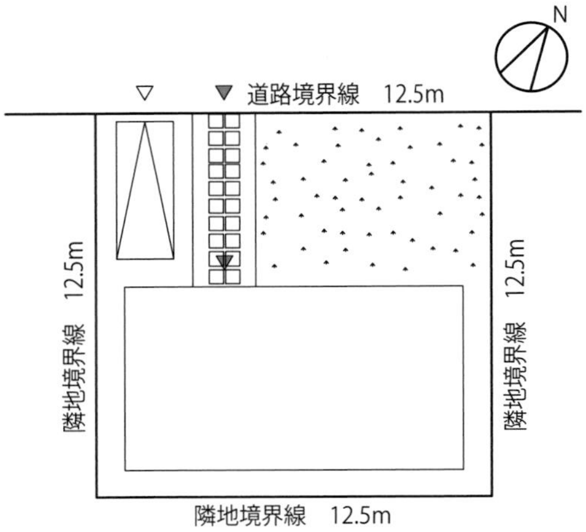

図 3.16　**北側駐車スペース（建物前に配置）**

4　隣地境界線からの建物の離れ

建物は民法234条により、隣地から500mm以上離さなければならないと規定されている。これは、隣地境界と建物の壁芯間の寸法ではなく、空きの有効寸法である。また、屋根が架けられている場合は、軒の先端に直径150mm以上の雨樋が取りつけられるので、図3.17のように壁と隣地境界の距離が500mmの場合は、屋根部では、さらに隣地境界と近接してくることになる。そのため、余裕をみると、隣地から外壁の芯までの距離が1,000mm以上建物が離れていることが望ましい。

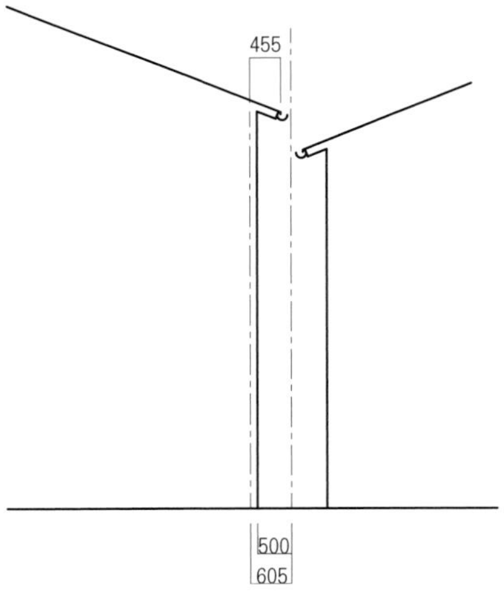

図 3.17　**隣地境界線から建物の離れ**

5 駐輪スペースの位置と規模

駐輪スペースを道路に直接面して配置すると、盗難などの危険性が高くなる。そのため、図 3.18 のように一度敷地内に自転車を入れてから駐輪する計画とする。また、自転車置き場の前面には、2,000mm 程度の空きスペースを確保して、出し入れがスムーズに行えるようにするほうが望ましい。駐輪に必要なスペースは、1 台あたり幅 600mm、長さ 1,800mm 以上である。

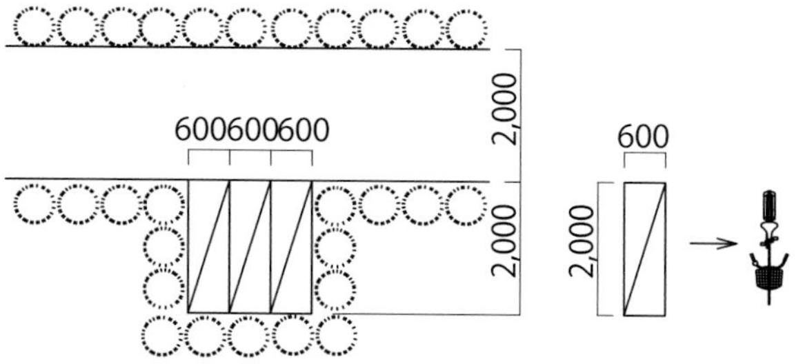

図 3.18 駐輪スペースの規模

6 庭の検討

庭は、採光・通風を確保するための空間のみならず、心理的な影響を与え、豊かな空間を演出するために、とても大事な空間である。

人が住む建物として十分な設計を行うためには、内部空間の設計だけでなく、外部空間とのつながりを意識した計画が重要である。一般的に、建物の南側のスペースを確保することで庭をつくることができる。その結果、室内に太陽光が入りやすくなり、穏やかな明るい空間がつくれる。この南側隣地からの後退距離は、1 章でも述べたように、5m 以上離すと、1 階の居室に太陽光が届く（図 3.19）。同時に、南側の居室から外を眺めると、南側の隣家までの距離が長くなるため、圧迫感のない室内空間ができる。このように、建物の内部空間をつくる際に、内部空間だけを設計すれば良いのではなく、外部空間も同時につくらなければ、良い設計にはならない。

敷地が 150m² 未満の場合は、北側の空きにゆとりを確保すると、結果的に南側の空地が小さくなってしまう。南側にまとまった空地ができにくい場合は、東、西、北の順に確保する。あるいは、周囲が建物に囲まれていてプライベートを確保したい場合は、建物の中央に中庭として空地を取る方法もある。効果的な庭をつくるためには、設計初期段階において建物内部のゾーニングを行う前に、駐車・駐輪スペースの配置を検討することが大切である。外部スペースよりも建物内部の設計を先に行うと、庭が敷地から建物の面積を引いた残りの空間になりがちで、魅力的な空間になりにくい。

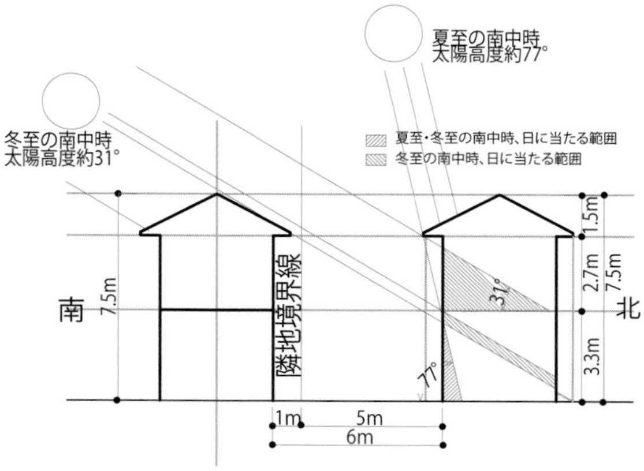

図 3.19 南の庭と太陽光の入り方

3.1.2 屋外動線計画

1 アプローチの検討

検討内容

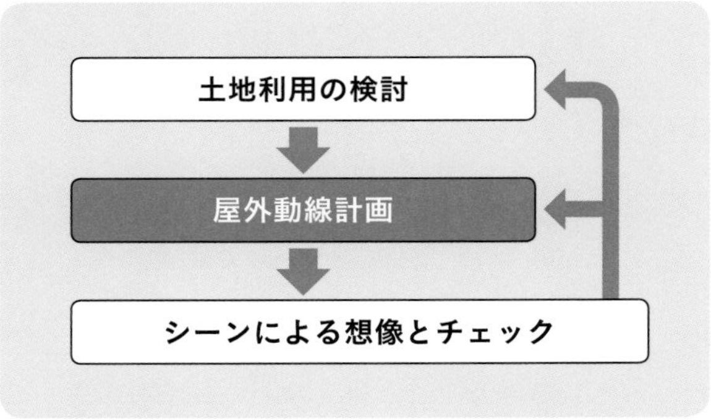

住宅を建築する場合、建物が個人の所有物であっても外観やアプローチ計画は、街並みや地域の環境に影響を与えるため、周囲に配慮した計画を行わなければならない。また、アプローチは、日々利用することから、動線が悪いと危険が発生し、使い勝手の点からも施主の不満になることが多い。そのため、外部空間の計画を疎かにしないことが大事である。

2 駐車・駐輪のアプローチ

アプローチの計画を行うために大切なのが、門扉を通って玄関へ向かう人の動線と駐車・駐輪からの動線である。住宅敷地内であっても、歩車分離が必要である。庭を通って植栽を眺めながら玄関に行くなど、人の動線は必ずしも短い動線が良いとは限らない。しかし、住宅における車からの動線は、車から玄関へ荷物などを運ぶことから、短い動線が良いケースが多い。自転車は、歩車分離する点において、車の動線ではなく歩く人の動線として扱う。ただし、人のアプローチに段差があったり門扉付近に駐輪のための十分なスペースが取れない場合は、自転車専用の動線を設けたり（本モデル住宅）、あるいは車と交差しないように配慮しながら車の動線でも良い。その場合は、駐車スペースの横に自転車が通れる専用のスペースを設けることが必要である（図3.20）。また、駐車・駐輪したあとは、道路に出ることがなく、玄関ポーチにたどり着くように計画する。

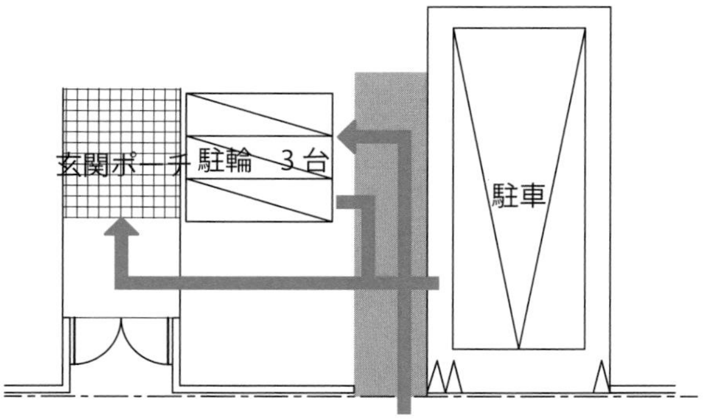

図3.20　駐車と駐輪の動線

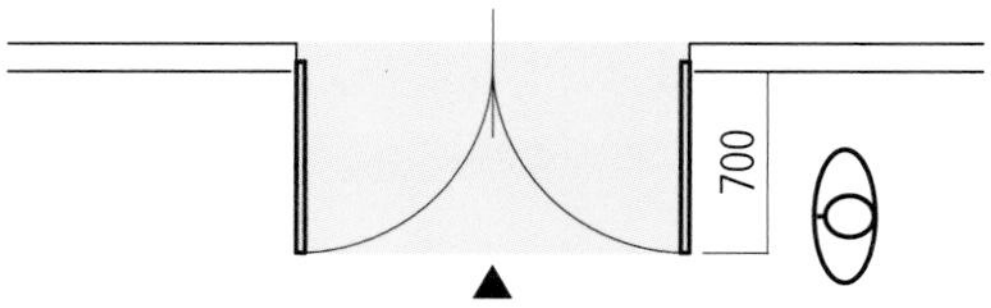

図3.21　危険な外開きの例

3 門扉

門扉を外開きにする場合、図 3.21 のように、通行する車や歩行者との接触が予想される。そのため、図 3.22 のように「ため」をつくらなければならない。「ため」とは、人が行動するときに一時的に滞留する空間のことである。「ため」がつくれない場合は、内開きとしなければならない（図 3.23）。また、敷地内にスロープなどの傾斜がある場合は、門扉の内側にフラットなスペースが必要である（図 3.24）。このフラットなスペースがないと、車いすが門扉の前でいったん立ち止まることができない。門扉外側に「ため」をつくらずに階段をつくると、つまずいたときに直接道路に出てしまうため、とても危険である（図 3.25）。

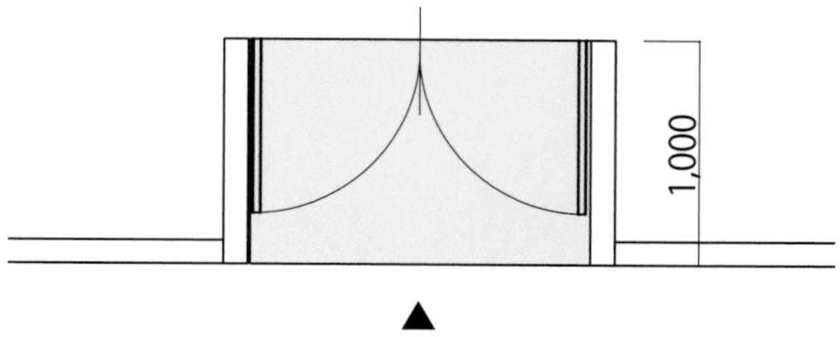

図 3.22 **安全な外開きの例**

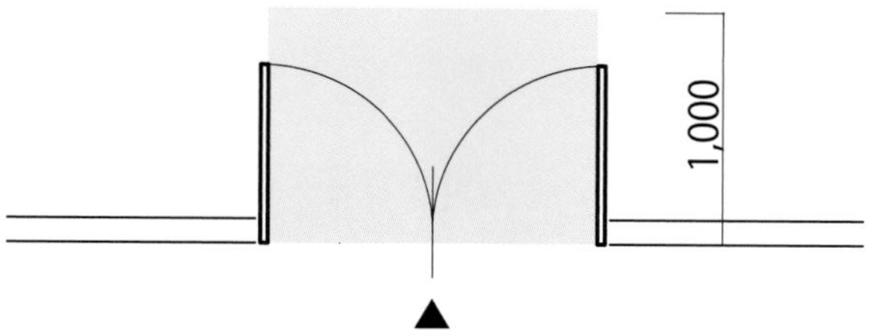

図 3.23 **内開きの例**

(a) 門扉の前に平場がない場合

(b) 門扉の前に平場がある場合

図 3.24 **門扉付近の平場の確保**

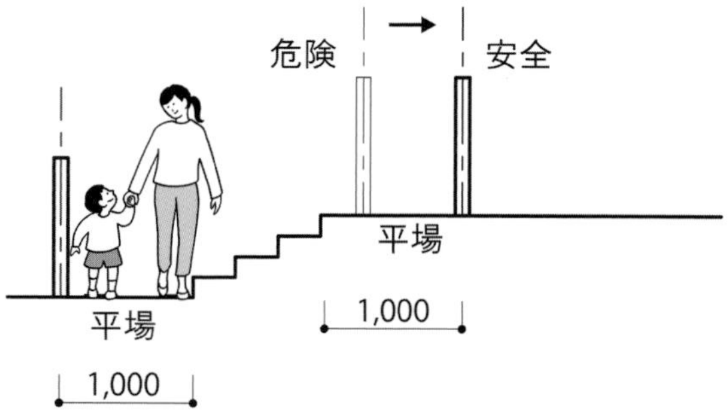

図 3.25 **階段付近の平場の確保**

4　アプローチの高低差

住宅は、１階のＦＬの高さを500mmにすると、玄関土間の高さをGL（地面）から約250mm～350mmくらいの高さにしなければならない（詳細は､4章2.4（玄関）で述べる)。玄関ポーチは、さらに10mm～20m低くなる。そのためGLから玄関ポーチの高さまで上がるには、２段程度の階段が必要となる。アプローチには、この高低差を解消するために階段があることを忘れてはならない。アプローチに設ける屋外階段は、屋内の階段より安全性を必要とするため、踏面を広く取り、勾配を緩やかにする。踏面を300mm以上、蹴上《けあげ》を160mm以下にすることが望ましい。

また、建築基準法では、1m以上の高低差がある階段には、手すりが義務づけられている。しかし、暗くなったときの安全を考えると、1m以下の高低差でも手すりを設けたほうが良い。

3.1.3 屋外空間計画におけるシーンの想像によるチェック

検討内容

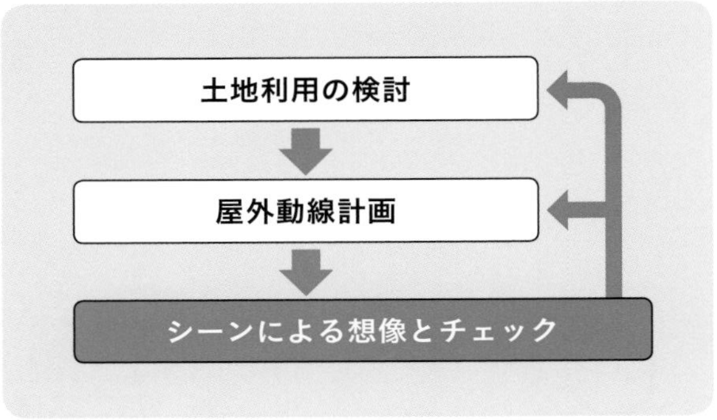

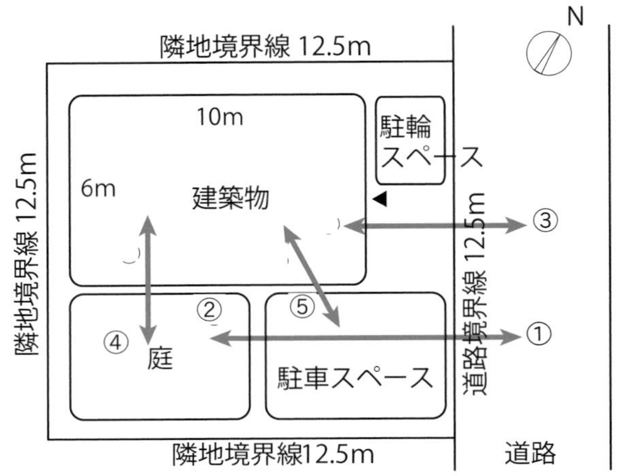

図 3.26　**空間のつながり**

屋外空間の設計後、屋内空間設計へ移行する前に、設計の安全性や快適性を確認することが重要である。特に駐車・駐輪スペース、法規的建築条件やアプローチは入念に確認する。ここで十分に確認することで、屋内空間設計後の手戻りを少なくすることができる。

空間の安全性や快適性を確認する場合は、設計した図面の空間において自己投影を行い、さまざまなシーンをイメージすることで、空間のつながりや広さなどを確認する。空間をつなぐために、敷地の内外、建物の内外（ここでは、建物の内部空間を設計していないが、仮定してイメージする）において、それぞれの空間相互を視線や動線で確認する（図3.26)。

視線には、これらのほかに「見えない」「上だけ見える」など、さまざまな見え方がある。動線では、「リビングから庭に出てみる」などの空間の移動がある。このほか、2つの空間が隣接していなくても「夫婦室にいて、リビングから音楽が聞こえる」「キッチンから料理の匂いがする」などをイメージすることができる（図3.27)。

また、「庭で子供が遊ぶ」、「車の荷物を出し入れする」「室内で本を読む」「日向ぼっこをして気持ち良くくつろぐ」など、人の行為を伴ったシーンを想像することで、空間の大きさ、形、質（色、窓などの建具、テクスチャー、ディテールなど）をつくってゆく（図 3.28）。この空間をつなぐこと（シークエンスをつくること）と空間の大きさ、形、質をつくることを繰り返しながら設計を進めることが建築の意匠設計である。

表 3.1 は、設計全体をチェックするためのシートである。縦軸と横軸に設計空間を同じ順序で記入する。対角線の枠の中は、1 つの空間でイメージするシーンを記入する。さらに、縦軸の空間から横軸の空間に対してイメージする。結果的に、双方向の空間でチェックができる。ここでは、駐車スペース、駐輪スペース、庭、建物を縦軸と横軸にとり、対角線の空間（駐車スペース、駐輪スペース、庭、建物）で起きるシーンをイメージする。次に、縦軸のそれぞれの空間から横軸の空間を見たり移動したりするときに起きるシーンをイメージして、設計で実現したいことをチェックする。その具体的な例を示したのが、表 3.2 である。

このようなシーンを想像するときに確認しておきたいチェックポイントを表 3.3 に示す。実務の設計者は、このようなシートを使って設計をチェックすることはないが、思考の中では、繰り返し行っていることである。初学者の場合、これらの項目をすべてクリアするのは難しいが、できるだけ確認するように心掛ける。

■シーンをイメージする視線の例

・敷地内外　①：敷地内から敷地外を見る
　　　　　　②：敷地外から敷地内を見る
・建物内外　③：建物から通りを見る
　　　　　　④：建物から庭を見る
　　　　　　⑤：建物から駐車・駐輪を見る
　　　　　　⑥：上記と反対の視線

図 3.27　**空間と空間をつなぐ**

■シーンにおける行為の例

：庭で子供が遊ぶ様子
：車の荷物を出し入れする様子
：室内で本を読む様子
：日向ぼっこをして気持ち良く寛ぐ

図 3.28　**空間をつくる**

■表 3.1　設計全体のイメージシート

	想像したシーン			
空間名	駐車スペース	駐輪スペース	庭	建物
駐車スペース				
駐輪スペース				
庭				
建物				

想像するシーンの方向

■表 3.2　想像したシーンの例

	想像したシーン			
空間名	駐車スペース	駐輪スペース	庭	建物
駐車スペース	・車体掃除をする ・車を出し入れする ・人が乗り降りする ・荷物の積み下ろし	・自転車の有無の確認	・子供が遊んでいる様子が見える ・庭に家庭菜園の荷物を運ぶ	・家の中の家族が寛いでいるのが見える
駐輪スペース	・車の有無を確認する ・建物への出入り見える	・自転車を出入れする ・自転車の修理をする ・荷物を下ろす	・見えない ・遊び声が聞こえる	・家族の有無を確認する ・建物への出入りが見える
庭	・家族が車で帰宅したのを確認する ・庭の道具を車に運ぶ	・見えない ・自転車で子供が帰った音が聞こえる	・シャボン玉で遊ぶ ・ＢＢＱする ・ガーデニングする	・お母さんが料理しているのが見える ・家族がリビングでTVを観ているのが見える
建物	・家族が車で帰宅する音が聞こえる ・買い物したものを下ろしているのが見える	・自転車の有無を確認する ・家族が車で帰宅する音が聞こえる	・子供が遊んでいる様子が見える ・祖父がガーデニングしてる様子が見れる	・家族団欒を楽しむ ・料理をしながら家族がTVを観ているのを見る

想像するシーンの方向

■表 3.3 空間のチェック例

機能	チェックポイント	想定される行為
動線	頻度の高い動線（人・物）が短縮されているか	目的空間まで移動してみる
	分離すべき動線がきちんと分離されているか	
	アプローチの位置は適切か	
	適切（適度）な幅、広さ、の動線となっているか	
駐車スペース	駐車スペースの位置・大きさは適切か	駐車・駐輪する
駐輪スペース	駐輪スペースの位置・大きさは適切か	荷物を出し入れする
空地	日当たりは良好か	隣地から見える 隣地から見えない
	適切（適度）な幅、広さ、の庭となっているか	
	空きスペースの確保は出来ているか	
	プライバシーの確保は出来ているか	
	改築、増築への対応は可能か	
その他	植栽の位置・大きさは適切か	
	門の位置・開き扉の向きは適切か	
	塀の位置・高さは適切か	
	災害時などの対応ができるか	目的空間まで移動してみる

コラム

空間のシークエンス（sequence）

一般に「連続」「順序」という意味がある。一瞬の場面をシーンとすると、シーンが連続的につながってシークエンスになる。建築では、移動することにより景色が変わる様子を示しており、時間とも関係している。たとえば、通りからアプローチがなく直ぐに玄関に入ったときの空間から受ける感情と、門をくぐり、庭を眺めながらアプローチを歩き時間を経て玄関に入ったときの空間から受ける感情は、同じ玄関でも受ける感じ方が異なる。

豊かな空間のシークエンス（つながり）をつくることが建築設計に要求されており、シークエンスのつくり方が、設計評価に大きな影響を与える。設計の評価者も、図面を見て仮想空間の中に自身を疑似投影し、そこから受ける感情で設計作品を評価している。

3.2 屋内空間計画

建物の設計において、所要室を次から次へとつなげてゆくだけのプロセスをたどると、全体的にまとまりがなく、凸凹の多い建物になりがちである。不必要に凸凹が多いと構造的に強度が低くなり、外壁が長くなることで建物内部からの熱損失も大きくなる。さらに、建物内のスペースの無駄が生じ、その結果、屋外の庭が小さくなり、採光や通風において不利になることが多い。

不必要な凹凸を避けるためには、敷地内の配置計画と同じように、大づかみのボリューム配置から、詳細な設計へと進めていく。このプロセスをたどることで、大きな設計の手戻りが少なくなる。

ここでは、所要室の抽出から屋内空間のゾーニング、最後に配置ブロックプラン（具体的な所要室をグルーピングした空間のまとまりを配置すること）までを、順を追って説明する。屋内空間設計においても、安全で快適な空間が求められる。

3.2.1 所要室の抽出

検討内容

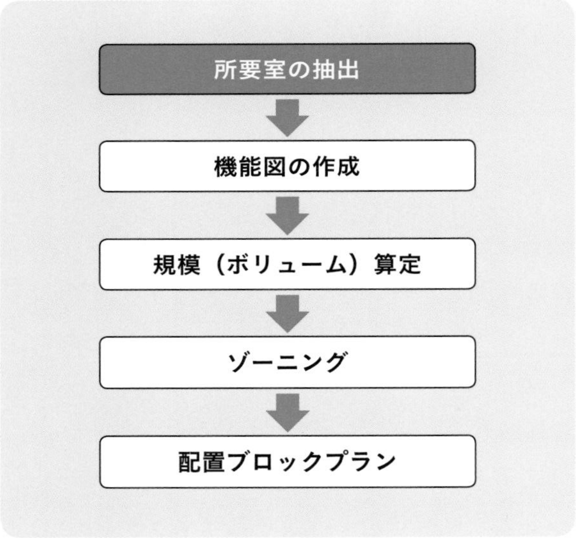

設計者は、計画の初期段階で施主の所要室に関する要望をヒアリングする。しかし、設計者は、このヒアリング結果をそのまま鵜呑みにして設計すると多くの不都合を抱えることになる。施主の要望は、必ずしも整理されているとは限らず､矛盾していることも多い。設計者は、ヒアリングした施主の背景や普段の生活内容を整理し、アイディアを提案することが必要である。一方、初学者にはそのヒアリングと情報の整理が困難であるため､初学者への設計課題は、所要室がある程度決まっているものも多い。ここでは、一般的な住宅や所要室がある程度決まっている課題を想定して説明を進める。

一般的な住宅に必要な所要室を挙げ、室名に対応した機能と生活行為を示したのが表 3.3 である。先にも述べたが、単に生活行為の目的に応じた空間の選択をするのではなく、生活行為の重なりが空間を多様にしていることを忘れてはならない。たとえば、本を読む、勉強する、仕事をするのは、必ずしも個人生活空間だけではない。食事をするのはダイニングだけではなく、天気の良い日には屋外で食べることも可能である。初学者の場合、自分が生活していた住宅での空間体験に限定されることも多いので、生活行為を柔軟に捉えることも必要である。

建物内だけに限らず、土地利用ゾーニング時に検討したことを踏まえ、屋外空間とのつながりも併せて所要室を提案したい。

課題

所要室の抽出

必要な所要室を抽出してみよう

Point

❶ なるべくグループごとにまとめる
❷ この段階での１階と２階の振り分けは、仮定なので柔軟に捉える

■表 3.3　所要室の例

目的	室名	空間に求める機能	生活行為（例）
家族生活	応接間 座敷	接客	もてなす 会話する
	居間（リビング）	家族の団らん	くつろぐ、テレビを見る、新聞を読む、音楽を聴く、休憩、もてなす、会話する
	食事室（ダイニング）	食事	食べる、食事の準備・後片づけ
	中庭 パティオ 坪庭	快適性 家族の団らん	くつろぐ
家事	台所（キッチン）	調理作業	食事の調理・準備、後片づけ、食器の保管・食材の保管
	家事室 ユーティリティ	家事作業	洗濯、裁縫、アイロンがけ、乾燥、掃除
	勝手口	出入り	ごみの搬出
個人生活	夫婦寝室	睡眠 プライバシー 静寂	睡眠、読書、仕事、更衣、収納、対話
	子供室	睡眠 プライバシー 静寂 可変性	勉強する、遊び、趣味、読書、更衣
	老人室	安全、静寂	睡眠、接客、更衣、収納
生理・衛生	便所	生理衛生	排泄
	浴室	生理衛生	入浴、くつろぐ
	洗面・脱衣室	生理衛生 収納 整理整頓	脱衣、着衣、洗濯、洗面、化粧、収納
通路・移動	玄関	出入り 収納 整理整頓	下足の履き替え、来客対応
	階段・斜路	上下階の移動	上る、下る
	ホール・廊下	平面移動	移動する、出入り
収納	クローゼット 食品庫 納戸	収納 整理整頓	収納、整理
	サンルーム	作業 家族団らん	洗濯を干す、くつろぐ

3.2.2 機能図の作成

検討内容

所要室の抽出
↓
機能図の作成
↓
規模（ボリューム）算定
↓
ゾーニング
↓
配置ブロックプラン

機能図は、所要室の関係性・つながりを図化したものである。図 3.29 は、バブルダイアグラムといい、機能図の一種である。初学者は、ホールや廊下を１つの所要室として描いたほうがわかりやすい。

機能図は、設計者が考える抽象的な設計条件を設計案として具体化する過程で描くもので、設計条件との照合や空間のつながりを確認するために用いる。同じ機能を持つ空間をできるだけ隣接させ、人や物の動線もこの段階で検討する。なるべく線は交差させないようにつなぐ。

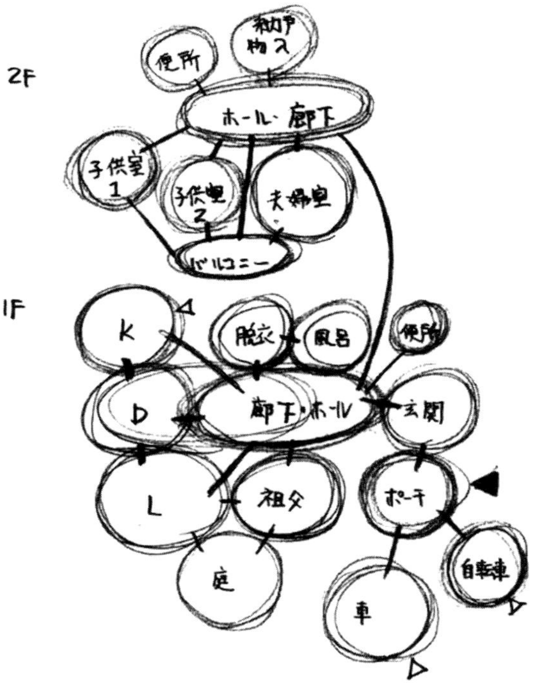

図 3.29　機能図の例

所要室が多くなると、一度で線が交差しない整理された機能図を描くことは難しい。そのようなときは、何度も修正しながら目的の機能図を作成する。そのとき、消しゴムを使わずに線を重ね書きしたり、トレッシングペーパーを上に重ねて修正した線を描き、元となる線を残しておくことがポイントである。

1　屋内動線計画

建築空間において、人が移動して描いた軌跡を動線という。動線は、簡潔にまとまっていて、交差せずに距離の短いものが、生活しやすい動線となる。

住宅設計にあたり、各所要室の配置を室のグループごとに検討するのが、ゾーニングである。このときに、室グループ相互の関係性とつながりを意識して配置計画を行っていく。L.D.K. の場合、キッチンで料理をして、ダイニングで食事を行い、食後、リビングで寛《くつろ》ぐという流れが想像できる。これより、「キッチン→ダイニング→リビング」の動線のつながりが生まれ、空間配置を行っていくうえでの根拠となる。同様に、L.D.K. から風呂に入るという動作の場合、L.D.K. →廊下→トイレ→廊下→洗面脱衣→浴室となる。寝室から浴室に行く場合は、L.D.K. を寝室に交換すれば同じ動作となる。また、洗濯物を干す場合は、1階から2階のバルコニーに、寝室を通らずに行ける動線をつくる。活動に応じた簡潔で短く交差しない動線を心がける。

2 生活空間のグルーピング

生活空間を目的や機能によって分類し、関連する空間をまとめることをグルーピングという。1つひとつの空間を数珠つなぎのように配置するのではなく、このグルーピングされた空間を配置するほうが、設計の手戻りが少ない。生活空間を機能別に分類すると家族生活、家事、個人生活、生理・衛生、通路・移動、収納に分けられる。

課題

機能図

設計する住宅の機能図を描いてみよう

Point

❶ なるべく線は交差しないようにする
❷ 一度で完成するのが難しい場合は、修正しながら何枚も描く
❸ 廊下や階段も1つの空間として扱う

3.2.3 規模（ボリューム）算定

検討内容

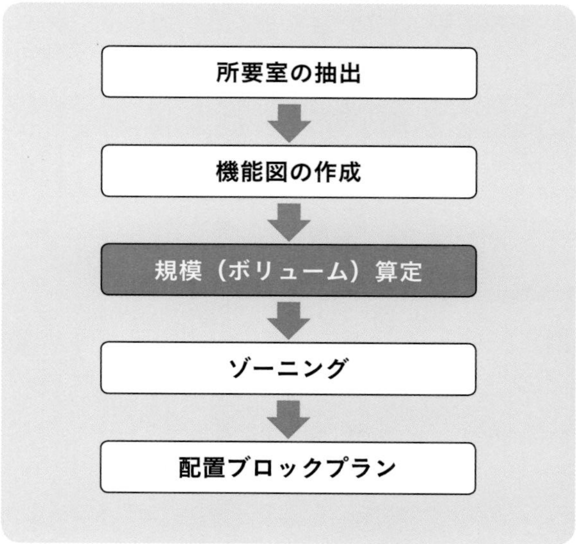

敷地内の配置計画では、仮に建物の延べ面積 $120m^2$・総2階住宅として最低の建築面積を求め、建物と駐車スペース、庭の大まかな配置を行った。ここでは、所要室が明確になったあと、所要室をグルーピングし、そのグルーピングされた空間群を配置する前に規模を算定しておくことで、その後の配置ブロックするときにスムーズに進めることができる。もし、規模を把握せずにゾーニングすると、後に所要室が入らなくなったり、不要なスペースが出てくることで、手戻りが生じる。

取り組もうとしている設計において、施主の要求が明確、あるいは設計課題の所要室が明確な場合は、本項で説明する面積の算定を機能図の作成より先に行うと良い。

1　グリッドプランニング（モデュール）

日本の伝統工法は、尺（303mm）を用いてきた。在来木造工法も伝統工法の延長にあるため、尺の倍数を基本としている。現在、メートル単位の部材が流通されているが、在来木造住宅に関して今もなお木構造や建築部材は、尺単位が使われている。そのため、在来木造住宅の計画・設計を行うために設計者は、尺表記を理解し、活用できるようにしておかなければならない。長さは、図3.30のように1尺の3倍の910mm（909mmではなく、読みやすさから910mmとしている。）である。本テキストでは、910mm × 910mmを1コマ（1P）と呼び、基本単位とする。たとえば、畳は、2コマである。ダイニングは3,640mm × 3,640mmの16コマで畳数に換算すると8畳となる。このような考え方を尺モデュールのグリッドプランニングという。この方法を利用して平面図を描いたのが図3.31である。

詳細設計が進み、ディテールの設計を行うときには、1Pの910mm、1/2Pの455mm、1/3Pの303mmの寸法を利用する。

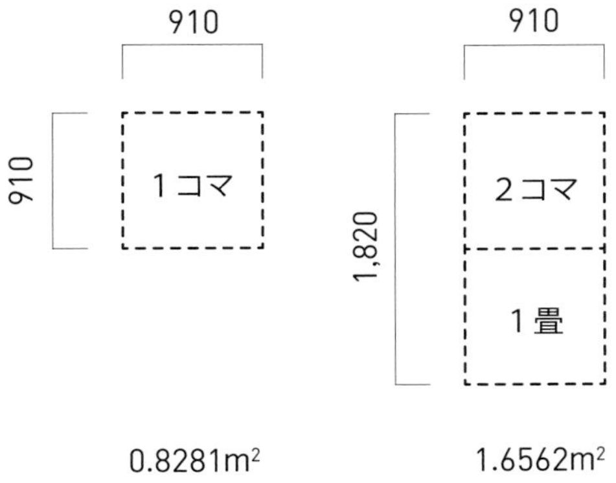

図3.30　グリッドの大きさ

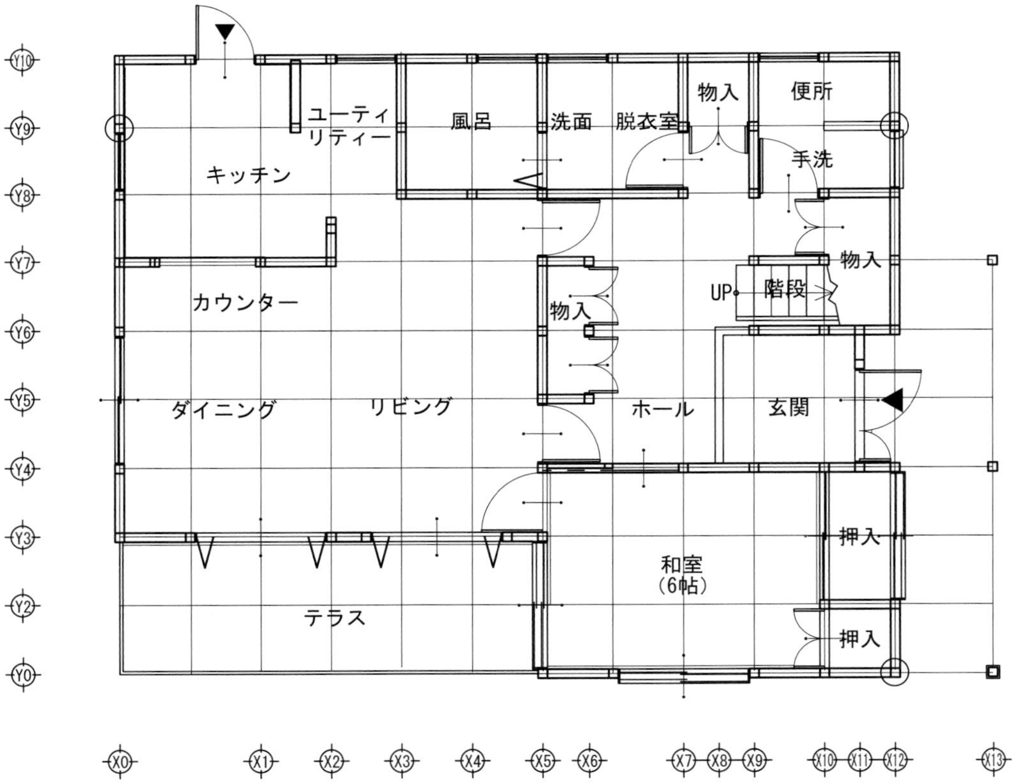

図3.31　グリッドプランニング

室名	畳数	コマ数	部分面積（㎡）	室面積（㎡）
■１階				
ＬＤＫ	Ｌ８畳	16 コマ	13.2496 ㎡ ≒	33.13 ㎡
	Ｄ６畳	12 コマ	9.9372 ㎡	
	Ｋ６畳	12 コマ	9.9372 ㎡	
和室	6畳	12 コマ	9.9372 ㎡ ≒	9.94 ㎡
玄関	2畳	4 コマ	3.3124 ㎡ ≒	3.32 ㎡
浴室	2畳	4 コマ	3.3124 ㎡ ≒	3.32 ㎡
洗面脱衣	2畳	4 コマ	3.3124 ㎡ ≒	3.32 ㎡
階段	2畳	4 コマ	3.3124 ㎡ ≒	3.32 ㎡
■2階				
夫婦室	8畳	16 コマ	13.2496 ㎡ ≒	16.57 ㎡
	ウォークインクローゼット2畳	4 コマ	3.3124 ㎡	
子供室1	6畳＋	12 コマ	9.9372 ㎡ ≒	9.94 ㎡
	収納1畳	2 コマ	1.6562 ㎡	1.66 ㎡
子供室2	6畳	12 コマ	9.9372 ㎡ ≒	11.60 ㎡
	収納1畳	2 コマ	1.6562 ㎡	
便所	1畳	2 コマ	1.6562 ㎡ ≒	1.66 ㎡
納戸	2畳	4 コマ	3.3124 ㎡ ≒	3.32 ㎡
階段	2畳	4 コマ	3.3124 ㎡ ≒	3.32 ㎡
法規上の最大建築面積（12.5 × 12.5 × 0.6）			152.418 ㎡ ＞	104.42 ㎡
延べ面積の目標値			120 ㎡ ＞	104.42 ㎡

図 3.32　規模算定の例

2　所要室の面積

独立住宅の平面計画を考える際には、まず家族が生活するための空間、家事をするための空間、個人生活するための空間など、日ごろ暮らす空間に加え、その他の生理衛生空間・通路移動空間・収納空間など、必要な面積を割り出し、規模算定する必要がある（図 3.32）。基本的な空間の大きさを図 3.33 に示したので参考にすると良い。ここでは、大まかな面積を把握することが必要である。

本モデル住宅の規模算定した面積は、図 3.32 の例では 104.42m^2 となった。目標の床面積を 130m^2 とすると、130m^2 を 101.01m^2 で除した値は 1.244 となる（ここでは、廊下係数とする。1 を減じた値 0.244 が廊下の面積）。この値により、下記のとおり設計の進め方が異なる。

モデル住宅では、1.3 の値に近かったため、廊下をなるべく短くする方法で設計を進める。

① **1.5 以上：**　余裕をもって設計できる。

② **1.5 〜 1.3：** 余裕はないが、無駄を少なくすれば所要室が納まる。

③ **1.3 〜 1.1：** 余裕がないうえに、所要室の大きさを見直す必要がでてくる。廊下もなるべく短くする。

④ **1.1 以下：**所要室が必要かどうか再度見直すことが必要になる。また、大きな空間や個室をコンパクトにし、類似した機能を持つ空間を組み合わせるなど、共有スペースを活用する。さらに、リビングやホールから各室に行くことも考え、廊下を極力少なくする。その場合は、玄関の位置も再検討する。

	1P	1.5P	2P	2.5P	3P	4P	5P
2P	1畳 ▽便所 ▼納戸	1.5畳 ▽便所▲風呂 ▼納戸△玄関 ◎洗面脱衣室	2畳 ▽便所 ▲風呂 ▼納戸 △玄関 ◎洗面脱衣室	2.5畳 △玄関 ▲風呂 ◎洗面脱衣室	3畳 ○キッチン	4畳 ○キッチン	5畳 ◇子供室 ○キッチン
2.5P	1.25畳	1.825畳 ▽便所 ▼納戸 △玄関	2.5畳 ▲風呂 △玄関 ◎洗面脱衣室	3.125畳 ○キッチン	3.75畳 ○キッチン	5畳 ○キッチン ☆ダイニング ◇子供室	6.25畳 ◇子供室 ◆夫婦室 ★リビング ☆ダイニング
3P	1.5畳	2.25畳	3畳	3.75畳 ○キッチン	4.5畳 ◇子供室 ○キッチン ☆ダイニング ●和室	6畳 ◇子供室 ★リビング ◆夫婦室 ☆ダイニング ○キッチン ●和室	7.5畳 ◇子供室 ◆夫婦室 ☆ダイニング
4P	2畳	3畳	4畳	5畳 ◇子供室 ☆ダイニング ○キッチン	6畳 ◇子供室 ◆夫婦室 ★リビング ☆ダイニング ○キッチン ●和室	8畳 ◇子供室 ◆夫婦室 ★リビング ☆ダイニング ●和室	10畳 ◆夫婦室 ★リビング
5P	2.5畳	3.75畳	5畳	6.25畳 ◆夫婦室 ☆ダイニング	7.5畳 ◇子供室 ★リビング ☆ダイニング	10畳 ◆夫婦室 ★リビング	12.5畳 ★リビング
6P	3畳	4.5畳	6畳	7.5畳	9畳 ◆夫婦室	12畳 ★リビング	15畳 ★リビング

図 3.33　**各所要室の面積**

課題

規模算定

設計する住宅の規模算定をしよう

Point

❶ 廊下以外の空間は、すべて抽出する
❷ 全ての個人生活ゾーンには収納を忘れずに
❸ 廊下係数を見極めよう

3.3 ゾーニング

3.3.1 ゾーンの種類

検討内容

所要室の抽出
↓
機能図の作成
↓
規模（ボリューム）算定
↓
ゾーニング
↓
配置ブロックプラン

空間をグルーピングした空間群の大きなまとまりを用いて配置することをゾーニングという。ゾーンを大きく分けると、①家族生活ゾーン、②個人生活ゾーン、③生理・衛生ゾーン、④家事ゾーン、⑤その他ゾーン（階段・廊下、玄関ゾーン、駐車･駐輪ゾーン、庭）がある（図3.34）。ゾーニングでは、動線により空間形態を把握することが必要である。初学者の場合は、特に個別の部屋を配置することから始めがちだが、その場合、空間のつながりが悪く、必要以上に入り組んだプランになることで無駄なスペースが増えてしまい、予定した面積よりも広くなってしまうことが多い。そのため、ゾーニングにより空間群を大づかみに配置し、その後空間群を個別の空間に分割して整えていくプロセスをたどると良い。

ゾーニングは、設計の方向づけを決めるだけではなく、空間群のつながりや個別空間相互のつながり、面積ボリュームを検討するうえで、とても重要な作業となる。ゾーニングした例を図3.35に示す。

①家族生活ゾーン
リビング
ダイニング
予備室

②個人生活ゾーン
夫婦室
個人室
老人室

③生理・衛生ゾーン
洗面所
トイレ
浴室

④家事ゾーン
キッチン
ユーティリティ

⑤その他ゾーン
階段・廊下
玄関ゾーン
駐車・駐輪ゾーン
庭

図3.34　ゾーン分類の例

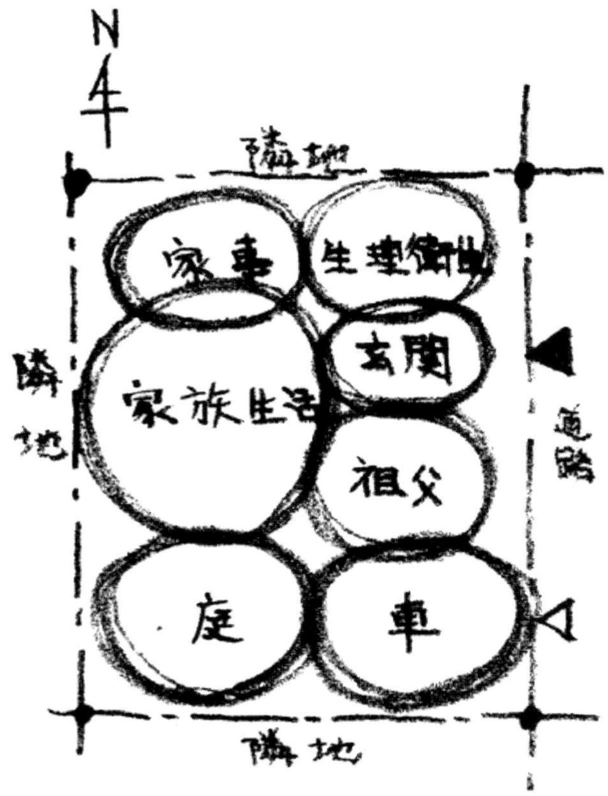

図 3.35　ゾーニングの例

3.3.2 バリアフリー動線

一般的な動線については、3.2.2 機能図の作成の **1** 屋内動線計画で述べた。ここでは、バリアフリー動線について説明する。

近年、社会の高齢化に伴い、高齢者の生活に配慮した住宅の設計が求められている。そのため、健常者が気に留めない些《さ》細《さい》な障害でも、高齢者にとっては、生活が制限される。それにより、活動する活力が奪われ、体が衰えていく悪循環が発生する。そのことから、バリアフリーを建物の内外に適用することにより高齢者の活動を促進し、活力ある生活に繋げることができる。

高齢になるにつれ、足腰、視力、聴力などが衰え、それに伴い身体に障害が発生する。足・腰の関節の曲げ伸ばしが鈍くなって小さな段差にもつまずき、転倒事故につながる。また、視力の衰えにより、視認性が低下し足元や頭上の危険を察知することができなくなる。さらに聴力の衰えにより、外部からの危険予知が行えず、事故を防ぎにくくなる。

交通事故の数よりも、住宅内の階段などで起こる転倒事故の発生件数が多い報告がある（図 3.36、3.37）。そのため、高齢者のみならず、健常者にとっても普段から安全で安心に暮らせるような住宅計画（ユニバーサルデザイン）が望まれる。

高齢者の居室配置は、事故発生件数を考慮すると足腰や視力の衰えから 1 階に設けることが好ましい。また、高齢者に対する動線の簡易化を図り、老人室に水回り（浴室、トイレ）とL.D.K. などの共有スペースと隣接させ、普段の生活動線距離を短くすると良い。

　車椅子《くるまいす》での動作には、向きを変えるために建具周のゆとりを必要とする。開き戸の場合は、建具の軌跡の外側に退避できるスペースを確保するよう設計する。そのため、図 3.38 のように一般的に車椅子を使う場合は、開き戸よりも動作範囲が小さい引き戸を使うことが多い。

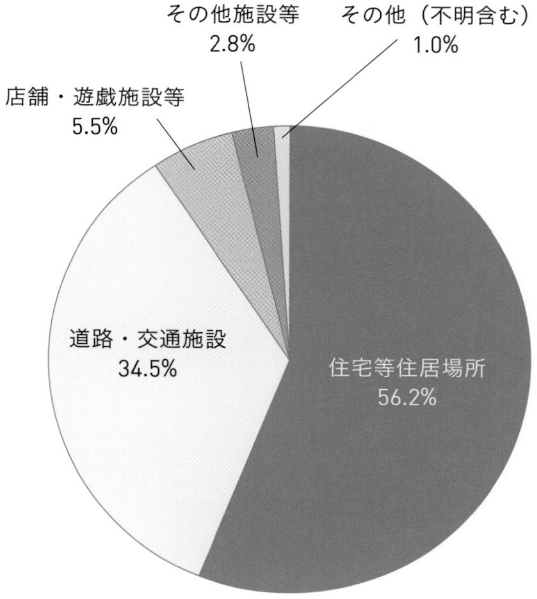

東京消防庁
高齢者の「ころぶ」事故の発生場所（2018 年中）

図 3.36　高齢者が怪我をした場所

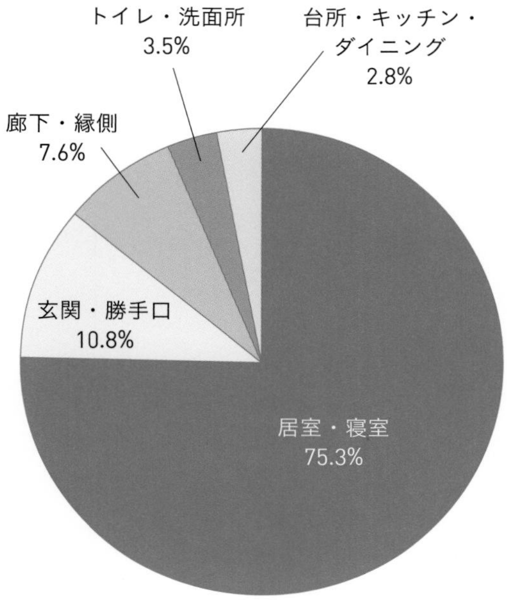

東京消防庁
住宅等居住場所における高齢者の「ころぶ」事故の
発生場所上位５つ（2018 年中）

図 3.37　高齢者が怪我をした要因

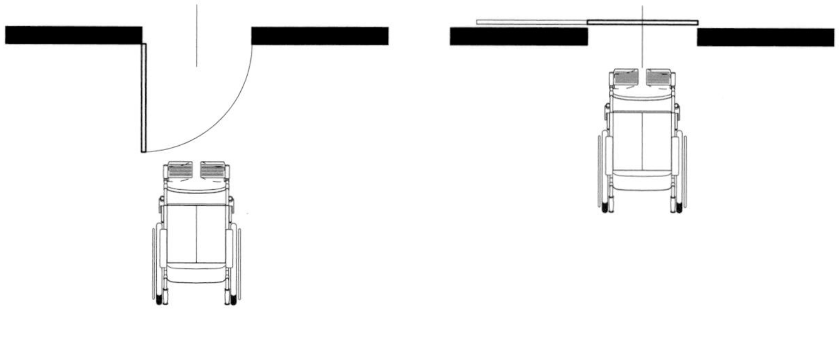

図 3.38　車椅子と開き戸

3.3.3 空間の形

建築空間の形を考える手法として図 3.39 の手法がある。初学者に多いのは、(a) 足し算的な形、(c) 面を分割した形である。(b) 引き算的な形、その他の構成も考えてみると、空間やつくり方の手法が広がるので一度やってみると良い。

(a) 足し算的な形
(b) 引き算的な形
(c) 面を分割した形
(d) 放射状の形
(e) 軸を基にした形
(f) 分散した形

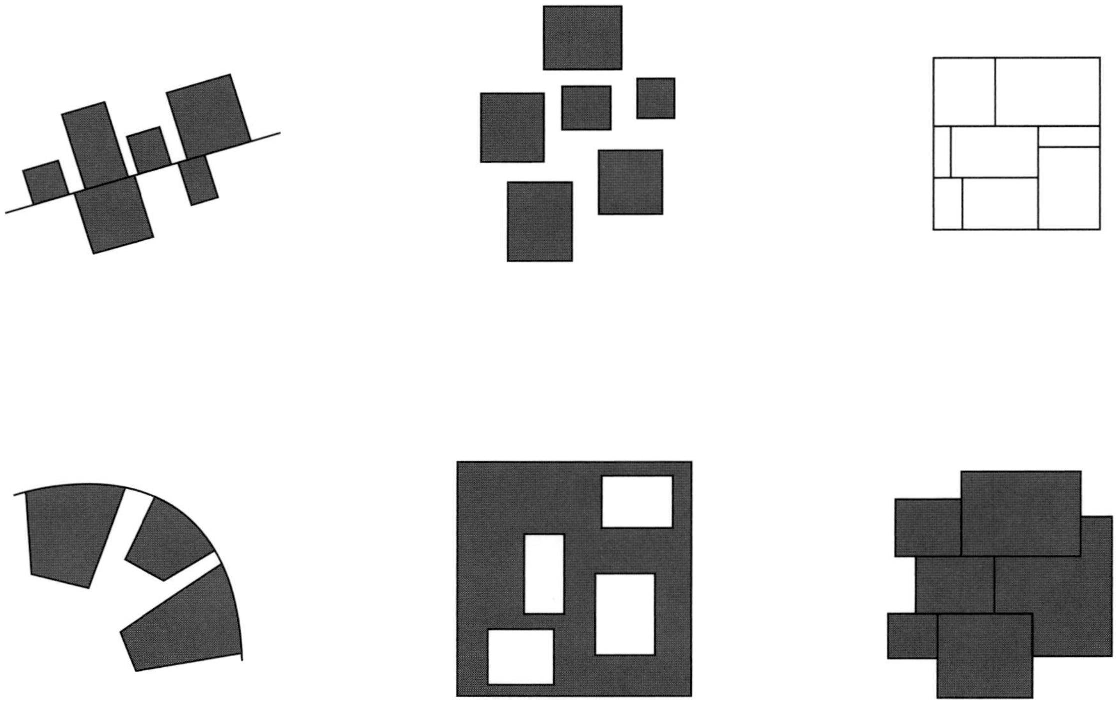

図 3.39　建築空間の形態

3.3.4 空間の配置（配置ブロックプラン）

検討内容

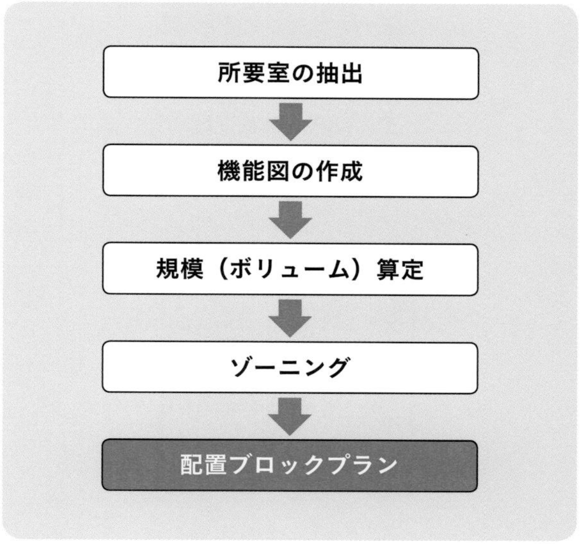

グルーピングした空間群を敷地内にゾーニングすることと空間群の規模算定方法について3章2.3で説明した。ここでは、大きさをもった空間群（ボリューム）の配置に関する基本知識について説明する。

大別すると平面計画と断面計画があり、初学者は平面計画のみを考える傾向にある。設計の初期に断面計画を行うと、より魅力的な空間を想像できるようになる。吹き抜けなどは、この断面計画を行うタイミングで計画するとよい。

1 平面計画

(a) ワンルーム・リビング中心型

大空間のなかに家具やパーテーションを用いて空間を仕切る形式をワンルーム型という（図3.40）。狭い敷地で広い空間を設けたい場合や、ライフスタイルの変化に柔軟に対応できる型である。しかし、プライバシーの配慮に気をつけなければならない。ワンルーム型のなかでも中心部に台所・便所・洗面・浴室といったコアを計画する方法もある。

また、家族の生活空間と移動空間を兼ねたのがリビング中心型である。リビングを通って各個人空間へ移動するような配置形式をいう。通路空間を少なくした結果、個人空間や居間の大きさを広く計画することができる。一方、リビングが移動空間となるために、落ち着きのない空間になることが多い。

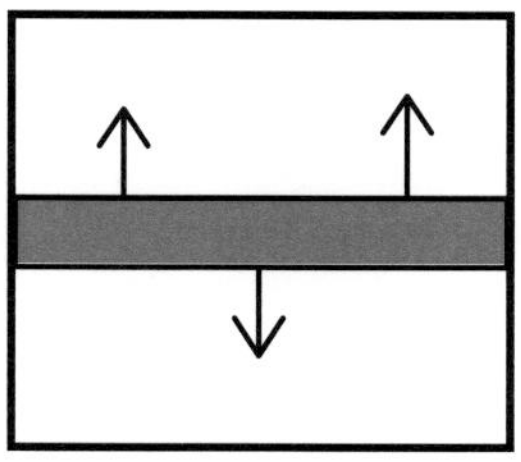

図3.40 ワンルーム・リビング中心型

(b) 片廊下・中廊下型

通路に並列させ生活空間を設けた形式を片廊下・中廊下型という（図3.41、図3.42）。各空間の独立性が高く、プライバシーを確保するこ

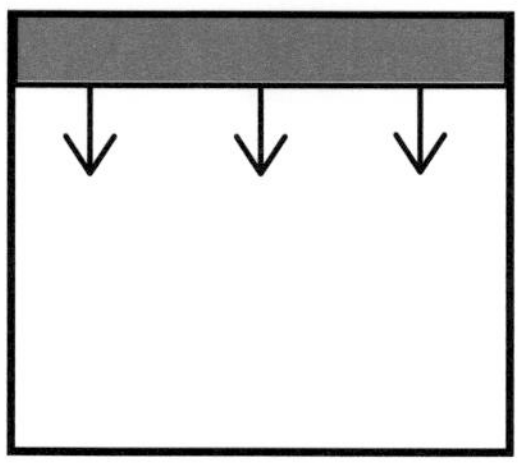

図3.41 片廊下型

とが可能である。一方、中廊下型では通路空間に光が入りにくく、暗い空間になりやすいため、工夫が必要である。モデル住宅の２階は、片廊下型を用いている。

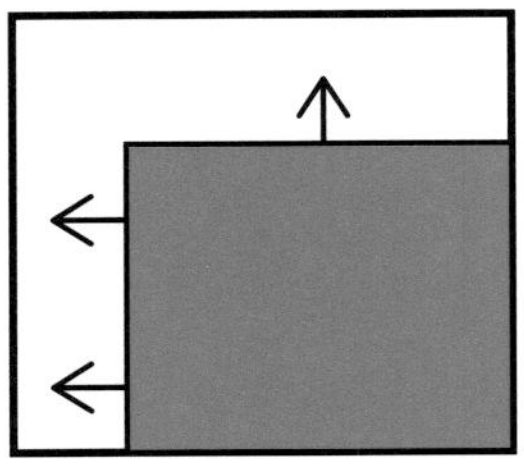

図 3.42　**中廊下型**

(c) ホール型

各部屋にアクセスするための動線を１カ所に集約し、その周りに所要室を設けた形式をホール型という（図 3.43）。片廊下・中廊下型と同じく、各所要室が通路空間によって分けられているため、空間の独立性が高く、プライバシーを確保することが可能である。モデル住宅では、3.2.3 の規模算定で求めた廊下係数の値が小さいことから、１階を廊下の面積を少なくできるホール型としている。

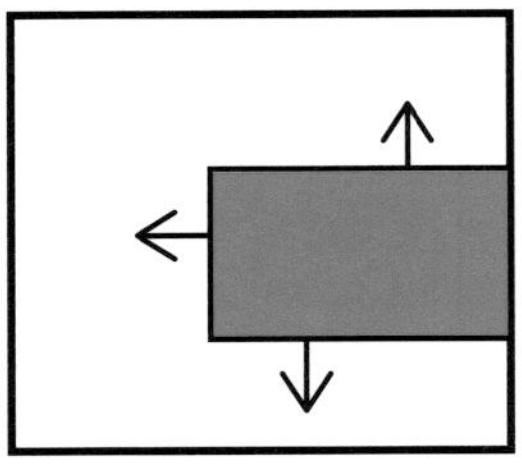

図 3.43　**ホール型**

2　断面計画

(a) 平屋型

１階にすべての所要室を計画する形式が平屋型である（図 3.44）。すべての部屋が敷地と接地していることから自然の変化を感じて生活することができ、体力の衰えを考慮したプランにすることができる。一方、平屋型は、広い敷地を必要とすることから、都市などの狭い敷地では面積の確保や日照を得られにくい欠点がある。

図 3.44　**平屋型**

(b) 複層型

機能の異なる生活空間をいくつかの階に分けて配置した形式が複層型である（図 3.45）。一般的に、２階建ての場合は１階に家族生活空間、２階に個人生活空間を配置し、庭に面してリビングを配置するなど、接地性を活かす場合が多い。一方、都市の狭い敷地では１階に個人生活空間、２階に家族生活空間を配置して家族生活空間に通風、採光、プライバシーを確保するケースもある。

図 3.45　**複層型**

(c) 吹抜け型

複層型の形式において2階の床がなく、1階と2階の空間がつながっているものを吹抜けという（図 3.46）。吹抜けは、うまく利用することで、写真 3.1 のように豊かな空間を演出できる。また、上階と下階の空間のつながりは、生活シーンのつながりもつくることが容易となる。吹抜けをとおして個人生活空間と家族生活空間が一体化することで家族の存在を感じることができるようになる。

また、一般的には、家の中心部にリビングをつくると、採光を得られなくなる危険性もあるが、吹抜けをつくることにより、採光の確保ができるようになる。また、吹抜けにより1階と2階の廊下もつながるため、冬季の建物全体の温度差を少なくすることにも役立つ。

一方、家全体の暖房となるので、エネルギーの消費量が大きくなる欠点もある。夏季に吹抜けを利用した温度差換気などを生かして計画を進めれば通風に役立ち、経済的かつ快適な住空間をつくり出すことができる。

吹抜けを計画する場合は、2階に吹抜けとなる空間を部屋のようにあらかじめ設けておくと吹抜けをつくりやすい。

図 3.46　**吹抜け型**

(a) 例1　※3

(a) 例2　※1

写真 3.1　**吹抜けのあるリビング**

(d) スキップフロア型

床レベルの変化によって空間を分離した形式が、スキップフロア型である（図 3.47）。空間に立体感が生まれ、広がりを感じることができる。また、傾斜地では敷地の斜面にあわせて床レベルを変化させることで敷地との接地性が高い住空間をつくることが可能である。

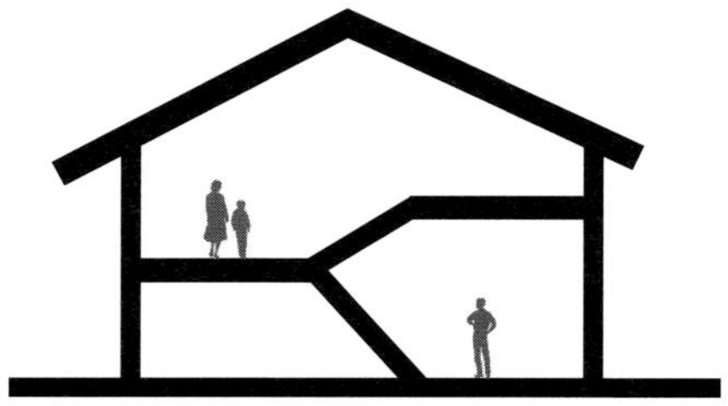

図 3.47　スキップフロア型

(e) ピロティ型

1階の一部を開放し、その上の階に所要室を設けた形式が、ピロティ型である（図 3.48）。1階を屋外空間としてデッキや駐車スペース、通路空間などに有効利用することが可能である。一方、ピロティ型は、上部の荷重を支える壁や柱が不足する傾向にあるため、構造上の配慮が必要である。また、ピロティの上の2階部分が、建築面積に入るので、注意が必要である。

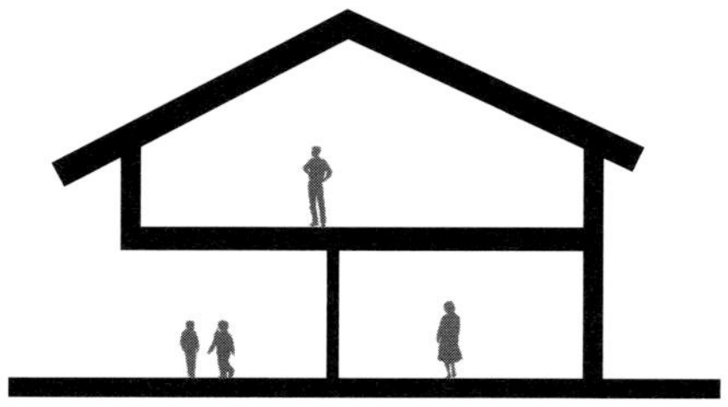

図 3.48　ピロティ型

3　階段

階段は、階高によって踏面と蹴上が変わり、階段のタイプによってはプランも変化する。一般的な1階の天井高さは、2,400mm に設定することから1階から2階に上るまでの高低差は、2,800mm 程度である（モデル住宅では、ＬＤＫが広いため、天井の高さを 2,500mm に設定したことから、階高を 2,900mm としている。）。

住宅の階段には、直階段、折り返し階段、らせん階段が主に使用されている。階段は、上下階をつなぐための機能だけではなく、移動により視点の高さが変わってくるため、豊かな空間を演出することができる装置でもある。階段の採光や通風を見落としがちになるので、忘れずに採光や通風を確保したい。

階段の設置場所をリビング外とするか、リビング内とするかによっても、その機能や印象、生活スタイルが大きく変わる。直階段は、図 3.49 のようにもっともスペースを取らないが、踊り場がない場合、転落したときの安全性が確

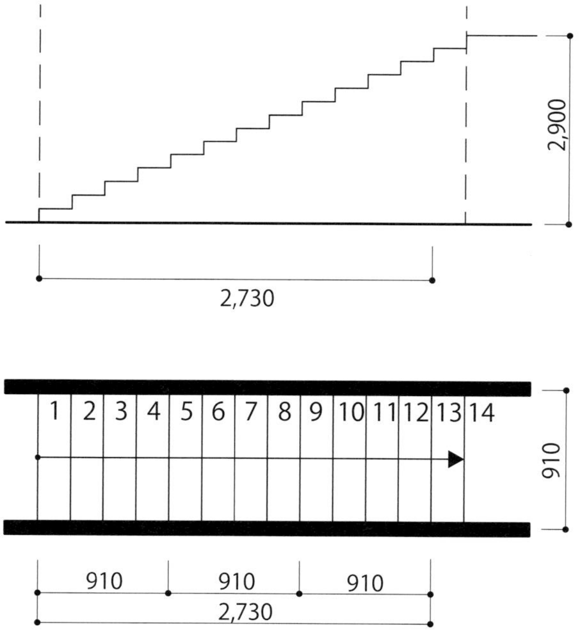

図 3.49　直階段

保できにくいことや始点と終点の位置が変わるなどの欠点があり、設置位置が難しい。

折り返し階段は、図 3.50 のようにコンパクトにまとまっておりスペースも取らず、直階段に比べ踊り場が設けやすいため、安全性の確保ができる。しかし、建物の中央に配置した場合、採光が取りにくくなるなどの課題がある。もっとも多く利用されるのは折り返し階段は、1,820mm × 1,820mm（約 3.3m^2）以上の広さが必要である。

らせん階段は、小さいタイプの場合、折り返し階段と同等のスペースで設置が可能となり、建物の中心部に配置して空間を豊かに演出することができる（図 3.51）。ただし、コンパクトにまとめることができるが、踏面の確保において内周部と外周部で異なることや荷物を運びにくいなどの欠点がある。

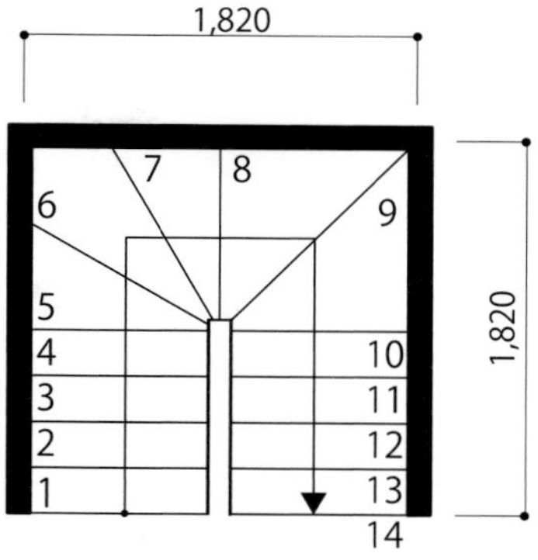

図 3.50　**折り返し階段**

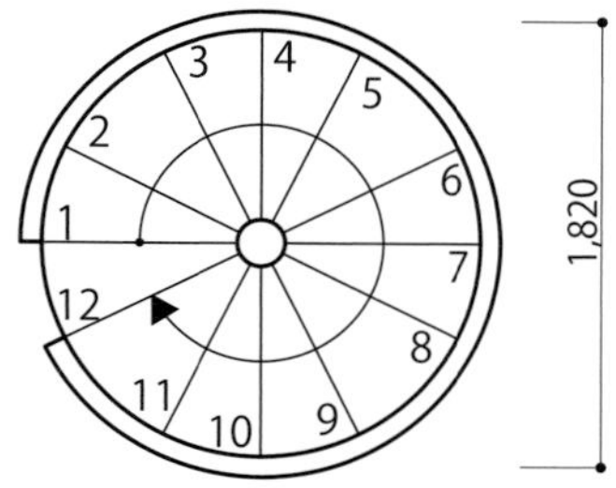

図 3.51　**らせん階段**

4　廊下

住宅の廊下は、人とすれ違うことが多いため、壁の芯々を 910mm すると、実際の有効幅が約 750mm となるため窮屈に感じてしまう。また、将来車椅子の使用が想定される場合の廊下幅は、1,365mm で計画するのが好ましい（図 3.52）。

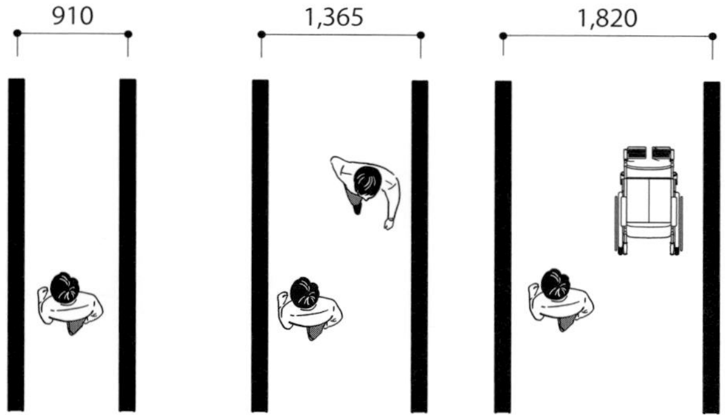

図 3.52　**廊下幅**

3.3.5 階高の検討

住空間をつくる際の居室の天井高さは、重要な空間要素である。一般的には、階高が低いと圧迫感を感じるが、小さな子供にとっては、安心感が得られることもある。天井高さは、部屋の用途や広さ、椅子座か床座に左右される。同じ床面積で同じ天井高さの場合、床座よりも椅子座のほうが心理的な圧迫感を感じる（図3.53）一般的に床面積が広いほど、天井を高くすると圧迫感がなくなる。

階高（1階床と2階床の高低差）を設定する場合、1階居室の最大天井高さに天井懐の高さ（天井面から2階床までの空間で、梁や配管などを考慮して設定する。）を加えて設定し（図3.54）、さらに、用途地域により決められた最高高さや各種斜線（2章3節で説明）を考慮して決定する。これを考慮しないで計画を進めると、出来上がったプランの高さが、建築基準法の高さ制限を超えるおそれがあり、大幅な設計変更が生じる。そのため、これらを念頭におきながら居室の高さを決定していく。また、建築基準法で居室の平均天井高さが2.1m以上に決められている。ただし、実際に下限の2.1mを天井高さとした場合、部屋は窮屈に感じるので、それ以上の高さが必要となる。一般的な6畳の居室の天井高さは、2.4m程度である。モデル住宅では、L.D.K.の空間が広いため、天井高さを2.5mとして、圧迫感をなくしている。

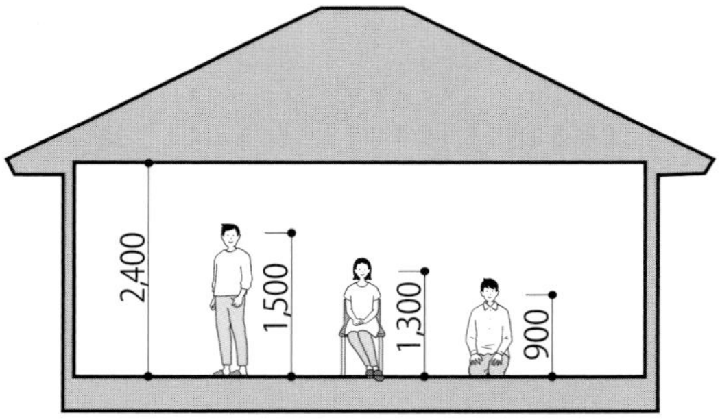

図3.53　**目線高さの違い**

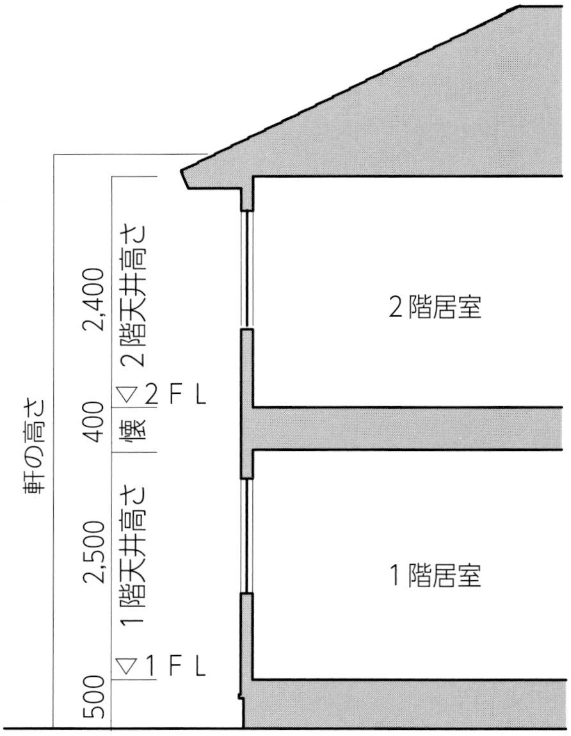

図3.54　**天井高さと懐**

キーワード

FL（Floor Line、Floor Level）

FLとは、仕上がった後の基準となる床上面をいう。たとえば、1階の床上面を1FLという。

3.4 各ゾーンの確認

3.4.1 内部空間の確認

ゾーニング、あるいは配置ブロックの際に大事なのは、動線と視線をコントロールすることである。視線といっても多岐にわたり、敷地外からの第三者の視線、共有空間内での視線、共有空間とプライベート空間の間の視線、プライベート空間相互の視線などがある。

1 共有空間内の視線

共有空間内での視線について述べる。住宅内の共有空間では、敷地外からの視線とは性質がまったく異なり、可能な限り視線が届くようにすると良い。たとえば、L.D.K. 内では、キッチンで家事をしながらリビングの様子が見えるようにするなど、リビング内では可能な限り安らかな視線が交わるようにする。具体的には、ソファーなどの家具を図 3.55（a）の対面配置にすると、正面からの視線となり緊張感が生まれるため、寛ぎの場とはなりにくい。そのため、ソファーをＬ型（b）に配置したり、少々崩して配置することにより、寛いだ雰囲気をだすことができる（c）。一方、すべての椅子がテレビ画面を見るためだけの配置（d）にするのも避けたい。そのほか、幼い子供のいる室、祖父母室などは、キッチンとの間に建具などを設置して必要に応じて開閉することにより、キッチンからの視線が届くようにすると良い。

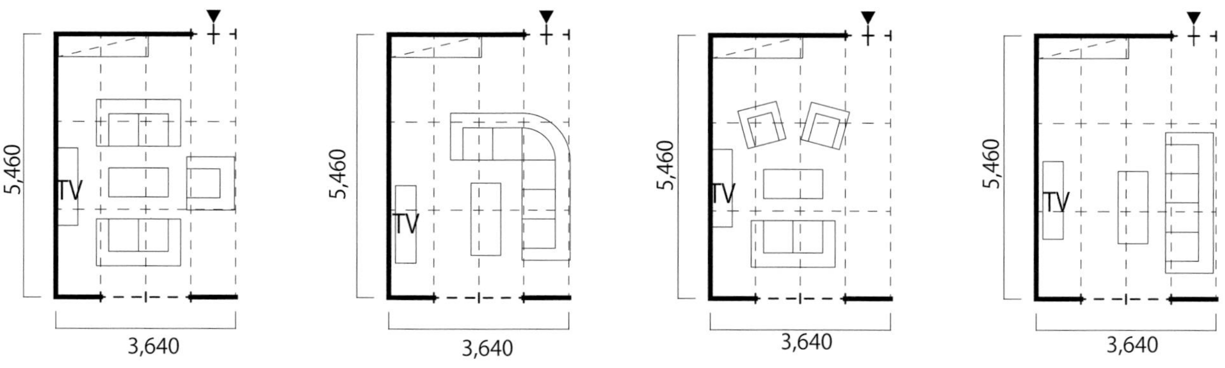

（a）対面配置　（b）　L 型配置　（c）対面配置　（d）I 型配置

図 3.55　ソファーの配置例

2　プライベートゾーンの視線

寝室や洗面脱衣室、浴室、トイレなどのプライベート空間の間の視線は、入浴や着替えなどがあるため、カットしたほうが良いケースが多い。最近は、トイレの便器をオープンな空間に置いて排泄行為を恥ずかしいものではなく、自然なものとして捉えるケースもあるが、設置にあたっては、家族の親密性にも大きく影響するために、施主の要望を確認したり、配置したときのシーンをしっかりイメージしておく必要がある。

3　共有ゾーンとプライベートゾーンの視線

共有空間とプライベート空間の間の視線については、図3.56のような2つの視線がある。1つは、共有空間からプライベート空間への視線である。共有空間には、家族以外の者でも立ち入る可能性があり、リビングから浴室やトイレ、寝室などが見えてしまう。一般的には、共有空間からプライベート空間への視線はカットすべきである。一方、2階の寝室や洗面脱衣室、浴室、トイレなどからリビングが見えることは問題がないため、この視線は許容される。同様に、室内から外部空間である表の通りが眺められるのも問題がない。また、子供室からリビングにいる家族の様子を眺めて子供が安堵感を覚えたり、リビングにいる家族とコミュニケーションを取りたくなるなど、共有空間で起きているシーンにプライベート空間にいる人が活動を誘発されることがある。

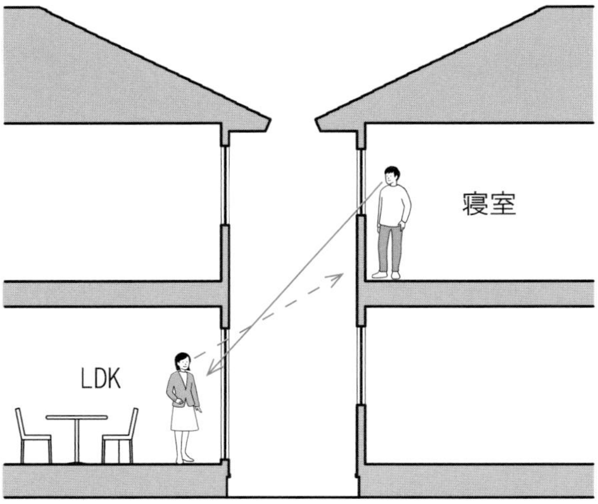

図3.56　プライベートから共有への視線

3.4.2　外部空間の確認

4章のプランニングに進む前、建物内部における視線の確認のほかに、外部空間から建物内部空間への視線も確認をする必要がある。外部空間からの視線とは、敷地外の外部空間から内部空間への視線と、庭などから内部空間への視線がある。この視線は、プライベートが覗かれてしまう一方で、防犯性を高める視線でもある。空巣などが一番気にすることは、周囲からの視線である。外部空間からの視線には、主に道路からの視線と隣地の建物内部からの視線がある。

プライバシー確保の目的で視線を遮断する高い塀を設けた場合、プライバシーが確保できて侵入困難であるが、万が一、侵入されたときに、外部からの視線がまったくなくなるため、侵入者を確認できなくなり、侵入者の行動を許してしまう。そのため最近では、防犯のため地区計画により図 3.57 のような塀や植栽などの高さの制限も設けられるケースが多くなっている。室配置や窓配置を上手に工夫して、敷地外からの視線をコントロールしたい。

一方、庭などの外部空間と内部空間の視線は、遮断するのではなく、L.D.K. などの共有空間とはできる限り視線や動線でつなげると良い。つまり、内部空間と外部空間において人の行動のつながりができて、空間にも広がりができ、豊かな空間を演出することができる。

3.4.3　シーンの想像によるチェック

設計初期の全体計画後、再びシーンの想像によるチェックを行う。このとき、すべての屋外空間と屋内空間について、入念に確認をしておく。意匠設計に移ってからの修正は、とても時間がかかる。

そのため、3.1.3 の屋外空間計画におけるシーンの想像によるチェックで説明したように、設計した図面において自己投影を行い、さまざまなシーンをイメージすることでこの空間のつながり（シークエンス）と空間の大きさ、形、質のチェックを行って欲しい。

空間をつなぐために、敷地の内外、建物の内外において、それぞれの空間相互で視線を確認したり、歩き回る、目的の行為を行ってみるなどをしながら確認する。意図したゾーン（空間）になっていれば、意匠設計に進む。イメージと異なったり、意図する活動ができない場合は、必要なところまで戻る。

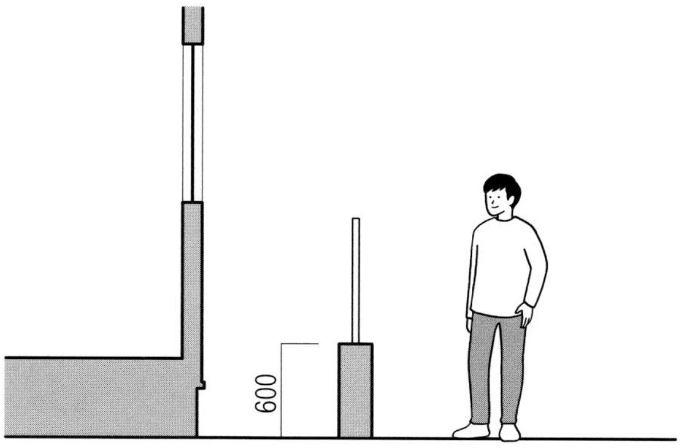

図 3.57　**塀の高さ**

課題

シーンの想像によるチェック

ゾーニングされたプランをシーンの想像でチェックしよう。

Point

❶ 描いたスケッチの中に自分を擬似投影して想像する
❷ 見たり移動してチェックする
❸ 各ゾーンを相方向にチェックする

4章

意匠設計

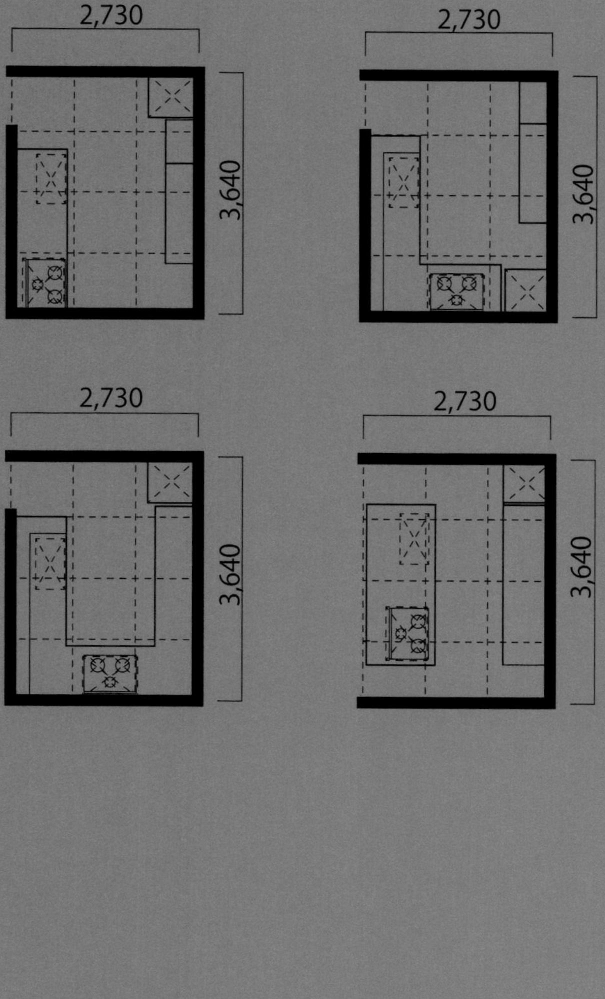

4章　意匠設計

概要

3章では、敷地全体の計を行い、建物のボリュームを把握し、機能的に近い空間をグルーピングして大きなゾーンとして配置することを述べた。ここまでくると、敷地の利用法と建物の全体計画の骨格が見えてくる。

4章では、ブロックプランとして大きくまとめて配置した空間を個々の機能的な空間へと紐《ひも》解いていく。その際、2章で説明した各法規的な規制をもう一度思い出し、形を整えていくことが必要である。また、その際に5章と6章で述べる構造上の制限も押さえておきたい。実務では、意匠設計において構造上の制限を考慮しながら設計を進めると、手戻りが少なくなる。

近年は、高気密高断熱の住宅が増えた。その場合は、換気経路を明確にしておくことが必要不可欠となるが、一般的な住宅の場合は、通風も重要である。通風をしっかりと確保することで、中間期を電気エネルギーに頼らずに生活できるため、省エネルギーにも役立つ。そのためにも、風の流れもイメージしながら設計を進めたい。

最後に、本章では各所要室の一般的な寸法を載せて説明している。実際の住宅は、これらの寸法を足し算するだけでは生活空間ができ上がらず、敷地の大きさや（建ぺい率、容積率に影響）資金の制限などがあり、調整しながら縮小するケースが多い。その場合は、各所要室の大きさを見直したり、空間と空間の重複を意図的に行うなど、調整が必要になる。その際にスケール感覚が必要になる。そのためにも、日頃から様々な空間やものの大きさを確認してほしい。

本書では、設計の手戻りが少なくなるように説明している。しかし、実務の設計では、クライアントの要望も変化するため、行きつ戻りつを繰り返しながら設計が進んでいく。

4.1 基礎知識

1 法的な規制

一般的な住宅の設計では、建築基準法上の法的な規制として、建物の形態に関わる集団規定と建物の個別に関わる単体規定が関わってくる。集団規定は、道路斜線、隣地斜線、北側斜線、高度地区、絶対高さ、建ペイ率や容積率、道路からの後退、地区計画などがある。これらは、都市計画で定められ、用途地域と密接な関係にある。

単体規定は、居室の採光、換気、シックハウス、居室の高さ、階段、廊下などの他に、本書では取り上げていないが、耐火、防火、防火区画などがある。これらを全てクリアしなければ、建物をつくることができない。建築基準法は人々が生活するための最低の基準であることを忘れてはならない。そのため、建築基準法をクリアするだけではなく、豊かな生活を送るための住宅を設計したい。

2 構造上の制限

在来木造工法の場合、RC造（鉄筋コンクリート造）やS造（鉄骨造）と異なり、梁スパン間隔の制限が小さく、柱の芯々で4,550mm程度までが一般的である。また、RC造や鉄骨造で見られるようなカーテンウォール（帳壁）など、全面ガラス張りとすることができず、柱と柱との間に窓を設置することが基本となる。さらに、構造の安定のためには、構造壁をバランスよく配置し、大きな窓を配置する場合は、構造計画も同時に進めることが必要である。

3 通風のとりかた

住宅の省エネルギーを実現するためには、パッシブ換気として（電力を使わない換気）通風がとても大きな役目を果たす。換気のための窓は、同時に通風も確保できる。夏の南風が通るように、南側に大きな窓、冬の北風を室内に入れないように北側に小さな窓を設置する。窓を設置すれば必ず通風を得られるわけではなく、風の通り道がなければ風は通らない。そのためには、風が入り込む窓と風が抜ける窓を一緒に設ける。また、暖められた空気が上昇しようとする性質を利用し、下階から上階へ流れる風(温度差換気）も活用したい。さらに、室内においても南側から入ってきた風を北側に通すために、廊下の配置や室内ドアの位置が重要になってくる。風の通り道をイメージしながら設計するように心掛けたい。

4　視覚的な条件への対応

窓を配置する場合は、周囲の建物の窓位置も考慮しなければならない。そのためには、周囲の建物について窓の位置を測っておく必要がある。測り方は、隣地に入ることができないので、設計する敷地内に巻き尺を置き、隣家の窓の位置を目測で測る。その結果を野帳に記録しておくと良い。設計では浴室やトイレの窓の位置が、隣家の居室の前面になるのを避ける。また、こちらの居室においても同様に、窓を開けると隣家の居室が見通せるような位置は避けるべきである。どうしても避けられない場合は、すりガラスにしたり、窓を高窓や地窓として高さを変えたり、ルーバー窓にするなど、工夫が必要である。また、家を建築するときに周囲の建物がない場合は、その空き地に隣家が建つことを想定し、ある程度予想して設計しておくことも必要である。当初は採光が取れていても、隣家が建つことにより太陽光が入らず、暗い居室や玄関になることも多い。玄関やL.D.K.などの居室は、吹抜けにして高窓を設置しておくことも採光上有効な手段である。これらのことから、窓を設置する場合は、構造強度、意匠、隣家への配慮を考え、窓のデザイン、種類、設置位置、ガラスの種類などを検討し、適切な窓を選んで配置しなければならない。

4.2 各所要室の詳細と配置方法

3.3章では、所要室を❶家族生活ゾーン、❷個人生活ゾーン、❸生理・衛生ゾーン、❹家族ゾーン、❺その他ゾーン（階段・廊下、玄関ゾーン、駐車・駐輪ゾーン、庭）に分けた（図4.1）。

先にも述べたが、1つひとつの部屋を追加配置すると、空間の繋《つな》がりが悪く、必要以上に入り組んだプランになることで無駄なスペースが増えてしまう。そのため、予定した面積よりも広くなることが多い。それを防ぐために、グルーピングされた空間群を大づかみで配置し、そのあと、グルーピングされた空間群を個々に分割して整えていく。

空間群を分割して整えていく過程で、単なる個々の空間への分割ではなく、家族の豊かな生活を想像しながら魅力ある空間づくりに心掛ける。

このようなプロセスをたどることで、結果的に設計時間の短縮が図られ、整合性のとれた魅力ある空間づくりになる。そのため本節では、各種の空間についての詳細な知識や設計上の注意点について述べる。

❶家族生活ゾーン
・リビング
・ダイニング
・予備室

❷個人生活ゾーン
・夫婦室
・個人室
・老人室

❸生理・衛生ゾーン
・洗面所
・トイレ
・浴室

❹家事ゾーン
・キッチン
・ユーティリティ

❺その他ゾーン
・階段・廊下
・玄関ゾーン
・駐車・駐輪ゾーン
・庭

図4.1　各ゾーンの分類

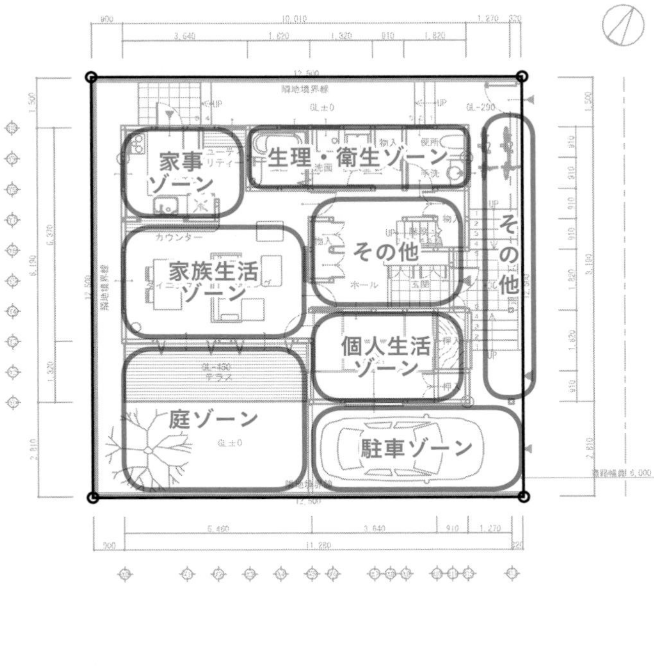

図4.2　基本的なゾーンの配置（モデル住宅）

4.2.1 家族生活ゾーン

家族生活ゾーンの居室は、家族の憩いの場となり滞在時間が長いため、採光を確保することがとても重要である。そのため、敷地が狭い2階建ての住宅で、どうしても1階の家族生活ゾーンに採光が取れない場合、共有ゾーンを2階に配置することを考えてみると良い。

建築基準法では、リビングとダイニング、キッチン全てが居室なっており、ある基準の採光以上が必要となる。そのため、共有ゾーンは、図4.2のように南側に配置するのが良い。一方、水回りゾーンは、人の目を避けることと衛生上の問題により、北側に設ける方が合理的である。

1　リビング

リビングは、家族全員が集まるので、リラックスできる空間が良い（写真4.1）。リビングは、最も中心となる家族の空間なので、家全体の性質やイメージがリビングで決まることが多い。快適な空間とは、ただ大きな空間ではなく、その家族構成に見合った空間の大きさである。そのためには、人の動作寸法や家具の寸法も考慮して空間の大きさを決定しなければならない。その家族が、椅子座の生活を希望しているか、床座の暮らしを希望しているかでは、大きく雰囲気が異なってくる。

リビングの大きさは家族構成にもよるが、椅子座を用いる場合は、5人家族で3,640mm × 5,460mm（12畳、約 $20m^2$）程度の広さが必要で、床座の場合は、3,640mm × 4,550mm（10畳、約 $17m^2$）程度の広さが必要である。

写真4.1　快適なリビングの例　※1

ソファーは、肘掛1人椅子の場合、図4.3のように800mm × 800mmの大きさとなる。また、2人掛け3人掛けソファーは、コーナーおよび端部に800mm × 800mmの大きさのソファー、中間には、600mm × 800mmの大きさのソファーが必要となる。

また、配置方法としては、対面型、L型、I型がある。対面型は、視線がぶつかり緊張感が出てくることから、寛《くつろ》ぎの空間とする場合は、L型あるいは対面型を崩して使用する方が望ましい。初学者の場合は、寛ぎの場所を対面型にしたり、ソファーの大きさを間違って小さく捉えてる場合が多いので注意する。また、窓側にソファーを配置した場合は、通路を確保し、採光の妨げにならないようにする。リビングに家族が集うことに伴い、生活用品も発生する。そのために、リビングボードなどの収納があると便利である。

昨今の生活では、TVは欠かすことができないものになっているため、予め置き場所を考えておく。また、TVには電源ケーブルやアンテナケーブルが必要となるため、TVの背面が見える配置にすると、背面のケーブル接続が露わになり、雑然とした印象になる。

キーワード

シックハウス症候群

建材から発生する化学物質により室内空気汚染され、身体への健康被害が発生してしまうことを「シックハウス症候群」と呼ぶ。シックハウスの原因は、建材などに使用されるホルムアルデヒドやクロムピリホスなどの化学物質、居住してから発生するガスストーブや石油ストーブによる化学物質、カビやダニなどの埃《ほこり》などである。

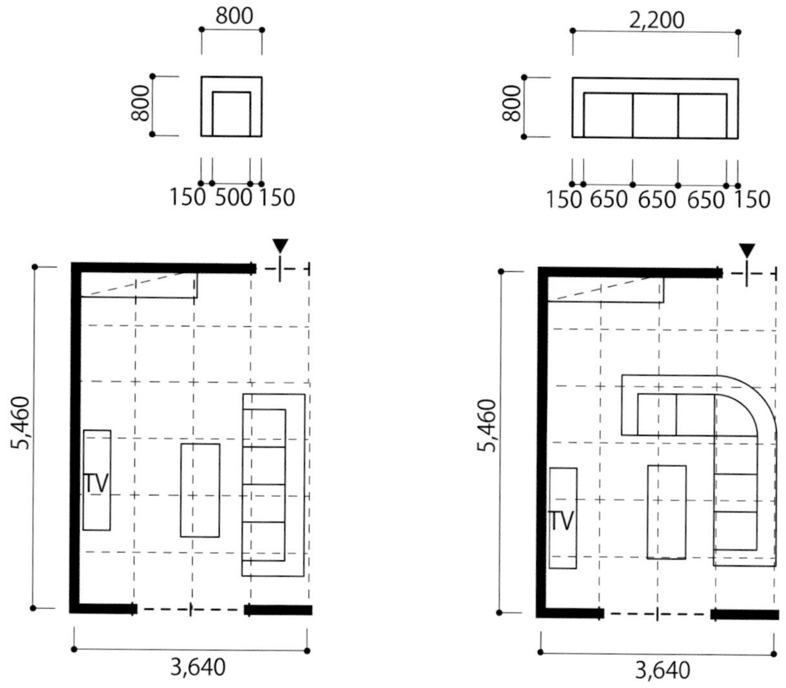

図4.3 ソファーの大きさと必要スペース

2　ダイニング

ダイニングは、食事用のテーブルと椅子を配置するため、図4.4のような広さが必要である。

食事は、生活するうえで、必要不可欠な行為であり、食事を行う空間は心地良い環境が望ましい。空間の質は、味覚にも影響を与えるため、採光・通風を取り入れた清潔感のある環境になるように計画する（写真4.2）。

ダイニングは、キッチンからの配膳《はいぜん》を考慮した動線計画や庭などの外部環境との繋がりを大切にした空間が求められる。ダイニングテーブルの大きさは、幅が650mm～800mm、長さが1,300mm～1,700mm程度で、4人掛けの場合これらの寸法の下限値、6人掛けの場合これらの寸法の上限値が目安となる。平面上で配置計画を考える場合は、ダイニングチェアーの寸法に配膳のための空きスペースも加えて計画する。普段使う食器は、ダイニング側に収納するのではなく、キッチン内に収納する。これを間違えると、家事動線が長くなる。ダイニングに収納する食器は、グラスやカップ、取り皿などの限られた食器だけである。

ダイニングは、L.D.K.とするか、LDとするか、DKとするか、あるいはDだけとするかでは、その性質が大きく異なる（図4.5）。応接室が別に設けてあれば別だが、リビング・ダイニングを1つにする場合、リビングにいる外来者にダイニングを見られても良い空間にしておく必要がある。ただし、LDになるとキッチンからの配膳が遠くなることも考慮する必要がある。一方、DKとしてリビングと分離した場合は、よりプライベートなダイニングとなり、キッチンと密接な関係をつくることができる。

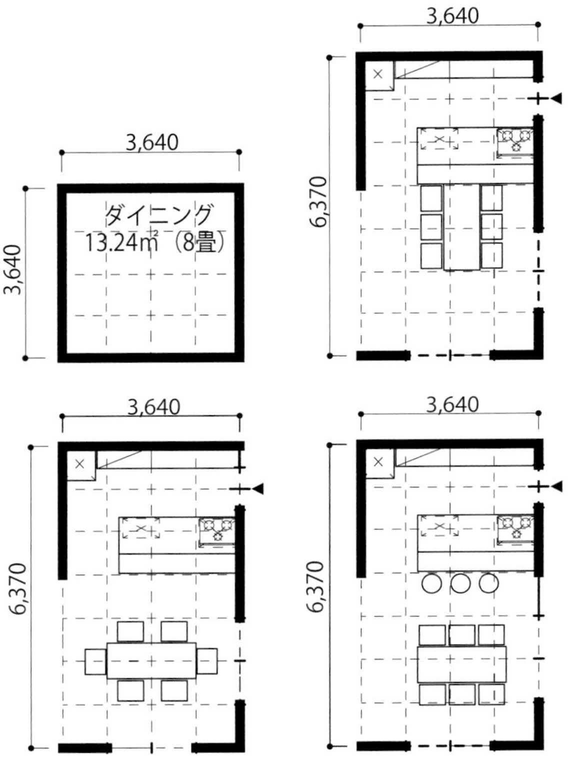

図4.4　ダイニング家具の大きさと配置例

写真4.2　ダイニングの例　※1

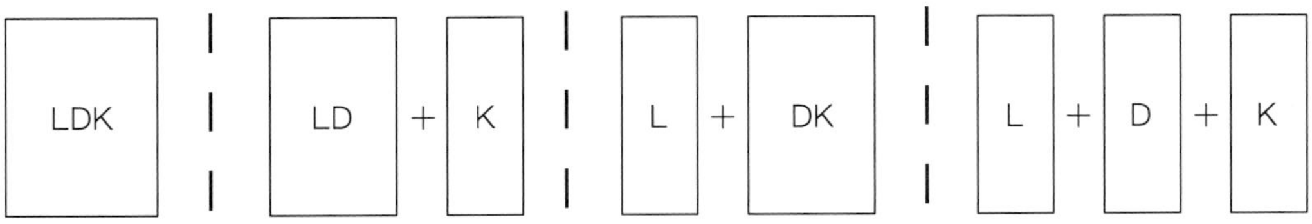

図4.5　ＬＤＫの組み合わせ

3 キッチン

キッチンは、衛生について十分に配慮する。南側や西日が当たる位置にキッチンを配置すると、夏場は日射の影響で室内の温度が上昇し、腐敗を促進して悪臭を発生したり、食品の傷みが早くなるなど、トラブルになりかねないので、対策が必要である。また、調理による煙や匂いも発生するため換気扇と一緒に吸気孔（建築確認地にもチェックされる）を確保する。素材は、油汚れなどに対する清掃やメンテナンスしやすいものを選ぶとよい。さらに、ゴミの処理も家の中でストックする方法と屋外でストックする方法があり、それらをつなぐ動線の検討が必要である。具体的には、家の中のゴミを勝手口から外に出し、出したゴミはサブとなるアプローチを通って前面の道路へ運ばれる。キッチンは、火器を使用するために動線を短くし不燃材料を使うなど、安全についても十分に配慮する。キッチンは、家全体をコントロールする場所となるために、様々な状況を想定し、最新の注意を払って計画に臨むべきである。

キッチンは、調理をしながら並行して洗濯、アイロン掛けなどの家事作業を一緒にできるように、家事室（ユーティリティルーム）を兼ねて大きくとる場合や、家事室を独立させてキッチンに近接させる場合などがある（図 4.6）。いずれの家事作業も、キッチンが動線の起点となることが多いので、キッチンを中心として水回りの動線の短縮を図るように計画する。

次に、キッチンでの作業を分解したのが、表 4.1 である。これらの作業を考慮すると、冷蔵庫、シンク、調理台、レンジ、配膳の順に並ぶと良い。特に配膳のスペースがない場合は、食器に調理したものを盛りつけるスペースがないため使いづらいキッチンとなる。キッチンの一般的なワークトップの寸法は、奥行きが 600mm で高さが 800 ～ 900mm である（図 4.7）。ワーク

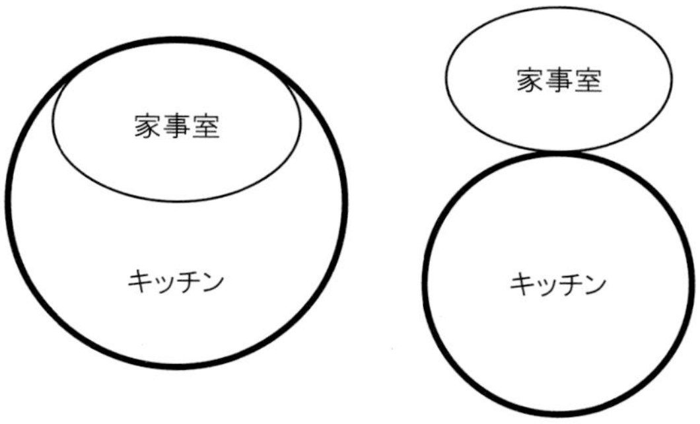

図 4.6　家事室とキッチンの関係

■表 4.1　キッチンにおける作業の流れ

1. 食料や調理器具、食器の搬入と収納
2. 調理の準備
3. 調理（煮炊き）
4. 盛りつけと配膳
5. 食器洗い
6. 食器の収納
7. ごみの処理

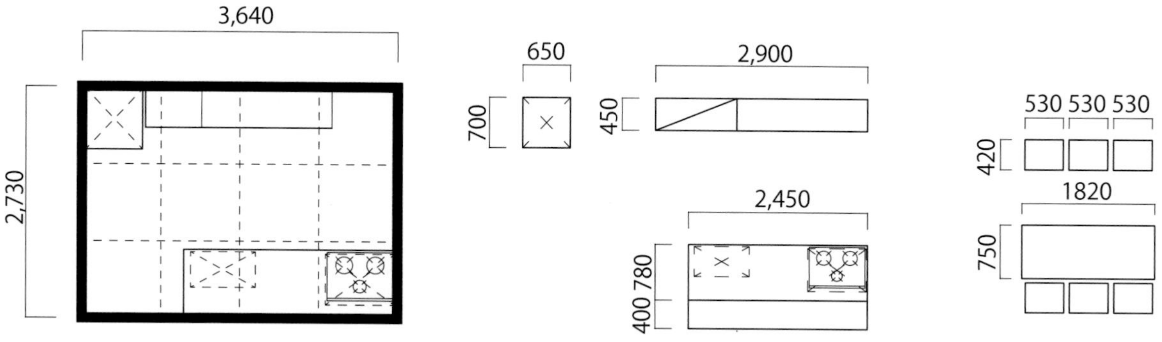

図 4.7　キッチンとダイニングの家具の大きさ

トップの平面形状は、I型、L型、U型、Ⅱ型、アイランド型などがある（図 4.8）。L型やU型、Ⅱ型になると作業に余裕が出てくるが、ワークトップが長くなる傾向にある。

最もシンプルなI型（写真 4.3）では、ワークトップの長さが 2,100mm ～ 3,000mm の大きさが一般的である。シンクに向かって作業をする時間が長いためシンクの位置によりキッチンの性質が異なる。写真 4.4 のように、キッチンとダイニングやリビングが繋がっている場合、シンクがダイニングの方向を向いている対面式にすると洗い物をしているときに家族と会話ができ、家族とのコミュニケーションが取りやすくなる。そのため、近年はこの対面式のタイプが多い。また最近は、ガス調理器だけでなく電磁調理器（IH）も増えている。老人の場合は、火器の消し忘れなどがあるため、電磁調理器は安全に使用することができる。

冷蔵庫についてみると、年々大きくなる傾向にある。冷蔵庫の奥行きが食器棚よりも 300mm 以上長いため、平面配置計画では、奥行きを考慮する必要である。ダイニングでも述べたが、調理配膳に必要な食器や調理器具は、キッチン内に収納するように計画する。キッチンの吊戸棚もあるが、普段頻繁に使う食器や調理器具の保管を吊戸棚にすると食器の出し入れ

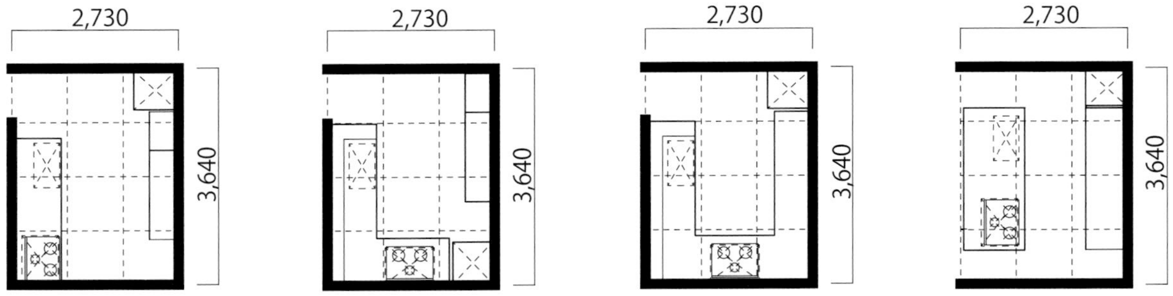

U型キッチン　　I型キッチン　　アイランド型キッチン　　L型キッチン

図 4.8　キッチンの種類

写真 4.3　システムキッチンと調理作業　※3

に苦労し、とても使いにくくなるので、目の高さより少し上程度までにしたい。

キッチンには、流し台、配膳台、冷蔵庫、食器棚などを配置する必要があることから図 4.9 のように 2,730mm × 3,640mm（6 畳、約 10m^2）以上の大きさが必要である。これらのことから、L.D.K. としてゆとりある計画をする場合、8,190mm × 6,370mm（31.5 畳、約 53m^2）程度の大きさが必要となる（図 4.10）。一般的な木造住宅の場合は、コストの制限や敷地の大きさの制限、耐震に対応した柱や壁配置の制限などから、このような大きな L.D.K. を配置することがでにくく、コンパクトに計画せざるを得ないことが多い。

写真 4.4　**キッチンの例**　※1

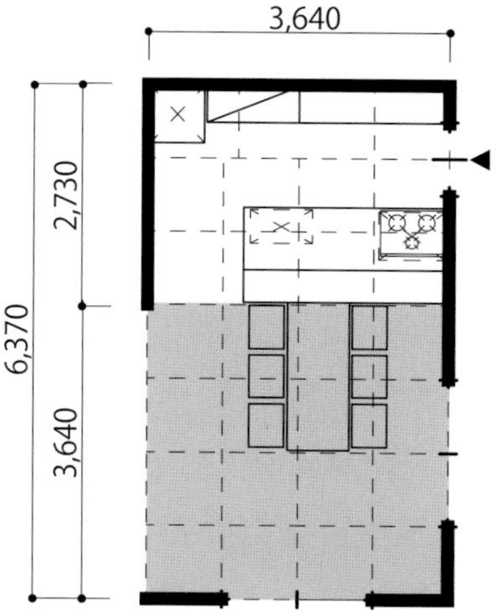

図 4.9　**キッチンとダイニングの大きさ**

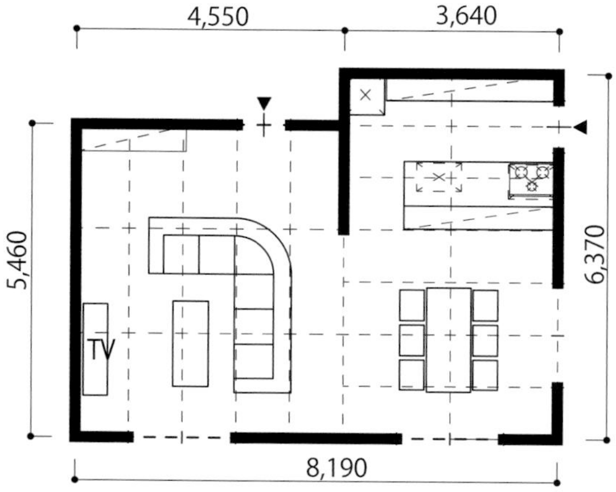

図 4.10　**LDK 全体の大きさ**

4　家事室・家事コーナー

家事室は、住む人の活動の起点となるため機能的かつ利便性が問われる。また、滞在時間が長くなることも多いため、疲れにくくストレスを感じない落ち着いた空間が求められる。

家事スペースの配置は、調理や洗濯、アイロン掛けなどの家事作業が同時にできるように、キッチン内に家事コーナー（ユーティリティ）を付属してキッチンを大きくとる場合（図4.11）や、家事室を独立させてキッチンに近接させる場合などがある。いずれにしても家事作業は、キッチンが動線の起点となることが多いので、キッチンを中心として動線の短縮を図るよう計画することが大切である。

家事室として独立した場合、室の大きさは、使用用途に応じて変化するが、図4.12のように最低限2,730mm × 1,820mm（3畳、約5m^2）の大きさが必要とされる。これ以上小さくなると、心理的な圧迫感が発生する。また、キッチンに付随した家事コーナーとした場合は、1,820mm × 1,365mm（1.5畳、2.5m^2）以上の確保が望ましい。これ以上小さくなると、台所の家事動線と重なってくる。

一般的な作業台の高さは、立ち作業で800〜900mm、椅子座り作業で700〜750mmが最適である。これらの高さが最も作業しやすく、疲れにくい。ただし、身長の高さに伴い作業しやすさは個人により異なるため、実際の使用者に合わせた設計を行うことが好ましい。

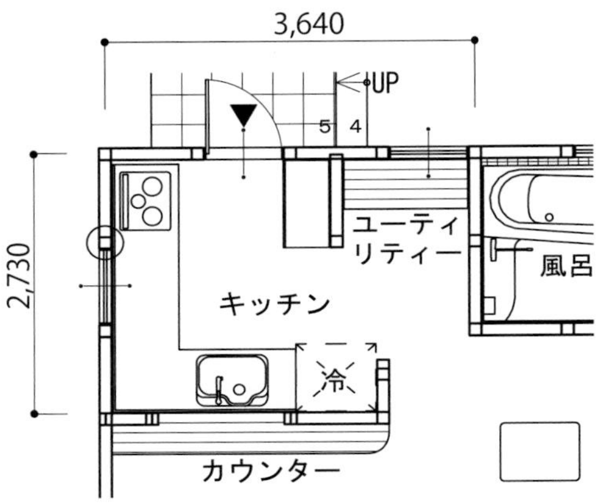

図4.11　家事コーナーの例（モデル住宅）

キーワード

ユーティリティー

一般的に洗濯やアイロン掛けなどの家事をするスペースのことをいう。そのため、キッチンや洗面脱衣室の一角やその近くに配置することが望ましい。

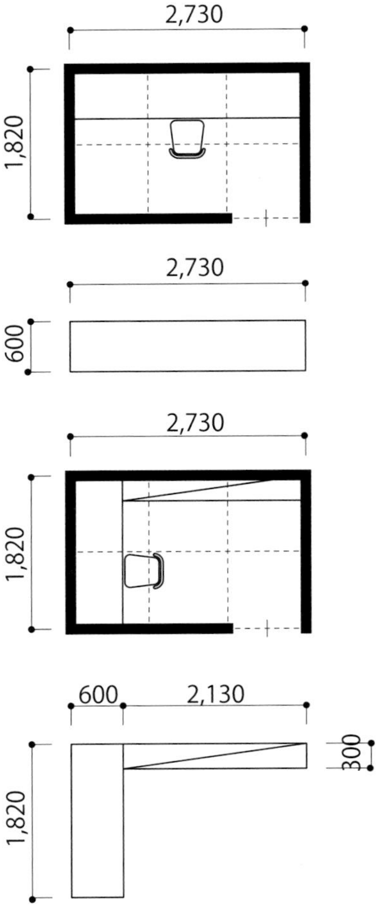

図4.12　家事室の大きさ

4.2.2 個人生活ゾーン

個人生活ゾーンは、夫婦室、子供室、老人室、来客のための予備室などが挙げられる。日本には四季があるため、その季節に応じた服装や寝具を使用することから、その季節に使用しない衣服や寝具の収納スペースが必要である。

1 夫婦室

寝室には、夫婦室（主寝室）、子供室、老人室があり、余裕がある場合は、来客用に予備室が設けられる。寝室は、プライベートの拠点となるために独立性があり、静かで安心できる空間が望まれる。寝室の独立性を保つためには、遮音・防音に配慮しなければならない。一方、自然光を取り込みながら視線を遮断するという矛盾も解決しなければならない。最近は、24時間換気が義務づけられており、吸気孔を夫婦室や子供室など、個人生活の部屋に設置することも多くなったため、就寝中の空気汚染対策もできるようになった。しかし、夏や気候の良いときは、なるべく窓を開けて自然の通風により電気エネルギーを使わないように配慮することも、これからの住まいづくりには必要なことである。そのためには前述したように、南側だけではなく北側にも窓を設けて風が家の中を抜けるように計画する。また、**写真 4.5（a）**のように夫婦室は、子供室と違い、仕事への更衣や化粧の場所にもなるので、大量の衣服が収納でき

（a）ツインベッドの配置

（b）クローゼット

（c）ウォークインクローゼット

写真 4.5　寝室の例　※1

るクローゼット（b）やウォークインクローゼット（c）、化粧台などの配置を予め十分に計画しておく。

夫婦室と子供室、老人室に共通していることは、建築設計の段階でベッドやドレッサー、机などの配置を正確にレイアウトしておくことが重要である。それによって、コンセントの位置なども明確になってくる。また、ベッドメイキング（シーツ、ベッドカバー、枕カバーの交換など）があるためにベッドの配置を図 4.13 に示すように壁に沿って置かないことである。初学者の場合、ベッドを壁に沿って配置する様子がしばしば見られる。ベッドを壁に沿わせて置くと、ベッドメーキングができないばかりでなく、ブランケットや布団が壁に擦れて汚れの原因になる。また、ヘッドボード（枕の位置）の位置も、直射日光が枕に当たらないようにしたい。直射日光が当たる場合は、ブラインドやカーテンなどにより遮光するなどの工夫が必要である。夫婦寝室は 3,640mm × 4,550mm(10 畳、約 17m^2）に加えて、収納が 1,820mm × 1,820mm（2 畳、約 3.5 ～ 4m^2）以上のスペースを確保することが望ましい。二人の老人がベッドを使用する場合は、老人室も同様の大きさを確保したい。

(a) 10 畳（約 17㎡）　　(b) 8 畳（約 13.5㎡）

図 4.13　**夫婦室の大きさ**

2 子供室

生活環境が子供に与える影響は大きく、子供の性格や人格形成に大きく関わってくる。そのため、子供室には開放的でのびやかに育むことができる環境を提供したい（写真 4.6）。

子供室は、南側に配置するのが一般的である。子供室を南に配置する利点として、衛生的で十分な採光を得ることができ、心地良い空間が得られる。ただし、必ずしも子供室を南面に設けることが、すべての場合に適切とはいえない。学習を主として考える場合、南面の太陽光による強いとグレア（眩しさ）が生じて、視認性の妨げになる場合がある。そのため、一定量の採光を得ることのできる北側に設けると良い場合もある。

子供室は、学習や遊び、就寝のために利用する。また、子供が小さいときは、図 4.14 のように、それぞれ独立した部屋ではなく相部屋が良い。しかし、子供の成長と共に子供室が学習や友達との交流の場になってくると、独立した部屋が望まれるようになる。そのため、子供が成長して独立するまでの長い期間、変化に対応できるように大きさに余裕を見て計画する。また、２人以上の小さい子供を一つの部屋とした場合は、分割したあとの部屋も想定してベッドや学習机の置き方、さらに収納も考えておく。

初学者は、子供室の机の配置を図 4.15 のように南側の窓下に置きがちだが、南側を向くと太陽光によるグレアが生じるため学習には不向きである。また、ベッドの配置についてもヘッドボードが、図 4.16 のように南側の窓下にならないようにする。部屋の家具配置を間違えると、コンセントやスイッチの位置が変わり、不便さを感じ、家の評価が下がる原因になるので、細心の注意を払って家具の配置計画をしておき

(a) 中高校生の例　※1

(b) ロフトを利用した例　※3

写真 4.6　子供部屋

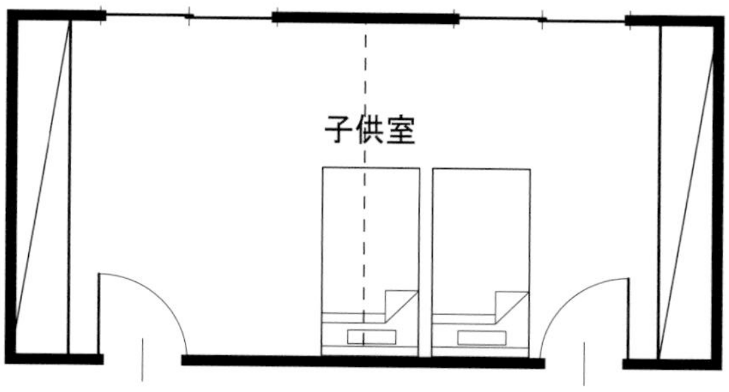

(a) 一体的に使用する場合

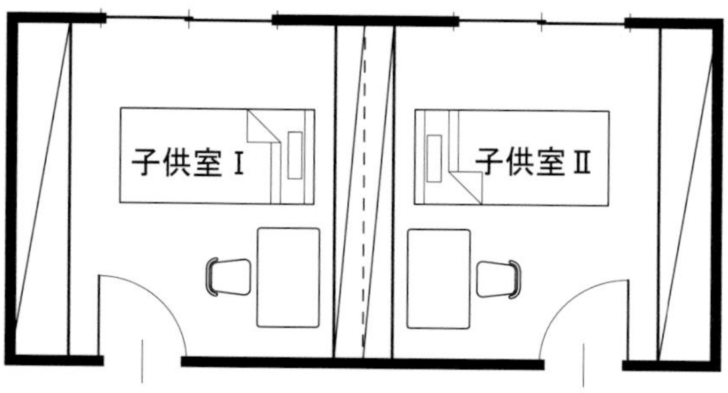

(b) 家具で仕切る場合

図 4.14　子供室の例

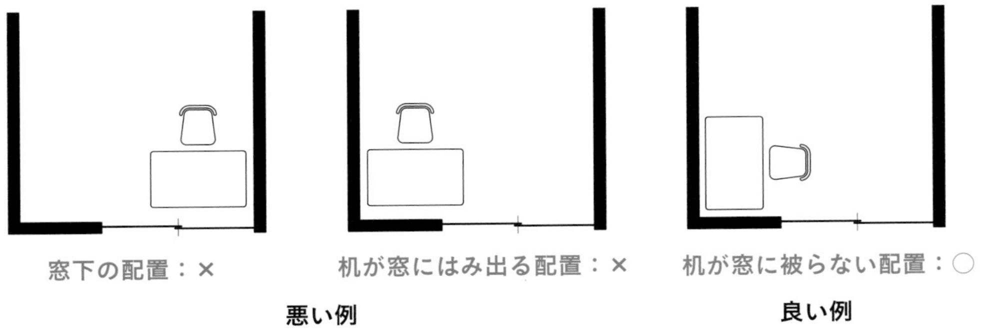

図 4.15　**窓に対する机の配置**

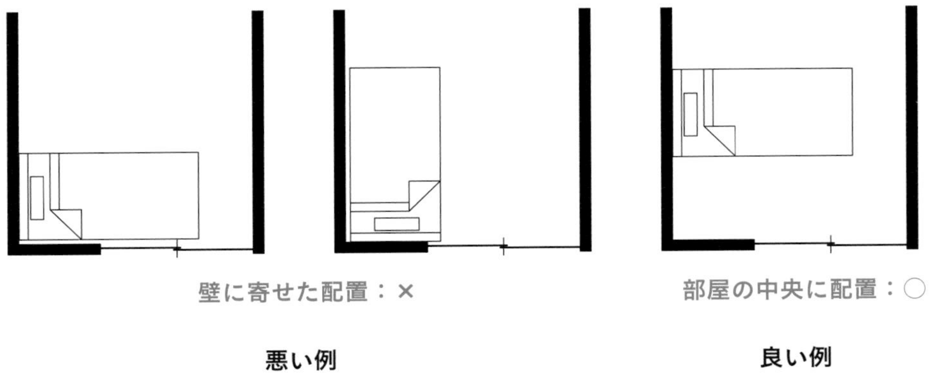

図 4.16　**窓に対するベッドの配置**

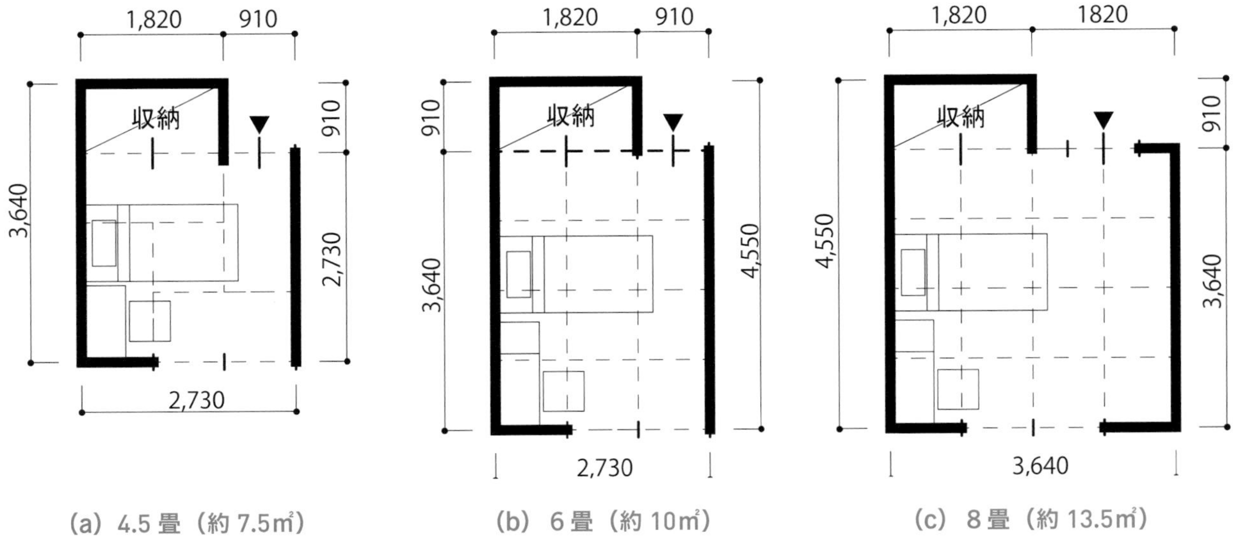

図 4.17　**子供室の家具の大きさと配置**

たい。

ベッドや机といった大きな家具が入るため、図 4.17 のように一般的に子供室の大きさを 2,730mm × 3,640mm（6 畳、約 10m^2）に加えて、収納スペースが 910mm × 1,820mm（1 畳、約 1.5m^2）程度必要である。収納スペースを入れて 7.5 畳（約 12m^2）確保することが望ましい。2 階の窓についても、幼い子の転落などを避けるため、窓台の高さを 1,100mm 以上に設計、もしくは柵を設置するなど、安全に配慮した計画が求められる。

キーワード

グレア（glare、眩しさ）

グレアとは、不快感や物の見えづらさを生じさせる眩しさをいう。同じ光でも、周囲の状況と個人の感じ方で眩しさが異なる。南側に机を置いて本を見ると、直接光の他に本で反射した間接光があり、眩しさを感じる。この眩しさは、太陽光だけではなく照明に対しても同じで、視線の方向と光源からの角度などにも依存する。高齢者ほどグレアを感じ易く、不快感から回復する時間も長くなる。

3 老人室

高齢者になると身体が衰え、歳を重ねるごとに五感の機能が低下してくる。階段や段差によって引き起こされた転倒による怪我は、重傷に繋がる事故になりかねない。老人室は日中も利用するため、他の居室と比較をすると使用者の滞在時間が長いことから、環境の良い安全で快適な住空間の提案が求められる。

また、高齢になるにつれて昔から使っていた家具を置くことによって安心感が生まれるため、家具を配置する多少のゆとりも欲しい。

老人室の配置は、共有空間への移動距離を短くするために L.D.K. に隣接させると有効である。家族が、家事作業を行っているときに祖父母の存在を認識することができ、常に安否確認を行うことができる。

モデル住宅は、和室の配置を優先させたため、老人室を和室としているが、介護を考慮すると必ずしも和室が有効ではない。座位を基本とする和室で腰を下ろすには、上下運動が大きく、膝や腰への負担も比例して大きくなってくる。一方、洋室の場合は、ベッドを設置することが容易で、敷布団と異なり介護する側もされる側も動作が楽に行えるなどの利点がある。

ベッドの配置は、夫婦寝室や子供室と同様である。老人室のスペースは、1 人の場合、最低 6 畳（約 10m^2）程度のスペースに加え、クローゼット、あるいは物入れが必要である。老人二人の場合は、ベッドを考慮すると 8（約 13m^2）畳以上が必要である。

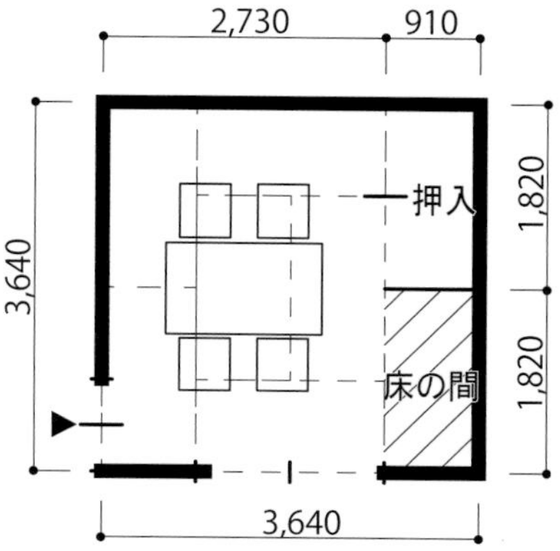

図 4.18 **和室の大きさ 6 畳**

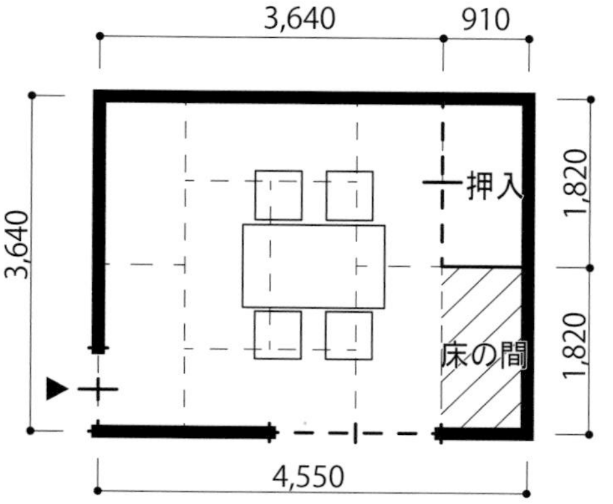

図 4.19 **和室の大きさ 8 畳**

写真 4.7　和室と押入　※1

4　客間・和室・予備室

住宅を長期間でみると、結婚して家族が増え、やがては成長して独立して別居するなど、その家で暮らす人数に変化が生じる。また、短期間でみても友人や親族が泊まることもある。

住宅は、このような人数の変化に対応しなければならない。この変化に対応できなくなると、建て替えなどが必要となり、住宅の寿命が短くなる。生活に応じて柔軟に対応できるプランが望まれる。客間や予備室は、このような変化に柔軟に対応できる部屋として便利である。

客間と予備室を一括りにしたが、使用目的が異なるため、配置方法も異なる。客間は、外来者が使用するため、玄関の近くに配置してプライベートな空間から離すことが一般的である。一方、予備室は、洗濯物をたたみアイロンがけをするスペースや家事の一時休憩スペースになるなど、プライベート空間としての利用が多いため、リビングやキッチン、ダイニングなどに隣接する位置に配置することが望ましい。

また、リビングと隣接して客間や予備室を設けた場合、客間や予備室として使用しないときは、扉や引き戸を開放してリビング空間を広げることもできる。さらに家族の趣味室としても使用するなど、常時の変化に対応できる。

客間や予備室は、6畳（図 4.18）から8畳（図 4.19）程度のスペースに加え、布団や座布団を収納できる押入れ（和室）や物入れ（洋室）を付属していることが望ましい。また、客間や予備室を和室にすると床に座ったり就寝ができるなど、様々な用途に活用できる（写真 4.7）。

和室は、2,730mm × 3,640mm（6畳、約 10m^2）に加えて収納スペースが 910mm × 1,820mm（1畳、約 1.5m^2）が必要である。さらに、和室に床の間を設けたい場合は、910mm × 1,820mm（1畳、約 1.5m^2）を確保することが望ましい。老人二人が寝室として使用する場合は、夫婦寝室のような広さが必要となる。

4.2.3 生理・衛生ゾーン

生理・衛生ゾーンには、浴室、洗面・脱衣室、トイレなどが挙げられる。都市施設として、上水道の他に汚水処理のための下水道が完備されている地域と完備されていない地域では、屋内の水回りで発生した汚水の処理方法が異なる。下水道が完備されている地域では、公共の下水道に屋内下水道管をつなぐだけで処理できるが、その他の地域では、敷地内にし尿浄化槽を設ける必要があり、屋外にそのためのスペースが必要となる。

生理・衛生ゾーンは、上下水道が必要となるため、同一階、および上下階において隣接させ、集約した方が効率的である。特に排水管の横引きする距離が長くなると水勾配がとりにくくなるだけでなく、漏水の危険性も増す。また、2階の水回りは、1階にパイプスペース（PS）も必要になるため、1階と2階の水回りの位置も重なるように計画すると良い（図 4.20）。1階の南側に水回りを配置すると、室内温度の上昇により、キッチンなどでは腐敗が進み悪臭が発生することがある。浴室やトイレも同様である。そのため、水回りを北側に配置するのが、一般的である。

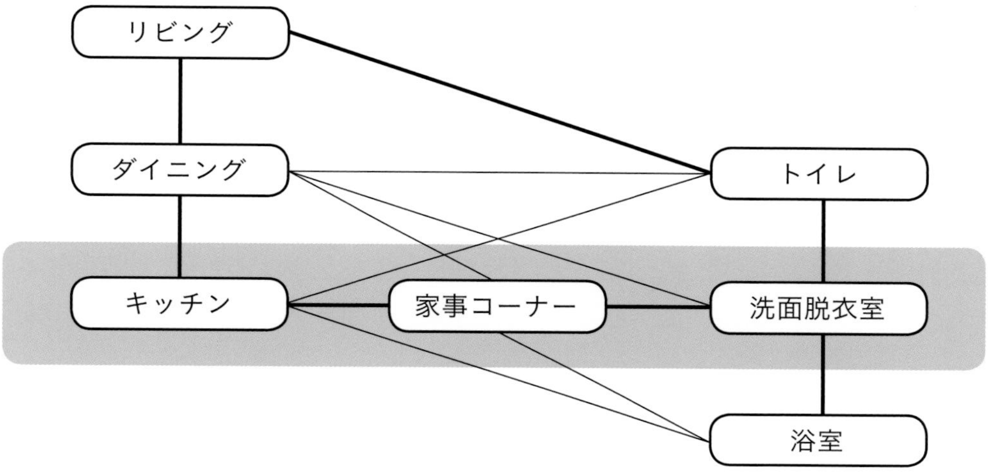

図 4.20　各室の繋がり

1　トイレ

トイレは、利用対象となる人にとって使いやすい計画が求められている。種類としては、洋式と和式があり、使用する人の習慣によるが、写真 4.8 のような大小兼用の洋式便器（腰掛け式）の体位が自然で、立ち座りの動作がしやすいため便利である。また、高齢者や障害者だけでなく、健常者にとって利用しやすいように（ユニバーサルデザイン）、手すりを設置するなど、室の大きさにゆとりをもった計画としたい。

トイレの配置は、洗面・脱衣室と隣接した方が良く、この動線が長くなると不便さを感じる。また、トイレは使用頻度が高く、視線も気になるので、リビングから直接見えないなどの配慮が必要である。また、使用後には洗浄の音もあるので、リビングや寝室への配慮も考えて位置を決定する必要がある。近年は、住宅にも各階にトイレを設置することが一般的になったため、トイレへの動線が短くなった。暖房便座やシャワートイレも設置されることも多く、トイレ内にコンセントを忘れてはならない。また、シックハウスのための 24 時間換気もトイレ内の第 3 種換気（排気のみ）を利用するケースも多くなったので、換気経路も検討する必要がある。

(a)　※1

(b)　※3

写真 4.8　**トイレの例**　※1

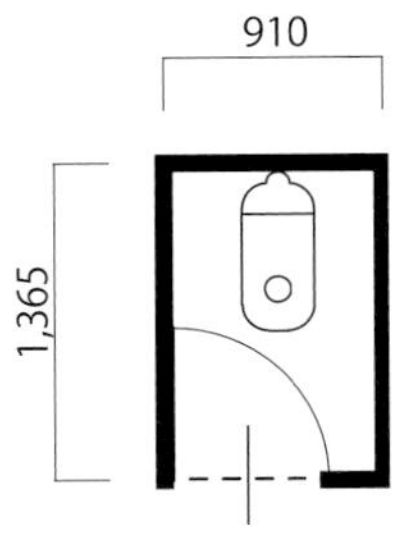

(a) 和式トイレ

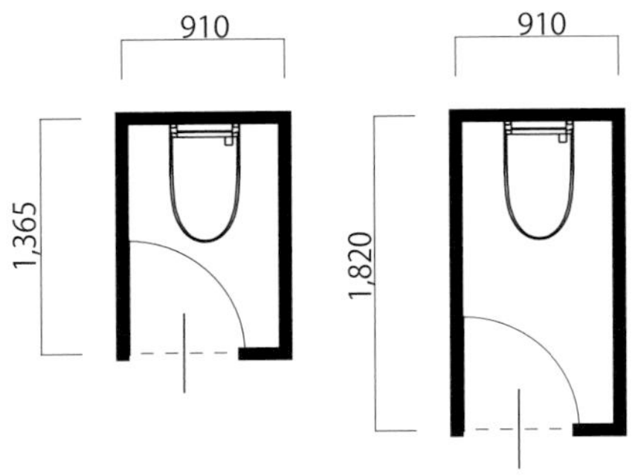

(b) 洋式トイレ

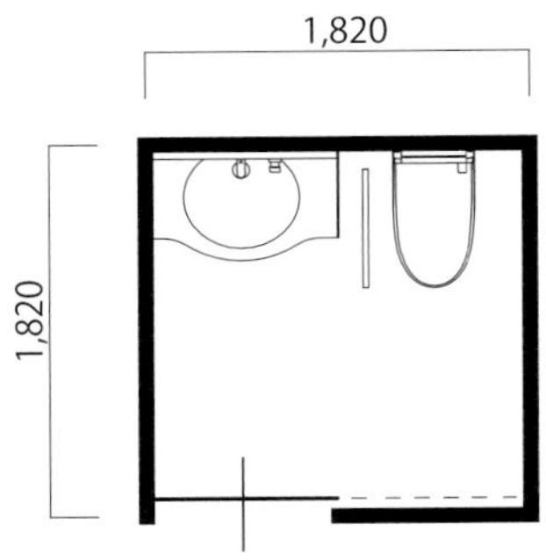

(c) 洋式車椅子兼用トイレ

図 4.21　**トイレの大きさ**

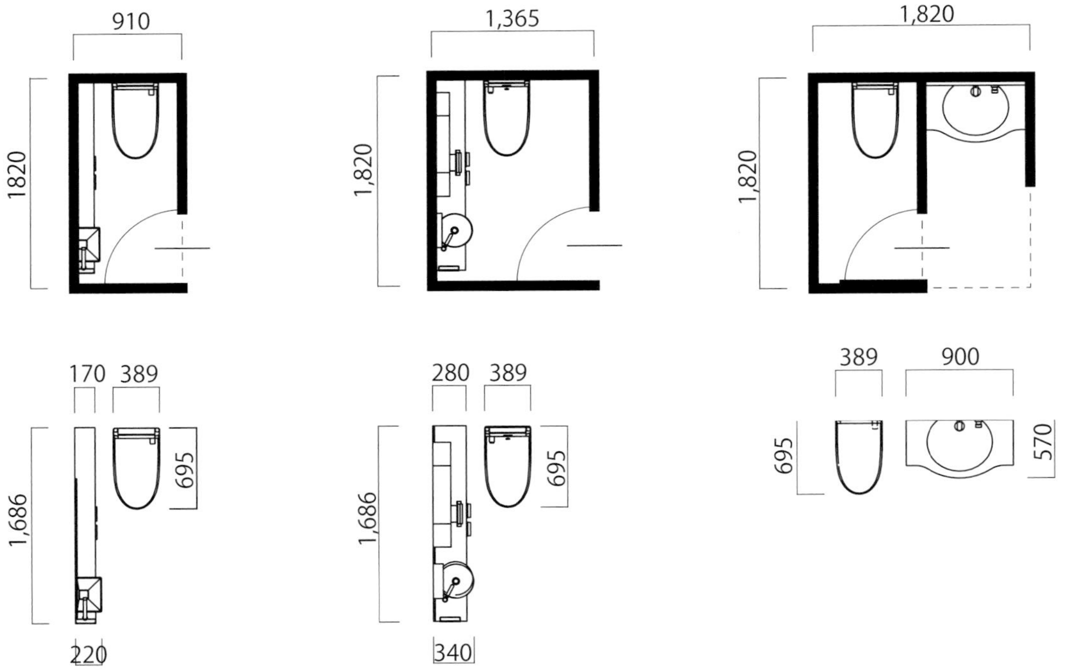

図 4.22　**トイレ設備機器の大きさ**

一般的なトイレの大きさは、図4.21に示すように奥行き1,365mm以上必要である。排便により体調が悪くなるケースも多いことから、内開きにする場合、ブースの上部を空ける。一方、ブースが壁で密閉されている場合は、外開きとする。トイレは、外開きとした場合でも、910mm × 1,365mm（0.75畳、約1.3m^2）以上が必要である。余裕を見ると、910mm × 1,820mm（1畳、約1.7m^2）としたい（図4.22）。トイレは、1日に何度も利用されるため、機能だけでなく快適な環境となるように心掛けたい。車椅子を使用する場合は、室内に車椅子で入るため、1,820mm × 1,820mm（2畳、約3.3m^2）以上の大きさとすることが望ましい。

トイレは、浴室同様に外部からの視線の遮断が求められる。参考として、図4.23に外部からの視線範囲を示した。トイレに窓を設けないと、採光も自然換気も取り入れることができず、臭気の発生に加え薄暗く陰気な空間となる。そのため、なるべく窓などの開口部を設けることが望ましい。

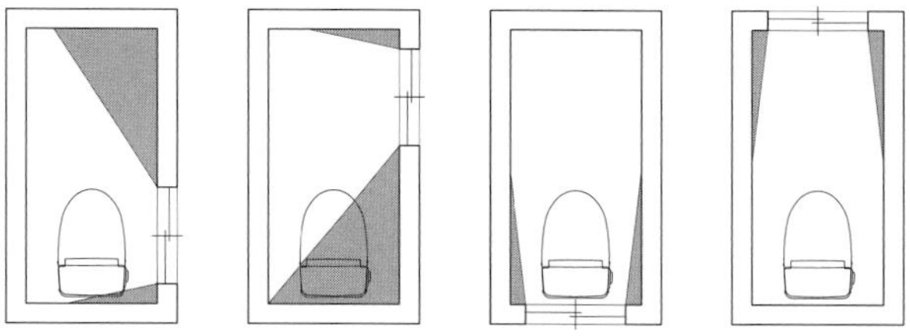

図4.23　**外部からの視線**

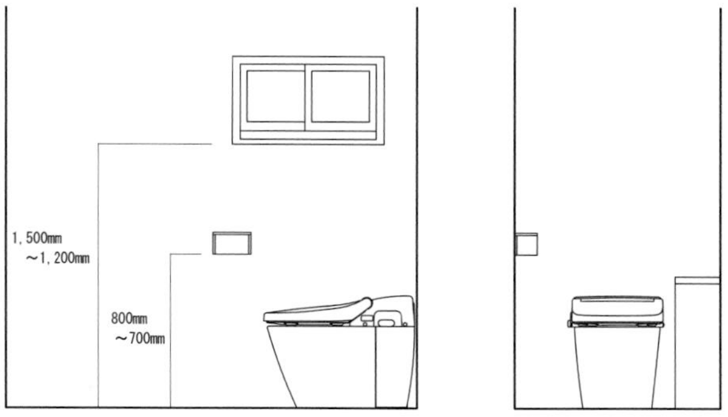

図4.24　**トイレの高さ**

また、洋式の便座に座ったときに外部からシルエットが見えないように気を配りたい。高さは、図4.24のように1,200～1,500mm以上の位置に配置するのが好ましい。また、トイレの窓は、防犯性能に優れたものを選ぶことが望ましく、面格子や人が通れない形状、ルーバー窓にするなどの工夫があると良い。さらに、トイレには維持管理のため掃除道具や備品などを置くため、トイレ内に収納をつくると便利である。さらに、プライベート空間であるトイレや浴室などに坪庭などを接続して設けると、豊かな空間の演出ができる。

コラム

換気設備

●第一種換気

機械で給気・排気共に行う。映画館の観覧席などに使用している。

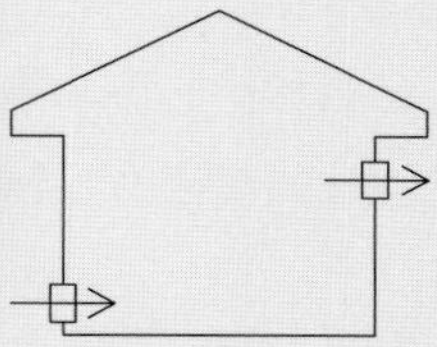

●第二種換気

給気は機械給気で、排気は自然排気で行う。病院の手術室などに使用している。

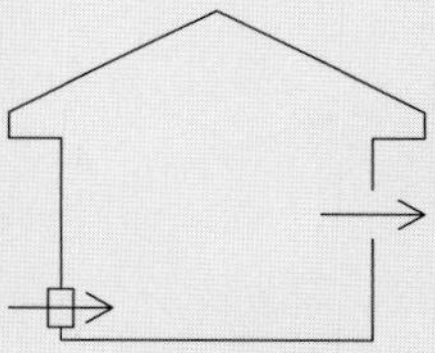

●第三種換気

給気は自然給気で、排気は機械排気で行う。トイレなどに使用している。

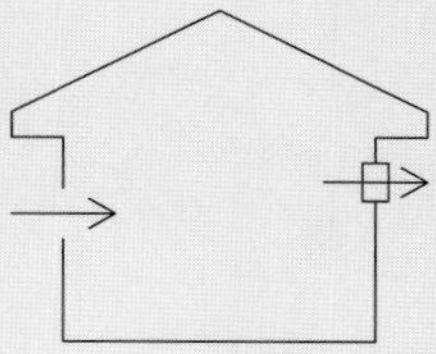

●ロータンク

水洗トイレの水を溜めるタンクが、便器に付随しているもの。

2　浴室

寝室と浴室は、着替えやプライバシーの点で近い方が良く、高齢者にとっては、特に重要な動線となる。ただし、忘れてならないのは、浴室は機能的な側面だけではなく、心と体の疲れを癒《いや》すためのくつろぎの空間だということである。リラックスできるような空間づくりに心掛けたい。

日本の浴室は、身体を清潔に保つことやお湯に浸かることで疲れを癒すなどの目的で進化してきた。欧米諸国では、日本のようにお湯に浸かる文化がなく、浴槽を設置しない地域も多い。日本の入浴に関する調査によると、湯に浸かりその時間を大切にしたいと望む人も多く、設計者は、入浴のための機能的な側面だけではなく、快適な空間を作ることが求められる（写真 4.9）。

一方、浴室は、防水素材や湿気による換気上の問題から、冬に浴室内が温まるまでの冷えこみがあり、心臓の弱い高齢者は、急激な温度変化に対応できず心臓に過大な負荷をあたえ死に至るケースもある。近年は、浴室暖房や雨の日でも洗濯が乾かせる浴室乾燥機も開発され、さらに浴室が機能的に変化している。

浴室は、洗面・脱衣室に隣接し、一般的に北側にまとめられることが多い（図 4.25）。一方、豊かな浴室空間を求めると、日の当たる南側への配置やトップライトによる光の導入などが考えられる。写真 4.10 は、壁をヒノキにしてリラックス効果を高めた例である。

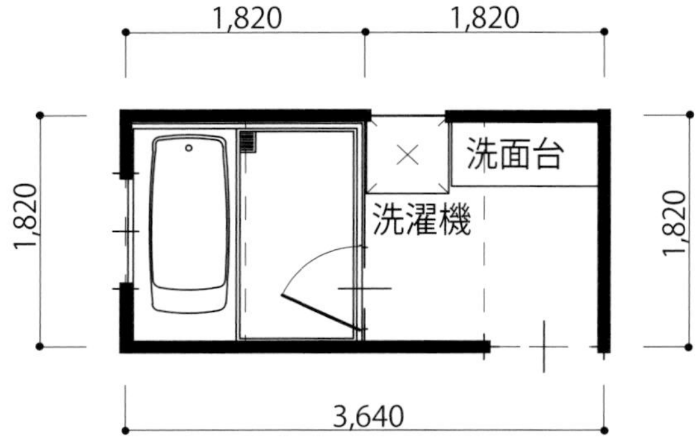

図 4.25　浴室と洗面・脱衣室

写真 4.9　浴室の例　※3

写真 4.10　ヒノキの浴室の例　※3

昨今の浴室は、プラスチック素材によるユニット化が進み、防水上の問題も克服されたことから、２階以上への設置が容易になった。そのため、浴室を配置できる場所の幅が広がり、今では方位や設置階数の制限がなくなったため、豊かな空間を設計できる可能性も広がった。

軸組木造住宅用に多く使われているユニットバスの寸法の一例を図 4.26 に示す。最も多く使われているのは、(a) 1616 といわれている一坪タイプである。これは、芯々 1,820mm × 1,820mm（２畳、約 $3.3m^2$）の中に納めることができる。このほか、壁と天井を除いた部分がユニットになっているハーフユニットタイプ、全て自由に設計できる現場施工タイプがある。ハーフユニットタイプや現場施工タイプの場合は、防水性能を確保するために設計者と施工者共にディテールの知識が必要である。

浴室内では、滑ることによる転倒事故が多い。そのために、手すりの配置が必要である。手すりを設置する位置を、住宅性能表示でも等級ごとに内容を定めている。

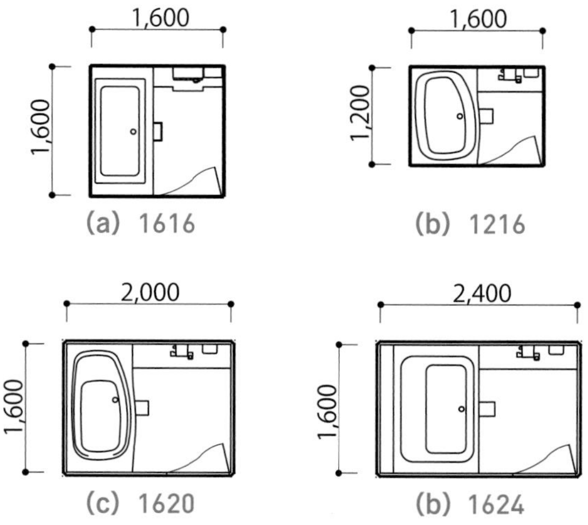

図 4.26 浴室の大きさ

キーワード

坪庭

敷地内の建物と建物の間に造られた小さな庭のことをいう。また、塀や建物の間の狭い空間に造られることもある。この写真は、２階に設けた風呂場から坪庭が見える例である。※３

コラム

住宅性能表示

平成 12 年４月１日に「住宅の品質確保の促進等に関する法律」が施工され、同年 10 月に住宅性能表示制度が開始された。

性能表示事項は、次のような 10 の分野に区分されている。

❶ 構造の安定に関すること
❷ 火災時の安全に関すること
❸ 劣化の軽減に関すること
❹ 維持管理・更新への配慮に関すること
❺ 温熱環境に関すること
❻ 空気環境に関すること
❼ 光・視環境に関すること
❽ 音環境に関すること
❾ 高齢者等への配慮に関すること
❿ 防犯に関すること

等級は、数字が大きいほど性能が高いことを表すように設定されている。自らのライフスタイル、工事費、建築する地域の気候などの事情に合わせて等級を選択する。

3 洗面・脱衣室

浴室と一体的に使用するのが、洗面・脱衣室である。洗面台と共に洗濯機を置くことが多い。洗面・脱衣室では入浴準備の動作だけでなく、脱衣後の洗濯や洗濯後の乾燥についても考えなければならない。その他に、着替えやタオル、洗面化粧用具、洗剤、風呂の掃除用具など、多くのものが収納できるスペースや棚が必要となる。キッチンと同様に洗面・脱衣室の収納力が、住む人の満足度に直結していることも多い。高齢者や障害者にとって、入浴は大変な作業になるので、移動や立座りのために手すり設置の検討が必要である。

洗面・脱衣室には、入浴のための脱衣、洗濯、洗面など、多くの活動を満たすための機能を備えておかなければならない。また、脱衣スペース、洗濯機置き場、洗面台の配置を検討する場合、動作の流れを考慮する必要がある。入浴動作は、次のとおりである。

入浴動作

トイレ → 洗面 → 脱衣 → 洗濯機へ服を入れる
→ 入浴 → 着衣 → 洗面

入浴のための配置計画

トイレ → 洗面台 → 脱衣スペース
→ 洗濯機置き場 → 浴室（写真 4.11）

トイレと洗面台は必ずしも入浴と一緒ではなく、独立した行為となるケースもあるため、浴室とトイレを分けたり、洗面台を玄関付近に設けることにより、帰宅時の手洗い動線が短くなり機能的に活用できる。このような生活動作の流れをイメージして配置計画を行うことが、使い勝手の良い空間を設計するために必要不可欠である。

洗面・脱衣室は、浴室に接して設け、写真 4.12 のように洗面台には、鏡、化粧品を整理す

写真 4.11　**洗面・脱衣室の例**　※3

写真 4.12　**洗面・脱衣室の例**　※1

る棚、その他にタオルや洗剤、洗濯用品を収納する棚が必要となる。

洗面・脱衣室には、ものが溢れ出しやすいため、余裕をもって収納できる棚やスペースを用意しておく。また昨今は、洗濯機だけでなくヘアードライヤーや電動歯ブラシなど、多くの電化製品が洗面・脱衣室で使用されるため、コンセントの位置や数、電気容量まで考慮して計画を進める。

洗面・脱衣室は、図 4.27 のように最低限 1,820 mm × 1,820mm（2 畳、3.3m^2）以上のスペースが必要である（写真 4.13）。また、洗濯機の付近（上部が望ましい）には、換気のための窓を設けることが理想的である。

洗面・脱衣室は、北側に設けられることが多く、さらに廊下に直結しているため、洗面・脱衣室の窓は、通風にとても有効な窓となる。そのため、積極的に洗面･脱衣室に窓を設けたい。一方、トイレと同じく、外部から見えるシルエット、1 階に設置することによる防犯の問題もあるため、高さや防犯対策にも心がけたい。

洗面台は、使用頻度が高いため、脱衣スペース（1m × 1m 程度）と重複しないほうが良い。また、洗面台の高さは 800 ～ 850mm が一般的な寸法である。高齢者や車椅子を考慮する場合、座った状態での作業になるため、少し低めの 750mm に設計することが望ましい。作業しやすい高さは個人によって異なるため、家事室同様、実際の使用者に合わせた設計を行うことが求められる。

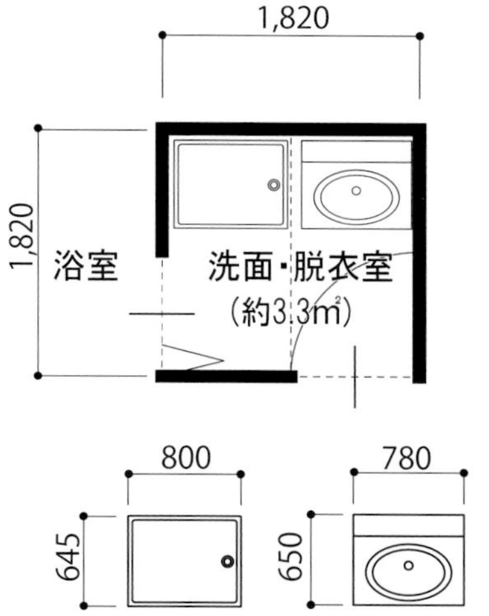

図 4.27 **洗面・脱衣室の大きさ**

(a) 浴室

(b) トイレ

(c) 脱衣室

写真 4.13 **水回り** ※1

4.2.4 その他ゾーン

1 階段

2階以上の建物には、階段やホームエレベーターなどの昇降装置が必要となる。階段を安易に配置すると機能的な動線の計画を妨げ、廊下が長くなる要因になりかねない。そのため、階段の配置計画は、ゾーニングの段階で検討する必要がある。

① 階段の配置計画

階段は、上下階をつなぐための機能だけではなく、移動により視点の高さが変わるため、魅力的な空間を演出することができる装置でもある。居室ではないが、階段には採光や通風も確保したい。階段の設置場所をリビング外とするかリビング内とするかによっても、その機能や印象、生活スタイルが大きく変わる。写真 4.14 に直階段、折り返し階段の例を示す。

(a) 窓際に設置した直階段　※3

(b) ささら桁折り返し階段　※1

(c) 建物の中央に設置した折り返し階段　※4

(d) 直階段を利用した3階建て住宅　※3

写真 4.14　階段のタイプ

廊下や階段は、住宅の中央部になりがちなため、採光が取れないことが多い。窓のない階段とした場合は、日中でも明かりをつけないと上り下りができにくくなる。また、中廊下になると階段と同様に照明が必要になる。そのため廊下にも自然採光・換気のための窓を設置することが望ましい。また、一般的に階段を玄関と反対に配置すると廊下が長くなり、延べ面積も増える傾向にある。住宅の場合、床面積が限られているので、なるべく廊下が少ない計画とする。一方、空間と空間との間を廊下にしなかった場合、木造の壁が遮音壁とならないため、TVの音やトイレで流す音などの影響を受けやすくなる。そのため、空間の落ちつきと独立性が失われないように計画する。

階段は、一般的に北側に配置するケースや玄関周りに配置するケース、リビング内に設けるケースがある。最近は、リビングに階段を配置することが増えてきた。特に子供がいる場合、子供が玄関からリビングを通って2階の子供部屋に行くことになり、家族間のコミュニケーションが図れると共に家族の目が届きやすくなるために、子育てや防犯、高齢者の安全などに有効である。ただし、リビングに縦穴ができるため、リビングから発生する音や冷暖房の負荷が増えるなどの欠点もある。

建物の中央に階段を作ると、リビング内に設ける階段以外は、窓がなく、日中でも採光が得られず、昇り降りの際に明かりを使わなければならなくなる。快適性や省エネルギー、安全性を考慮した点からも不利な点が多い。その際は、トップライトを設けるなど明るく使いやすい階段を計画する。

② 階段の構造

住宅の階段には、主に直階段、折り返し階段が使用されている。直階段は、図4.28のように踊り場がないタイプの場合、最低の長さが2,730mmで他のタイプに比べてスペースを取らないが、階段の途中に踊り場がない場合、転落したときの安全性が確保できにくく、廊下が長くなり北側に設置しにくいなどなどの欠点がある。

一方、折り返し階段は、図4.29のようにコンパクトにまとまっているため、最も多く利用されている。直階段に比べ踊り場が設けられるため、安全性の確保ができる反面、建物の中央

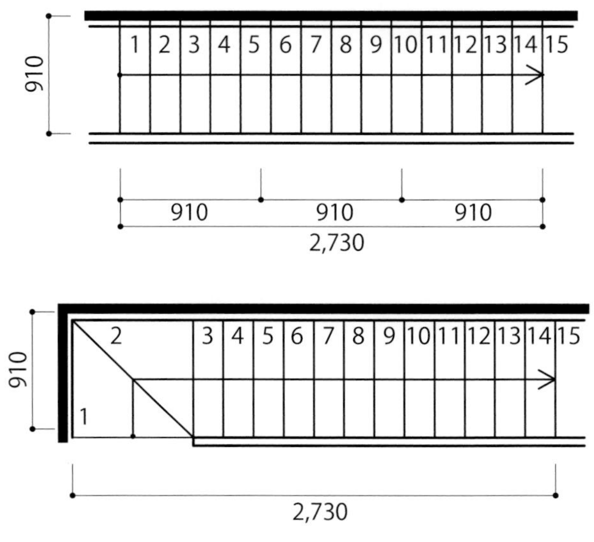

図4.28 **直階段**

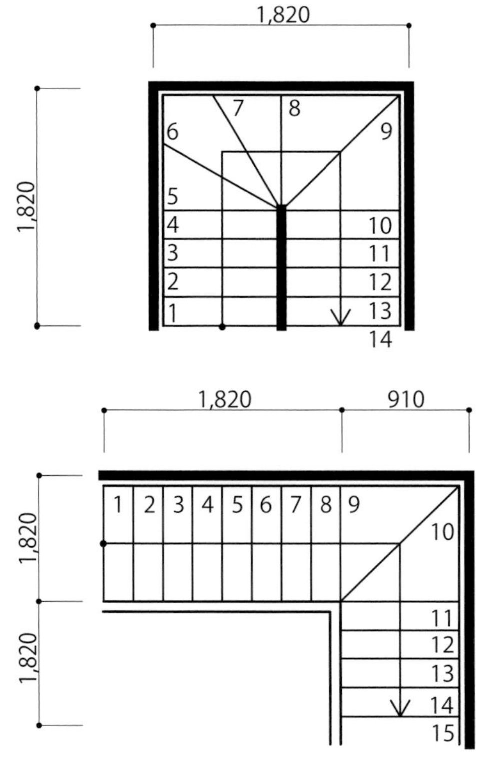

図4.29 **折り返し階段**

に配置した場合、採光が取りにくくなるなどの問題がある。なお、折り返し階段の場合、最低でも 1,820mm × 1,820mm（2 畳、約 3.3m^2）のスペースが必要である。

らせん階段は、折り返し階段と同様、コンパクトにまとめられ、空間を魅力的に演出することができる。ただし、コンパクトにまとまる反面、踏面の確保が内側と外側で異なるため、階段が上がりにくいなどの欠点がある。

階段の段数は、階高によって変わり、階段の昇り降りの容易さは、蹴《け》上《あげ》（階段 1 段の高さ）と踏面（階段 1 段の幅）に関係している。

建築基準法では、蹴上を 230mm 以下、踏面を 150mm 以上と規定しているが、最低の寸法を住宅に適用した場合、とても急勾配となり昇り降りしにくく危険な階段になる。使用しやすい一般的な階段を考えるなら、図 4.30 のように蹴上を 200mm 以下、踏面を 230mm 以上とするのが良い。

バリアフリーや屋外階段の場合、蹴上を 160mm 以下、踏面を 300mm 以上必要となる。また、階段には昇り降りの安全確保のため、手《て》摺《すり》の設置が義務づけられている。折り返し階段のように途中で曲がっている階段には、外側に手摺を設けるのが良い。内側に手摺を設置すると踏面が狭い方を昇り降りすることになり危険である。

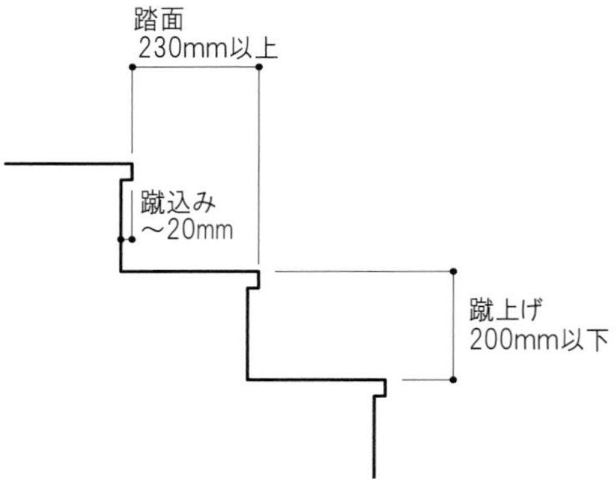

図 4.30　**蹴上と踏面の寸法**

2　廊下

廊下は、各所要室をつなげる装置であるが、機能を付加すれば、ワークスペース（図 4.31）や家事コーナーなどへ発展することのできる空間である。そのため、廊下の拡張機能を意識して計画することで、その家の雰囲気を豊かにすることができる。

古来、日本の住まいは、廊下のように移動する空間も大切な空間として扱われ、中庭や庭園などと隣接させることにより、四季折々の移り変わりを楽しんできた。今後も四季を楽しむ良き日本の風習を忘れないようにしたい。

① 廊下の配置計画

廊下は、玄関ホールに接続し、各所要室をつないでいる。しかし、敷地面積が厳しい場合や設計条件によっては、玄関ホールから廊下を介さずに直接リビングを接続すると、1 階の廊下の面積が少なくなる。本モデル住宅も L.D.K. の床面積を大きくとるとるために、玄関ホールを大きくとり、そこから直接 L.D.K. へ入る設計としている。

廊下の設置方法は、大きく分けると、廊下の片側に所要室を設け、その反対側に外壁を設ける片廊下型と廊下の両側に所要室を設ける中廊下型がある。片廊下型の場合は、片方の壁が外気と接していることから、廊下に窓を設置できるため、廊下への採光・換気が取りやすく、廊下を介しての通風も確保しやすい。

1 階を片廊下にすると、2 階も片廊下となるケースが多い。一方、中廊下の場合は、両側に所要室を配置するため、多くの部屋やスペースを廊下で接続することができるようになる。そのため、洗面・脱衣室や浴室、トイレなどを配置する 1 階は、中廊下になることが多い。

中廊下は、外壁に面する壁がなくなるため、採光や通風が取りにくくなる。そのため、階段に窓を設けたり、北側に坪庭を配置するなどの工夫が必要となる。

また、前述したように、夏に南からの風を取り入れようとした場合、北側の洗面・脱衣室の窓から風を抜くなどの工夫が必要となる。音に着目すると、北側の洗面・脱衣室やトイレなどの水回りスペースと南側のL.D.K.や寝室の間に廊下を入れることで、洗濯作業などで生じる音を緩和させ、リビングや寝室など、居室空間の快適性を確保することができる。

② 廊下の幅

廊下の計画にあたり、障害者だけではなく健常者も全ての人が移動しやすいようにユニバーサルデザインに心掛けるとよい。廊下の幅は、最低でも壁の芯々で910mmの幅が必要されるが、実際の有効幅が約750mmとなるため窮屈《きゅうくつ》に感じる。人とすれ違う時は、もう少しゆとりが欲しい。また、将来車椅子利用の可能性を考えた場合、廊下幅を芯々で1,365mm以上必要になる。また、移動のほかに回転スペース（芯々で1,820mm以上）や段差が出ないようにFL（Floor Level）にも注意する。手摺は、さらに100mm程度のスペースが必要になるため、手摺を加味した廊下幅が求められる。廊下の手摺の高さを図4.32に示した。初学者の場合は、高くなりがちなので注意する。

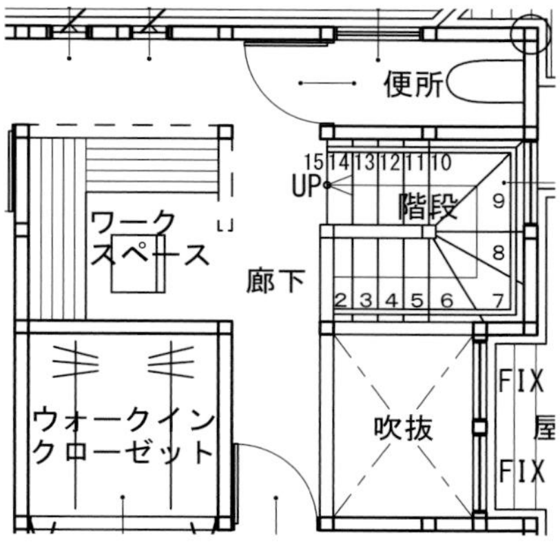

図4.31　**吹抜とワークスペース**

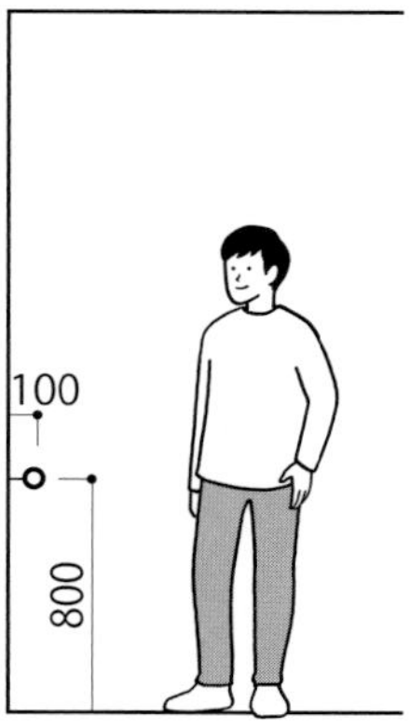

図4.32　**手摺の設置位置**

3 玄関

玄関は、住む人にとって毎日の外出と帰宅の起点であり、来訪者にとっては、その家の第一印象となるため、機能的でかつ快適な印象の空間としたい。また玄関は、上履きと下足の履き替えの場だけでなく、来訪者や宅配などのかんたんな応接も考えられるため、適度な大きさのスペースが必要である。

玄関スペースと駐車・駐輪スペースはできるだけ隣接させ、動線や接道との関係を考慮した配置とする。そのほかに玄関周りには、子供の遊び道具やアウトドア用品など、娯楽の多様化によって収納力が求められるようになってきている。1人が所有する靴の数は、想像以上に多く、10足以上持っている人も少なくない。そのため、家族で所有する靴の数は非常に多くなる。最近では、玄関土間に続く簡易な納戸、シューズやコートなどのクロークなどが、設けられることもある。

収納が少ない場合は、ものが玄関周りに溢れ出す結果となるために、設計前に施主の希望を十分にヒアリングし、収納計画を行うことが大切である。

玄関周りは、図 4.33 のようにポーチ、玄関、玄関ホールで構成されている。玄関の設計で初学者によく見られるのは、ポーチ、玄関、玄関ホールを共に小さく設計しているケースである。住宅の外と内をつなぐための境界となり、荷物を持ってドアを開けたり、靴を履きかえるなどの様々な動作が加わるため、ゆとりを持って計画したい。

一般的な大きさとして、ポーチは、外開きとなるドアの軌跡から体を外に避けなければならないため、1,820mm × 1,820mm（2 畳、約 3.3m^2）のスペースが必要である（図 4.34）。

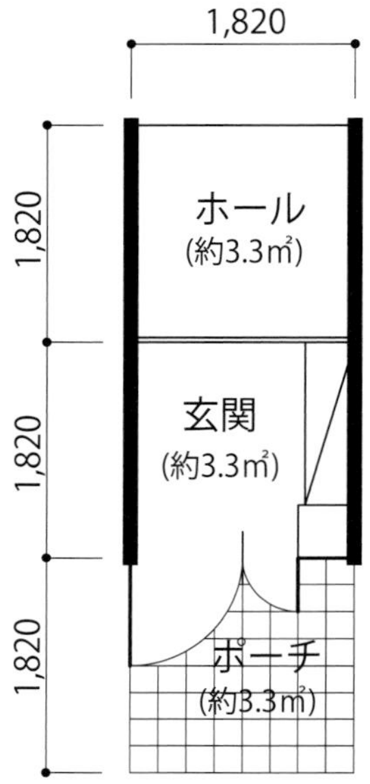

図 4.33　玄関とポーチの大きさ

さらにポーチの上部には、屋根や大きめの庇が必要となる。シューズボックスを玄関と玄関ホールに設置する場合は、それぞれ 1,820mm × 1,820mm 以上（2 畳、約 3.3m^2）のスペースが望まれる。

集合住宅の場合は、900mm × 900mm 程度のものもあるが、戸建て住宅の場合は、玄関がその住宅の顔になることと靴の履き替えのための動作スペースが必要になることを考えると、玄関、玄関ホール共に最低でも奥行 1,365mm を確保すべきである。また、大きい家具などの搬入経路を考えると、一般的に玄関や 1 階リビングの掃き出し窓がその対象となる。そのため、玄関入口のドアは、両開きドアか親子ドアにしたい。

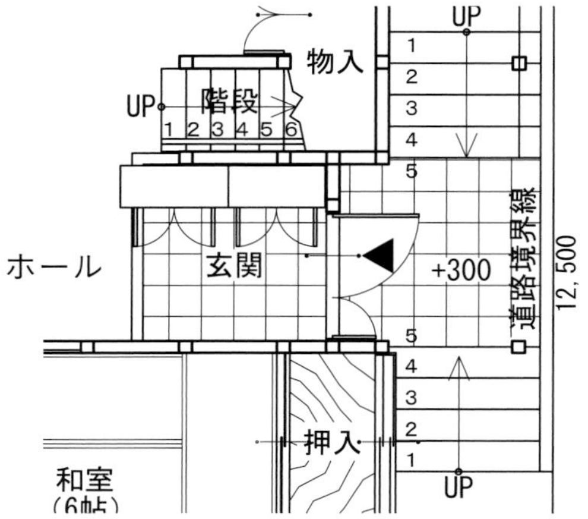

図 4.34　玄関とポーチの納まりの例

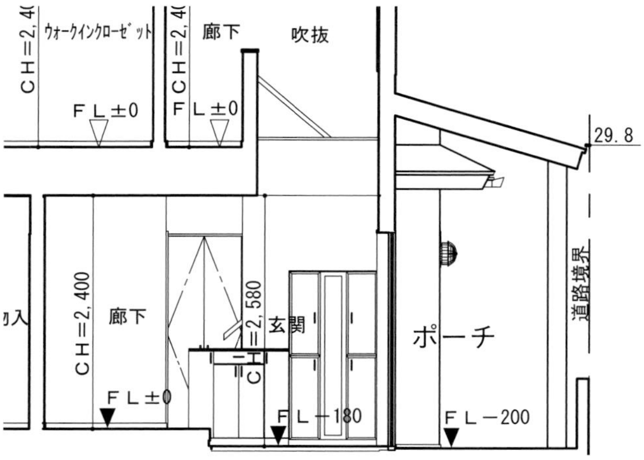

図 4.35　玄関と玄関ホールの段差

① ポーチと玄関

ポーチと玄関との段差は、図 4.35 のように、0～20mm が一般的である。開きドアの場合は、サッシの雨仕舞があるために、外開きとし、この程度の段差をつくる。ただし、これ以上段差が大きい場合は、躓《つまず》くことがあるのでできるだけ段差が少なくなるようにする。また、土間を水洗いするために、1/50 程度の水勾配をつける。

② 玄関と玄関ホール

玄関と玄関ホール（上がり框《かまち》）の段差は、図 4.36 のように 200mm 程度が一般的である。玄関と玄関ホールの間に段差がないと、車椅子での移動は容易であるが、上り框がないと、下足履き替えのために腰を掛けるところがなくなり、健常者でも履き替えのときに体が不安定になる。そのため、上り框がない場合、ベンチなどを設けると良い。手すりがないとバランスを崩し、転倒事故に繋がる恐れがある。そのため、安全面を考慮した立ち上がりのための手すりは、必須である。さらに、平行移動するための手すりの設置も望まれる。

(a) 大きな容量のシューズボックス

(b) シューズインクローク

写真 4.15 玄関収納 ※1

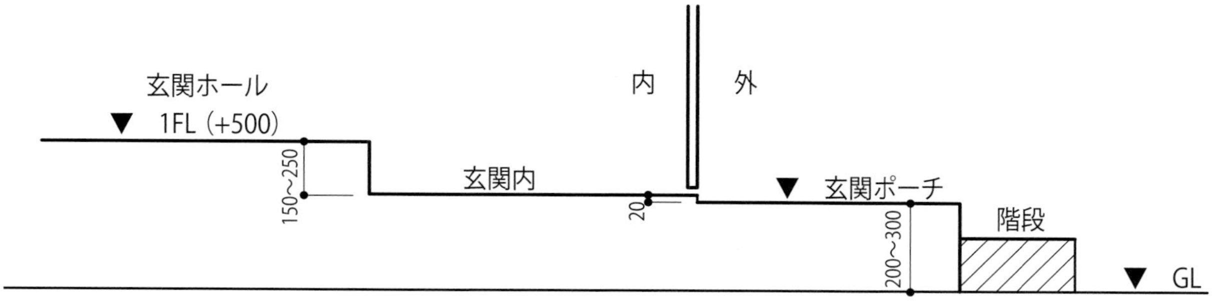

図 4.36 玄関の高さ寸法

4.2.5 庭

1 庭の検討

庭は、採光・通風を確保するための空間のみならず、人に対して心理的な影響を与え、豊かな空間を演出するために、とても大事な空間である。

充実した住空間の設計を行うためには、内部空間の設計だけでなく、外部空間と内部空間のつながりを意識した計画が重要である。一般的に、建物の南側に庭を確保することができると、室内に太陽光が入りやすくなり、暖かみのある明るい空間がつくれる。1章でも述べたように、この空きを5m以上確保すると、1階の居室に太陽の光が届く。同時に、南側の居室から外を眺めると、南側の隣家までの距離が長くなるため、心理的な圧迫感のない室内空間ができる

快適な庭を確保するためには、設計初期段階において建物内部のゾーニングを行う前に駐車・駐輪スペースの配置と同時期に庭も検討することが必要である。外部空間よりも内部空間の設計を優先的に行うと、庭が、敷地から建物の面積を引いた残りの空間になりがちで、魅力的な庭になりにくい。

キーワード

中庭・パティオ

ある程度、敷地面積が大きい場合は、中庭を設けたコートハウスも考えられる。パティオといわれる中庭にすることで、写真4.16のように周囲の建物から影響を受けずに通風や採光を確保することができる。そのため、プライバシーを保ちやすい特徴がある。その他、建物をL型にして庭を囲むなどの方法もあるため、設計初期段階ではあらゆる可能性を検討してみることが大事である

写真4.16　**パティオ（タイル敷きの中庭）**　※1

3 植栽の検討

日本は、昔から植栽を活用し、生活環境を豊かにしてきた文化がある。春期には桜を見上げ、雨季には紫陽花を眺め、夏には生い茂る緑を感じ、秋季は紅葉を味わい、冬季は白銀の雪景色に見とれる。植栽は、心を落ち着かせるリラックス効果があり、普段の生活を豊かにするための重要な要素である。そのため、できる限り空地を設けるように建物を配置し、その周りに植栽のスペースを確保したい。建物を配置した余白の空間を庭とするのではなく、積極的に敷地内に空地を確保し、植栽を配置した庭を内部空間と同じように扱ってプランニングすることが求められる。植栽は、採光調整、北風防御のために有効である。南に落葉樹を植える事によって、夏季は生い茂る葉により強い日差しを防ぎ、冬季は葉を落とすことで、暖かい日差しを室内に取り入れることができる。四季の移り変わりを感じながら、住宅の温熱環境も整えてくれる。

植栽として用いる植物は、その形状と用途から、樹木、竹・笹類、特殊樹木、下草類、苔・芝類、つる類に大別される。樹木とは、冬季に樹幹や枝が枯れず、長年に渡って生き続ける植物をいう。樹木には、葉の性質から常緑樹、落葉樹、半落葉樹に分けられる（表 4.1）。また、葉の形状より針葉樹、広葉樹に分類される。さらに樹木の高さにより、高木、中木、低木などに分けられる。常緑樹は、敷地の境界に植栽されて生垣として利用されることが多い。半常緑樹は、常緑樹として扱う。落葉樹は、花が咲いたり紅葉するなど、四季による変化があるために、主となる樹木とするのが良い。針葉樹は、高木なものが多いので複数本まとめて植栽するのが良いが、少々広いスペースを必要とする。

３m以上のものを高木、２m程度のものを中木、１m以下のものを灌木という。一般的に高木は、境界線に沿って用い、中木をその前に配置するのが良い。

注意点としては、植栽をする場合、配置が密になりがちなため、生垣以外は、ある程度の間隔を空けて配置する方が、良い庭空間となる。また、樹木が成長した場合、枝が隣地を超えてしまうなど、隣地関係も考慮する必要である。

■表 4.1　植栽の種類

<table>
<tr><td>コノテガシワ</td><td rowspan="11">常緑樹</td><td rowspan="6">針葉樹</td><td>灌木</td><td>約 2.0m</td></tr>
<tr><td>アカマツ</td><td rowspan="6">高木</td><td rowspan="6">約 5.4m</td></tr>
<tr><td>アスナロ</td></tr>
<tr><td>ゴヨウマツ</td></tr>
<tr><td>ニオイヒバ</td></tr>
<tr><td>ゴールデンクレスト</td></tr>
<tr><td>シラカシ</td><td rowspan="13">広葉樹</td></tr>
<tr><td>キンモクセイ</td><td rowspan="7">中高木</td><td rowspan="7">約 3.6m</td></tr>
<tr><td>サザンカ</td></tr>
<tr><td>ツバキ</td></tr>
<tr><td>カカナメモチ</td></tr>
<tr><td>カエデ</td><td rowspan="8">落葉樹</td></tr>
<tr><td>モミジ</td></tr>
<tr><td>ウメ</td></tr>
<tr><td>ソメイヨシノ</td><td rowspan="5">高木</td><td>約 8.0m</td></tr>
<tr><td>クヌギ</td><td rowspan="4">約 5.4m</td></tr>
<tr><td>ハクモクレン</td></tr>
<tr><td>ハナミズキ</td></tr>
<tr><td>ヤマボウシ</td></tr>
</table>

4.2.6 扉・窓

充実した生活を送るためには、快適な住空間が必要である。一般的に快適な住空間は、採光や通風が十分に確保されているケースが多い。夏のそよ風や、冬の陽だまりなどが、とても豊かな生活シーンをつくり出している。そのためには、開口部の計画が大きく関係する。建築法規上でも住宅の居室に必要な採光を確保するために開口面積は床面積の 1/7 以上（条件により窓の実面積に掛ける係数が変わる）、自然換気のために床面積の 1/20 以上として窓の大きさの最低ラインが定められていることは、1 章でも示したとおりである。建築法規の制限からも生活における窓の重要性がわかる。

窓や扉のサイズやデザインは多種多様である。設計者は、機能的な面とデザイン的な面の両面から検討して最適な開口部を提案しなければならない。窓や扉が変わると、室内の雰囲気はもちろん、図 4.37 のように建物外観の表情も大きく変化する。開口部のデザインは、アトリエと言われる個人事務所が拘るディテールの 1 つである。

日本では一般的に広く普及している引違窓だが、欧米では引違窓は利用されず、開き戸が一般的である。このほかにも様々な種類の窓がある。

図 4.37　開口部の違いによる建物イメージの変化

1　扉

開き扉の配置計画にあたり、扉の開く方向は住まい方にも影響する。扉が廊下側に開くと、図 3.38 のように廊下を通行している人が開いた扉に接触して事故に繋がる危険性があるため、一般的に扉の開く方向は、室内側である。また、扉が壁側に開いたとき、通路の妨げにならないようにするために、吊元を壁側とする。また、ドアノブが壁に当たることを防ぐために、吊元を壁際から 100mm 以上離し（図 4.39）、戸あたりをつけるようにする。一方トイレは、外開きが一般的である。これは、体調が悪くなって狭いトイレの中で倒れたとき、内開きにすると扉は開かず、急病者の救出が困難を極めるからである。また、内開きの場合は、ドアの軌跡があるために利用者の可動域が小さくなるという欠点もある。ただし、トイレブースの間仕切りの上部が空いている場合は、内開きとすることができる。公共のトイレなどは、内開きとし、利用者がいない場合は扉が開いた状態にすることで、利用可能であることを知らせる方法をとっている。一方、引き違い戸は、開き戸の反対の性能を持つ。最近では、特にバリアフリー対応のために利用されることが多い。開き戸は、扉の軌跡が車椅子の妨げになるが、引き戸はその軌跡がないため、車椅子に座っている人は、開け閉めを容易にできる。しかし、気密性が低くなるなどの欠点もある。

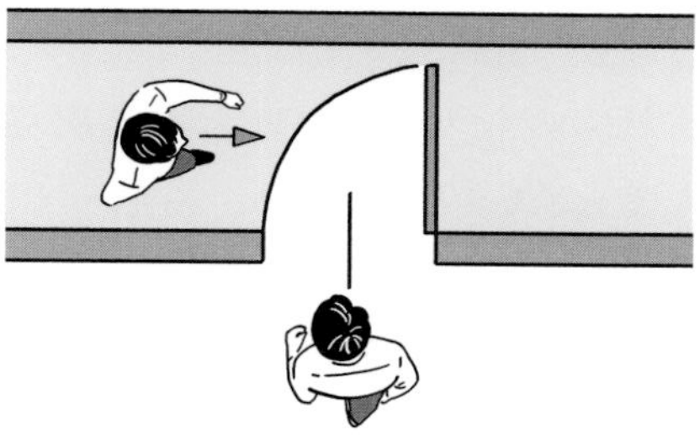

図 4.38　**廊下側に扉が開く場合**

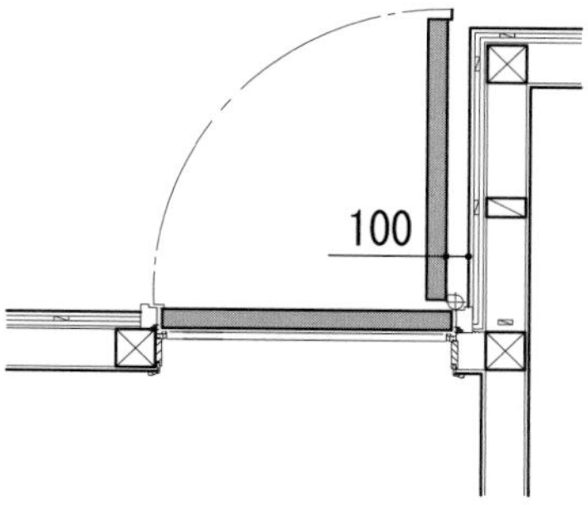

図 4.39　**扉の隙間**

2　窓

窓が重要なのは、前述したとおりである。窓の配置計画をするには、窓の大きさ、高さの位置、開く方向、ガラスの種類など、さまざまな種類があり、詳細は次のとおりである。これら要素の組み合わせで窓ができているため、デザイン、機能、納まりを総合的に判断して設置する必要がある。

① 窓の大きさ

窓は、法的な採光や換気の制限をクリアするためには大きいほど良い。また、開放的な空間とするために大きな役割を果たす。一方、窓が大きくなると耐力壁を設けられないために建物の強度が弱くなったり、壁よりも窓の方の熱損失が大きいために、エネルギー効率が悪いなどの欠点もある。また、道路や近隣からの目隠しを必要とする浴室やトイレの窓を大きくすると、シルエットが見えるなどの問題も生じる。そのため、窓を設置する場所と目的によって種類・大きさ・位置を決めなければならない。一般的に垂直な壁面に取りつける窓は、１章で説明したように窓の見つけ面積に係数を掛けたものが、建築基準法上における採光確保のために必要な窓面積となるが、屋根につける天窓（トップライト）の場合（図 4.40）、窓面積の３倍の面積として計算することができるため、壁面から採光を取れない場合、天窓の活用を考えると良い。ただし、夏は、天窓から強い日差しが入ってくるため、天窓が大き過ぎる場合や南面に取りつけると眩しく、室温が予想以上に上昇するために注意が必要である。

図 4.40　**天窓**

② 窓の種類

建物に取りつける窓の形によって建物の印象が大きく変わる。窓の種類には、さまざまなものがあり、開き戸や引違窓の他に、写真 4.17 のような突き出し窓や内倒し窓、滑り出し窓、回転窓、ハンドルにより角度が調整できるルーバー窓（図 4.41）やオーニング窓、開かない羽目殺し窓（FIX 窓）などがある。特に、ルーバー窓やオーニング窓は、ガラスの傾斜によって開けながら雨を凌ぐことができ、常時開放しておくことができるので自然換気には有利である。ルーバー窓は、洗面・脱衣室、浴室、トイレ、階段、廊下、キッチンなど、利用の範囲が広い。また、オーニング窓はリビングや玄関の高窓（チェーンやハンドルを利用することにより、高所の開閉も可能。）としても利用できる。それぞれの窓の利点や欠点を理解しておくと、設計の範囲も広がる。

③ 窓高さ

窓を取りつける高さも設計では大事にしたい。床上に取りつけられている掃出し窓や窓の下部に小壁がある腰高窓が一般的であるが、その他、床上の低いところに設置する図 4.42 のような地窓、天井に近い高窓、天井面に設置する天窓がある。腰高窓や高窓の場合は、風の流れが上部だけになり、床面付近の空気の流れが弱くなり、寝室では涼しさを感じにくい欠点がある。その場合は、掃出し窓や地窓の活用も考えると良い。また、２階以上の場合は、転落の危険性もあるので、小さな子供がいて窓台が低い場合は柵を設けるなどの配慮が必要である。

④ 窓の幅

窓を施工する際、窓の端が入り隅になっていると、窓枠やサッシの納まりからみて壁の際までサッシを取りつけることができない。その場合は、入隅から 200mm 以上離す必要がある。1/100 の基本図面の場合は、図 4.43 (a) の表記で良いが、1/50 の詳細図面になると、図 4.43 (b) のように納まりを正確に描かなければならない。

⑤ ガラスの種類

サッシに取りつけるガラスもの種類も多い。ガラスの透過で分類すると、一般的に使用されているのは次のとおりである。

i ）フロートガラス
（フラットで透明な最も一般的なガラス）

ii ）型板ガラス（凸凹した模様がついていて光を通すが、姿が透過して見えにくい）

iii ）すりガラス（乳白色で光を通すが、姿が透過して見えない）

iv ）熱線吸収ガラス（眩しさを緩和するが、太陽光を吸収するため、蓄熱しやすい）

v ）熱線反射ガラス（太陽光を反射して眩しさを緩和する。日中は、ミラーになっている）

断熱に影響を与える空気層の有無で分類すると

i ）単板ガラス（最も一般的なガラス）

ii ）複層ガラス（ペアガラスともいい、複数枚の板ガラスの間に乾燥空気やアルゴンガスなどを封入したもの）

iii ）Low-E 複層ガラス〔Low-E とは、Low Emissivity（低放射）の略で、複層ガラスのうち、ガラス内面部に特殊な金属膜を設けたもの。遮熱性能、断熱性能のいずれか、もしくは両方が高い〕

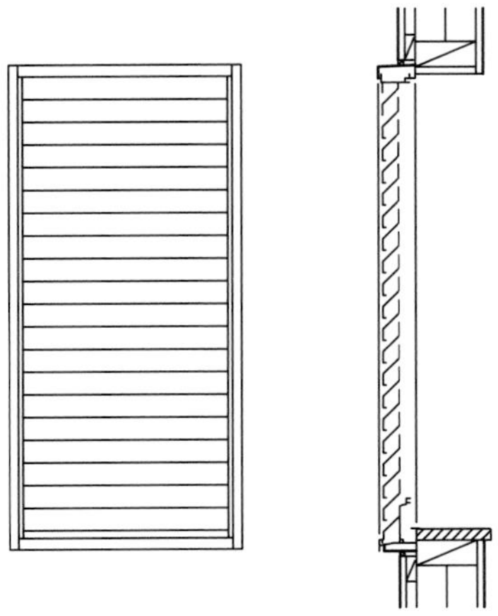

図 4.41　**ルーバー窓**

その他

i）網入りガラス（ガラス内に網のメッシュが入っていて、熱による飛散防止の役目を果たす。防犯にも有効）

ii）強化ガラス（熱処理してガラスの強度を高めたもの。割れると粉々になる）

iii）防犯ガラス（特殊フィルムをガラスでサンドしたもの）

(a) オーニング窓

(b) 面格子つきルーバー窓

(c) すべり出し窓

(d) 内倒し窓

(e) アールのついた出窓

写真 4.17　**多様な窓**　※4

図 4.42　**地窓**

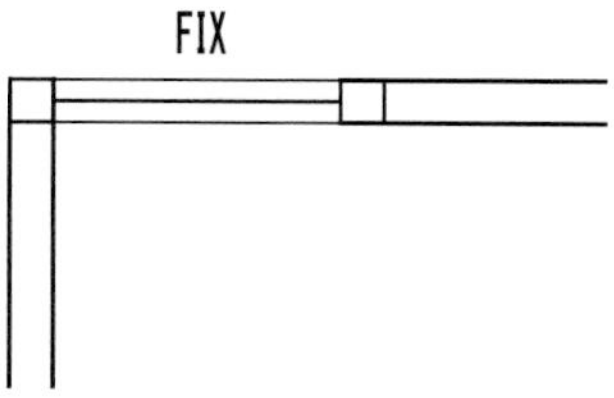

(a) 1/100 図

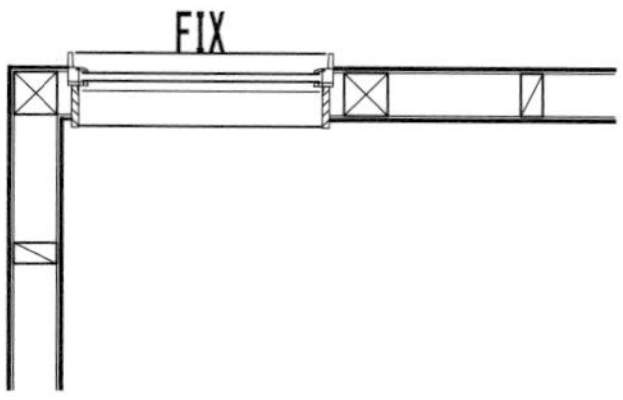

(b) 1/50 図

図 4.43　**縮尺による表記の違い**

4.2.7 シーンの想像による最終チェック

意匠設計が終わった段階で、再びシーンの想像による空間のチェクを行う。ここでは、図4.44に示すようなイメージシートを使い、細部のまで入念に確認をしておく。この図では、室内空間を4つとしているが、必要に応じて空間の数を増やすことを勧める。実務の設計では、このようなシートを使わなくても、経験による確認を何度も繰り返す。意匠設計が終わり、このあとに軸組みの計画、壁量計算に基づく構造安全性の検討と建築環境・設備設計に移行する。軸組みの計画は、意匠設計者が行うことが多い。壁量計算に基づく構造安全性の検討と建築環境・設備設計に移行したあとの、プラン修正は時間と費用がかかり、とても難しくなる。そのために、ここで十分に意匠設計を確認しておく必要がある。この確認を怠ると手戻りが多くなる。

住宅設計　イメージシート

	想像したシーン			
空間の利用方法	室内空間 1	室内空間 2	室内空間 3	室内空間 4
室内空間 1				
室内空間 2				
室内空間 3				
室内空間 4				

想像するシーンの方向

図4.44　空間イメージによるチェックシート

課題

意匠設計

ゾーニングしたスケッチを基に各所要室の機能、大きさ、構成を考えて空間を配置し、さらに建具（扉や窓）を決める意匠設計をしよう。

Point

❶ 機能図を基に部屋と部屋のつながりを意識して、ゾーニングされた空間のボリュームを個々の空間に分割する。
❷ 屋外、屋内共に動線を明確にする。
❸ 廊下は、単純にして複雑で迷路のようにしない。
❹ 吹き抜けを設ける際は、1階のどの部分に重なるか、家具の配置も考慮して検討する。
❺ 生活のシーンを考えて、適切な大きさの家具を配置する。
❻ 扉の開く方向を考えて建具（内装・外装）を配置する。
❼ 窓は、機能の他に意匠も考えて設置する。
❽ シーン想像によるチェックは、隅々まで行う。その際、イメージする空間の中で五感を使って判断する。

5 章

軸組の計画

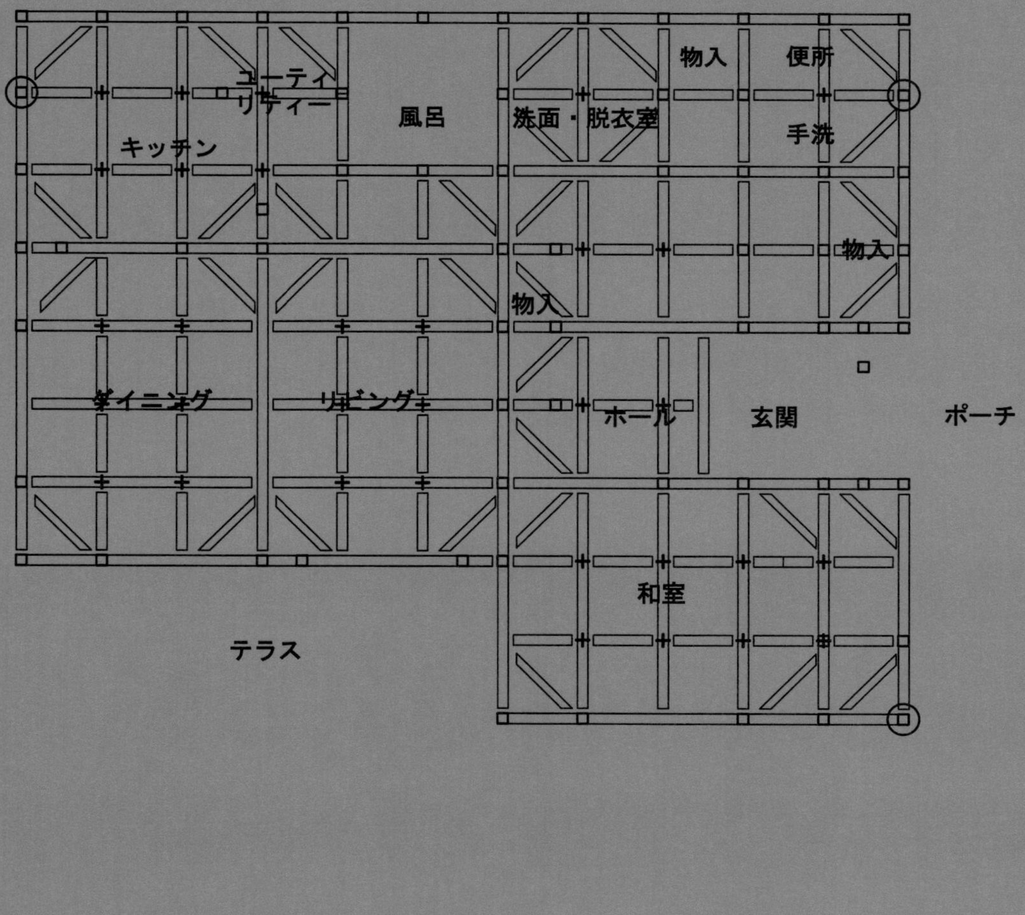
物入
便所
ユーティ
リティー
風呂
洗面・脱衣室
手洗
キッチン
物入
物入
ダイニング
リビング
ホール
玄関
ポーチ
和室
テラス

5章　軸組の計画

概要

日本の木造軸組構法でつくられる住宅は、在来工法とも呼ばれ、基礎の上に垂直材である柱、束と横架材である土台、胴差、梁《はり》、軒桁で構成されている。5章の軸組の計画では、4章の意匠設計において設計した空間を建物として具現化するために軸組みの架構について検討する。軸組材が適切に配置できない場合、4章の意匠設計まで戻ることが必要となる。それでも解決しない場合は、3章の設計初期の全体計画にまで戻ることも余儀なくされることもある。

また、ここで垂直材と横架材の配置が適切に行われないと壁が作れないために、6章の「壁量計算に基づく構造安全性の検討」ができない。そのため、意匠設計から構造設計への橋渡しとなる重要な内容である。本テキストでは、5章の「軸組みの計画」で鉛直荷重に対する建物の計画、6章の壁量の検討で水平荷重に対する建物の計画を説明する。

垂直材と横架材の検討は、木造軸組構法の知識を必要とするために、初学者にとって難しい内容である。そのため本テキストでは、垂直材と横架材の配置プロセスについて順を追って説明して行く。木造軸組工法の住宅設計に慣れてくると、平面プランを考える際に垂直材と横架材の配置を同時に考えることが多く、意匠設計に戻ることが少なくなる。

本章では、最終図面を下敷きにしているが、実際は設計途中の簡単な平面プランを下敷きにして垂直材と横架材の検討をしていると捉えて読み進めて欲しい。

5.1 柱と横架材の計画

意匠設計が終わり、空間の機能や大きさ、空間構成、設《しつら》えが明確になってきた。ここまでは、住まい方をイメージしながら建物のソフトウエアの部分を設計してきた。実際に住むためには、人や家具などの重さ、風、地震、地域によっては積雪などにも耐える構造的に安全な建物、さらに快適に生活するための設備を兼ね備えた建物にすることが必要である。つまり、建物のハードウエアの部分も設計しなければならない。このハードウエアとソフトウエアをバランス良く設計することが良い設計である。

一般的な木造軸組構法において、作用する荷重には、鉛直荷重と水平荷重がある。鉛直荷重とは、屋根の瓦や外壁、床などの建物自体の荷重のほかに、屋根の積雪や各階の床に載っている人や家具・設備などの荷重である。この鉛直荷重とは、建物の上から下に流れる荷重を示す（図 5.1）。

検討内容

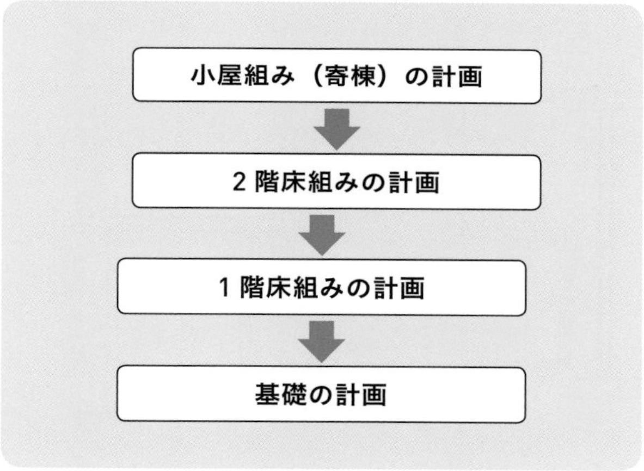

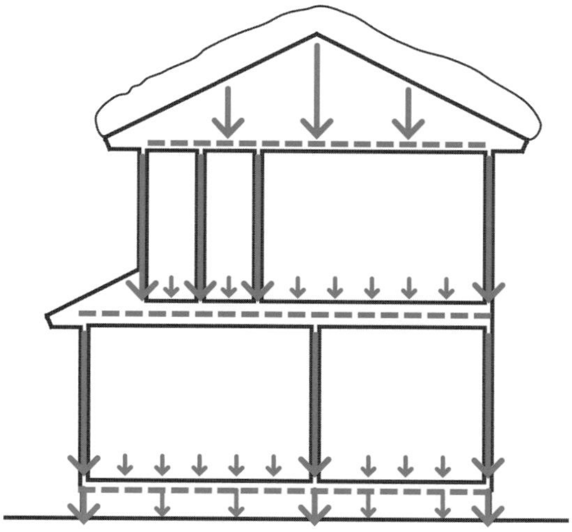

図 5.1　**垂直荷重**

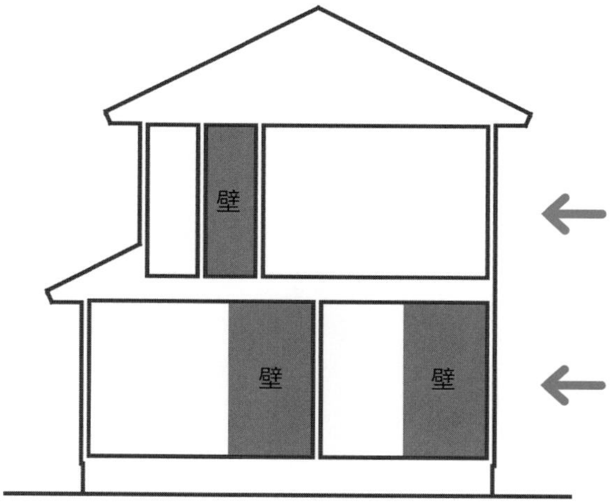

図 5.2　**水平荷重**

一方、水平荷重とは、地震や風圧力による横から受ける荷重を示す。木造軸組構法において、真壁と大壁を問わず、壁は建物の横揺れに対して変形を防ぐ役割を果たしている（図5.2）。その壁は、柱と横架材（土台、梁、胴差、軒桁）で囲われており、横揺れに対して筋かいや壁に貼った面材（構造用合板など）が横からの荷重に対して抵抗している（図5.3）。

平面プランができたあとに検討しなければならないのは、柱と横架材の配置である。壁の位置が決まれば、個々の壁の強さは、筋かいや面材により、ある程度調整ができる。

鉛直荷重

鉛直荷重についてみると、屋根の荷重は母屋で受け、小屋束を通して横架材である軒桁や小屋梁の横架材に伝えられる。次に小屋梁の荷重は2階の柱を通して2階床梁に伝えられ、さらに2階の固定荷重（建物で生活する人々や生活に必要な家具・設備などの荷重）も加わり、2階床梁は大きな荷重を負担することから、スパンが大きくなるほど大きな梁成《はりせい》が必要となる（図5.4）。

さらに、2階床梁の荷重は、1階の柱を通して土台に伝えられる（写真5.1）。そのため、2階と1階の全ての荷重を支える土台の下には、コンクリートでつくられた基礎が配置され、地面に荷重を伝えている。これらのことから、2階と1階の柱が一致すると、荷重が上から下へ直線的に伝わり無理のない構造となる。そのため、可能な限り、柱の位置が一致するように配置する（図5.5）。一般的に、外壁が複雑になると2階と1階の柱が重ならなくなり、柱と梁の架構も複雑で構造的に無理が生じることが多い。

1階床の荷重を支えているのは、土台と大引

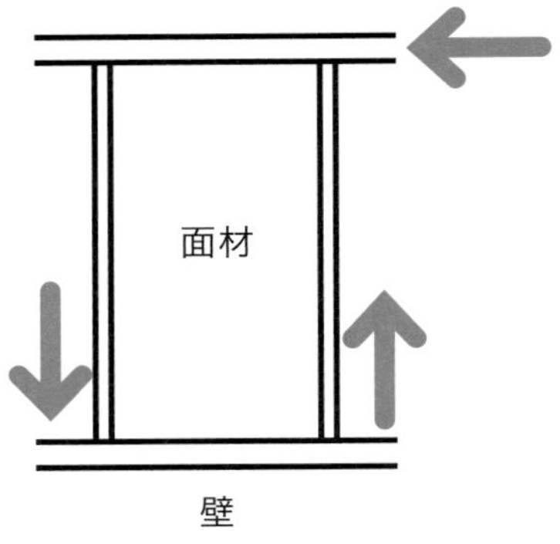

図5.3　**水平荷重に抵抗する壁**

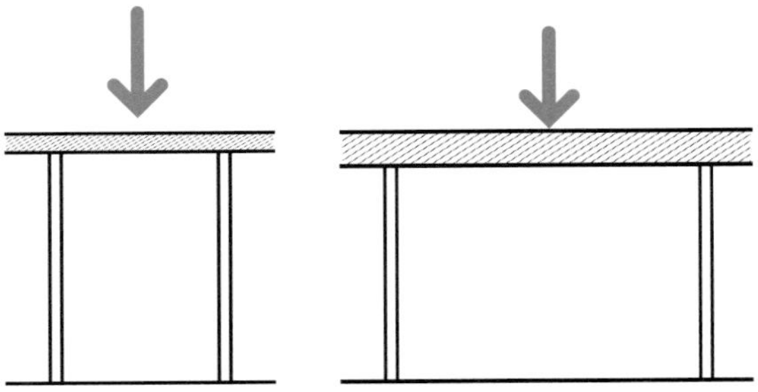

図5.4　**スパンと梁成**

写真5.1　**1階の管柱**　※2

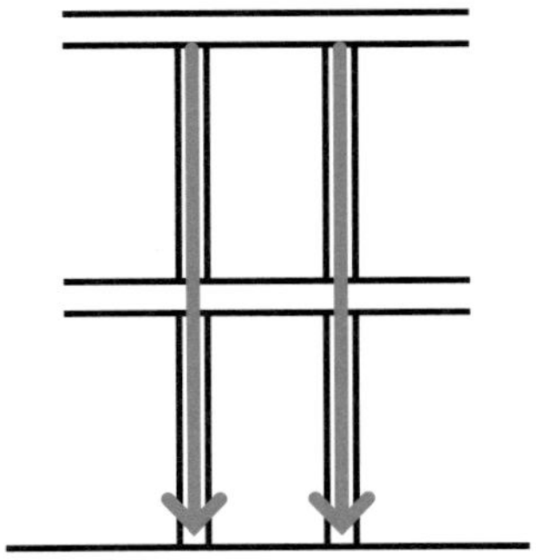

図5.5　**直線的に伝わる鉛直荷重**

きである。大引きは2階の床梁と違い、1P（910mm）ごとに配置されるため、束を通して直接、ベタ基礎に荷重を伝えられる。そのため、大引きの径は90mm × 90mm程度で良い。ただし、大引きに継ぎ手を設けないようにし、大引きのスパンも5P（4,550mm）以下になるように基礎を配置する（図5.6）。

これらのことから、実務の設計では、平面プランを検討する際に、柱と横架材の架構も併せて検討しておくことにより、手戻りが少なくなる。

本書では、荷重が屋根から基礎に向かって伝わるため、軸組の計画も小屋組みから2階床組み、1階床組み、基礎へと進めてゆく。その際、垂直材と横架材の架構を表現するために小屋伏せ図、2階床伏図、1階床伏図（土台伏せも兼ねる）、基礎伏図を描く。それぞれの伏図は、図5.7に示すように、小屋や各階の床上を水平に切った断面となるため、その階の柱が太線、梁が見えがかりの中線となる。

図5.8は、本書のモデル住宅の軸組である。これを参考にしながら読み進めてほしい。

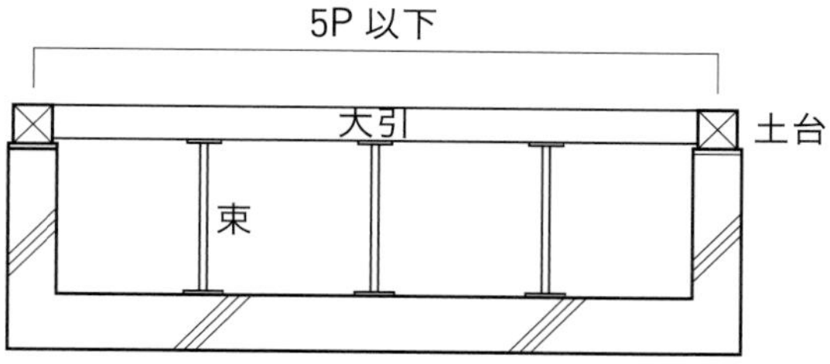

図5.6　**大引きと束**

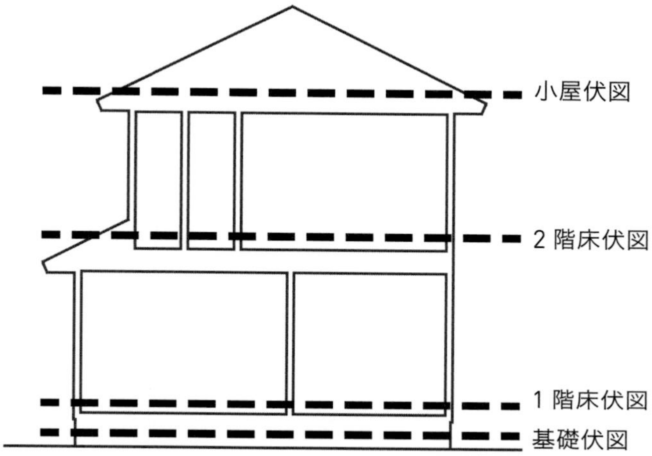

図5.7　**各伏図の切断位置**

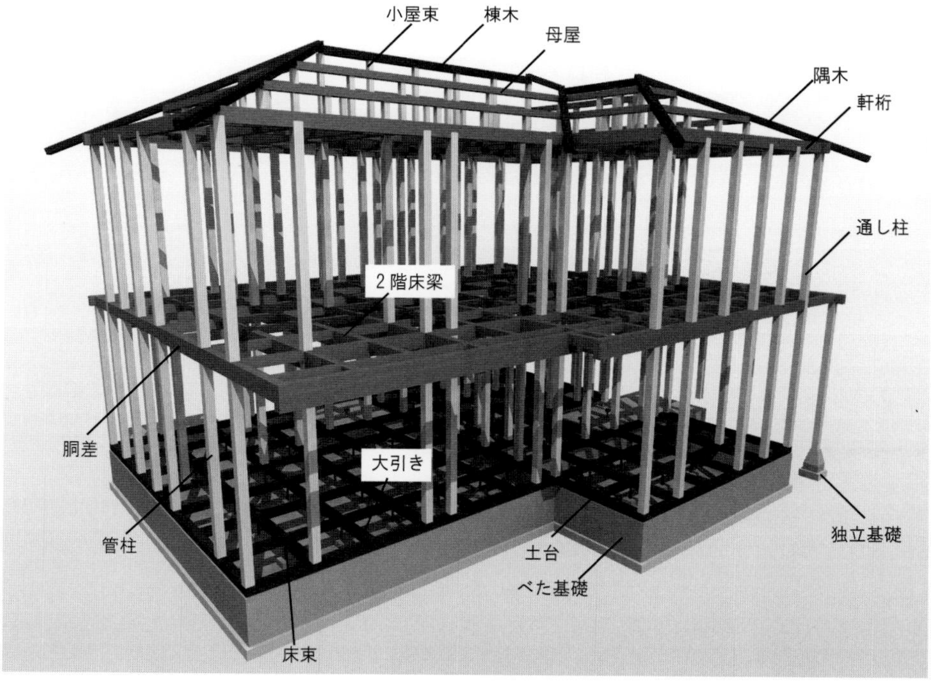

図5.8　**軸組部材の名称**

5.2 小屋組み（寄棟）の計画

木造住宅の屋根でもっとも多く用いられているのは、切妻屋根、寄棟屋根、片流れ屋根である（図 5.8）。本書では、寄棟屋根の架け方について説明する。寄棟屋根を理解すれば、切妻屋根と片流れ屋根も設計することができる。切妻屋根は、山型に屋根を架け、その側面に小壁が見える構法である。それに対して寄棟屋根は、四方の面に屋根が架かり、小壁が見えない構法である。

小屋組みは、次の手順で計画を進める。

i）2階の平面図を利用し、通し柱と2階に必ず必要な管柱を設置する。このとき、建物の四隅を基本とし、1階と2階の柱が重なったところに通し柱を設置する。ただし、モデル住宅では、北側の2個所は1階の下屋があるため1P（910mm）内側に入ったところと南東の隅の3カ所とする。南西の隅は跳ね出し梁があるため（後述）、柱が上下階で分断されるために設置できない。2階の管柱を間仕切り壁の隅、および壁と壁の接合箇所に設置する（図 5.9）。

ii）2階の柱を見ながら、軒桁と大きな区画ごとに小屋梁を配置する（図 5.10）。

iii）部屋の区画を基本とし、軒桁や梁の振れ止めとなる火打梁を設置する（図 5.11）。

iv）全ての2階軒桁の通り芯より 600mm 外側に軒先の線を描く。一般的には、300 ～ 900mm。1,000mm よりも大きくなる場合は、風への煽り留めとなる柱が必要になる。さらに、1,000mm を超すと建ぺい率にも加算されるので注意が必要である（図 5.12）。

v）全てのコーナーより、隅木（山）・谷木（谷）となる 45 度の屋根の線を描く。この時、長方形の平面に屋根を架けることを基本とし、本書のモデル住宅のように、L 型の平面の場合は、2つの長方形の平面が複

写真 5.2　**柱と梁の架構**　※2

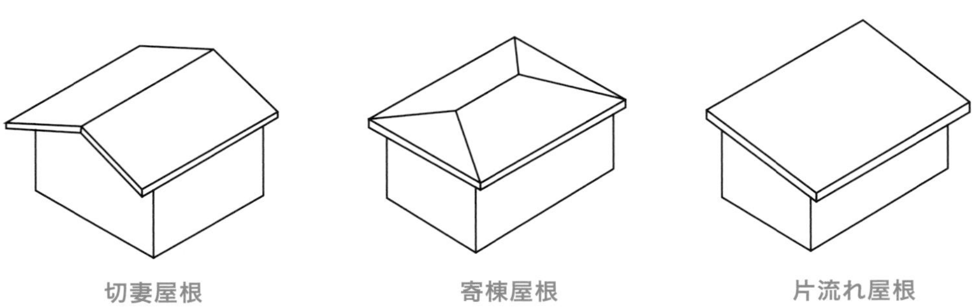

図 5.9　**屋根の種類**

合された屋根と捉える。長方形の平面に寄棟を架ける場合は、長辺となる軒桁と平行に棟ができる。L 型の 2 つの長方形でも同様である（図 5.13）。

vi）隅木線の交点より、棟木を配置する。L 型の場合は、谷木ができるので、間口の狭い方の屋根の棟木が折れて、他方の屋根の棟木に接続する。

vii）屋根の水勾配方向に垂木が設置されるので、垂木を受ける母屋を 1P（910mm）ごとに軒桁と平行（垂木とは直角）に配置する（図 5.14）。

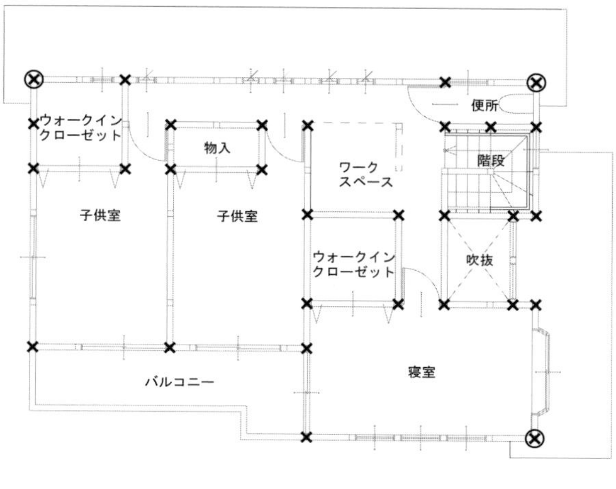

図 5.10　2 階に必要な柱

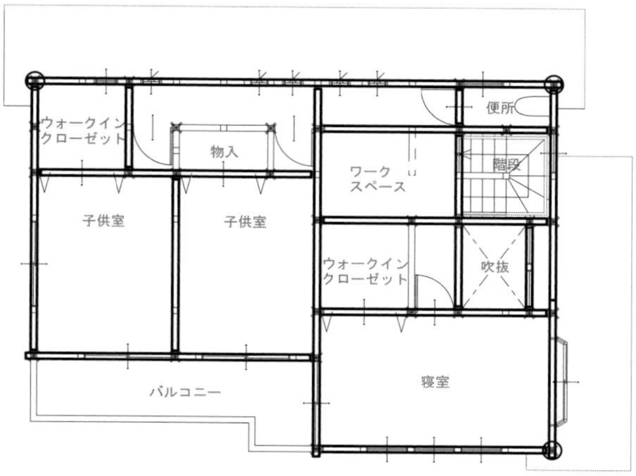

図 5.11　大きな区画の小屋梁

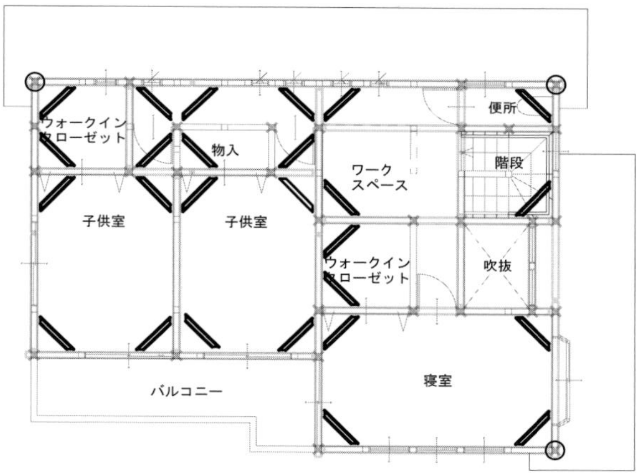

図 5.12　小屋組みの火打梁

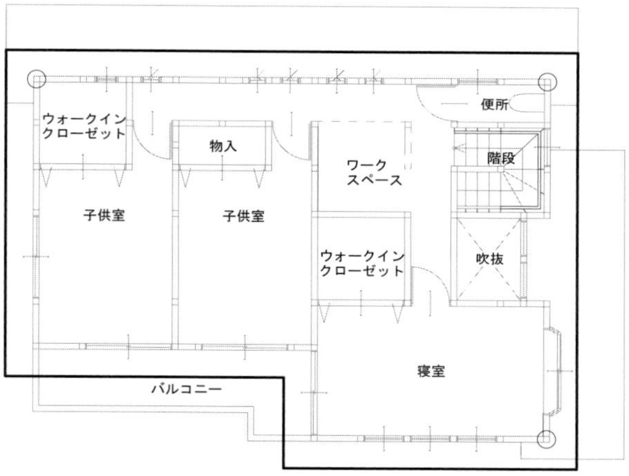

図 5.13　屋根の軒先

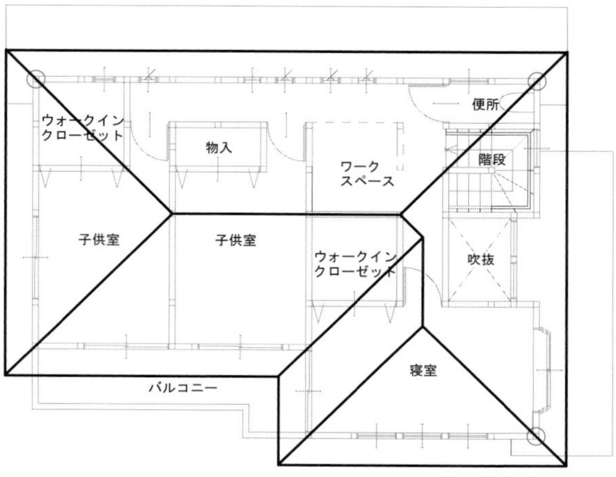

図 5.14　寄棟屋根

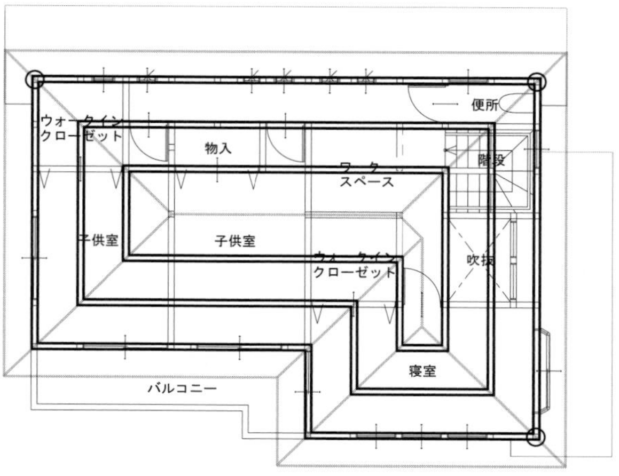

図 5.15　母屋

viii）棟木、母屋、隅木、谷木の端部に小屋束を配置する。小屋束は、小屋裏における柱の役目を果たす（図 5.15）。

ix）母屋を支える小屋束の間隔が 2P（1,820 mm）以下となるように小屋梁を追加配置する。この時の小屋梁は、長方形の短辺方向を基本とし、小屋梁の間隔を 1P 以下に配置する（図 5.16）。

x）小屋束の間隔を 2P 以下とするために、不足する小屋束を追加配置する（図 5.17）。

xi）振れ止めを 1P の間隔で千鳥に配置する（図 5.18）。

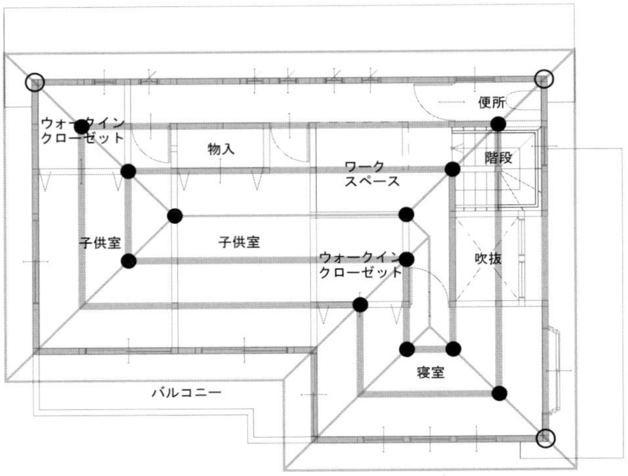

図 5.16　小屋束

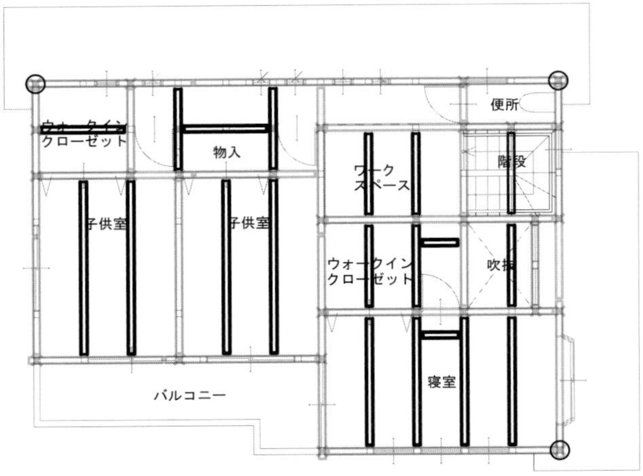

図 5.17　小屋梁の追加

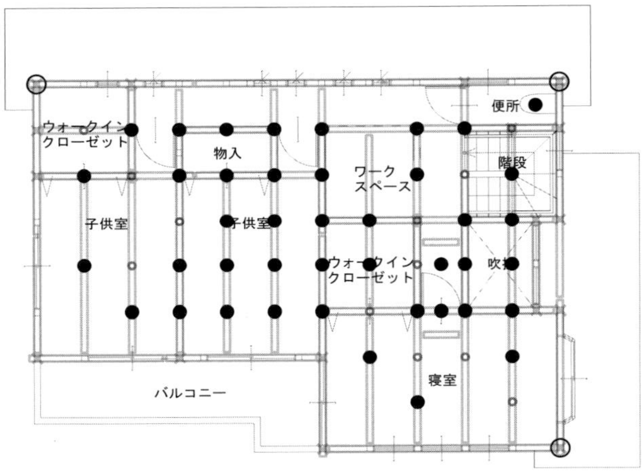

図 5.18　不足する小屋束の追加

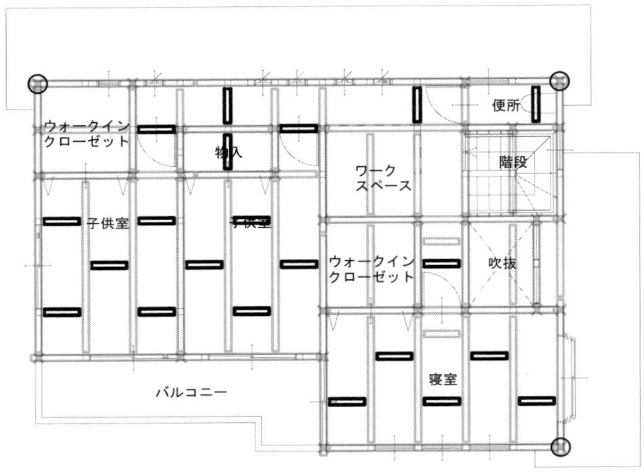

図 5.19　小屋梁の振れ止め

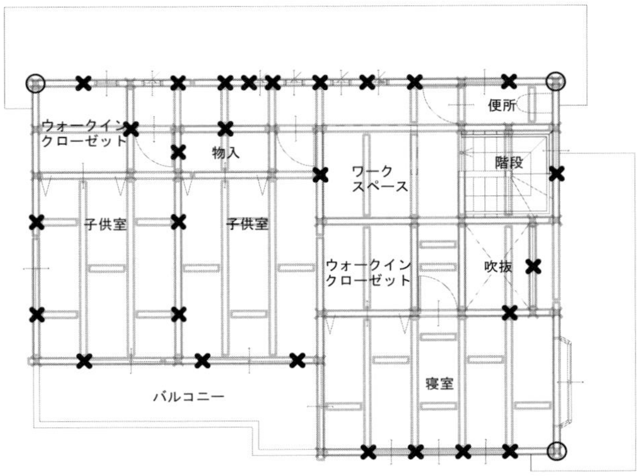

図 5.20　不足する 2 階柱の追加

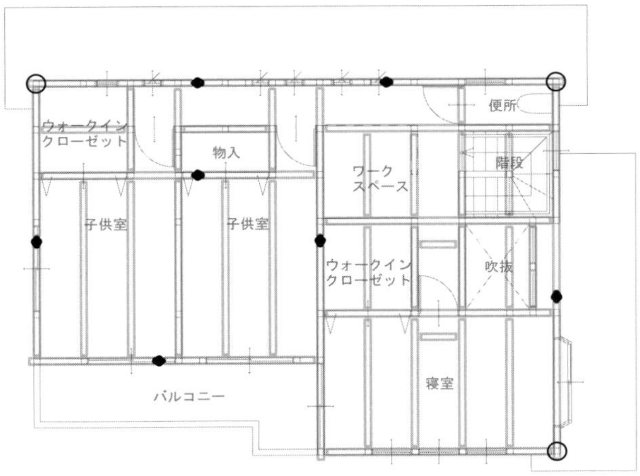

図 5.21　軒桁と小屋梁の継手位置

xii）2階の壁を考慮しながら不足する2階の柱を追加配置する。その際、なるべく束の直下に2階の柱が重なるように柱を配置する（図 5.19）。

xiii）軒桁と小屋梁の継ぎ手位置を決定する。このとき、軒桁や小屋梁の定尺長さ（3m、4m、5m）を考慮すると共にスパンによる梁の断面（梁成）があまり大きくならないようにする。梁の断面が大きいとコストが高くなり、さらに天井にも梁が見えてくる。また、継ぎ手は梁スパンの中央に設けず、1階と2階が通っている柱の近くに設ける（図 5.20）。

xiv）最後に、小屋梁および軒桁の断面寸法（表 5.1）を参考に小屋梁と軒桁の寸法を決定する（図 5.21）。

コラム

垂直材と横架材の配置に慣れてきたら束を配置する際に、1階と2階の柱、および小屋束と小屋梁の位置を同時に検討する。その際、2階平面図の上に1階の柱を×、2階の柱を□で記入し、1階と2階の柱が重なったところを活かして小屋梁と小屋束を配置する。ここで配置した1階と2階の柱、および小屋束と小屋梁は、1階の柱の配置まで終わった時に再度確認して調整する。

■表 5.1　小屋梁と軒桁断面寸法

荷重条件 ＼ スパン		1,820	2,730	3,640	4,550
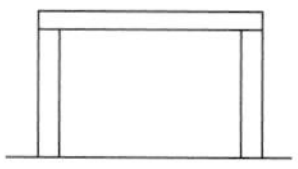	松丸太	末口 105φ	末口 120φ	末口 150φ	末口 180φ
	製材	120×120	120×150	120×210	120×240

課題

小屋伏図

設計する住宅の小屋伏図を作成しよう。

Point

❶ 屋根の形は、建物の印象に大きく影響する。
❷ 長方形の屋根は、棟を長手方向にするのが基本。
❸ 部屋の配置を基に平面を大きな区画に分割する。
❹ 壁があるところには、必ず小屋梁を配置する。
❺ 四隅を通し柱とし、その他の柱は管柱とする。
❻ 母屋の間隔は1Pで、束は2P以内に配置する。
❼ 2階の管柱の配置は、2P以内の間隔で配置する。

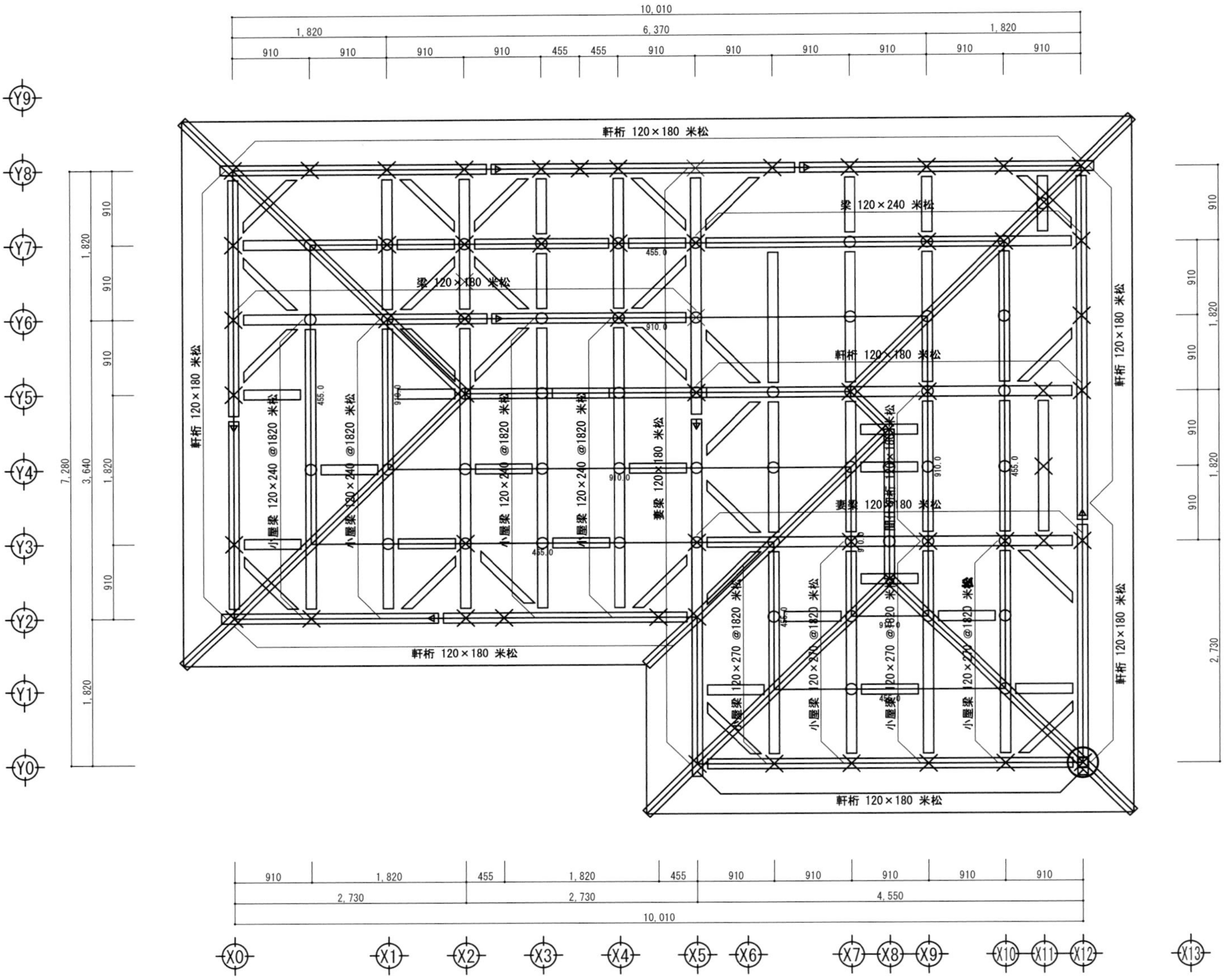
10,010
1,820
6,370
1,820
910
910
910
910
455
455
910
910
910
910
910
910
軒桁 120×180 米松
梁 120×240 米松
梁 120×180 米松
軒桁 120×180 米松
小屋梁 120×240 @1820 米松
妻梁 120×180 米松
妻梁 120×180 米松
小屋梁 120×270 @1820 米松
軒桁 120×180 米松
7,280
3,640
1,820
2,730
910
1,820
455
1,820
455
910
910
910
910
910
2,730
2,730
4,550
10,010
Y9
Y8
Y7
Y6
Y5
Y4
Y3
Y2
Y1
Y0
X0
X1
X2
X3
X4
X5
X6
X7
X8
X9
X10
X11
X12
X13

図 5.22　小屋伏図

5.3 2階床組みの計画

木造住宅の床組みでもっとも多く用いられているのは、根太工法と根太レス工法である（図5.23・図5.24）。以前は、梁の上に根太を300mm程度の間隔で配置し、その上に厚さ12mmの床合板を敷き詰めた根太工法が主流だったが、近年は、床の水平力を上げることと施工を容易にするなどの目的で、縦横1P（910mm）の間隔で小梁を配置し、厚さ24mm以上の合板を敷き詰める根太レス工法が増えている。本書では、近年主流となっている根太レス工法を例に挙げて説明する。

2階の床組は、次の手順で計画を進める。

ここでも、壁があるところには、必ず垂直材である柱と横架材である梁が必要となることを忘れてはならない。

i）1階の平面図を用意し、先に決めた3個所の通し柱（◯）を設置する。次に1階と2階の壁が重なるところに、1階と2階が一致する柱を配置する。続いて、1階間仕切り壁の隅や壁と壁の接合箇所、さらに1階の下屋になっている部分に管柱を配置する（図5.25）。

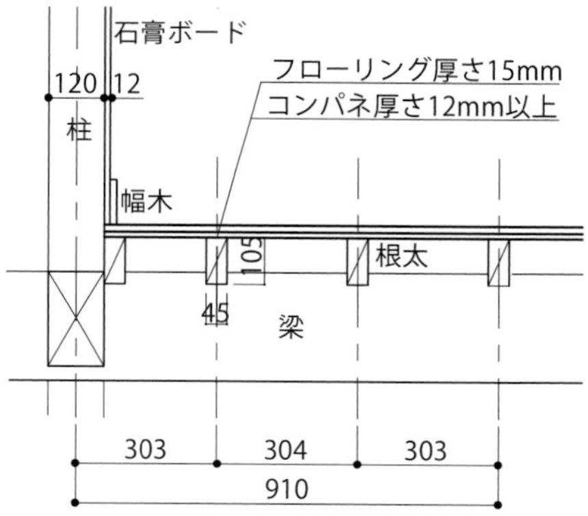

図5.23　根太工法

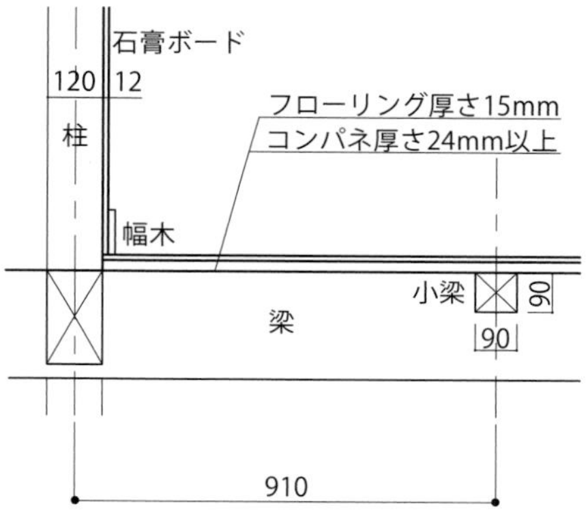

図5.24　根太レス工法

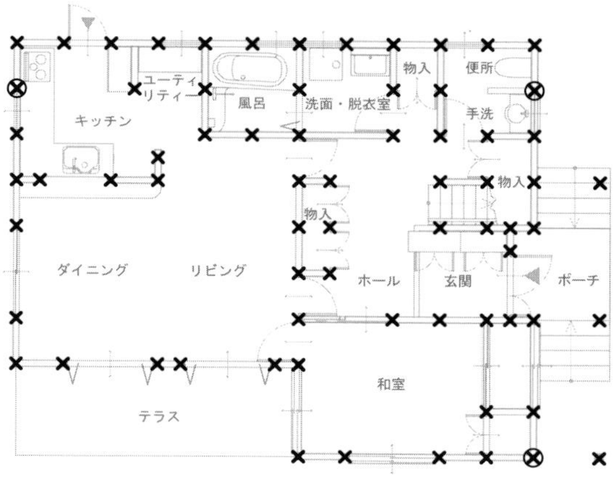

図5.25　1階の柱

写真5.3　持ち出し梁　※2

ii）外周部に胴差を配置する。その時、バルコニーの跳ね出し部分（写真 5.3）も外周部として捉える。跳ね出し部分があるときは、跳ね出し部分を優先させる（図 5.26）。

iii）1階の間仕切り壁の上に梁を配置する。このとき、玄関ポーチの梁も配置する。なお、玄関ポーチの梁は、建物本体ではなく、後付けとする（図 5.27）。

iv）バルコニー部分に持ち出し梁と受け梁を設置する。このとき、建物内に差し込む梁の長さは、持ち出した梁の長さの2倍以上の長さとする。この梁を建物内で受ける柱や梁がない場合は、新たに梁を設置する（図 5.28）。

v）2階の柱（□）を記入する（図 5.29）。

vi）1階の間仕切り壁の上と2階の間仕切り壁の下に梁を設置する。その際、1階の柱（×）と2階の柱（□）と見比べ、1階の柱と2階の柱が重なったところを活かして梁を設置する（図 5.30）。

vii）2階の床を支える梁を1Pごとの間隔で設置し、根太に代わる小梁を1Pごとの間隔で設置する（図 5.31）。

図 5.26　**2階胴差**

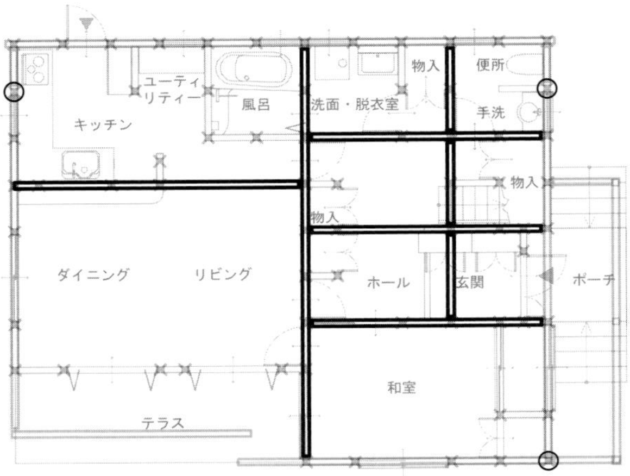

図 5.27　**1階間仕切上の梁**

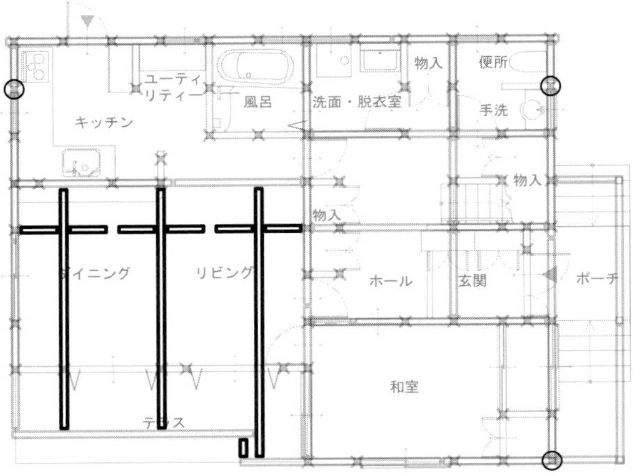

図 5.28　**バルコニー部持ち出し梁**

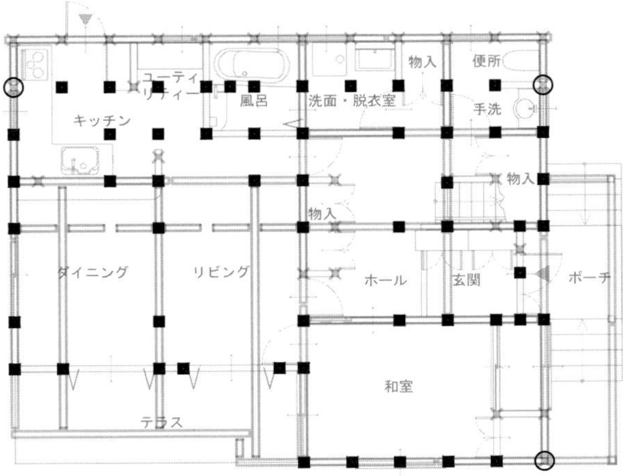

図 5.29　**2階の柱**

写真 5.4　**2階の管柱**　※4

viii）胴差と2階床梁の継ぎ手位置を決定する。このとき、胴差や2階の床梁の定尺長さ（3m、4m、5m）を考慮すると共に、スパンによる梁の断面（梁成）が大きくならないようにする。また、梁スパンの中央に設けず、1階と2階が通っている柱の近くに設ける（図 5.32）。

ix）北側の下屋の部分が屋根になる場合は、小屋梁と同様に母屋や束を配置する。

x）最後に、2階床梁および胴差の断面寸法（表 5.2）を参考に2階床梁と胴差の寸法を決定する（図 5.33）。

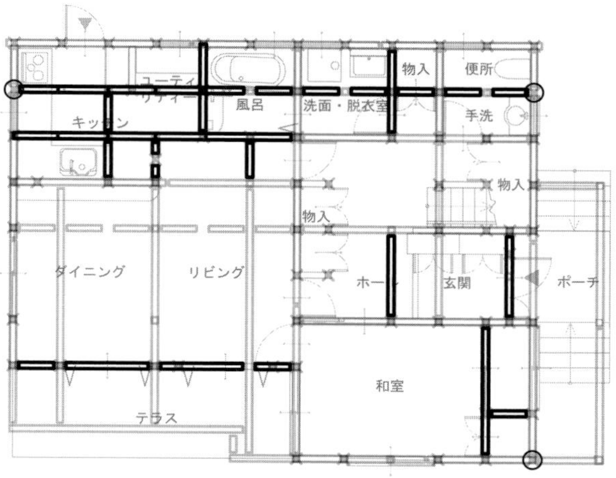

図 5.30　間仕切壁に必要な柱

写真 5.5　2階床組　※4

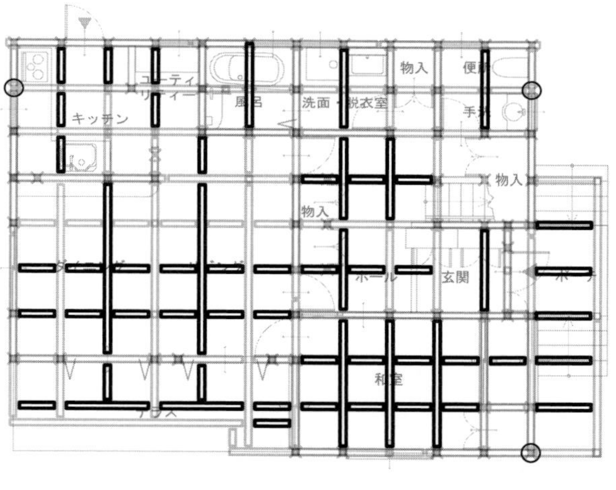

図 5.31　1P間隔の小梁

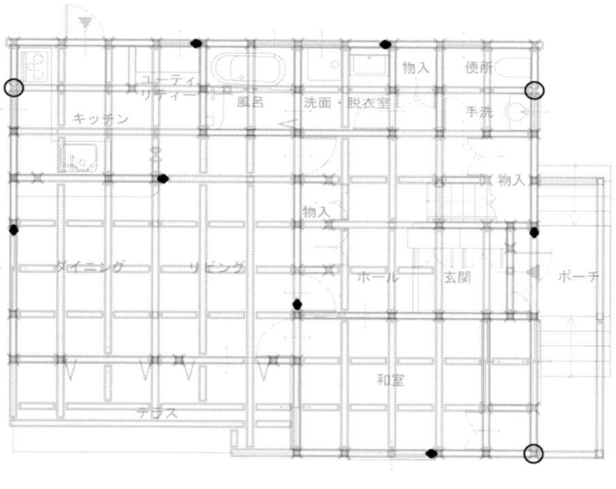

図 5.32　胴差と2階床梁の継手位置

■表 5.2　2階床梁および胴差しの断面寸法表

荷重条件 ＼ スパン	1,820	2,730	3,640	4,550
	120×120	120×210	120×270	120×300
柱（壁）	120×150	120×240	120×300	120×330
柱（壁）　柱（壁）		120×270	120×330	120×360

※ 梁に梁が架かった場合は、架かった梁と同サイズ以上とする。

課題

2階床伏図

設計する住宅の2階床伏図を作成しよう。

Point

❶ 部屋の配置を基に平面を大きな区画に分割する。
❷ 壁があるところには、必ず2階床梁を配置する。
❸ 四隅を通し柱とし、その他の柱は管柱とする。
❹ 片持ちのバルコニーを設ける場合は、持ち出し梁にする。
❺ 短辺方向に梁を架けることを基本とする。
❻ 一般的な梁のスパン（梁を支える柱の間隔）は、5P以下にする。それ以上スパンが大きくなる場合は、1階のプラン変更を検討する。
❼ 梁の上に載る柱も考慮に入れる。
❽ 梁を架けるのは二次梁までにする。
❾ 梁成が330mmを超える場合は、天井高や階高も再検討する。
❿ 根太レス工法の場合は、梁（大梁と小梁により）を1P以下の間隔で配置する。
⓫ 上記のルールで梁を架けられない場合は、柱を追加する事を検討する。柱を追加する場所（壁など）が無い場合は、プラン変更を検討する。

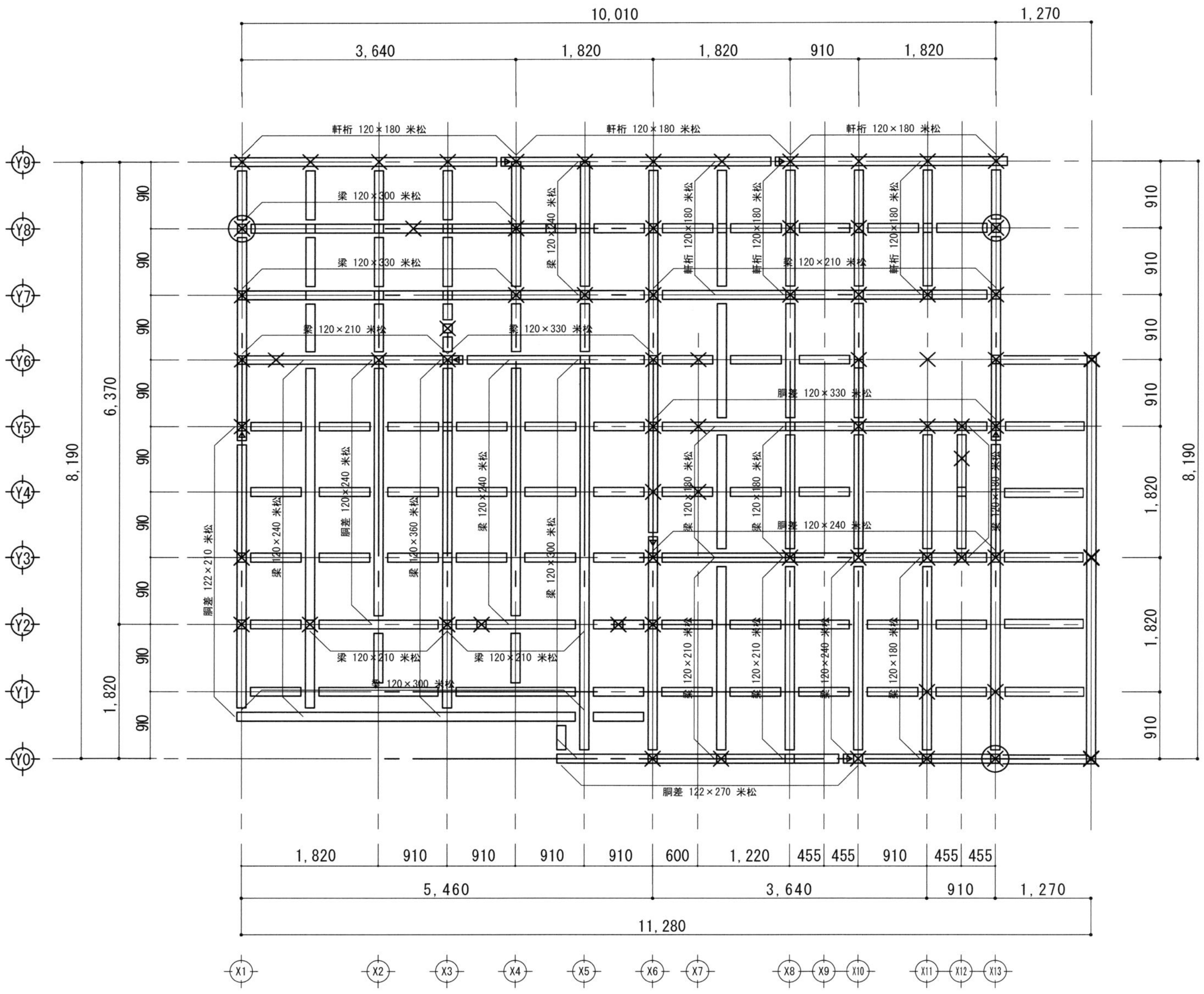

図5.33　**2階床梁と胴差の断面寸法**

5.4　1階床組みの計画

本モデル住宅の設計を根太レス工法で進めているため、1階床組みも根太レス工法として説明を進める（2階の床組みを根太レス工法、1階の床組みを根太工法とすることもできる。）。そのため、2階の床組み同様、縦横1P（910mm）の間隔で大引きと小梁を設置し、厚さ24mm以上の合板を敷き詰める。注意点として、浴室の浴槽が、1FLよりも下に下がっているため、浴室のは大引きと小梁が不要である。また、点検口の設置場所も決めておく。

次の手順で基礎の計画を進める。

i）1階平面図を利用し、先に決めた3カ所の通し柱を設置する。次に1階と2階が一致する柱を配置する。続いて、1階間仕切り壁の隅や壁と壁の接合箇所、さらに1階の下屋になっている部分に管柱を配置する（図5.34）。

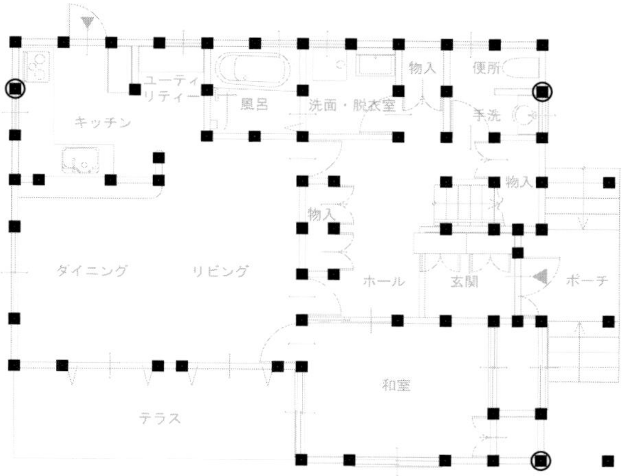

図5.34　1階の柱

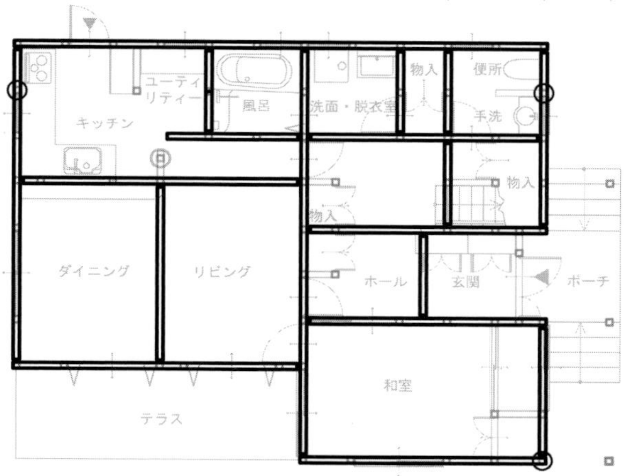

図5.35　土台

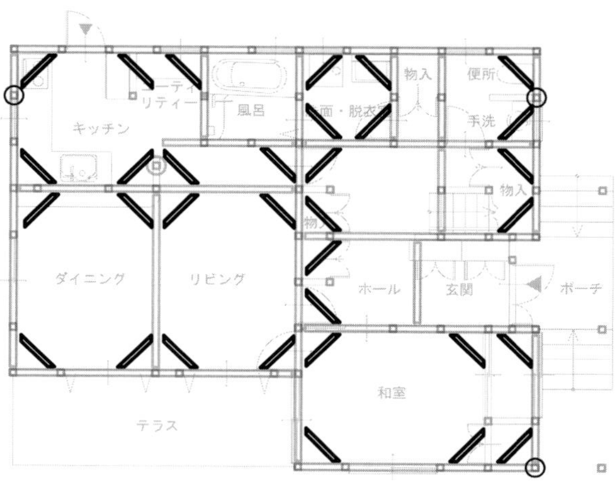

図5.36　1階床の火打ち梁

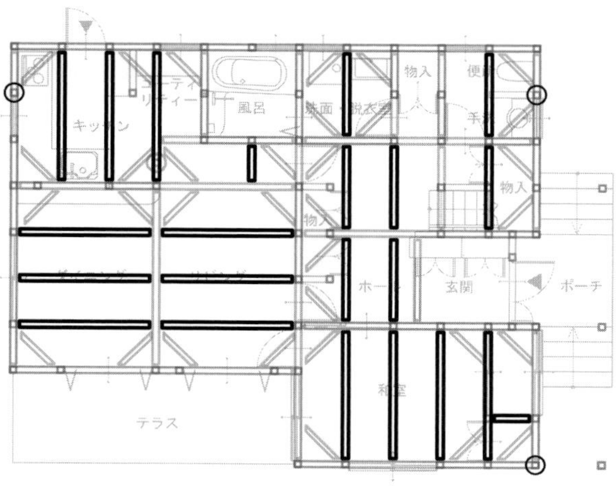

図5.37　大引（1P間隔）

ii）１階の外壁と間仕切りに土台を配置する（図 5.35）。

iii）１階の部屋の区画ごとに火打ち梁を配置する（図 5.36）。

iv）大引きを部屋の短辺方向に 1P（910mm）の間隔で配置する（図 5.37）。

v）根太に代わる小梁（大引きと同じ径）を１Ｐの間隔で配置する（図 5.38）。

vi）土台の継ぎ手位置を決定する。このとき、土台の定尺長さ（3m、4m）を考慮する（図 5.39）。

vii）大引きと小梁の交点全てに床束を設置する。近年は、一般的に高さが微調整できる鋼製束が使われている（図 5.40）。

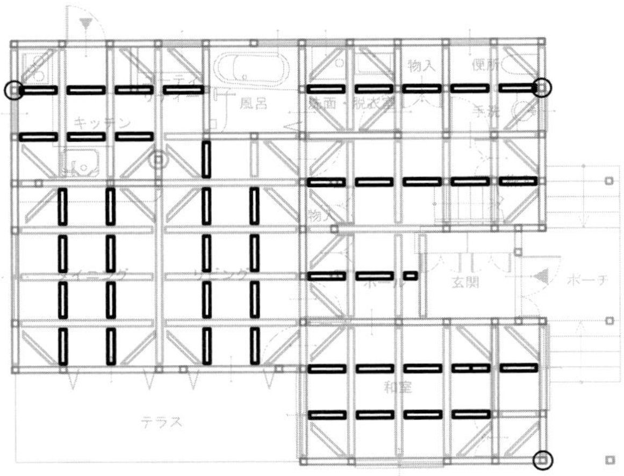

図 5.38　**１階床の小梁**

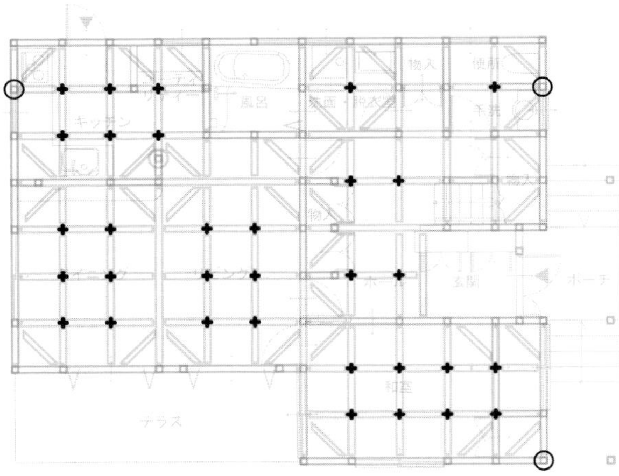

図 5.39　**土台の継手位置**

課題

２階床伏図

設計する住宅の２階床伏図を作成しよう。

Point

❶ 部屋の配置を基に平面を大きな区画に分割する。
❷ 壁があるところには、必ず２階床梁を配置する。
❸ 四隅を通し柱とし、その他の柱は管柱とする。
❹ 片持ちのバルコニーを設ける場合は、持ち出し梁にする。
❺ 短辺方向に梁を架けることを基本とする。
❻ 一般的な梁のスパン（梁を支える柱の間隔）は、５Ｐ以下にする。それ以上スパンが大きくなる場合は、１階のプラン変更を検討する。
❼ 梁の上に載る柱も考慮に入れる。
❽ 梁を架けるのは二次梁までにする。
❾ 梁成が 330mm を超える場合は、天井高や階高も再検討する。
❿ 根太レス工法の場合は、梁（大梁と小梁により）を１Ｐ以下の間隔で配置する。
⓫ 上記のルールで梁を架けられない場合は、柱を追加する事を検討する。柱を追加する場所（壁など）が無い場合は、プラン変更を検討する。

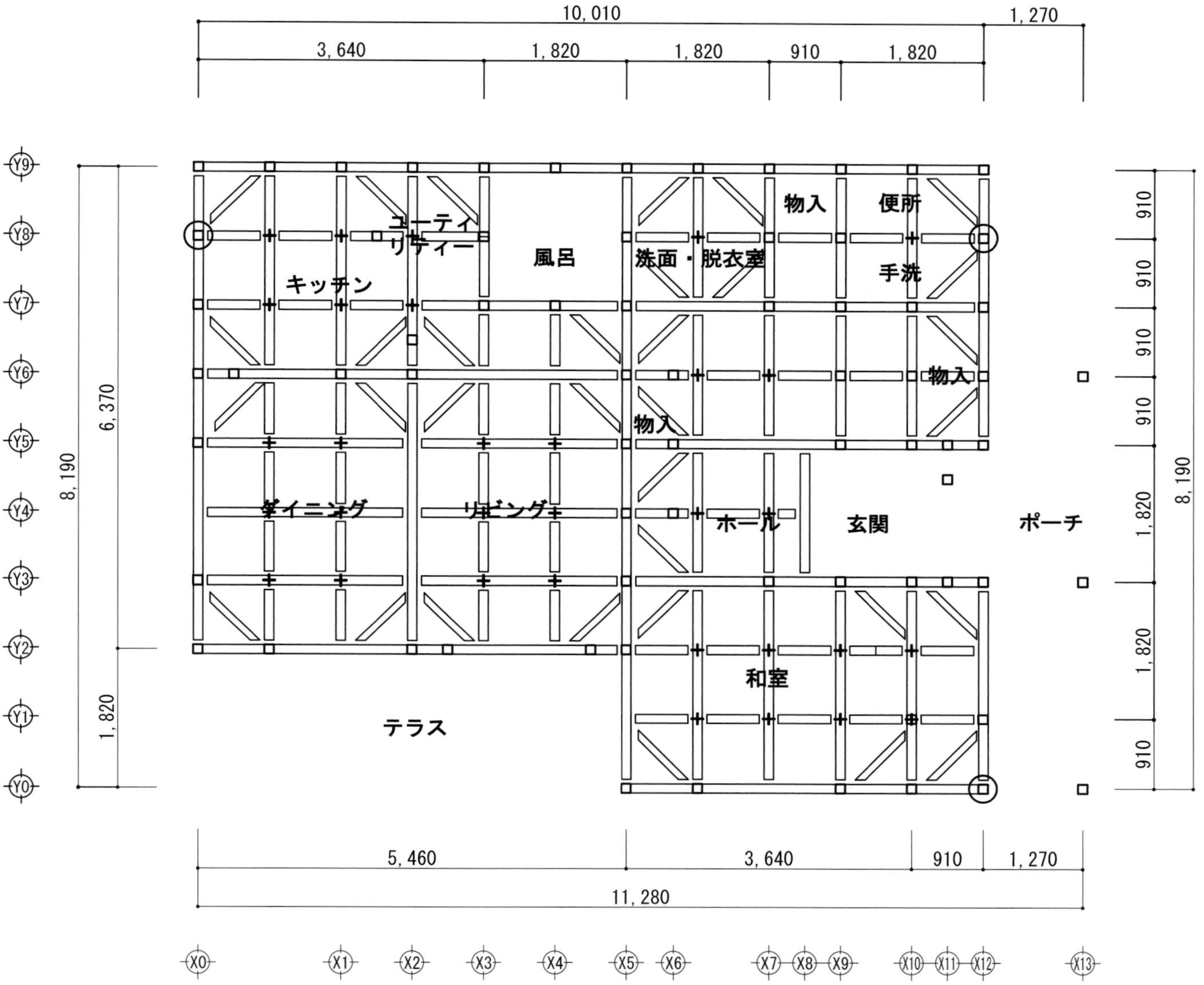

凡例
土台：120×120
大引き：90×90
床小梁：90×90
火打ち土台：90×45
束：＋

図 5.40　1階床伏図

5.5 基礎の計画

軸組みの計画の最後に、基礎の計画について説明する。先にも述べたが、以前は布基礎が多く使われていたが、昨今はべた基礎が主流となっている。べた基礎は、工法が容易で構造的にも強度があり、不同沈下防止、床下の防湿などにも優れていることが特徴である。

次の手順で基礎の計画を進める。

i) 1階の壁の下にベタ基礎の立ち上がりを配置する。このとき、階段室の間仕切りとなる部分にも基礎の立ち上がりを配置する。基礎の厚さは、鉄筋の被り厚さを確保するために、150mm程度必要である。近年は、基礎に換気口（建築基準法では、300mm以上）を設けると断面欠損があり強度が弱くなるためベタ基礎とし、土台と基礎の間に厚さ20mm程度の基礎パッキンを用いている（図5.41）。

ii) すべての基礎の立ち上がりブロックに、点検をするための通り道を確保するために幅600mm程度の人通口を配置する。

iii) 床下に潜るための、床下点検口を配置する。キッチンの床下収納を利用するのが一般的である（図5.42）。

iv) 大引きと小梁の交点すべて（縦横1P）に床束を設置する。以前は、独立基礎の上に木製の束を配置していたが、近年は高さ調整ができる鋼製の束を利用している（図5.43）。

v) アンカーボルトを土台の端部、土台の接合部、耐力壁の端部、2.7m以下の間隔で配置する。配置にあたっては、柱芯より200mm離れた位置とする。また、一般的に通し柱や強い耐力壁の足元には、ホールダウン金物（土台にナットで固定する

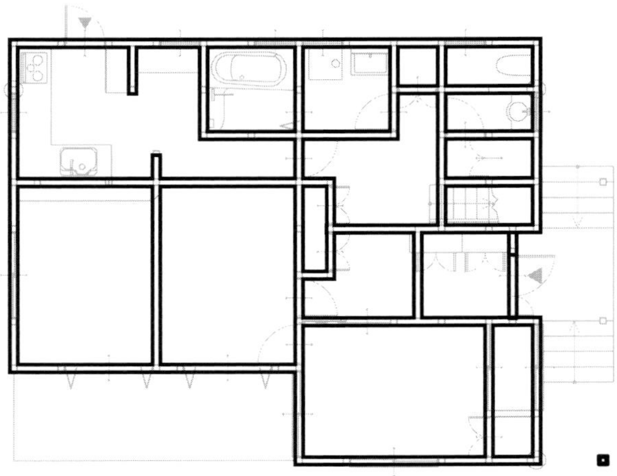

図5.41　基礎の立ち上がり

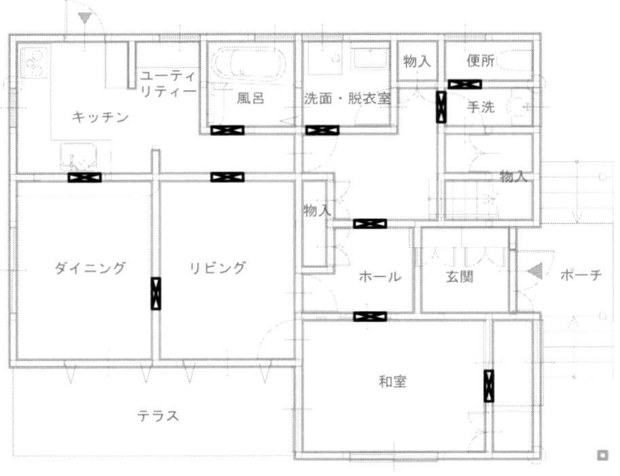

図5.42　基礎の人通口

のではなく、スクリューボルトを使って直接柱に取り付けて柱が持ち上がらないようにする金物）を取り付け、地震や風圧力で柱が浮き上がらないようにする。建物は、横方向に力が働くと、下に押される力と浮き上がる力が発生する。建物の端や強い耐力壁ほど強い浮き上がる力が発生する。この浮き上がる力に対応するためにホールダウン金物が有効となる。実際の設計では、計算によりホールダウン金物の位置と仕様を決定する（図 5.44）。

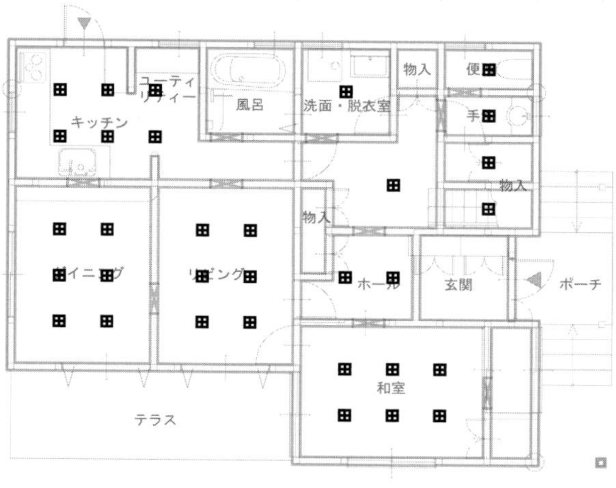

図 5.43　大引きを支える床束

課題

基礎床伏図

設計する住宅の 2 階床伏図を作成しよう。

Point

❶ 1 階床伏図と同じく、部屋の配置を基に平面を大きな区画に分割する。
❷ 壁の下には、必ず基礎を配置する。
❸ すべての区画へ、人通口を通して行けるように計画する。

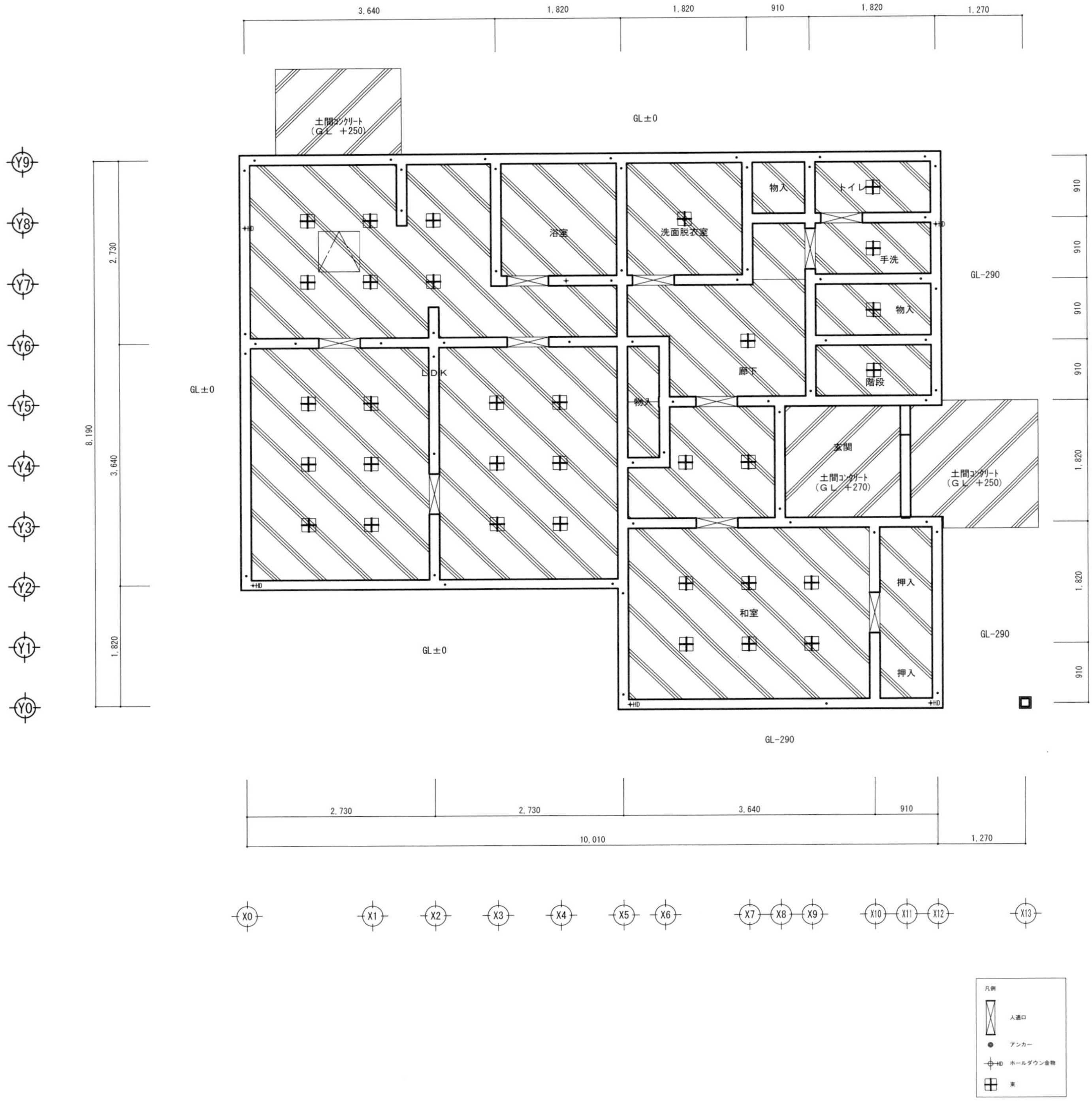
3,640
1,820
1,820
910
1,820
1,270
土間コンクリート
（GL ＋250）
GL±0
Y9
Y8
Y7
Y6
Y5
Y4
Y3
Y2
Y1
Y0
2,730
8,190
3,640
1,820
910
910
910
910
1,820
1,820
910
浴室
洗面脱衣室
物入
トイレ
手洗
GL-290
物入
廊下
階段
LDK
GL±0
物入
玄関
土間コンクリート
（GL ＋270）
土間コンクリート
（GL ＋250）
押入
和室
押入
GL-290
GL±0
GL-290
2,730
2,730
3,640
910
10,010
1,270
X0
X1
X2
X3
X4
X5
X6
X7
X8
X9
X10
X11
X12
X13
凡例
人通口
アンカー
HD
ホールダウン金物
束

図 5.44　基礎伏図

6章 壁量計算に基づく構造安全性の検討

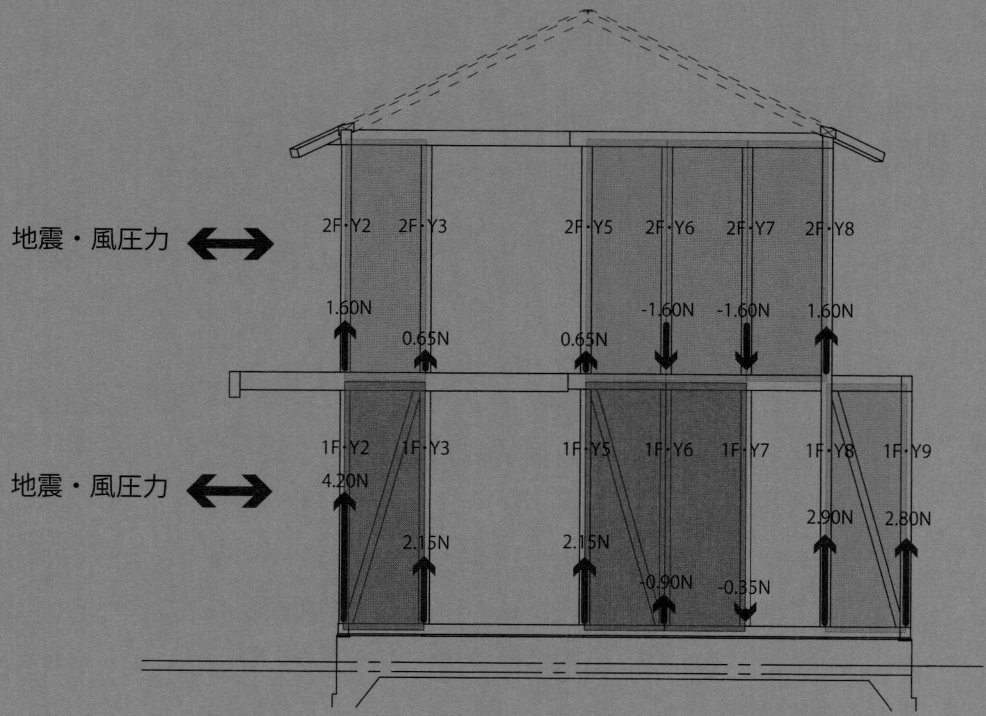

6章　壁量計算に基づく構造安全性の検討

概要

建築基準法第6条四号に該当する、階数2階以下、延べ床面積500㎡以下、最高高さ13m以下、かつ、軒高9m以下の小規模な木造建築物については、建築基準法に規定される仕様を満足することにより、構造計算を省略することができる。その代わりとして、小規模な木造住宅については、設計時に建築基準法の構造関係の規定を満たす必要がある。構造関係の仕様規定を満足することは、構造計算の代替となり、建物の構造安全性を担保していることにつながる。

本章では、地震力や風圧力などの水平力に対する建物の構造安全性を確認する方法として、建築基準法施行令第46条の規定「通称：壁量計算」の考え方やその計算手順を計算例に基づき説明する。 なお、本章に示す壁量計算は、1章に示す「モデル住宅」を対象としている。

6.1 壁量計算の進め方

一般的な木造住宅について、地震力や風圧力に対する構造安全性の確認は、通常、いわゆる「壁量計算」により検討される。本章では、この「壁量計算」について解説する。

木造住宅の構造関連の規定は、基本的には建築基準法および関連告示に定められている。階数2階以下、軒高9m以下、高さ13m以下、および、延べ床面積500㎡以下の木造軸組構法による住宅は、建築基準法第6条四号に該当する。この基準に適合する木造住宅は通称「四号建築」と呼ばれ、建築基準法施行令第40条～第49条（第3章第3節）に示される各部の仕様を満たすことにより「構造計算」が免除される。このように、決められた仕様を満足させる規定を「仕様規定」と呼んでいる。

「壁量計算」とは、建築基準法施行令第46条に規定されている水平抵抗要素としての耐力壁を建物内に必要数配置してあることを確認する計算手法の通称である。「壁量計算」は、建築基準法施行令第46条に仕様規定として定められている。それ故、「壁量計算」は、建築基準法施行令第81条～第99条（第3章第8節）に規定される「構造計算」には該当しない。

地震力および風圧力に対する構造安全性の確認を「壁量計算」により行う場合、次の（1）～（4）の手順で行う。

（1）地震力および風圧力に対する必要壁量の算定　→ 6.2
（2）存在壁量（設計壁量）の算定　→ 6.3
（3）必要壁量に対する存在壁量の比較検討　→ 6.4
（4）四分割法による壁配置の検討　→ 6.5

これに加えて、6.6に示す柱頭・柱脚の接合金物等の選定も必要となる。上記（1）～（3）については、建築基準法施行令第46条の規定によるもので（4）の壁配置の検討については、建設省告示第1352号によるものである。なお、ここでは、計算を進めるに際して、建築基準法に定められる各階の床面積および外壁の見付け面積は、安全側の数値となるように、小数点以下第3位を切り上げとしている。これ以外の計算経過においては、有効桁は適宜とし、小数点以下は適宜四捨五入として計算を進めている（構造安全性の検討において、ギリギリでの安全性の確保を目指す設計を行わない限り、四捨五入により求めていた値を用いても不都合はない）。

以下に示す6.1～6.5の手順にしたがい、壁量計算を進める。

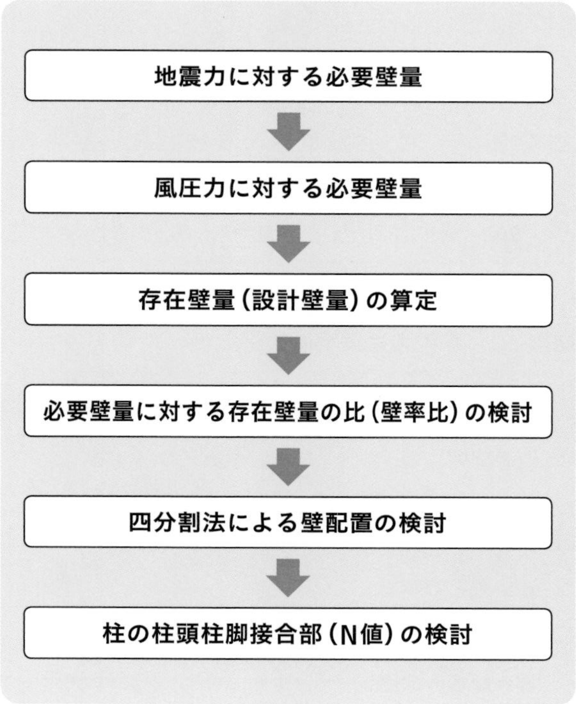

6.2 地震力および風圧力に対する必要壁量の算定

6.2.1 地震力に対する必要壁量

地震力に対する必要壁量は、1階および2階の各床面積に施行令第46条の表2の値を乗じて求める。同表の値を表6.1に示す。床面積に乗じる値は、建物の屋根仕上げの種類および建物の階数により決定される。

以下の①～③の手順で、地震力に対する必要壁量を求める。

① 1階および2階の床面積を、設計図書から読み取る。

1階床面積：(71.22) ㎡

2階床面積：(59.63) ㎡

② 屋根の仕上げを設計図書から読み取り、重い屋根か軽い屋根かを判断する。

あわせて、表6.1に示す「階の床面積に乗ずる数値」より、各階に乗ずる数値を決定する。屋根の仕上げが「石綿スレート屋根葺き」であり、軽い屋根に相当するので、床面積に乗ずる数値は、次のようになる。

1階に乗ずる数値：(29) cm/㎡

2階に乗ずる数値：(15) cm/㎡

③ 各階の床面積に、それぞれの数値を乗じて、地震力に対する必要壁量を求める。

1階：床面積 (71.22) ㎡ × 数値 (29) cm/㎡
　　= (2065.4) cm → (20.654) m

2階：床面積 (59.63) ㎡ × 数値 (15) cm/㎡
　　= (894.5) cm → (8.945) m

これらの値が、地震力に対する1階及び2階のX方向並びにY方向の必要壁量となる。地震力に対する各階の必要壁量は、X方向およびY方向で同じ値となる。なお、床面積の算出に際しては、小屋裏などに物置を有する場合、床面積の算出に関わる告示(建告第1351号)にしたがう必要がある。

■表6.1　床面積に乗ずる数値

建築物（屋根の仕様）	階の床面積に乗ずる数値（単位 cm／m^2）					
	階数が1の建築物	階数が2の建築物の1階	階数が2の建築物の2階	階数が3の建築物の1階	階数が3の建築物の2階	階数が3の建築物の2階
瓦葺などの重い屋根、土蔵造りなどの重い屋根の建物	15	33	21	50	39	24
金属板、スレートなどの軽い屋根の建物	11	29	15	46	34	18

注）この表における階数の算定については、地階の部分の階数は、算入しないものとする

6.2.2 風圧力に対する必要壁量

風圧力に対する必要壁量は、各階のX方向およびY方向について、風圧力が作用する建物の見付け面の面積（鉛直投影面積）に、施行令46条の表3の数値を乗じて求める。風圧力が作用する建物の見付け面の面積とは、対象階の床から1.35m上がった位置を基準として、これより上の部分の見付け面の面積のことを示している。

見付け面の面積を手計算で求める場合、柱芯や床高、軒桁上端、および、最高高さなどの位置に基づき算出するのが慣例となっている。CADを用いて作成した立面図がある場合、CADの面積算定の機能を用いて算出することもできる。なお、風圧力に対する必要壁量を算出する際、必要壁量を算出する方向と、これに対応する見付け面を誤らないように注意が必要である。一般的に、建物の平面形状が長方形の場合、長辺方向の必要壁量に比べて短辺方向の必要壁量の方が大きな値を示す。

以下の①〜③の手順で、風圧力に対する必要壁量を求める。

① X方向およびY方向の見付け面積の算定図を描く。

図6.1 (a) 〜 (d) に示すような、各方向の見付け面の面積の算定根拠となる見付け面積の算定図を描く。同図中には、対象階の床から1.35m上がった位置を基準として、1階および2階の壁量算定用の見付け面にハッチングを行う。ハッチングした領域の面積を算定し、これを各階、各方向の見付け面の面積とする。

② 見付け面の面積を計算すると以下のようになる。

各階、各方向の見付け面の面積

1階X方向：(41.70) ㎡
1階Y方向：(57.21) ㎡
2階X方向：(17.89) ㎡
2階Y方向：(26.30) ㎡

③ 各階、各方向の見付け面の面積に、見付け面積に乗ずる数値（一般的な地域:50cm/㎡）を乗じる。

各階、各方向の風圧力に対する必要壁量

1階X方向：(20.850) m
1階Y方向：(28.605) m
2階X方向：(8.945) m
2階Y方向：(13.150) m

地震力および風圧力に対する必要壁量を一覧として、以下の表6.2を作成すると、その算定の根拠となる数値がわかりやすい。

■表6.2 地震力および風圧力に対する必要壁量

目的	方向	1階	2階
地震力に対して	X方向およびY方向	(床面積 71.22 m^2) × (係数 29 cm/m^2) × 0.01 = 20.654 m	(床面積 59.63 m^2) × (係数 15 cm/m^2) × 0.01 = 8.945 m
風圧力に対して	X方向	(算定見付面積 41.70 m^2) × (係数 50 cm/m^2) × 0.01 = 20.850 m	(算定見付面積 17.89 m^2) × (係数 50 cm/m^2) × 0.01 = 8.945 m
	Y方向	(算定見付面積 57.21 m^2) × (係数 50 cm/m^2) × 0.01 = 28.605 m	(算定見付面積 26.30 m^2) × (係数 50 cm/m^2) × 0.01 = 13.150 m

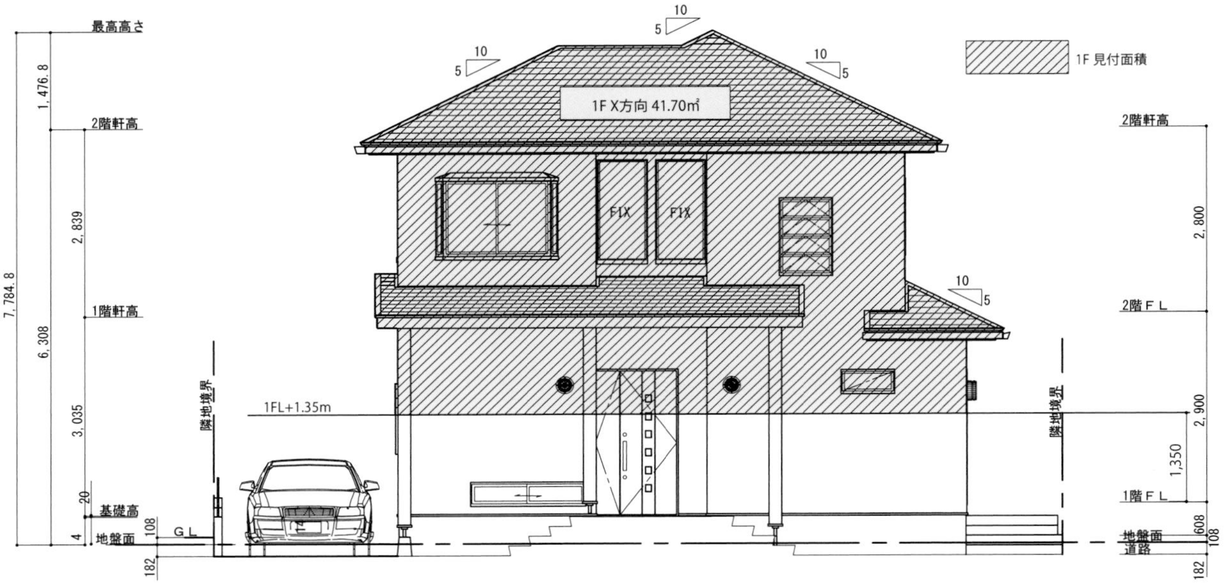

図 6.1 (a) 風圧力に対する 1 階 X 方向の見付け面

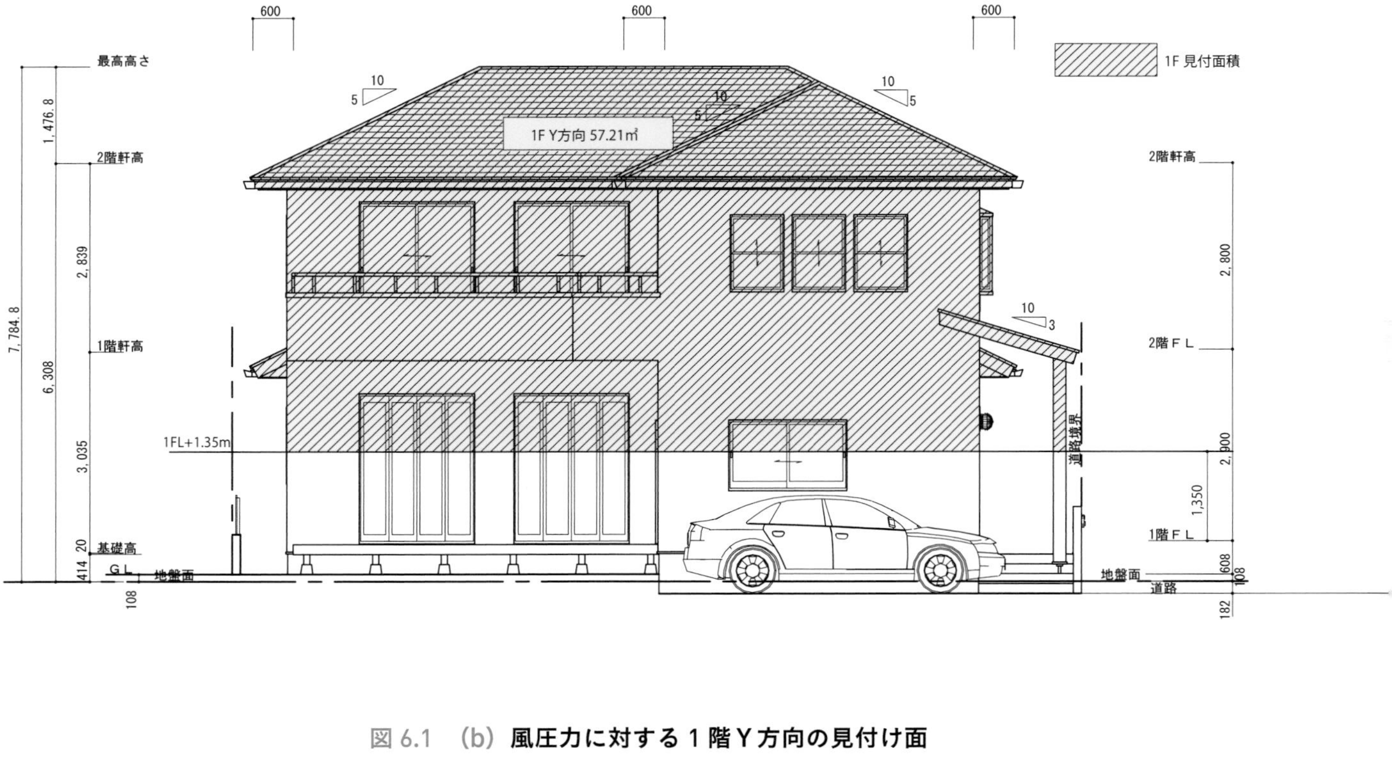

図 6.1 (b) 風圧力に対する 1 階 Y 方向の見付け面

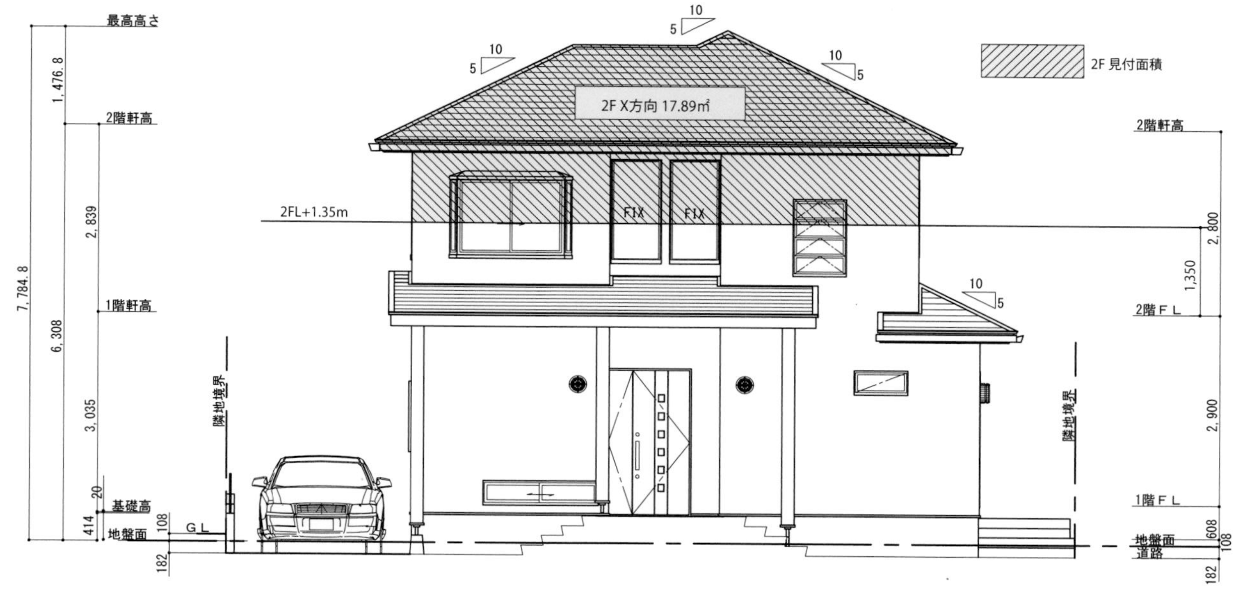

図 6.1 (c) **風圧力に対する 2 階 X 方向の見付け面**

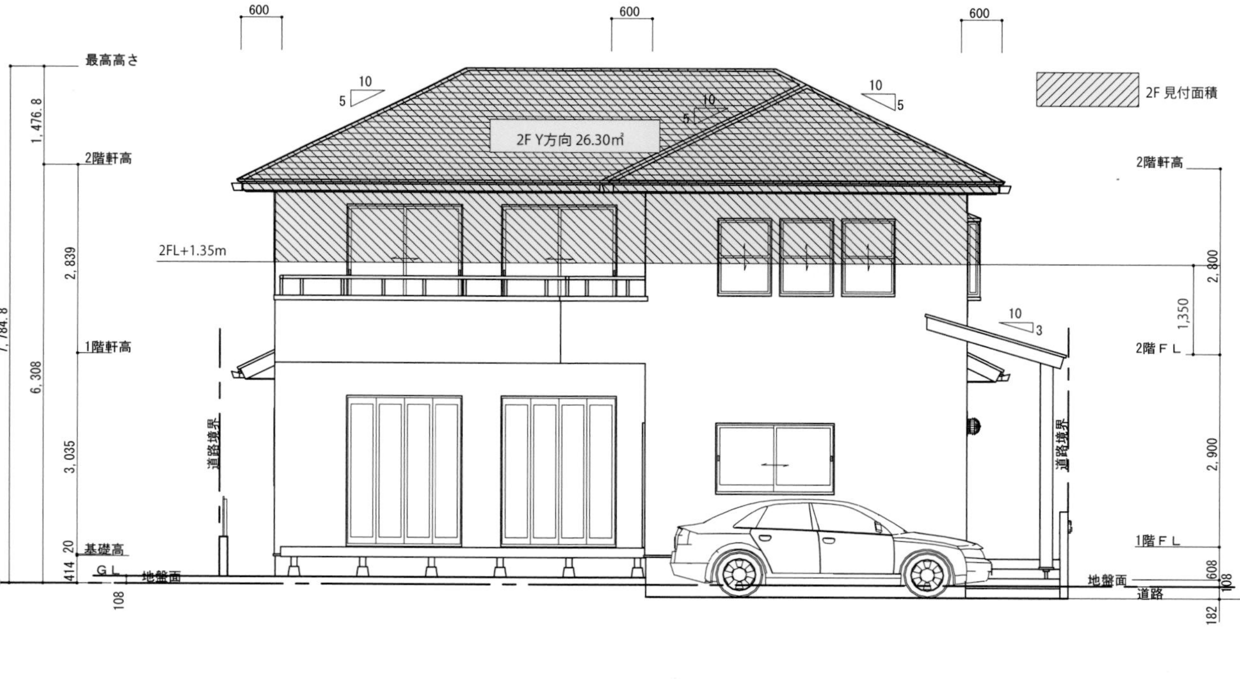

図 6.1 (d) **風圧力に対する 2 階 Y 方向の見付け面**

課題

必要壁量の算定

検討する住宅の必要壁量を算定しよう。

Point

❶ 屋根の仕上げで地震力算定のための数値が異なる。
❷ 風圧力に対するX方向、Y方向の見付け面を間違えないようにする。

6.3 存在壁量（設計壁量）の算定

存在壁量（設計壁量）とは、建物内に配置された各階、各方向それぞれの耐力壁の有効壁長の合計のことである。耐力壁とは、施行令第46条に示される「水平力に対して有効に抵抗しうる同法令の仕様を満足する壁」のことである。この耐力壁の仕様は、施行令第46条に加え、関連告示（建設省表示第1100号）にも示してあり、面材耐力壁については、この告示にその壁倍率が定められている。これらの法令等に示される仕様を満足する耐力壁については、その性能により、0.5～5.0までの倍率が与えられている。この倍率を壁倍率と呼ぶ。壁倍率の値は「1.0」を基準とすると、「5.0」は、その5倍の性能を有していることを意味する。

設計でよく利用する耐力壁について、その壁倍率の例を以下に示す。

- **45mm × 90mm　片筋かい**
  →　壁倍率：2.0
- **45mm × 90mm　たすき掛け筋かい**
  →　壁倍率：4.0
- **厚9mmの構造用合板片面張り（N50＠150）**
  →　壁倍率：2.5

壁倍率の値は足し合わせが可能であるが、足し合わせ時の値の最大値は5.0と定められている。また、壁の実長に壁倍率の値を乗じた数値を「有効壁長」といい、建物の各階、各方向ごとの存在壁量は、この有効壁長を総和した値のことを意味する。

耐力壁を建物内に配置する場合、次の①～⑤を参考に配置するとよい。

① 建物外周4辺の通りに、必要壁量の1/4以上の耐力壁をできるだけ配置する。外周の4辺で配置が困難な辺がある場合、その辺が存在する建物外側1/4の領域に、必要壁量の1/4以上の耐力壁を配置する。なお、建物プランの計画時に、建物外周4辺について、各通り2P（＝1,820mm）以上の無開口壁を配置しておくと、耐力壁のバランスの良い配置の実現が容易になる。

② 建物中央部1/2の領域（建物外側の1/4の領域を除いた部分）に、必要壁量の1/2以上の耐力壁を配置する。

③ 各階、各方向について、①および②に配慮しながら、耐力壁を配置する。

④ 建物内に配置する耐力壁の量は、各階、各方向について、必要壁量の1.5倍程度を目安とする。

⑤ 内壁や隅角部の耐力壁については、耐力壁の施工の納まりを考慮する。また、実務を勘案して、耐力壁の種類を、意味なく多くしないように注意する。

耐力壁の存在壁量を算定するために、図6.2(a)および(b)に示すような「耐力壁配置図」を各階について作成する。1階および2階の平面図若しくは床伏図上に、耐力壁を示す記号を記入し、耐力壁を配置する。耐力壁配置図には、次の記載を行う。

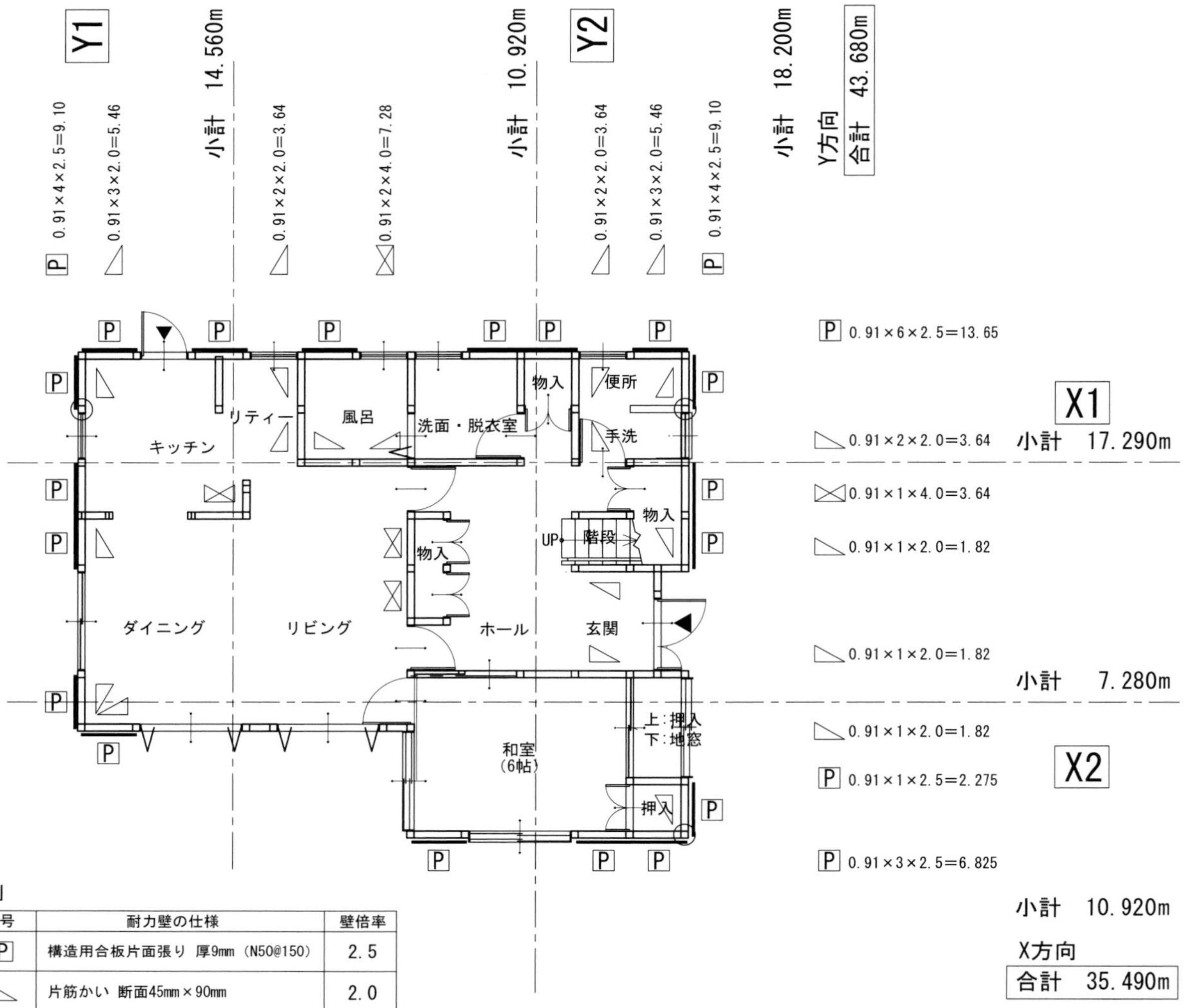

凡例

記号	耐力壁の仕様	壁倍率
P	構造用合板片面張り　厚9mm（N50@150）	2.5
◺	片筋かい　断面45mm×90mm	2.0
⊠	たすき掛け筋かい　断面45mm×90mm	4.0

図 6.2　(a)　1階耐力壁配置図

・耐力壁の種類ごとに記号を決め、その記号を図面上に配置する。
・耐力壁の種類がわかるように、凡例を記載する。
・凡例には、各耐力壁の種類について、記号、仕様および、壁倍率を記載する。
・筋かい記号は、取り付け方向（筋かいの上下が取り付く向き）がわかるように表記する。

耐力壁の配置ができたら、存在壁量の算定を行う。建物の各階の平面図に、平面を4等分する線を、X方向およびY方向に、それぞれ記入する。各階、最外壁から1/4の範囲と、中央部1/2の範囲にわけて、存在壁量を計算する。各階のX方向およびY方向の各範囲について、耐力壁の種類ごとに、「壁長×枚数×壁倍率（有効壁長）」を記入する。また、各範囲における存在壁量の小計を記入する。各階のX方向およびY方向について、それぞれ、有効壁長を合計した値が、各階、各方向の存在壁量である。

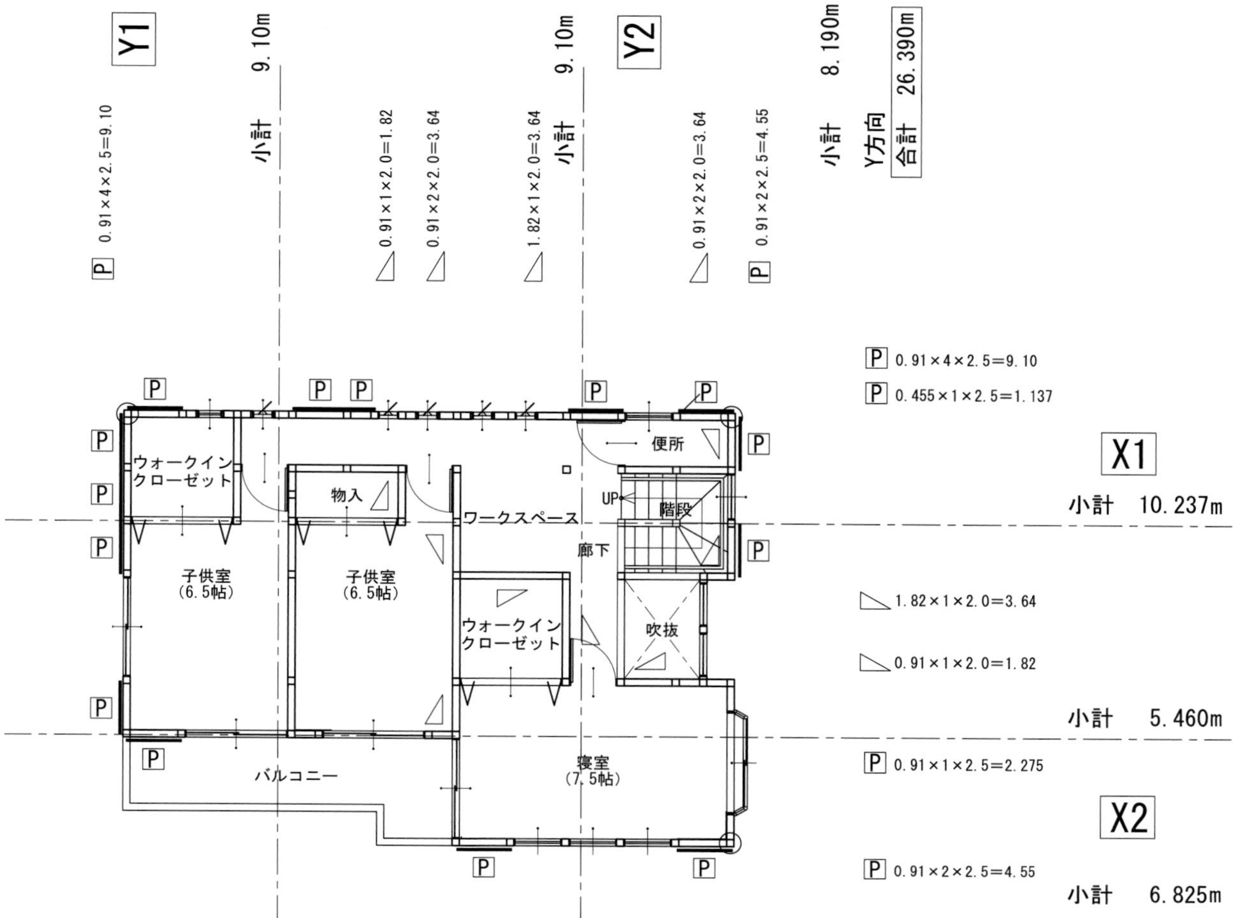

凡例

記号	耐力壁の仕様	壁倍率
P	構造用合板片面張り 厚9mm（N50@150）	2.5
◺	片筋かい 断面45mm×90mm	2.0
⊠	たすき掛け筋かい 断面45mm×90mm	4.0

図 6.2 (b) 2階耐力壁配置図

課題

存在壁量の算定

設計する住宅の耐力壁を計算しよう。

Point

❶ 建物全体にバランス良く配置する。
❷ 筋かいの取り付け方向を考える。
❸ 耐力壁の種類をあまり多くしない。
❹ 最近の在来軸組構法住宅の外壁は、構造用合板を用いるケースが多い。

6.4 必要壁量に対する存在壁量の比(壁率比)の検討

表 6.3 に示す壁量検討表を作成し、必要壁量に対して存在壁量が上回っていること確認する。

必要壁量は、地震力に対する値と風圧力に対する値を記入した後、各階、各方向について、いずれかのうちの大きな値とし、大きな値をマルで囲む。1階および2階のX方向およびY方向について、存在壁量が必要壁量を上回っていることが確認できれば、表の欄に「O.K.」と記入する。

存在壁量が必要壁量を下回っている場合は、耐力壁の量が必要壁量を下回っていることになるため、耐力壁の量を増やす必要がある。なお、繰り返しになるが、「存在壁量／必要壁量」の値が 1.5 倍を超えることを目安として、耐力壁の配置を行う。

■表 6.3　壁量検討表

方向	目的	1　階		2　階	
		必要壁量	存在壁量	必要壁量	存在壁量
X 方向	地震力	20.654	35.490	(8.945)	22.522
	風圧力	(20.850)	≦ O.K. 1.70倍	(8.945)	≦ O.K. 2.51倍
Y 方向	地震力	20.654	43.680	8.945	26.390
	風圧力	(28.605)	≦ O.K. 1.52倍	(13.150)	≦ O.K. 2.00倍

課題

壁率比の検討

設計する住宅の壁率比を検討しよう。

Point

❶ 存在壁量／必要壁量の値が、1.5 を超えるようにする。また、1.0 を超えない場合は、6.3 に戻って再検討する。

6.5 四分割法による壁配置の検討

壁配置の図面に基づき、四分割法による壁配置の検討を行う。表 6.4 に示すような「四分割法による壁量検討表」を作成する。下屋やセットバックがある建物については、壁量検討表の「乗ずる数値」の選定時に注意が必要である。以下の①〜③の手順で、壁量検討表の数値を記入する。

① 図 6.3 (a) 〜 (d) に示すように、建物の各階の X 方向および Y 方向について、建物平面を 1/4 ごとに区切る（両端の 1/4 部分を側端部分と呼ぶ）。また、側端部分の床面積を求める。

② 各階、各方向について、各側端部分の床面積に基づき、側端部分の必要壁量を求める。

③ 各階、各方向について、各側端部分に存在する耐力壁の有効壁長の合計（存在壁量）を求める（このとき、1/4 の分割線上の耐力壁は、側端部分に含める）。

④ 各側端部分について、壁量充足率（必要壁量に対する存在壁量の比）を求める。すべての側端部について、充足率が 1.0 以上であれば、建物内に耐力壁が十分に配置されており、壁配置が問題ないこととなる。

⑤ 充足率が 1.0 を下回っている場合、壁率比（壁量充足率の大きい方を分母、小さいほうを分子として求めた側端部分の壁量充足率の比）を求める。壁率比が 0.5 以上であれば、耐力壁がバランス良く配置されていることとなる。各階、各方向すべてについて、壁量充足率、もしくは、壁率比のどちらかを満足していれば、建物の壁配置が良好であることになる。なお、耐力壁の配置の検討については、各階、各方向の偏心率が「0.3」以下であることをチェックする方法もある。

■表 6.4　四分割法による壁量検討表

階	方向	側端部分					壁量充足率（存在壁量 / 必要壁量）			壁率比		
		名称	床面積 (m^2) ×	乗ずる数値 (m/m^2) =	必要壁量 (m)	存在壁量 (m)		≧ 1.0	結果		≧ 0.5	結果
1階部分	X方向	X1	20.51 m^2 ×	0.29 m/m^2 =	5.948 m	17.290 m	2.906	≧ 1.0	OK	0.76	≧ 0.5	OK
		X2	10.57 m^2 ×	0.29 m/m^2 =	3.066 m	10.920 m	3.561	≧ 1.0	OK			
	Y方向	Y1	15.95 m^2 ×	0.29 m/m^2 =	4.626 m	14.560 m	3.147	≧ 1.0	OK	0.92	≧ 0.5	OK
		Y2	19.68 m^2 ×	0.29 m/m^2 =	5.707 m	18.200 m	3.189	≧ 1.0	OK			
2階部分	X方向	X1	18.22 m^2 ×	0.15 m/m^2 =	2.733 m	10.237 m	3.745	≧ 1.0	OK	0.80	≧ 0.5	OK
		X2	8.29 m^2 ×	0.15 m/m^2 =	1.244 m	6.825 m	5.486	≧ 1.0	OK			
	Y方向	Y1	13.67 m^2 ×	0.15 m/m^2 =	2.051 m	9.100 m	4.436	≧ 1.0	OK	0.38	< 0.5	※ NG
		Y2	14.91 m^2 ×	0.15 m/m^2 =	2.237 m	8.190 m	3.661	≧ 1.0	OK			

※ 壁率比が 0.5 未満となっても、壁量充足率が全て 1.0 以上となる場合は、壁率比を無視して良い。

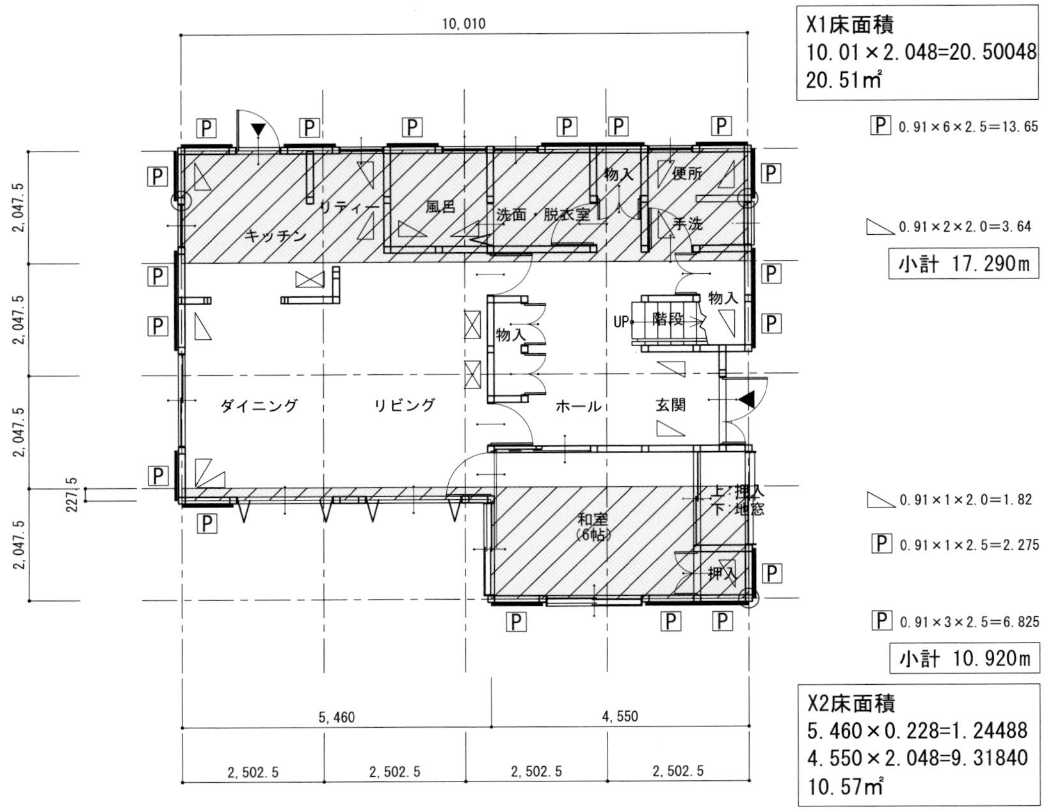

図 6.3　(a)　1階X方向四分割床面積計算図

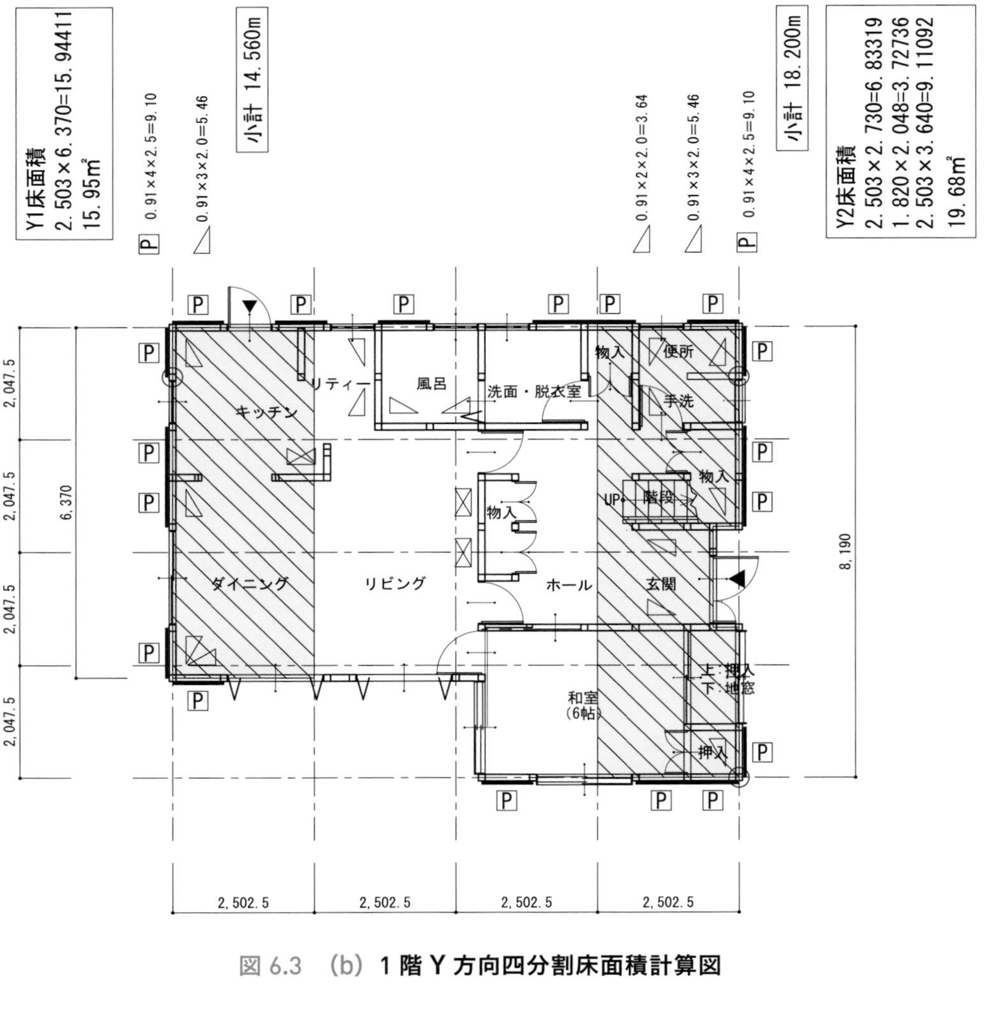

図 6.3　(b)　1階Y方向四分割床面積計算図

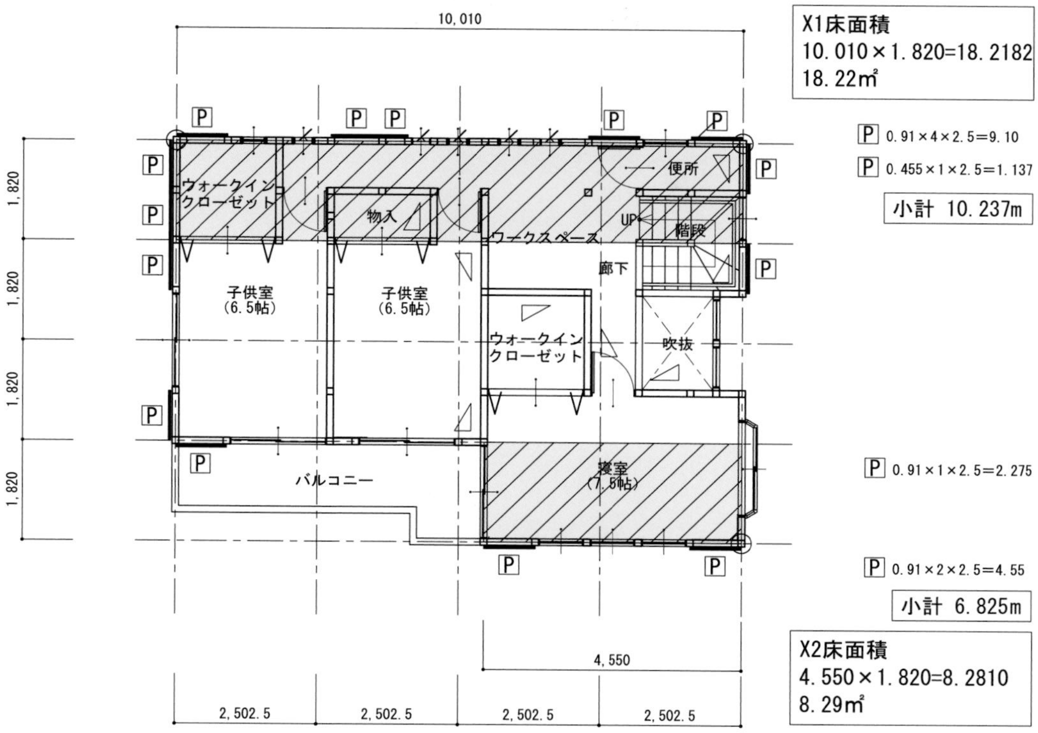

図 6.3 (c) 2 階 X 方向四分割床面積計算図

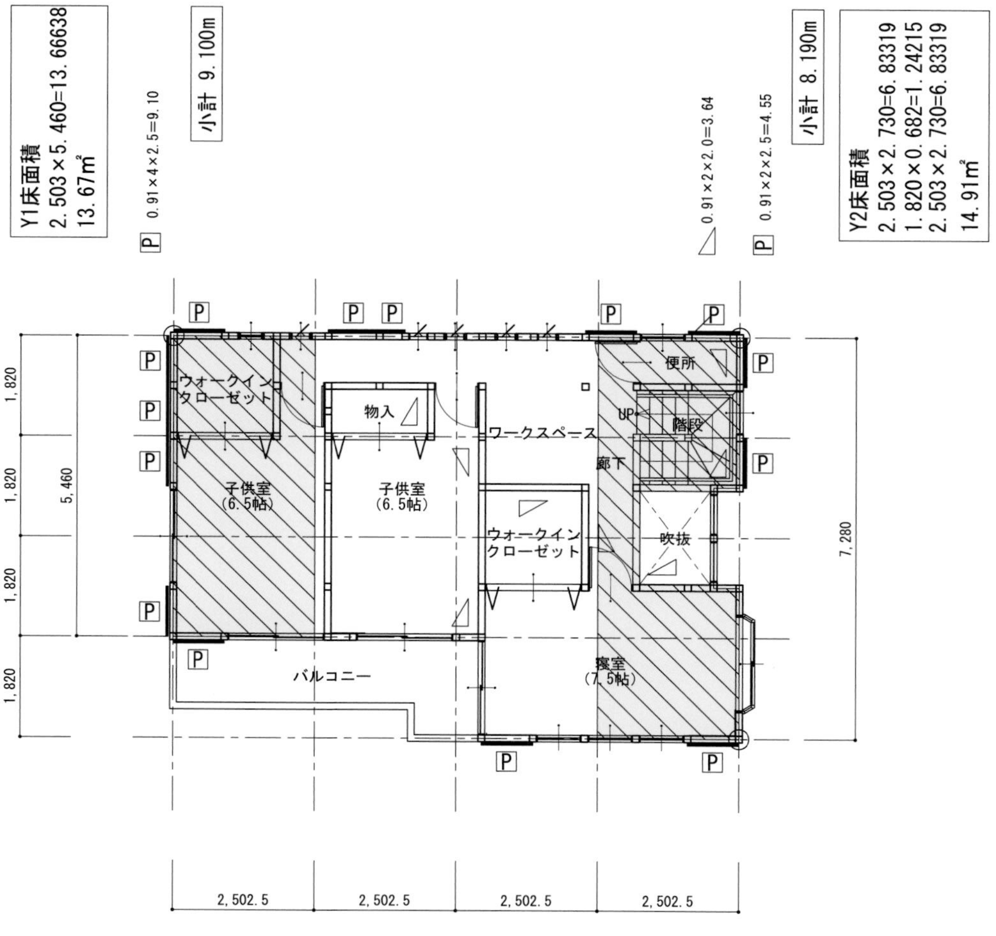

図 6.3 (d) 2 階 Y 方向四分割床面積計算図

課題

四分割法による壁配置の検討

設計する住宅について、四分割法による壁配置の検討をしよう。

Point

❶ 四分割するときの面積は、建物のX方向、Y方向のもっとも距離が大きいところで分割する。
❷ 四分割したときに重なった耐力壁は、側端部の存在壁量の算定に入れる。

6.6 柱の柱頭柱脚接合部の検討（N 値計算）

一般的な木造住宅の地震力や風圧力に対する構造安全性の検討のために、必要壁量の算定を行い、その数値を上回るように存在壁量の検討を行った。そして、四分割法により、壁量のバランスについても確認した。6 章の最後に柱の柱頭柱脚接合部の検討を行う。

阪神淡路大震災では、建物の接合部が外れて倒壊した建物が多かったことから、平成 12 年、建設省告示第 1460 号により、木造建物の継手および仕口の構造方法が規定された。現在は、壁量だけではなく、柱接合部の検討も必要である。

耐力壁に取りつく柱の柱頭柱脚接合金物の選択方法として次の方法で求める。

① 建設省告示第 1460 号第一項、および第二項の表より接合金物を選定する方法。ただし、仕様規定にない耐力壁の場合、②の方法により求める。

② 建設省告示第 1460 号第二項のただし書きより接合金物を計算により求める方法（N 値計算法）。

③ 建築基準法令 82 条第一号から第三号までに定める構造計算によって求める方法（構造計算）。

モデル住宅は、学習のため先に①により部位別の耐力壁の仕様から金物を選定する。そのあと、②の N 値計算法を手順を追って説明する。

大きな検討の流れとしては、①部位別仕様表と② N 値計算法共に平屋部分又は最上階（2 階）の柱を先に検討し、続いて 2 階建ての 1 階の柱を検討する。ここでは、X0 通りを例に挙げて説明する（図 6.4）。

【建設省告示第 1460 号】

第一項 筋かいの端部における仕口にあっては、次に掲げる筋かいの種類に応じ、それぞれイからホまでに定める接合方法又はこれらと同等以上の引張耐力を有する接合方法によらなければならない。（以下省略）

第二項 壁を設け又は筋かいを入れた軸組の柱の柱脚及び柱頭の仕口にあっては、軸組の種類と柱の配置に応じて平屋部分又は最上階の柱にあっては次の表１に、その他の柱にあっては次の表２に、それぞれ掲げる表３（い）から（ぬ）までに定めるところによらなければならない。ただし、次のイ又はロに該当する場合においては、この限りではない。

イ　当該仕口の周囲の軸組の種類及び配置を考慮して、柱頭又は柱脚に必要とされる引張力が、当該部分の引張耐力を超えないことが確かめられた場合。（以下省略）

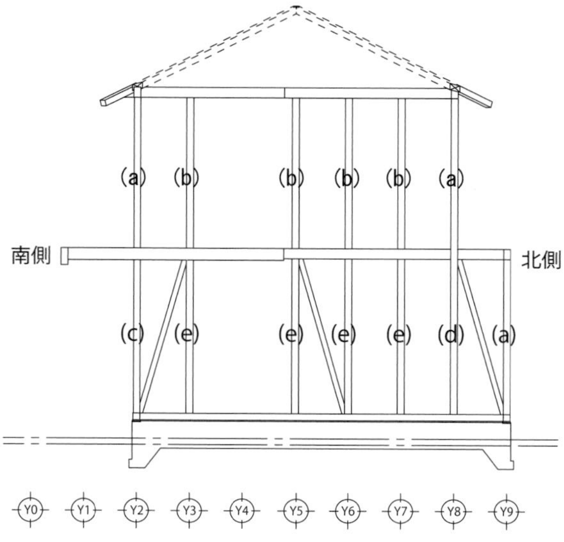

図 6.4　X 通りの柱

■表 6.5　告示第 1460 号　表第 1・第 2

壁・筋かいの種類	軸組の種類		壁倍率	表1		表2		
				平屋または最上階		2階建ての1階		
				出隅の柱(a)	その他の軸組端部の柱	上階及び当該階の柱が共に出隅の柱の場合	上階の柱が出隅の柱であり、当該階の柱が出隅の柱でない場合	上階及び当該階の柱が共に出隅の柱でない場合
				(a)	(b)	(c)	(d)	(e)
木ずり	木ずりその他これに類するものを柱及び間柱の片面又は両面に打ち付けた壁を設けた軸組		0.5（1.0）	表3（い）	表3（い）	表3（い）	表3（い）	表3（い）
片筋かい	厚さ1.5センチメートル以上で幅9センチメートル以上の木材の筋かい又は径9ミリメートル以上の鉄筋の筋かいを入れた軸組		1.0	表3（ろ）	表3（い）	表3（ろ）	表3（い）	表3（い）
	厚さ3センチメ トル以上幅9センチメートル以上の木材の筋かいを入れた軸組	筋かいの下部が取り付く柱	1.5	表3（ろ）	表3（い）	表3（に）	表3（ろ）	表3（い）
		その他の柱		表3（に）	表3（ろ）			
	厚さ4.5センチメ トル以上幅9センチメートル以上の木材の筋かいを入れた軸組	筋かいの下部が取り付く柱	2.0	表3（は）	表3（ろ）	表3（と）	表3（は）	表3（ろ）
		その他の柱		表3（ほ）				
面材	構造用合板等を昭和56年建設省告示第1100号別表第一（一）項又は（二）項に定める方法で打ち付けた壁を設けた軸組		2.5	表3（ほ）	表3（ろ）	表3（ち）	表3（へ）	表3（は）
筋かいたすき掛け	厚さ1.5センチメートル以上で幅9センチメートル以上の木材の筋かいをたすき掛けに入れた軸組又は径9ミリメートル以上の鉄筋の筋かいをたすき掛けに入れた軸組		2.0	表3（に）	表3（ろ）	表3（と）	表3（は）	表3（ろ）
	厚さ3センチメートル以上幅9センチメートル以上の木材の筋かいをたすき掛けに入れた軸組		3.0	表3（と）	表3（は）	表3（り）	表3（と）	表3（に）
	厚さ4.5センチメートル以上幅9センチメートル以上の木材の筋かいをたすき掛けに入れた軸組		4.0	表3（と）	表3（に）	表3（ぬ）	表3（ち）	表3（と）

■表 6.6　告示第 1460 号　表第 3

（い）	短ほぞ差し、かすがい打ち又はこれらと同等以上の接合方法としたもの	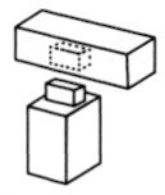 短ほぞ差し 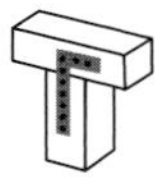 かど金物 CP-L
（ろ）	長ほぞ差し込み栓打ち若しくは厚さ2.3ミリメートルのL字型の鋼板添え板を、柱及び横架材に対してそれぞれ長さ6.5センチメートルの太め鉄丸くぎを5本平打ちとしたもの又はこれらと同等以上の接合方法としたもの	
（は）	厚さ2.3ミリメ トルのT字型の鋼板添え板を用い、柱及び横架材にそれぞれ長さ6.5センチメルのT字型の鋼板添え板を用い、柱及び横架材にそれぞれ長さ6.5センチメくは厚さ2.3ミリメートルのV字型の鋼板添え板を用い、柱及び横架材にそれぞれ長さ9センチメートルの太め鉄丸くぎを4本平打ちとしたもの又はこれらと同等以上の接合方法としたもの	 山形プレート  かど金物 CP-T
（に）	厚さ3.2ミリメ トルの鋼板添え板に径12ミリメートルのボルトを溶接した金物を用い、柱に対して径12ミリメートルのボルト締め、横架材に対して厚さ4.5ミリメ トル、40ミリメートル角の角座金を介してナット締めしたもの若しくは厚さ3.2ミリメートルの鋼板添え板を用い、上下階の連続する柱に対してそれぞれ径12ミリメートルのボルト締めとしたもの又はこれらと同等以上の接合方法としたもの	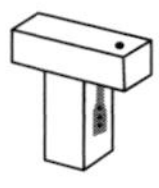 羽子板ボルト 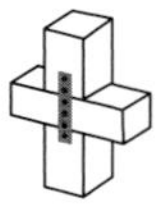 I型金物
（ほ）	厚さ3.2ミリメートルの鋼板添え板に径12ミリメートルのボルトを溶接した金物を用い、柱に対して径12ミリメートルのボルト締め及び長さ50ミリメートル、径4.5ミリメートルのスクリュ釘打ち、横架材に対して厚さ4.5ミリメートル、40ミリメートル角の角座金を介してナット締めしたもの又は厚さ3.2ミリメートルの鋼板添え板を用い、上下階の連続する柱に対してそれぞれ径12ミリメートルのボルト締め及び長さ50ミリメートル、径4.5ミリメートルのスクリュ釘打ちとしたもの又はこれらと同等以上の接合方法としたもの	
（へ）	厚さ3.2ミリメ トルの鋼板添え板を用い、柱に対して径12ミリメートルのボルト2本、横架材、布基礎若しくは上下階の連続する柱に対して当該鋼板添え板に止め付けた径16ミリメートルのボルトを介して緊結したもの又はこれらと同等以上の接合方法としたもの	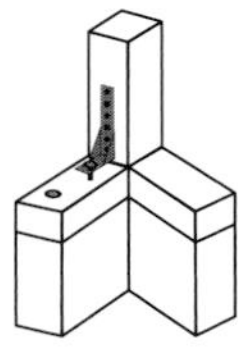 引き寄せ金物
（と）	厚さ3.2ミリメ トルの鋼板添え板を用い、柱に対して径12ミリメートルのボルト3本、横架材（土台を除く）、布基礎若しくは上下階の連続する柱に対して当該鋼板添え板に止め付けた径16ミリメートルのボルトを介して緊結したもの又はこれらと同等以上の接合方法としたもの	
（ち）	厚さ3.2ミリメートルの鋼板添え板を用い、柱に対して径12ミリメートルのボルト4本、横架材（土台を除く）、布基礎若しくは上下階の連続する柱に対して当該鋼板添え板に止め付けた径16ミリメートルのボルトを介して緊結したもの又はこれらと同等以上の接合方法としたもの	
（り）	厚さ3.2ミリメ トルの鋼板添え板を用い、柱に対して径12ミリメートルのボルト5本、横架材（土台を除く）、布基礎若しくは上下階の連続する柱に対して当該鋼板添え板に止め付けた径16ミリメートルのボルトを介して緊結したもの又はこれらと同等以上の接合方法としたもの	
（ぬ）	（と）に掲げる仕口を2組用いたもの	

前二号に掲げるもののほか、その他の構造耐力上主要な部分の継手又は仕口にあっては、ボルト締め、かすがい打ち、込み栓打その他の構造方法によりその部分の存在応力を伝えるように緊結したものでなくてはならない。

1 庭の検討

耐力壁とした軸組の柱における柱脚、および柱頭の仕口にあっては次の手順で金物を選択する（表 6.5）。

1） 平屋部分又は最上階（2 階）

表 1 を参照し、耐力壁の仕様（倍率）により、金物を選ぶ (a)(b) 列。

2） その他の柱（2 階建ての 1 階の柱）

表 2 を参照し、耐力壁の仕様（倍率）により、金物を選ぶ (c)(d)(e) 列。

3） 金物種類の確認

表 3（い）から（ぬ）までに挙げる金物（表 6.6）が、モデル住宅の仕様となる（図 6.5）。

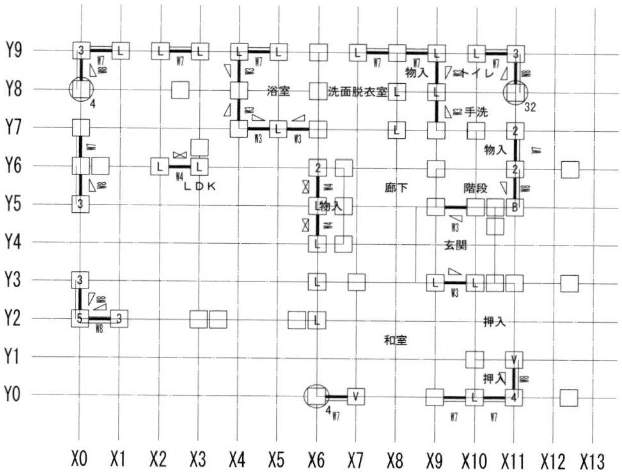

1階柱壁伏図

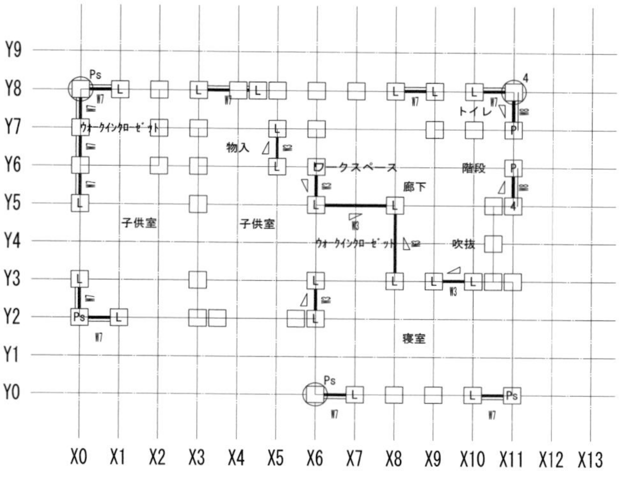

2階柱壁伏図

注意：ここでの通り番号は、意匠図の番号と異なります。

接合部凡例　*接合部凡例はユーザ設定されたものです。

記号		仕様	N	倍率	
(い)		短ほぞ差し、かすがい打ち	0.00		
(ろ)	N	長ほぞ差し込み栓打ち		0.70	
(ろ)	L	L字型金物	0.65	0.70	
(は)	V	V字型金物	1.00	1.00	
(は)	T	T字型金物		1.00	
(に)	P	羽子板ボルト	1.40	1.40	
(に)	I	短冊金物		1.40	
(ほ)	Ps	羽子板ボルト+スクリュー釘50	1.60	1.60	
(ほ)	Is	短冊金物+スクリュー釘50		1.60	
(へ)	2	10KN用引き寄せ金物	1.80	1.80	
(と)	3	15KN用引き寄せ金物	2.80	2.80	
(ち)	4	20KN用引き寄せ金物	3.70	3.70	
(り)	5	25KN用引き寄せ金物	4.70	4.70	
(ぬ)	32	15KN用引き寄せ金物×2	5.60	5.60	
(る)	J1	腰掛け蟻若しくは大入れ蟻掛け+羽子板ボルト、短冊金物		1.90	梁継手・仕口用
(を)	J2	腰掛け蟻若しくは大入れ蟻掛け+羽子板ボルト、短冊金物×2		3.00	梁継手・仕口用
(わ)	B	20KN用引き寄せ金物×２	6.20	7.40	

筋かいの種類に応じた筋かいの端部の接合部の仕様

	筋かいの種類	接合部の仕様（構造方法）
イ	鉄筋φ9	柱又は横架材を貫通し、三角座金を介してナット締め、又は鋼板添え板を用い鋼板を柱及び横架材にCN90, 8本平打ち
ロ	筋かい:15×90	柱・横架材を欠き込み、柱・横架材双方に対してN65, 5本平打ち
ハ	筋かい:30×90	鋼板添え板t=1.6mmを筋かいに対してボルトΦ12及びCN65, 3本平打ち、柱に対してCN65, 3本平打ち、横架材に対してCN65, 4本平打ち。筋かいプレートBP同等品
ニ	筋かい:45×90	鋼板添え板t=2.3mmを筋かいに対してボルトΦ12及びスクリュー釘Φ4.5L50, 7本平打ち、柱及び横架材に対してスクリュー釘Φ4.5L50, 5本平打ち。筋かいプレートBP-2同等品
ホ	筋かい:90×90	柱又は横架材にボルトΦ12mmを用いて一面剪断接合

土台等の横架材に定着させるアンカーボルト等の座金の仕様

柱脚または柱頭接合部の短期許容引張耐力	座金の仕様
6.4kN以下（N=1.2以下）	厚さ4.5mm、40mm×40mm
14.4kN以下（N=2.7以下）	厚さ6.0mm、60mm×60mm
25.6kN以下（N=4.8以下）	厚さ9.0mm、80mm×80mm

耐力＝N×5.3（1.96kN×2.7m）を基に算出

図 6.5 **モデル住宅の金物**

2　N値計算法による金物の検討

N値計算法の基本的な考え方は、図6.6に示すように、耐力壁に横方向の力を加えたことで下に柱を押しつける力と上に柱を持ち上げる力が生じる。下に押しつけられる場合は、柱が梁や柱、土台に対してめりこみ方向となるため金物の必要はないが、持ち上げる力が発生すると、ほぞが外れる原因となるので金物が必要になる。このとき、壁の耐力が大きい（壁倍率が大きい）ほど、大きな力を負担することができるので、その力に応じた強い金物が必要になる。また、耐力壁が連続する場合は、隣接する壁の耐力の差が柱に発生する。

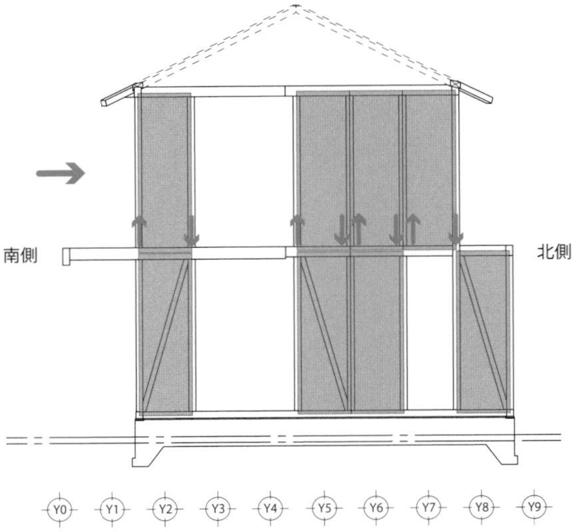

図6.6　引き抜きの考え方（X0通り）

片方が片筋かいの柱

補正値1	筋かいの取りつく位置(mm) ＼ 筋かいの種類(mm)	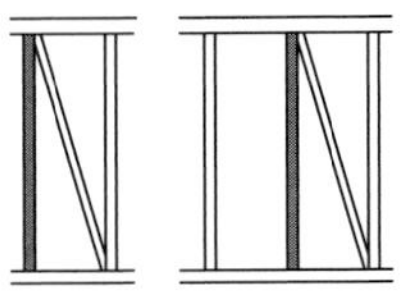	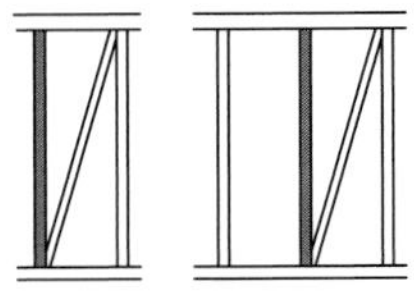	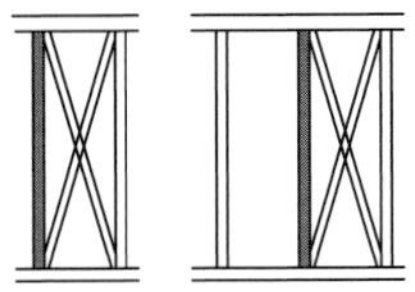
	30×90	0.5	-0.5	0.0
	45×90	0.5	-0.5	
	90×90	2.0	-2.0	

両側が片筋かいの柱

補正値2	筋かいの取りつく位置(mm) ＼ 筋かいの種類(mm)	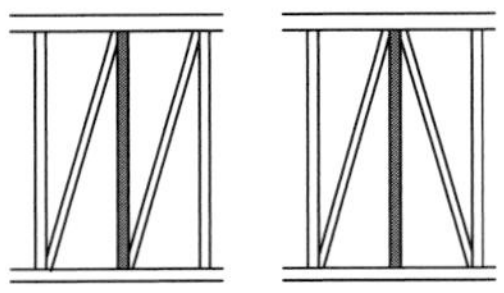			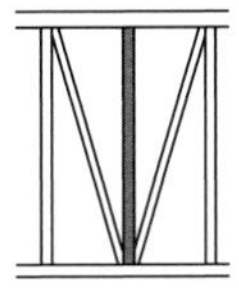
		30×90	45×90	90×90	
	30×90	1.0	1.0	2.5	0.0
	45×90	1.0	1.0	2.5	
	90×90	2.5	2.5	4.0	

片方が片筋かい、他方がタスキ筋かいの柱

補正値3	筋かいの取りつく位置(mm) ＼ 筋かいの種類(mm)	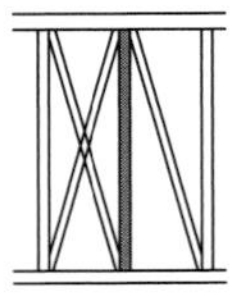			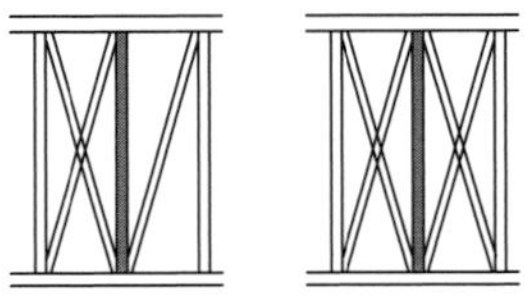
		30×90	45×90	90×90	
	30×90	0.5	0.5	2.0	0.0
	45×90	0.5	0.5	2.0	
	90×90	0.5	0.5	2.0	

図6.7　補正値

モデル住宅のX0通りについて具体的なN値計算方法を用いて検討する。1つの柱について、N値計算する場合は、X方向とY方向について検討する。ここではX0通り、つまりY軸方向の応力（建物の南北側からの地震・風圧力）について説明する。

i） 平屋または最上階の柱のN値を求める方法

次の計算式により平屋または最上階の柱のN値を求める。なお補正値は、図6.7を用いる。

N値 ＝ A1 × B1 − L（図6.8）

A1：2階当該柱の左右の壁倍率の差異
　　＋補正値
B1：2階周辺部材の押さえ効果係数
　　①出隅の場合：0.8
　　②その他：0.5
L：鉛直荷重による押さえ効果係数
　　①出隅の場合：0.4
　　②その他：0.6

具体的な計算例（図6.9）

〔2F･Y2〕
2.50 × 0.8 − 0.4 ＝ 1.60N
〔2F･Y3〕
2.50 × 0.5 − 0.6 ＝ 0.65N
〔2F･Y5〕
2.50 × 0.5 − 0.6 ＝ 0.65N
〔2F･Y6〕
（2.5 − 2.5） × 0.5 − 0.6 ＝ − 1.60N
〔2F･Y7〕
（2.5 − 2.5） × 0.5 − 0.6 ＝ − 1.60N
〔2F･Y8〕（通り柱）
2.50 × 0.8 − 0.4 ＝ 1.60N

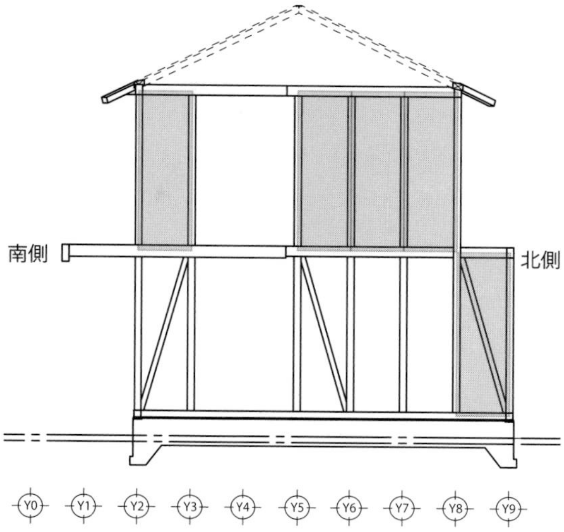

図6.8　平屋または最上階の柱

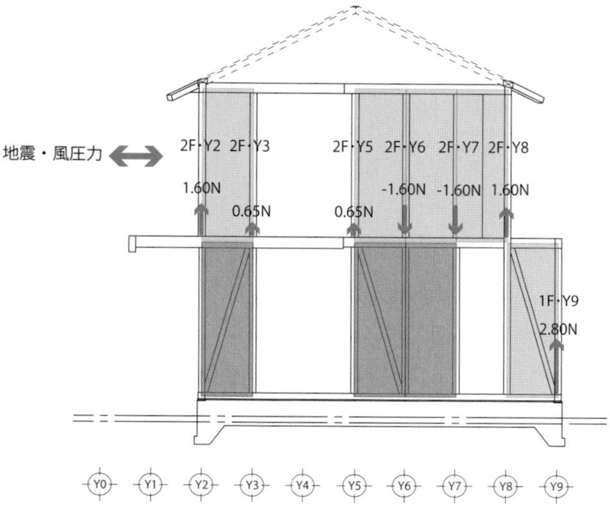

図6.9　2階の柱接合部計算結果（X0通り）

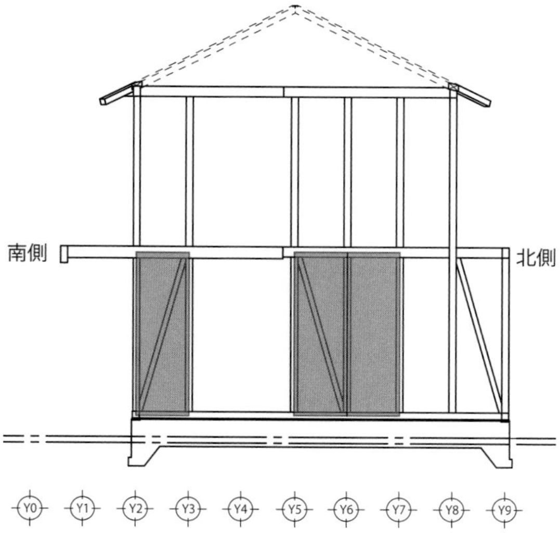

図6.10　2階建ての1階部分の柱

ii）　2階建ての1階部分の柱のN値を求める方法

次の計算式により2階建ての1階部分の柱のN値を求める。なお補正値は、i）と同様に図6.7を用いる。

N値 ＝ A2 × B2 ＋ A1 × B1 － L（図6.10）

A2：1階当該柱の左右の壁倍率の差異＋補正値

B2：周辺部材の押さえ効果係数
- ①出隅の場合：0.8
- ②その他：0.5

A1：2階当該柱の左右の壁倍率の差異＋補正値

B1：2階周辺部材の押さえ効果係数
- ①出隅の場合：0.8
- ②その他：0.5

L：鉛直荷重による押さえ効果係数
- ①出隅の場合：1.0
- ②その他：1.6

具体的な計算例（図6.11）

〔1F・Y2〕

$(4.50 - 0.50) \times 0.8 + 2.50 \times 0.8 - 1.0$

$= 4.20\text{N}$

〔1F・Y3〕

$(4.50 + 0.50) \times 0.5 + 2.50 \times 0.5 - 1.6$

$= 2.15\text{N}$

〔1F・Y5〕

$(4.50 - 0.50) \times 0.5 + 2.50 \times 0.5 - 1.6$

$= 2.15\text{N}$

〔1F・Y6〕

$(4.50 + 0.50) \times 0.5 + 0.00 \times 0.5 - 1.6$

$= 0.90\text{N}$

〔1F・Y7〕

$2.50 \times 0.5 + 0.00 \times 0.5 - 1.6$

$= -0.35\text{N}$

〔1F・Y8〕（通り柱）

$(4.50 + 0.50) \times 0.5 + 2.50 \times 0.8 - 1.6$

$= 2.90\text{N}$

〔1F・Y9〕

$(4.50 - 0.50) \times 0.8 - 0.4 = 2.80\text{N}$

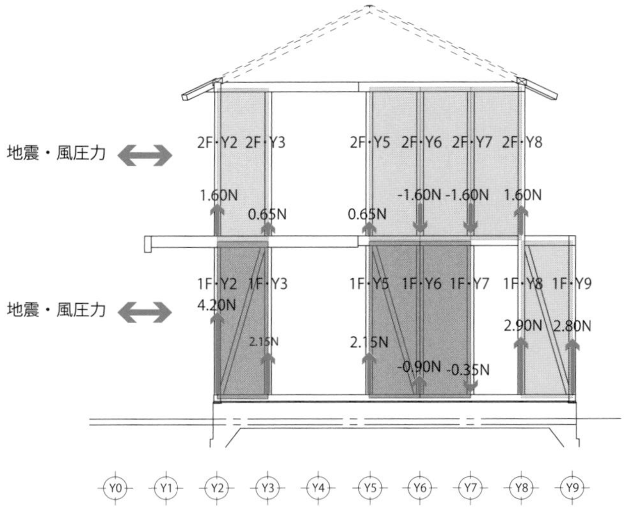

図6.11　1階・2階の柱接合部計算結果（X0通り）

3　N値計算方法により検討した金物

②建設省告示第1460号第二項のただし書きより接合金物を計算により求めた（N値計算法）結果が表6.7、表6.8である。

仕様規定を満たす耐力壁の条件であれば、N値計算により不適応となっても、①の仕様規定で選定した金物を利用することができる。その際、上階の耐力壁線と下階の耐力壁線にずれがあるときは、梁の配置などを考慮して下階の柱のどこに伝達されるのか留意して計算する。また、N値計算は、一般的な階高（2.7m程度）を想定したものなので極端に階高が高い場合は、さらに注意が必要である。

なお、住宅性能評価や長期優良住宅の申請における柱頭柱脚金物については、N値計算などによる安全性の確認が必要である。

■表6.7　柱接合部判定表（2階）

柱接合部判定表　1ページ

階	通し柱	柱位置 X	柱位置 Y	出隅柱 階数1又は階数2の2階	出隅柱 階数2の1階	計算式 X方向		計算式 Y方向		N	柱頭 仕様	柱頭 判定	柱脚 仕様	柱脚 判定
2	○	6	0	○	—	2.50×0.8−0.4	1.60	0.00×0.8−0.4	−0.40	1.60	Ps(ほ)	OK	金物不要	OK
		7	0	×	—	2.50×0.5−0.6	0.65	0.00×0.5−0.6	−0.60	0.65	L(ろ)	OK	L(ろ)	OK
		8	0	×	—	0.00×0.5−0.6	−0.60	0.00×0.5−0.6	−0.60	−0.60	□(い)	OK	□(い)	OK
		9	0	×	—	0.00×0.5−0.6	−0.60	0.00×0.5−0.6	−0.60	−0.60	□(い)	OK	□(い)	OK
		10	0	×	—	2.50×0.5−0.6	0.65	0.00×0.5−0.6	−0.60	0.65	L(ろ)	OK	L(ろ)	OK
		11	0	○	—	2.50×0.8−0.4	1.60	0.00×0.8−0.4	−0.40	1.60	Ps(ほ)	OK	Ps(ほ)	OK
		0	2	○	—	2.50×0.8−0.4	1.60	2.50×0.8−0.4	1.60	1.60	Ps(ほ)	OK	Ps(ほ)	OK
		1	2	×	—	2.50×0.5−0.6	0.65	0.00×0.5−0.6	−0.60	0.65	L(ろ)	OK	L(ろ)	OK
		3	2	×	—	0.00×0.5−0.6	−0.60	0.00×0.5−0.6	−0.60	−0.60	□(い)	OK	□(い)	OK
		3.5	2	×	—	0.00×0.5−0.6	−0.60	0.00×0.5−0.6	−0.60	−0.60	□(い)	OK	□(い)	OK
		5.5	2	×	—	0.00×0.5−0.6	−0.60	0.00×0.5−0.6	−0.60	−0.60	□(い)	OK	□(い)	OK
		6	2	×	—	0.00×0.5−0.6	−0.60	(2.00+0.50)×0.5−0.6	0.65	0.65	L(ろ)	OK	L(ろ)	OK
		0	3	×	—	0.00×0.5−0.6	−0.60	2.50×0.5−0.6	0.65	0.65	L(ろ)	OK	L(ろ)	OK
		3	3	×	—	0.00×0.5−0.6	−0.60	0.00×0.5−0.6	−0.60	−0.60	□(い)	OK	□(い)	OK
		6	3	×	—	0.00×0.5−0.6	−0.60	(2.00−0.50)×0.5−0.6	0.15	0.15	L(ろ)	OK	L(ろ)	OK
		8	3	×	—	0.00×0.5−0.6	−0.60	(2.00+0.50)×0.5−0.6	0.65	0.65	L(ろ)	OK	L(ろ)	OK
		9	3	×	—	(2.00−0.50)×0.5−0.6	0.15	0.00×0.5−0.6	−0.60	0.15	L(ろ)	OK	L(ろ)	OK
		10	3	×	—	(2.00+0.50)×0.5−0.6	0.65	0.00×0.5−0.6	−0.60	0.65	L(ろ)	OK	L(ろ)	OK
		10.5	3	×	—	0.00×0.5−0.6	−0.60	0.00×0.5−0.6	−0.60	−0.60	□(い)	OK	□(い)	OK
		11	3	○	—	0.00×0.8−0.4	−0.40	0.00×0.8−0.4	−0.40	−0.40	□(い)	OK	□(い)	OK
		10.5	4	×	—	0.00×0.5−0.6	−0.60	0.00×0.5−0.6	−0.60	−0.60	□(い)	OK	□(い)	OK
		0	5	×	—	0.00×0.5−0.6	−0.60	2.50×0.5−0.6	0.65	0.65	L(ろ)	OK	L(ろ)	OK
		3	5	×	—	0.00×0.5−0.6	−0.60	0.00×0.5−0.6	−0.60	−0.60	□(い)	OK	□(い)	OK
		6	5	×	—	(2.00+0.50)×0.5−0.6	0.65	(2.00−0.50)×0.5−0.6	0.15	0.65	L(ろ)	OK	L(ろ)	OK
		8	5	×	—	(2.00−0.50)×0.5−0.6	0.15	(2.00−0.50)×0.5−0.6	0.15	0.15	L(ろ)	OK	L(ろ)	OK
		10.5	5	×	—	0.00×0.5−0.6	−0.60	0.00×0.5−0.6	−0.60	−0.60	□(い)	OK	□(い)	OK
		11	5	○	—	0.00×0.8−0.4	−0.40	(4.50+0.50)×0.8−0.4	3.60	3.60	4(ち)	OK	4(ち)	OK
		0	6	×	—	0.00×0.5−0.6	−0.60	0.00×0.5−0.6	−0.60	−0.60	□(い)	OK	□(い)	OK
		2	6	×	—	0.00×0.5−0.6	−0.60	0.00×0.5−0.6	−0.60	−0.60	□(い)	OK	□(い)	OK
		3	6	×	—	0.00×0.5−0.6	−0.60	0.00×0.5−0.6	−0.60	−0.60	□(い)	OK	□(い)	OK
		5	6	×	—	0.00×0.5−0.6	−0.60	(2.00+0.50)×0.5−0.6	0.65	0.65	L(ろ)	OK	L(ろ)	OK
		6	6	×	—	0.00×0.5−0.6	−0.60	(2.00+0.50)×0.5−0.6	0.65	0.65	L(ろ)	OK	L(ろ)	OK
		11	6	×	—	0.00×0.5−0.6	−0.60	(4.50−0.50)×0.5−0.6	1.40	1.40	P(に)	OK	P(に)	OK
		0	7	×	—	0.00×0.5−0.6	−0.60	0.00×0.5−0.6	−0.60	−0.60	□(い)	OK	□(い)	OK
		2	7	×	—	0.00×0.5−0.6	−0.60	0.00×0.5−0.6	−0.60	−0.60	□(い)	OK	□(い)	OK
		3	7	×	—	0.00×0.5−0.6	−0.60	0.00×0.5−0.6	−0.60	−0.60	□(い)	OK	□(い)	OK
		5	7	×	—	0.00×0.5−0.6	−0.60	(2.00−0.50)×0.5−0.6	0.15	0.15	L(ろ)	OK	L(ろ)	OK
		6	7	×	—	0.00×0.5−0.6	−0.60	0.00×0.5−0.6	−0.60	−0.60	□(い)	OK	□(い)	OK
		9	7	×	—	0.00×0.5−0.6	−0.60	0.00×0.5−0.6	−0.60	−0.60	□(い)	OK	□(い)	OK
		10	7	×	—	0.00×0.5−0.6	−0.60	0.00×0.5−0.6	−0.60	−0.60	□(い)	OK	□(い)	OK
		11	7	×	—	0.00×0.5−0.6	−0.60	(4.50−0.50)×0.5−0.6	1.40	1.40	P(に)	OK	P(に)	OK
	○	0	8	○	—	2.50×0.8−0.4	1.60	2.50×0.8−0.4	1.60	1.60	Ps(ほ)	OK	金物不要	OK
		1	8	×	—	2.50×0.5−0.6	0.65	0.00×0.5−0.6	−0.60	0.65	L(ろ)	OK	L(ろ)	OK
		2	8	×	—	0.00×0.5−0.6	−0.60	0.00×0.5−0.6	−0.60	−0.60	□(い)	OK	□(い)	OK
		3	8	×	—	2.50×0.5−0.6	0.65	0.00×0.5−0.6	−0.60	0.65	L(ろ)	OK	L(ろ)	OK
		4	8	×	—	0.00×0.5−0.6	−0.60	0.00×0.5−0.6	−0.60	−0.60	□(い)	OK	□(い)	OK
		4.5	8	×	—	2.50×0.5−0.6	0.65	0.00×0.5−0.6	−0.60	0.65	L(ろ)	OK	L(ろ)	OK
		5	8	×	—	0.00×0.5−0.6	−0.60	0.00×0.5−0.6	−0.60	−0.60	□(い)	OK	□(い)	OK
		6	8	×	—	0.00×0.5−0.6	−0.60	0.00×0.5−0.6	−0.60	−0.60	□(い)	OK	□(い)	OK
		7	8	×	—	0.00×0.5−0.6	−0.60	0.00×0.5−0.6	−0.60	−0.60	□(い)	OK	□(い)	OK
		8	8	×	—	2.50×0.5−0.6	0.65	0.00×0.5−0.6	−0.60	0.65	L(ろ)	OK	L(ろ)	OK
		9	8	×	—	2.50×0.5−0.6	0.65	0.00×0.5−0.6	−0.60	0.65	L(ろ)	OK	L(ろ)	OK
		10	8	×	—	2.50×0.5−0.6	0.65	0.00×0.5−0.6	−0.60	0.65	L(ろ)	OK	L(ろ)	OK
	○	11	8	○	—	2.50×0.8−0.4	1.60	(4.50+0.50)×0.8−0.4	3.60	3.60	4(ち)	OK	金物不要	OK

■表 6.8　柱接合部判定表（1階）

柱接合部判定表　2ページ

階	通し柱	柱位置		出隅柱		計算式				N	柱頭		柱脚	
		X	Y	階数1又は階数2の2階	階数2の1階	X方向		Y方向			仕様	判定	仕様	判定
1	○	6	0	○	○	2.50×0.8+2.50×0.8−1.0	3.00	0.00×0.8+0.00×0.8−1.0	−1.00	3.00	金物不要	OK	4(ち)	OK
		7	0	×	×	2.50×0.5+2.50×0.5−1.6	0.90	0.00×0.5+0.00×0.5−1.6	−1.60	0.90	V(は)	OK	V(は)	OK
		9	0	×	×	2.50×0.5+0.00×0.5−1.6	−0.35	0.00×0.5+0.00×0.5−1.6	−1.60	−0.35	□(い)	OK	□(い)	OK
		10	0	×	×	0.00×0.5+2.50×0.5−1.6	−0.35	0.00×0.5+0.00×0.5−1.6	−1.60	−0.35	L(ろ)	OK	L(ろ)	OK
		11	0	○	○	2.50×0.8+2.50×0.8−1.0	3.00	(4.50−0.50)×0.8+0.00×0.8−1.0	2.20	3.00	4(ち)	OK	4(ち)	OK
		12.4	0	○	−	0.00×0.8−0.4	−0.40	0.00×0.8−0.4	−0.40	−0.40	□(い)	OK	□(い)	OK
		10	1	−	×	0.00×0.5−1.6	−1.60	0.00×0.5−1.6	−1.60	−1.60	□(い)	OK	□(い)	OK
		11	1	−	×	0.00×0.5−1.6	−1.60	(4.50+0.50)×0.5−1.6	0.90	0.90	V(は)	OK	V(は)	OK
		0	2	○	○	(4.50−0.50)×0.8+2.50×0.8−1.0	4.20	(4.50−0.50)×0.8+2.50×0.8−1.0	4.20	4.20	5(り)	OK	5(り)	OK
		1	2	×	×	(4.50+0.50)×0.5+2.50×0.5−1.6	2.15	0.00×0.5+0.00×0.5−1.6	−1.60	2.15	3(と)	OK	3(と)	OK
		3	2	×	×	0.00×0.5+0.00×0.5−1.6	−1.60	0.00×0.5+0.00×0.5−1.6	−1.60	−1.60	□(い)	OK	□(い)	OK
		3.5	2	×	×	0.00×0.5+0.00×0.5−1.6	−1.60	0.00×0.5+0.00×0.5−1.6	−1.60	−1.60	□(い)	OK	□(い)	OK
		5.5	2	×	×	0.00×0.5+0.00×0.5−1.6	−1.60	0.00×0.5+0.00×0.5−1.6	−1.60	−1.60	□(い)	OK	□(い)	OK
		6	2	×	×	0.00×0.5+0.00×0.5−1.6	−1.60	0.00×0.5+(2.00+0.50)×0.5−1.6	−0.35	−0.35	L(ろ)	OK	L(ろ)	OK
		0	3	×	×	0.00×0.5+0.00×0.5−1.6	−1.60	(4.50+0.50)×0.5+2.50×0.5−1.6	2.15	2.15	3(と)	OK	3(と)	OK
		6	3	×	×	0.00×0.5+0.00×0.5−1.6	−1.60	0.00×0.5+(2.00−0.50)×0.5−1.6	−0.85	−0.85	L(ろ)	OK	L(ろ)	OK
		7	3	−	×	0.00×0.5−1.6	−1.60	0.00×0.5−1.6	−1.60	−1.60	□(い)	OK	□(い)	OK
		9	3	×	×	(2.00+0.50)×0.5+(2.00−0.50)×0.5−1.6	0.40	0.00×0.5+0.00×0.5−1.6	−1.60	0.40	L(ろ)	OK	L(ろ)	OK
		10	3	×	×	(2.00−0.50)×0.5+(2.00+0.50)×0.5−1.6	0.40	0.00×0.5+0.00×0.5−1.6	−1.60	0.40	L(ろ)	OK	L(ろ)	OK
		10.5	3	×	×	0.00×0.5+0.00×0.5−1.6	−1.60	0.00×0.5+0.00×0.5−1.6	−1.60	−1.60	□(い)	OK	□(い)	OK
		11	3	○	○	0.00×0.8+0.00×0.8−1.0	−1.00	0.00×0.8+0.00×0.8−1.0	−1.00	−1.00	□(い)	OK	□(い)	OK
		12.4	3	○	−	0.00×0.8−0.4	−0.40	0.00×0.8−0.4	−0.40	−0.40	□(い)	OK	□(い)	OK
		6	4	−	×	0.00×0.5−1.6	−1.60	4.00×0.5−1.6	0.40	0.40	L(ろ)	OK	L(ろ)	OK
		6.7	4	−	×	0.00×0.5−1.6	−1.60	0.00×0.5−1.6	−1.60	−1.60	□(い)	OK	□(い)	OK
		10.5	4.5	−	×	0.00×0.5−1.6	−1.60	0.00×0.5−1.6	−1.60	−1.60	□(い)	OK	□(い)	OK
		0	5	×	×	0.00×0.5+0.00×0.5−1.6	−1.60	(4.50+0.50)×0.5+2.50×0.5−1.6	2.15	2.15	3(と)	OK	3(と)	OK
		6	5	×	×	0.00×0.5+(2.00+0.50)×0.5−1.6	−0.35	0.00×0.5+(2.00−0.50)×0.5−1.6	−0.85	−0.35	L(ろ)	OK	L(ろ)	OK
		6.7	5	−	×	0.00×0.5+0.32−1.6	−1.28	0.00×0.5−1.6	−1.60	−1.28	□(い)	OK	□(い)	OK
						[X8Y5] (2.00−0.50)×0.5×0.91/2.13	0.32							
		9	5	−	×	(2.00−0.50)×0.5+0.43−1.6	−0.42	0.00×0.5−1.6	−1.60	−0.42	□(い)	OK	□(い)	OK
						[X8Y5] (2.00−0.50)×0.5×1.22/2.13	0.43							
		10	5	−	×	(2.00+0.50)×0.5−1.6	−0.35	0.00×0.5−1.6	−1.60	−0.35	□(い)	OK	□(い)	OK
		10.5	5	×	×	0.00×0.5+0.00×0.5−1.6	−1.60	0.00×0.5+0.00×0.5−1.6	−1.60	−1.60	□(い)	OK	□(い)	OK
		11	5	○	○	0.00×0.8+0.00×0.8−1.0	−1.00	(4.50−0.50)×0.8+(4.50+0.50)×0.8−1.0	6.20	6.20	B(わ)	OK	B(わ)	OK
		0	6	×	×	0.00×0.5+0.00×0.5−1.6	−1.60	(2.00−0.50)×0.5+0.00×0.5−1.6	−0.85	−0.85	□(い)	OK	□(い)	OK
		0.5	6	−	×	0.00×0.5−1.6	−1.60	0.00×0.5−1.6	−1.60	−1.60	□(い)	OK	□(い)	OK
		2	6	×	×	4.00×0.5+0.00×0.5−1.6	0.40	0.00×0.5+0.00×0.5−1.6	−1.60	0.40	L(ろ)	OK	L(ろ)	OK
		3	6	×	×	4.00×0.5+0.00×0.5−1.6	0.40	0.00×0.5+0.00×0.5−1.6	−1.60	0.40	L(ろ)	OK	L(ろ)	OK
		6	6	×	×	0.00×0.5+0.00×0.5−1.6	−1.60	4.00×0.5+(2.00+0.50)×0.5−1.6	1.65	1.65	2(へ)	OK	2(へ)	OK
		6.7	6	−	×	0.00×0.5−1.6	−1.60	0.00×0.5−1.6	−1.60	−1.60	□(い)	OK	□(い)	OK
		9	6	−	×	0.00×0.5−1.6	−1.60	0.00×0.5−1.6	−1.60	−1.60	□(い)	OK	□(い)	OK
		11	6	×	×	0.00×0.5+0.00×0.5−1.6	−1.60	(2.00+0.50)×0.5+(4.50−0.50)×0.5−1.6	1.65	1.65	2(へ)	OK	2(へ)	OK
		12.4	6	○	−	0.00×0.8−0.4	−0.40	0.00×0.8−0.4	−0.40	−0.40	□(い)	OK	□(い)	OK
		3	6.5	−	×	0.00×0.5−1.6	−1.60	0.00×0.5−1.6	−1.60	−1.60	□(い)	OK	□(い)	OK
		0	7	×	×	0.00×0.5+0.00×0.5−1.6	−1.60	2.50×0.5+0.00×0.5−1.6	−0.35	−0.35	□(い)	OK	□(い)	OK
		4	7	−	×	(2.00+0.50)×0.5−1.6	−0.35	(2.00+0.50)×0.5−1.6	−0.35	−0.35	□(い)	OK	□(い)	OK
		5	7	×	×	0.00×0.5+0.00×0.5−1.6	−1.60	0.00×0.5+(2.00−0.50)×0.5+1.25−1.6	0.40	0.40	L(ろ)	OK	L(ろ)	OK
								[X5Y6] (2.00+0.50)×0.5	1.25					
		6	7	×	×	(2.00+0.50)×0.5+0.00×0.5−1.6	−0.35	0.00×0.5+0.00×0.5−1.6	−1.60	−0.35	□(い)	OK	□(い)	OK
		8	7	−	×	0.00×0.5−1.6	−1.60	0.00×0.5+2.00−1.6	0.40	0.40	L(ろ)	OK	L(ろ)	OK
								[X8Y3] (2.00+0.50)×0.5	1.25					
								[X8Y5] (2.00−0.50)×0.5	0.75					
		9	7	×	×	0.00×0.5+0.00×0.5−1.6	−1.60	(2.00+0.50)×0.5+0.00×0.5−1.6	−0.35	−0.35	□(い)	OK	□(い)	OK
		10	7	×	×	0.00×0.5+0.00×0.5−1.6	−1.60	0.00×0.5+0.00×0.5−1.6	−1.60	−1.60	□(い)	OK	□(い)	OK
		11	7	×	×	0.00×0.5+0.00×0.5−1.6	−1.60	2.50×0.5+(4.50−0.50)×0.5−1.6	1.65	1.65	2(へ)	OK	2(へ)	OK
	○	0	8	○	×	0.00×0.5+2.50×0.8+0.75−1.6	1.15	(4.50+0.50)×0.5+2.50×0.8−1.6	2.90	2.90	金物不要	OK	4(ち)	OK
						[X1Y8] 2.50×0.5×1.365/2.275	0.75							
		2.5	8	−	×	0.00×0.5+1.33−1.6	−0.27	0.00×0.5−1.6	−1.60	−0.27	□(い)	OK	□(い)	OK
						[X1Y8] 2.50×0.5×0.91/2.275	0.50							
						[X3Y8] 2.50×0.5×0.91/1.365	0.83							
		4	8	×	×	0.00×0.5+0.00×0.5+1.36−1.6	−0.24	0.00×0.5+0.00×0.5−1.6	−1.60	−0.24	□(い)	OK	□(い)	OK
						[X3Y8] 2.50×0.5×0.455/1.365	0.42							
						[X4.5Y8] 2.50×0.5×1.365/1.82	0.94							
		6	8	×	×	0.00×0.5+0.00×0.5+0.31−1.6	−1.29	0.00×0.5+0.00×0.5−1.6	−1.60	−1.29	□(い)	OK	□(い)	OK
						[X4.5Y8] 2.50×0.5×0.455/1.82	0.31							
		8	8	×	×	0.00×0.5+2.50×0.5−1.6	−0.35	0.00×0.5+0.00×0.5−1.6	−1.60	−0.35	L(ろ)	OK	L(ろ)	OK
		9	8	×	×	0.00×0.5+2.50×0.5+0.63−1.6	0.28	0.00×0.5+0.00×0.5−1.6	−1.60	0.28	L(ろ)	OK	L(ろ)	OK
						[X10Y8] 2.50×0.5×0.91/1.82	0.63							
	○	11	8	○	×	0.00×0.5+2.50×0.8+0.63−1.6	1.03	(4.50+0.50)×0.5+(4.50+0.50)×0.8−1.6	4.90	4.90	金物不要	OK	32(ぬ)	OK
						[X10Y8] 2.50×0.5×0.91/1.82	0.63							
		0	9	○	−	2.50×0.8−0.4	1.60	(4.50−0.50)×0.8−0.4	2.80	2.80	3(と)	OK	3(と)	OK
		1	9	×	−	2.50×0.5−0.6	0.65	0.00×0.5−0.6	−0.60	0.65	L(ろ)	OK	L(ろ)	OK
		2	9	×	−	2.50×0.5−0.6	0.65	0.00×0.5−0.6	−0.60	0.65	L(ろ)	OK	L(ろ)	OK
		3	9	×	−	2.50×0.5−0.6	0.65	0.00×0.5−0.6	−0.60	0.65	L(ろ)	OK	L(ろ)	OK
		4	9	×	−	2.50×0.5−0.6	0.65	(2.00+0.50)×0.5−0.6	0.65	0.65	L(ろ)	OK	L(ろ)	OK
		5	9	×	−	2.50×0.5−0.6	0.65	0.00×0.5−0.6	−0.60	0.65	L(ろ)	OK	L(ろ)	OK
		6	9	×	−	0.00×0.5−0.6	−0.60	0.00×0.5−0.6	−0.60	−0.60	□(い)	OK	□(い)	OK
		7	9	×	−	2.50×0.5−0.6	0.65	0.00×0.5−0.6	−0.60	0.65	L(ろ)	OK	L(ろ)	OK
		8	9	×	−	0.00×0.5−0.6	−0.60	0.00×0.5−0.6	−0.60	−0.60	□(い)	OK	□(い)	OK
		9	9	×	−	2.50×0.5−0.6	0.65	(2.00+0.50)×0.5−0.6	0.65	0.65	L(ろ)	OK	L(ろ)	OK
		10	9	×	−	2.50×0.5−0.6	0.65	0.00×0.5−0.6	−0.60	0.65	L(ろ)	OK	L(ろ)	OK
		11	9	○	−	2.50×0.8−0.4	1.60	(4.50−0.50)×0.8−0.4	2.80	2.80	3(と)	OK	3(と)	OK

7章

建築環境・設備設計

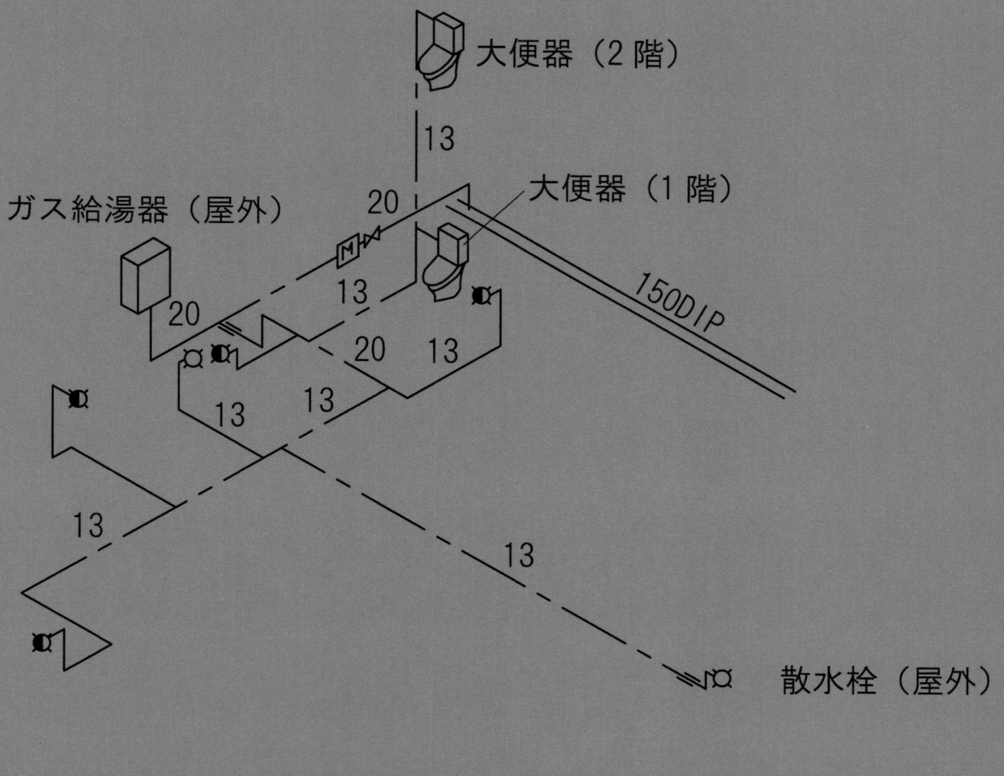

7章　建築環境設計

概要

7章では、「7.1 建築環境設計」で住環境への建築的な対応手法について説明し、「7.2 建築設備設計」で戸建住宅の建築設備設計手法について説明する。

住宅の建築環境設計としては、音・光・温熱・空気環境を対象とするが、本テキストでは、温熱環境と空気環境に範囲を絞って、考慮すべきポイントを示す。エネルギー消費量と快適性を考慮すると、建築環境設計では、住宅の断熱性能・気密性能・日射遮蔽性能などに注意すべきである。特に温熱環境に関して、建築的に対応できる要素について、設計条件を満足するための方法を考える。

建築設備設計のテキストは数多く市販されているが、それらの対象は主としてオフィスビルのように大規模な建築であることから、特に戸建住宅の設備設計をする場合に、それらのテキストを参照するだけでは、選択肢が多すぎて設計にとまどう場合が多い。そこで、本テキストでは、対象を木造2階建の戸建住宅に限定して、設備設計の考え方を説明しながら、簡便な設計方法を解説する。

建築設備は、給排水・衛生設備、空気調和・換気設備、電気設備、消火設備、昇降機設備などから構成されたシステムで、建築物の様々な機能を支えるために重要な設備である。

戸建住宅の給排水・衛生設備では、給水設備、給湯設備、排水設備、都市ガス設備、衛生器具設備に分けて構成し、空気調和・換気設備では、換気設備と空気調和設備に分けて説明し、その他の設備を電気設備に含めて扱う。

7.1 建築環境設計

7.1.1 温熱環境

1 断熱性能（外壁・開口部）

建築における省エネルギーと温熱環境の確保は、建築環境設計において最大の関心事である。戸建住宅においても同様である。

戸建住宅におけるエネルギー消費量は、給湯と暖房によるものが多くを占める。関東地方の戸建住宅の年間エネルギー消費量の全体に占める比率は、給湯が 35%程度、暖房が 20% 程度である。寒冷地ほど、冬季の外気温度が低いことから暖房のエネルギー消費量が大きくなり、北海道では年間エネルギー消費量の 50% 程度を占めることになる。そのため、戸建て住宅の省エネルギーとしては、暖房のエネルギー消費を削減することがもっとも重要になる。暖房の省エネルギー性能を向上させるには、熱損失（暖房負荷）を低減するために建物の断熱性能と気密性能を高めた高断熱高気密住宅が求められる。断熱性能を高めるということは、外皮（外壁・開口部）の熱貫流率を小さくすることである。熱貫流率 U[W/m^2K] とは、室内外温度差 1K 当たり、外皮面積 1m^2 当たりの貫流熱量 [W] を示す。特に、暖房期は室内外温度差が大きいので、断熱性能を高めることによって、熱貫流率を小さくして、熱損失を小さくすることができる。また、開口部からの日射が得られる場合は、日射熱を構造体に蓄熱して夜間に放熱を行うパッシブ・ソーラー（受動的な太陽熱利用）の効果が得られる。戸建住宅では冷房に要するエネルギー消費量は暖房と比較して小さいが、同様に断熱性能を向上させて、日射による熱取得を小さくすることで冷房時のエネルギー消費量を抑制することができる。

また、室内温熱環境を改善することによって、冬季に多い循環器系疾患の発生を抑制できる。脳卒中などの循環器系疾患は、冬季に浴室やトイレなどの低温になりやすい場所で急激な血圧変動によって発生することが多いが、住宅の断熱性能と気密性能を向上させることで、住宅内部の温度分布が小さくなり、室内の温熱環境が改善される。それにより、冬季の外気温度低下による健康への影響が緩和される。断熱性能が向上すると、外気温度が低い冬季に室内表面温度の低下が抑制できるので、結露の発生を防止する効果がある。

平成 28 年省エネルギー基準では、外皮平均熱貫流率と冷房期の平均日射熱取得率で外皮性能が規定される。

(i) 外皮平均熱貫流率：U_A

外皮平均熱貫流率 U_A は、図 7.1 に示すように、住宅の室内外温度差 1K 当たりの損失熱量 q[W/K] の合計を外皮面積の合計 ΣA[m^2] で平均したものである。すなわち、外皮の熱貫流率の平均値を示すことになる。外皮とは、外壁・窓・屋根など、外気に接する建物の部分を示す。この値が小さいほど、省エネルギー性能（断熱性能）が高いことを意味する。ここでは隙間風による熱損失（気密性能）は含まない。

表 7.1 に平成 28 年省エネルギー基準の外皮平均熱貫流率の基準値を地域区分ごとに示す。

地域区分は、寒冷地の北海道から温暖地の沖縄まで、日本全国を暖房の必要な程度で地域ごとに規定した区分である。

$$外皮平均熱貫流率\ U_A[W/(m^2K)] = 外皮熱損失量\ q[W/K]\ の合計／外皮等面積の合計\ \Sigma A[m^2]$$

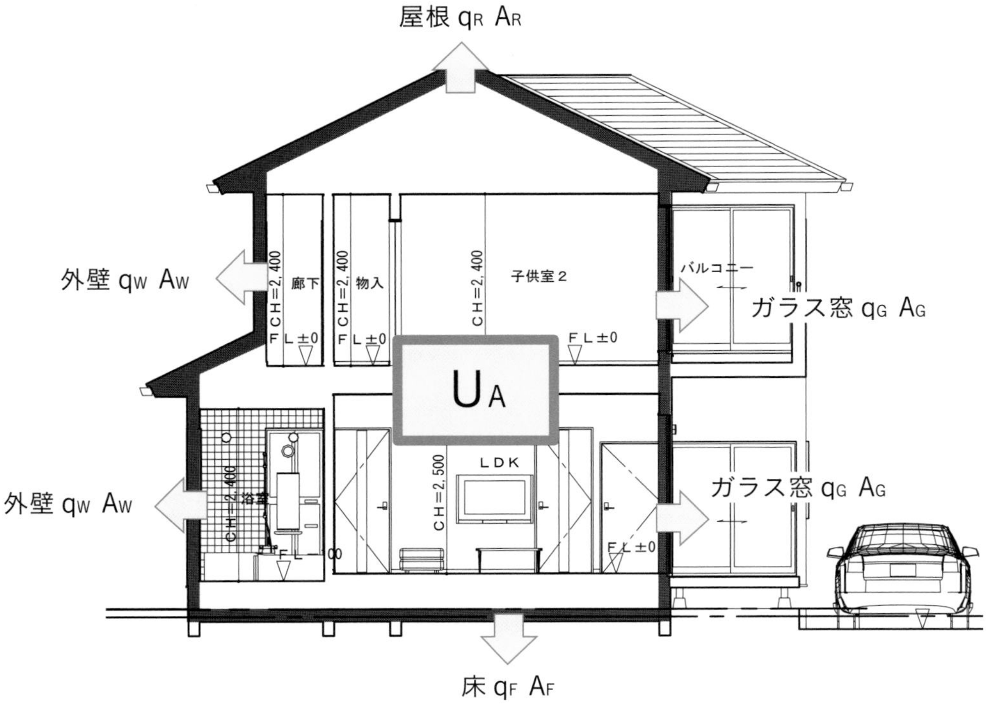

図 7.1　外皮平均熱貫流率

■表 7.1　平成 28 年省エネルギー基準の外皮平均熱貫流率の基準値

地域区分	1	2	3	4	5	6	7	8
外皮平均熱貫流率の基準値 U_A[W/(m²K)]	0.46	0.46	0.56	0.75	0.87	0.87	0.87	−

<table>
<tr><th>地域区分</th><th>主な該当都道府県</th></tr>
<tr><td>1</td><td rowspan="2">北海道</td></tr>
<tr><td>2</td></tr>
<tr><td>3</td><td>青森県、岩手県、秋田県</td></tr>
<tr><td>4</td><td>宮城県、山形県、福島県、栃木県、新潟県、長野県</td></tr>
<tr><td>5</td><td rowspan="2">茨城県、群馬県、埼玉県、千葉県、東京都、神奈川県、富山県、石川県、福井県、山梨県、岐阜県、静岡県、愛知県、三重県、滋賀県、京都府、大阪府、兵庫県、奈良県、和歌山県、鳥取県、島根県、岡山県、広島県、山口県、徳島県、香川県、愛媛県、高知県、福岡県、佐賀県、長崎県、熊本県、大分県</td></tr>
<tr><td>6</td></tr>
<tr><td>7</td><td>宮崎県、鹿児島県</td></tr>
<tr><td>8</td><td>沖縄県</td></tr>
</table>

(ii) 冷房期の平均日射熱取得率

冷房期における熱取得（冷房負荷）は、室内外温度差による貫流熱量より、日射による熱取得の方が大きい。そのため、冷房期の平均日射熱取得率 η_{AC} は、窓（透明外壁）とほかの外壁（不透明外壁）から日射の影響で侵入する熱量を評価した指標として採用されている。

$$\eta_{AC} = \frac{m_C}{\sum A_j} \times 100[\%] \qquad (7.1)$$

m_C：冷房期の日射熱取得量 [W/(W/m²)]
$\sum A_j$：外皮の部位の面積の合計 [m²]

冷房期の平均日射熱取得率 η_{AC} は、次の手順で求める。

STEP 1　外皮の各部位の面積 A_j[m²] を拾う

STEP 2　各部位の日射熱取得率 η [-] を求める

① **不透明外壁**　熱貫流率 U [W/(m²K)] に 0.034 を乗じる。

② **窓（透明外壁）**　JIS による値およびガラスの仕様に応じて定める値。

STEP 3-1　窓の取得日射量補正係数 f_C[-] を求める

STEP 3-2　方位係数 ν_C[-] を選ぶ

STEP 4　冷房期の平均日射熱取得率 η_{AC} を求める
部位毎に $A \times \eta \times \nu_C$ を求め、
それらを合計したものが m_C
m_C を $\sum A_j$ で割った百分率が η_{AC}

以下にテキストのモデル住宅を対象とした外皮平均熱貫流率の計算例を示す。

■表 7.2　外皮平均熱貫流率　計算例

部位		面積 A		熱損失量			
		[m²]	土間周長 [m]	熱貫流率 U[W/(m²・K)]	線熱貫流率 Ψ [W/(m・K)]	温度差係数 H[−]	貫流熱損失 [W/K]
天井（2 階）		59.62		0.23		1.0	13.71
天井（1 階）		11.60		0.23		1.0	2.67
外壁		151.35		0.44		1.0	66.59
開口部	ドア	4.08		2.66		1.0	10.85
	窓	39.05		2.66		1.0	103.87
		3.25		2.66		1.0	11.70
床	床下	67.91		0.48		0.7	22.82
基礎（玄関）		3.31					
基礎（玄関）	外気		1.82		0.44	1.0	0.80
	床下		5.46		0.67	0.7	2.56
合計		外皮の部位の面積合計 ΣA=343.48		▲ STEP2		▲ STEP3	外皮熱損失量 q=232.52
		▲ STEP1					▲ STEP4

したがって、以下の式のようになる。

外皮平均熱貫流率 U_A[W/(m²K)] = 外皮熱損失量 q[W/K] ／外皮の部位の面積の合計 ΣA[m²]
=232.52／343.48
=0.677 → 0.68（小数点第3位を切り上げ）

外皮平均熱貫流率 U_A=0.68[W/(m²K)] として、表7.2の基準の適否判定を行う。地域区分5,6,7は U_A を 0.87[W/(m²K)] 以下としているので、この地域区分に建つ住宅であれば「適合」ということになる。

以上の詳細および冷房期の平均日射熱取得率 η_{AC} の算出方法については、参考文献1）を参照のこと。熱貫流率（天井・外壁・基礎）と線熱貫流率は参考文献の値を使用した。窓はペアガラスとして、U=2.66W/(m²K) とした。

2　結露対策

壁体や窓ガラスなどの表面で結露が発生することを**表面結露**といい、壁体内部で結露が生じることを**内部結露**という。内部結露においても、壁体内部の材料の表面で結露が発生することに変わりはない。結露が発生すると、カビなどが繁殖しやすくなるので、室内空気の微生物汚染を起こし、室内空気質を悪化させる原因となる。そのため、結露の発生を防止する必要がある。

水蒸気を含む空気を湿り空気という。湿り空気＝乾き空気＋水蒸気として、湿り空気を2成分系の気体として取り扱う。乾き空気は、水蒸気を含まない窒素78%、酸素20.9%などの組成の空気である。湿り空気は、温度によって含むことのできる最大水蒸気量が決まっている。最大水蒸気量の湿り空気を飽和空気という。そのため、飽和していない湿り空気が低温の固体表面に接触すると、冷却されて飽和に達して凝縮水を生じる。これが結露である。結露が発生するときの空気の温度を露点温度という。露点温度は、ある状態の湿り空気と同じ水蒸気分圧の飽和空気の温度と定義することもできる。

湿り空気の状態を示すグラフを湿り空気線図という。湿り空気線図では、横軸に乾球温度 t[℃]、縦軸に絶対湿度 x[kg/kg(DA)] または水蒸気分圧［kPa］が示される。DAは乾き空気（Dry Air）の意味である。絶対湿度は、乾き空気1kg当たりの水蒸気の質量xkgをいう。

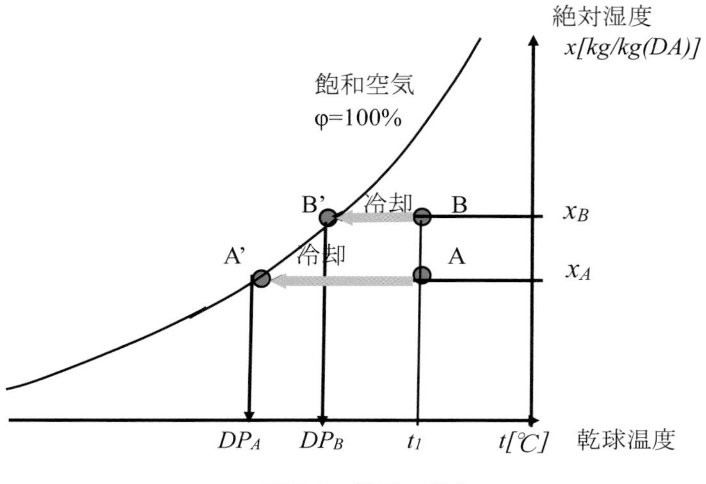

図7.2　結露の発生

すなわち、湿り空気(1+x)kg当たりの水蒸気の質量である。図7.2の湿り空気線図に示すように、ある状態の湿り空気が冷たいものの表面に接触することにより、露点温度以下に冷却されて、飽和（これ以上水蒸気を含むことができないこと）に達することから、結露が発生する。たとえば、乾球温度t1[℃]の湿り空気Aを冷却すると、A’で飽和空気になり、それ以上冷却すると、結露を発生する。飽和空気A’の温度DPAを湿り空気Aの露点温度という。ところが、同じ乾球温度t1[℃]で絶対湿度がAより大きい湿り空気Bを冷却すると、B’で飽和空気になり、DPBが湿り空気Bの露点温度になる。すなわち、同じ乾球温度の空気でも絶対湿度が高い方が露点温度は高く、結露が発生しやすいことになる。

結露が発生する条件は、以下のとおりである。

① 断熱性能が悪いため、外気温度が低い冬期に壁体などの室内側表面温度が低くなる。特に、北側の押入内部や隅角部で表面温度が低くなりやすいので、結露が発生しやすい。

② 換気が不十分なため、炊事・入浴などで発生した大量の水蒸気が室外へ排気されにくい。あるいは、発生した水蒸気がほかの室へ移動する。

③ 壁体の透湿により、室内外の水蒸気が壁体内部で飽和水蒸気圧を超えて、結露を生じる。

したがって、以上の対策としては、

① 外壁の断熱性能を向上させて、室内側外壁表面温度を室温に近づける。

② 適切な換気を行い、キッチンや浴室などで発生した水蒸気を換気扇などにより速やかに排気する。

③ 壁体の防露処理を行い、透湿抵抗（水蒸気が壁体を通り抜けるときの抵抗）を大きくする。

という方法が挙げられる。

3 通風

通風とは、自然換気による気流感によって夏季の温熱感を改善することである。換気の目的は、室内空気質を改善することであるが、通風は自然換気の原理を利用して、夏季の温熱環境を改善する目的で行われる。ケッペンの気候区分*1では、日本の大部分は「温暖湿潤気候」に分類される。夏は蒸し暑く、冬は寒い。ただ「暑い」のではなく、「蒸し暑い」のである。そのため、夏季の蒸し暑さにより在室者の皮膚表面が発汗で濡れている状態で、適切な気流が当たると、水分蒸発が促進されて、気化熱が奪われ、涼しく感じられる。逆に、気流がないと、水分蒸発が少なくて、気化熱が奪われないので蒸し蒸しして不快に感じられる。そのため、エアコンを使用せずに夏季の温熱環境を改善するためには、通風が有効である。

戸建住宅では、通風を確保するために、夏季の卓越風向*2（南北面）に大きい開口部を設けることが必要である。それによって、住戸の南北面に室内外圧力差が生じて、通風が確保できる。伝統的な日本の民家の平面配置も、南北に大きな開口部を設けて、夏季の卓越風（南風）による通風を考慮したものになっている。室内に風が通り抜けるルートをつくることを通風輪道という。通風輪道を確保することで、室内全体に適切な通風経路を生じて、効果的な通風が得られることになる。

1 ケッペンの気候区分では、赤道に近い地域から、熱帯、乾燥帯、温帯、冷帯、寒帯に区分されている。日本は、温帯の内の温暖湿潤気候（Cfa）に分類されている。

2 卓越風向とは、その季節にもっとも高い頻度で吹く風の方向をいう。たとえば、東京の2月の卓越風向は北北西であり、8月の卓越風向は南である。

7.1.2 空気環境

1 気密性能

従来、日本の伝統的な住宅については、夏季の蒸し暑さに対応するために風通しのよい条件を考慮してきたため、結果として隙間風の存在を是認してきた。しかし、住宅の省エネルギー性能を追求するときに、断熱性能だけでなく、気密性能も重要になる。住宅の気密性能は、隙間風による暖房期の熱損失または冷房期の熱取得を小さくするうえで不可欠である。また、特に冬期において、隙間風は室内温度分布を大きくすることから、温熱環境に悪影響を与える。気密性能を特にチェックすべき箇所は、開口部（サッシ回り）、配管の隙間、断熱材の隙間などである。

建物全体の気密性能を求めるためには、建物の天井、床および外壁を一つの外周部と見なし、送風機で給気することによって建物内部を加圧するか、あるいは排気することによって減圧して、一定の内外圧力差になったときの送風量を求める方法を採用する。室内を一定の圧力差に加圧する方法を**加圧法**、減圧する方法を**減圧法**という。図 7.3 に加圧法の例を示す。

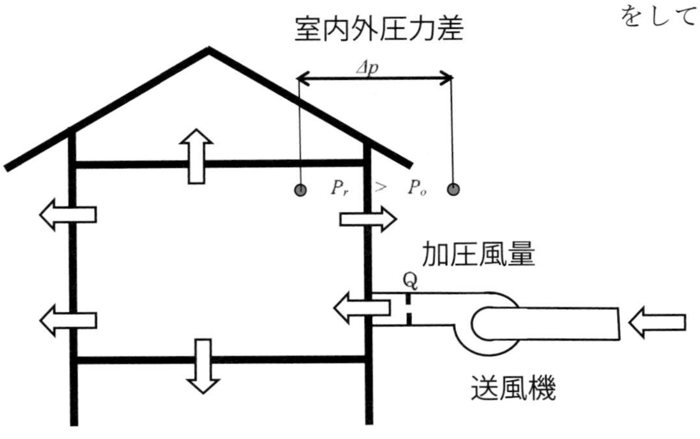

図 7.3　**加圧法による気密性能測定**

加圧法または減圧法により、室内外の圧力差を Δp=9.8Pa としたときのダクト通過風量 Q_0[m³/h] を求めると、その建物の**総相当開口面積** αA[cm²] が算出できる。総相当開口面積は、室または建物全体の隙間面積の総和に相当するものという意味で、建物の気密性能を評価する役に立つ。ところが、これは建物が大きいほど大きくなるので、建物の単位延床面積で基準化して評価する必要がある。そこで、総相当開口面積 αA[cm²] を延床面積 S[m²] で除すると、

$$C = \frac{\alpha A}{S} = \frac{0.7Q_0}{S}\ [\mathrm{cm^2/m^2}] \tag{7.2}$$

これを**相当隙間面積（C 値）**という。これは、建物の延床面積 1m² 当たりの相当開口面積 [cm²] という意味である。「0.7」は単位の換算による定数である。

次世代省エネルギー基準（1999 年）では、以上の相当隙間面積（C 値）が規定されていて、寒冷地では 2cm²/m² 以下、それ以外の地域では 5cm²/m² 以下と規定されていたが、2013 年の改正では気密性能の基準は外れることになった。しかし、参照値としては有効なので、説明をしておく。

2 換気計画

室内空気質を維持するために、室内で発生する空気汚染物質を意図的に排気して、外気を導入することを換気という。住宅では、キッチンから調理で発生する水蒸気、油煙、燃焼排ガスを排気し、トイレから臭気を排気し、浴室や洗面・脱衣室から水蒸気を排気する必要がある。また、内装材料などから発生する揮発性有機化合物によるシックハウス対策として、建築基準法で住宅の機械換気（建物全体で0.5回/h以上）が義務づけられている。

気密性能の高い住宅では、隙間風が非常に少なく、換気経路が明確で、外気の流入経路と排気経路が把握されている。換気には、自然に発生する室内外圧力差による自然換気と換気扇や送風機を使用して人工的に圧力差を発生させる機械換気（強制換気）がある。また、機械換気には、第1種機械換気（強制給気・強制排気）、第2種機械換気（強制給気・自然排気）、第3種機械換気（自然給気・強制排気）がある。一般の住宅では、トイレ、洗面・脱衣室、浴室、キッチンなどで強制排気を行い、壁面の通気口などから自然給気を行う第3種機械換気を用いることが多い。強制排気される風量だけ、どこかから給気される必要があるので、通気口など外気の流入経路を確保しなくてはならない。

7.2 建築設備設計

7.2.1 給水設備

1　給水の基礎

給水設備とは、水道事業者（主として地方公共団体が経営主体）が供給する水道を敷地内に引き込み、給水使用箇所まで配管で接続するまでの設備をいう。直結給水の場合、これを給水装置という。

水道法第 3 条で、水道とは水道事業者が飲用に適する水を供給する施設全体をいう。水道施設の基本構成は、図 7.4 のように示される。河川や湖沼などの水源池から取水した原水を貯水・導水して浄水施設に導く。原水に沈殿・濾過・殺菌を行い、送水施設・配水施設を経て、需要家へ給水を行う。現在は、浄水処理方法として、一般に急速ろ過方式が用いられている。水道の水質は飲用に適したものでなくてはならない。そのため、水道法第 4 条および厚生労働省令で、塩素殺菌を施したうえで、51 項目の水質基準を満たすものと規定されている。

水道事業者が設置する水道本管を配水管という。配水管は、一般に公道に埋設されている。配水管から分岐して、給水管を敷地内埋設配管で各住戸へ引き込む。配水管の水圧は 300 ～ 500kPa[*3] 程度であり、直結直圧方式では配水管の給水圧力を利用して 2 ～ 3 階程度の水使用箇所に給水を行う。引き込んだ給水管には、水道料金の課金のために水道事業者が設置する量水器（水道メーター）と止水栓が取りつけら

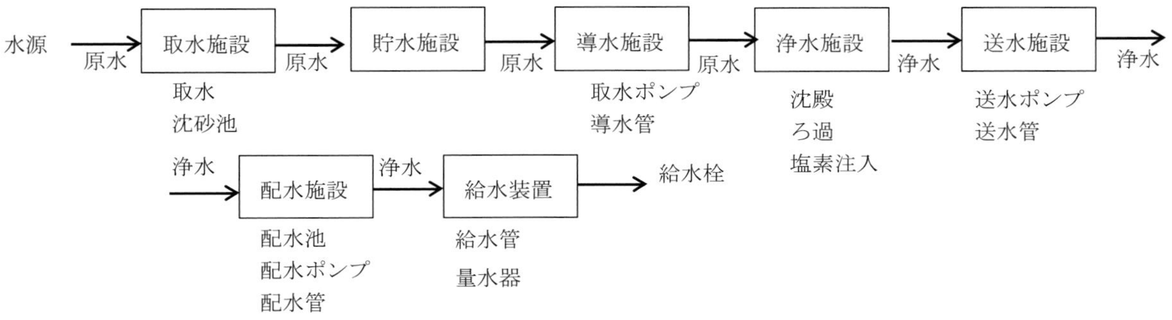

図 7.4　**水道施設の基本構成**

3　水の密度は $\rho=1000\mathrm{kg/m^3}$ なので、水深 1m に相当する圧力（水頭圧）は、重力加速度を $g=9.8\mathrm{m/s^2}$ とすると、$p=\rho gh=1000\times9.8\times1=9800\mathrm{Pa}=10\mathrm{kPa}$ となる。逆に、1m 高くなると、給水圧は 10kPa 低くなる。

れる。

飲料水の給水・給湯系統とその他の系統が、配管・装置により直接接続されることを**クロスコネクション**といい、飲料水が汚染される危険性があるので、これを避けなくてはならない。

日本の住宅では、1日1人当たりおよそ300Lの水を使用する。飲料水としては3L以下に過ぎないが、トイレの便器の洗浄用、入浴、炊事、食器の洗浄、洗濯、散水、洗車、潅水などに給水が使用される。生活水準の向上とともに水使用量は増加傾向を示していたが、節水型便器の普及と食器洗浄機による節水効果により、最近の水使用量は減少傾向を見せている。

2 給水方式

給水使用箇所には、水栓やシャワーなどの衛生器具があり、それらが適切に作動するための最低水圧が規定されている。たとえば、浴室で使用するシャワーヘッドにかかる水圧が低すぎると、水が勢いよく出ないので、シャワーの役目を果たさない。配水管では、300～500kPaの給水圧を有しているが、配管の摩擦による圧力損失、量水器・弁・継手などのよる局所圧力損失、高所へ給水するときの位置エネルギーによる圧力損失が発生するので、配管の末端に行くほど、上階へ行くほど、給水圧は低下する。配管の圧力損失は、10mで3kPa程度、位置エネルギーによる圧力損失は高さ1mについて約10kPaである。そのため、図7.5に示すような圧力線図になる。

給水管の末端部で必要水圧を確保するために、建築物の形式に応じた給水方式がいくつかある。給水方式には、図7.6に示すように、直結直圧方式、直結増圧方式、受水槽高置水槽方式などがあるが、各給水方式の特徴は、以下の通りである。

①水道直結直圧方式

配水管の給水圧力（300～500kPa）によって、給水の使用箇所まで配管を引き込んで直接給水する方式である。一般に、2階から3階建ての戸建住宅では、直結直圧方式で給水することが多い。増圧ポンプを使用せず、密閉配管で使用箇所まで給水されるので、エネルギー消費がなく、維持管理もほとんど不要である。一方、高所では給水圧力が不足するので、中層・高層の建物には使用できない。

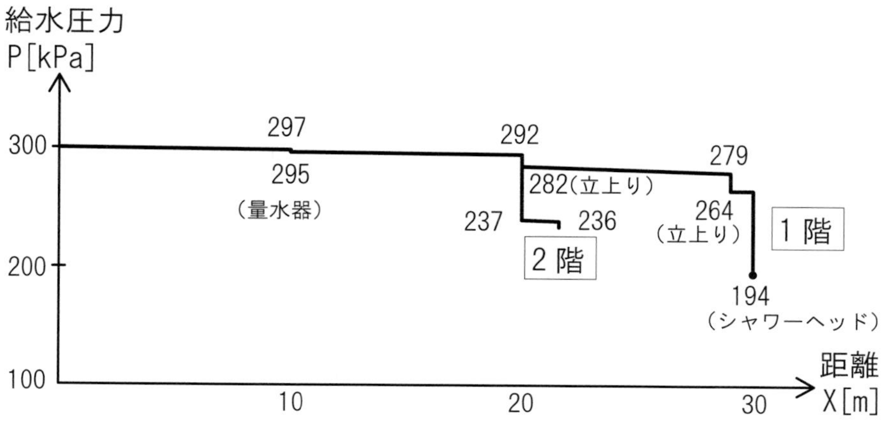

図7.5 **戸建住宅の給水の圧力線図の例**

②水道直結増圧方式

直結給水方式に増圧ポンプを設置することによって、配水管の給水圧力に加圧を行って中層・高層の建物に対応する給水方式である。増圧ポンプは、増圧給水装置の内部に組み込まれていて、上流側に逆流防止装置が設置されている。通常増圧ポンプは並列に2台以上組み込まれていて、自動交互運転*4を行う。ポンプ吐出側給水圧力設定値を維持するように、インバーター回路でポンプの回転数制御を行う。直結増圧方式は、配水管の直圧を利用することができるので、受水槽高置水槽方式と比べると省エネルギーであり、開放水槽を使用しないので、水質が劣化する危険性が小さい。厚生労働省では、中層・高層建物に対して直結増圧方式の採用を推奨している。

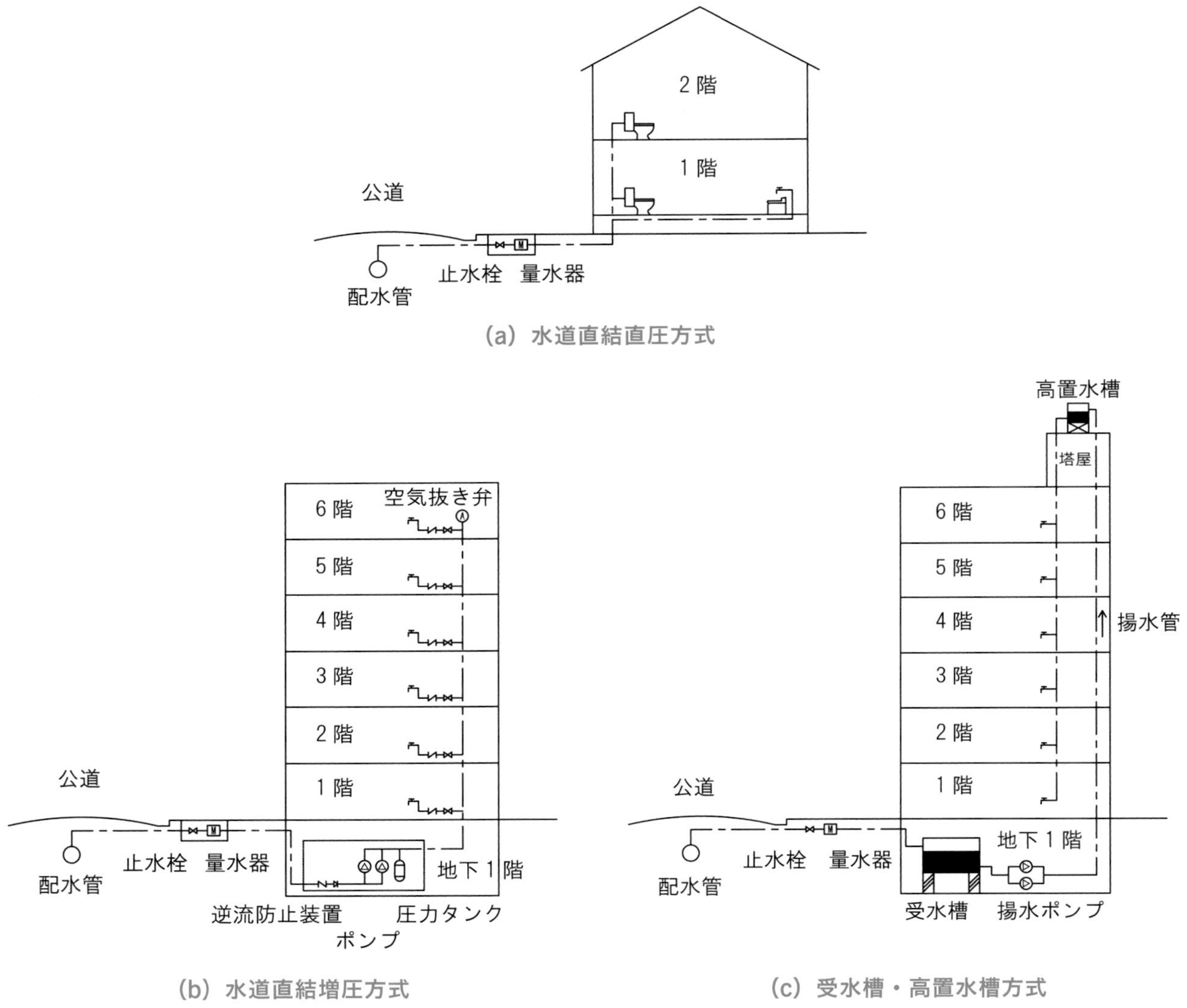

(a) 水道直結直圧方式

(b) 水道直結増圧方式

(c) 受水槽・高置水槽方式

図7.6　**給水方式**

4　複数台のポンプを一定の運転時間ごとに交代で運転することをいう。1台のポンプが故障しても、ほかのポンプが運転できることと、複数台のポンプの劣化の程度がほぼ同一になることを見込んでいる。

③受水槽高置水槽方式

屋外または地下階などに設置する受水槽に一度給水を貯水してから、揚水ポンプで建物の屋上に設置した高置水槽に給水する。高置水槽から、下階に重力式給水を行う。中層・高層の建物に対応する給水方式である。貯水槽容量有効容量の合計が $10m^3$ を超える場合、簡易専用水道に該当するため、水道法で年 1 回の水槽の清掃が義務づけられている。受水槽に一度貯水することから、配水管の給水圧力を建物への給水に利用することができない。また、受水槽と高置水槽という開放水槽を直列に 2 個使用するので、塩素濃度が低下したり、粉じんなどが流入したりすることで水質が劣化するリスクがある。

図 7.7 に給水計画のフローチャートを示す。

まず、平面図のレイアウトを決定し、給水使用箇所（トイレ、洗面所、洗濯機、浴室、キッチン、屋外散水栓など）の位置を決定する。

次に、給水使用箇所で用いる衛生器具の種類と個数を決定する。

そして、給水管の配管ルートを決定する。配水管(水道本管)の公道の埋設位置を確認し、配水管の給水圧力を調査する。給水管の引き込み位置を決定し、止水栓と量水器の位置を決める。給水管の引き込み配管は建屋まで土中埋設で施工されるので、止水栓と量水器を収納するメーターボックスは敷地表面に設置されることが多い。給水管の管材および施工方法を決定する。

次に、アイソメトリック図（立面図）を作成して、配管ルートと衛生器具の位置関係を立体的に把握する。

器具の同時使用率を考慮して、各衛生器具の必要水量から配管の管径*5 を求める。

一般に、建築設備の設計では、予想される最大値から設備容量（給湯機の能力、配管の管径など）を決定する。ただし、経済性を考慮して、給水が同時使用される確率を設定して、同時に使用される最大給水量を算出する。

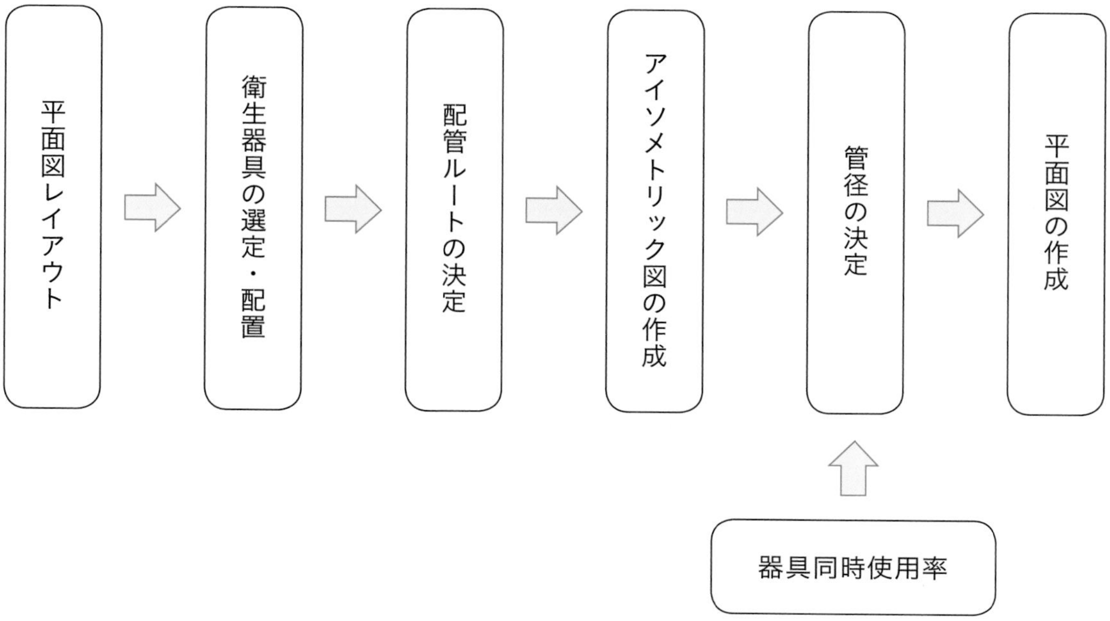

図 7.7　**給水計画フローチャート**

5　配管の管径は、呼び径（内径の呼称数値）で表示され、1 インチ =25mm が基準となっている。この管径の配管を 1B（インチ）または 25A（mm）と呼ぶ。そこで、1/2B=13A、3/4B=20A のように管径を呼び径で示す。

3　給水配管の施工方法

給水配管は公道に埋設された配水管から分岐してから敷地内に引き込み、建屋内までは土中埋設配管で施工する。寒冷地では、凍結深度を考慮して、配管の埋設深さを決定する。基礎を貫通して以降は床下配管とし、給水使用箇所で配管を立ち上げる。量水器は点検時に確認する必要があるので、敷地内でアクセスが容易な位置を選定する。配管ルートは、なるべく単純で最短になるようにし、給湯配管と並行して施工するように計画する。

給水配管は腐食に強いことが求められるので、管材には塩化ビニルライニング鋼管、またはステンレス管、ポリエチレン管などの樹脂管が採用される。写真 7.1 に示すヘッダー・さや管方式では、給水ヘッダーまでは塩化ビニルライニング鋼管、ステンレス管、またはポリエチレン管などの樹脂管を使用して、ヘッダー以降は、各給水使用箇所まで単独で（配管を分岐しないで一本ずつ）架橋ポリエチレン管・ポリブテン管をさや管に納めて配管を行う。さや管の色は、給水は青、給湯は赤と色分けする。給水ヘッダーは、給湯ヘッダーとともにキッチンや洗面脱衣室の床下などの保守管理のしやすい位置に設置する。給水管と給湯管に使用される主な管材を表 7.3 に示す。

写真 7.1
ヘッダーさや管方式　※4 ※10

■表 7.3　給水管・給湯管の主な管材

管種	規格名称	規格	適用管径	説明
樹脂ライニング鋼管	水道用硬質塩化ビニルライニング鋼管	JWWA K116	15A ～ 150A 定尺 5.5m	原管は JIS G3452 配管用炭素鋼鋼管で、内面に硬質塩化ビニル管をライニングしてある。継手には、内面樹脂ライニング鋼管用管端防食継手がある。
	水道用ポリエチレン粉体ライニング鋼管	JWWA K132	15A ～ 100A 定尺 5.5m	原管は JIS G3452 配管用炭素鋼鋼管で、内面にポリエチレン粉体を熱融着している。
ステンレス鋼鋼管	一般配管用ステンレス鋼鋼管	JIS G3448	8A ～ 300A 定尺 4.0m	
合成樹脂管	硬質ポリ塩化ビニル管	JIS K6741	13A ～ 700A 定尺 4.0m	厚肉管（VP）と薄肉管（VU）がある。
	架橋ポリエチレン管	JIS K6769	5A ～ 50A	PN10 は水温 20℃における最高使用圧力 1.0MPa、PN15 は 1.5MPa。
	ポリブテン管	JIS K6778	8A ～ 100A	常温における最高使用圧力 1.0MPa。

注：JWWA は日本水道協会規格　　JIS は日本産業規格

4 給水配管平面図

給水配管平面図では、表 7.4 に示す記号を用いて作図する。公道に埋設されている配水管(水道本管)から配管を分岐して、敷地内に給水管を引き込む。点検しやすい位置に止水栓と量水器（水道メーター）を設置し、屋外に設置する給湯機と室内外の給水使用箇所へ配管を行う。基本的に、屋外配管は土中埋設配管として、屋内配管は床下配管とする。2 階にトイレや洗面所を設ける場合は、給水・排水配管の合理性を考慮して、平面的に同じ位置に配置する。

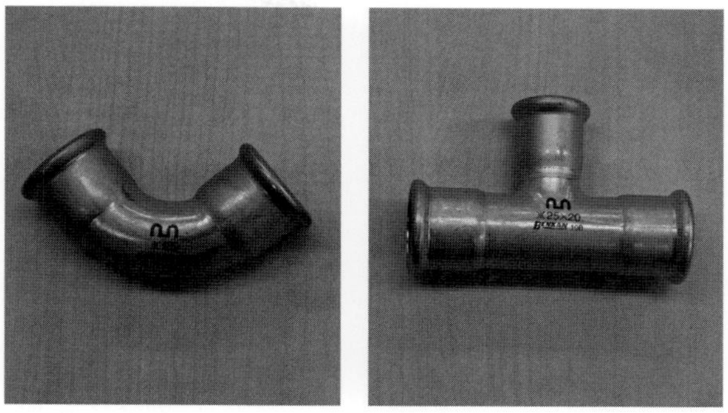

(a) 90°エルボ (25A)　(b) チーズ (25A × 20A)

写真 7.2 ステンレス管用継手 (圧着用) ※ 10

■表 7.4 給水・給湯配管の記号

名称	図示記号	備考
配管		
上水給水管	——— - ———	水道水
上水揚水管	——— · ———	水道水を受水槽から高置水槽へ
雑用水給水管	——— -- ———	中水・井水・工業用水など
雑用水揚水管	——— ·· ———	中水・井水・工業用水など
給湯送り管	——— I ———	
給湯返り管	——— II ———	
膨張管	——— E ———	
空気抜き管	- - - - -·AV- - - - -·	
給水・排水用器具		
量水器（水道メーター）	M	
水栓		
湯水混合栓		
管の接続など		
管の立上がり		継手記号（｜）は省略可
管の立下がり		継手記号（｜）は省略可
管継手		
90°エルボ		継手記号（｜）は省略可
チーズ		継手記号（｜）は省略可
弁類		
弁		弁の種類を示すときは、GV　ゲート弁　BV　バタフライ弁 とする。

注：空気調和・衛生工学会規格　SHASE-S 001　図示記号による。

5 給水配管の立面図

給水装置工事の設計・施工の申請に必要なので、給水配管の立面図（アイソメトリック図）を作成する。立面図は、図 7.8 に示すように、水平線から 30° の角度で配水管、給水管および衛生器具を描画して、公道と宅地の関係および配管の立体的な位置関係が視覚的にわかるようにする。立面図には、配管の管種・口径・長さを記入する。

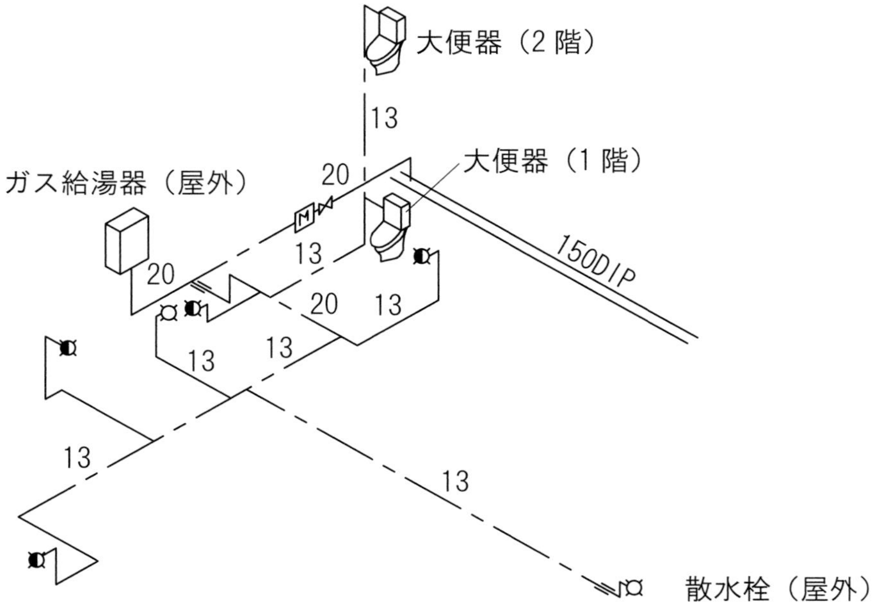

図 7.8　**給水配管の立面図の例**

6 管径の決定

一般には、給水管の管径の決定には、器具給水負荷単位法で衛生器具ごとの給水負荷単位から瞬時最大予想給水量を求めて、直管の長さ当たりの単位圧力損失（300Pa/m 程度）を設定して、それに対応する管径を流量線図から決定する。また、管内流速が速すぎると、金属管の腐食に影響を与えることから、管内流速を 2.0m/s 以下に抑える。戸建住宅では、器具数が少なく、大便器の洗浄弁を使用しないので、瞬時最大予想給水量が少ない。そのため、同時に使用する給水器具数から同時使用水量を決定する。表 7.5 に示すように、給水器具の同時使用率を考慮して、管径を決定する。最小管径は、13A とする。一般に、戸建住宅の給水器具は最大で 10 個程度と考えられるので、給水引込み管径は 20A で十分である。

ヘッダーさや管方式では、ヘッダーまでは 20A の配管を施工し、ヘッダー以降は使用箇所まで単独で配管を行うので、ヘッダーから衛生器具までの配管はすべて 13A でよい。

一般の戸建住宅の給水引込管の管径（水道メーター口径）は、20A ～ 25A である。水道料金は、基本料金と従量料金に分けられるが、水道使用量が増えるほど単価が高くなる従量逓増制を採用している。そのため、水道メーターは小さめにする方が、水使用は節水をした方が経済的になる。また、下水道料金は、基本的に水道使用量と下水道使用量を等しいものとみなして課金される。

■表 7.5 **同時使用率を考慮した給水用具数** 7)

総給水用具数（個）	同時使用率を考慮した給水用具数（個）	給水引込口径（mm）
1	1	13
2 ～ 4	2	13
5 ～ 10	3	20
11 ～ 15	4	25
16 ～ 20	5	25
21 ～ 30	6	40

注：水道法では、「給水用具」という名称を用いているので、ここではそれに従う。

例題

給水配管平面図

モデル住宅の給水配管平面図を次の条件で作成すると、図 7.9 となる。

条件

❶ 配水管（150DIP ＝ダクタイル鋳鉄管 150A）は東側道路に埋設されている。止水栓と量水器は点検しやすい位置に設置（埋設）する。
❷ 使用する管材は、一般配管用ステンレス鋼鋼管（JIS G 3448）とする。
❸ 給水使用箇所は、以下の通り。
1 階　キッチン（湯水混合水栓）、風呂（シャワー兼用湯水混合水栓）、脱衣・洗面所（洗面器用湯水混合水栓・洗濯機用水栓）、便所（便器洗浄水ーロータンク式）、手洗（湯水混合水栓）
2 階　便所（便器洗浄水ーロータンク式）
1 階屋外　散水栓（南側）、ガス給湯機（北側）
❹ 余裕があれば、ヘッダーさや管工法を用いるときの平面図を作成する。給水ヘッダーを 1 階手洗の床下に設置する。
❺ あとで、給湯配管を記入するので、給湯機以降の給湯配管のルートも考えておく。
❻ 室内配管は、床下配管とする。配管ルートができるだけ短くなるようにする。
❼ 作成した配管平面図から、立面図（アイソメトリック図）を作成する。立面図には、管径と配管長さを記入する。埋設配管の埋設深さや床下配管の高さ、水栓の床上高さなどを考慮して、給水管の立ち上がり高さを決定する。

i）東側道路に配水管（150DIP ＝ダクタイル鋳鉄管 150A）が埋設されていて、そこから給水管を分岐して、敷地北側から給水管を土中埋設配管で引き込む。駐輪スペースに止水栓と量水器を設置する。

ii）脱衣・洗面所の北側外壁に設置する給湯機に給水し、それ以外は北側基礎を貫通してから、床下配管で給水使用箇所まで配管を行う。

iii）1 階便所内部で給水配管を立ち上げて、2 階便所へ配管を行う。1 階と 2 階の便所は平面的に 910mm ずれているので、1 階天井内で配管を水平に振る。表 7.6 に示す給水使用箇所と給湯使用箇所を基に給水配管の設計を行う。1、2 階便所では腰掛け式大便器（ロータンク式）を用いるが、温水洗浄便座を設置する場合は、給水管を専用ホースで分岐して接続する。給湯配管は、後述の給湯配管の演習問題で示す。

iv）給水器具の個数は、全部で 8 個なので、同時使用率を考慮した給水器具数は 3 個となり、給水管の引込管径は 20A となる。

■表 7.6　給水使用箇所リスト

位　置	器具種類	用　途	給水	給湯
屋外　北側外壁	ガス給湯機	給湯機用	○	
1 階　便所	腰掛け式便器	便器洗浄水（ロータンク式）	○	
1 階　手洗	湯水混合水栓	手洗い用	○	○
1 階　洗面・脱衣室	湯水混合水栓	手洗い用	○	○
1 階　洗面・脱衣室	洗濯機用水栓	洗濯機用	○	
1 階　風呂	湯水混合水栓	シャワー・浴槽兼用	○	○
1 階　キッチン	湯水混合水栓	炊事用	○	○
2 階　便所	腰掛け式便器	便器洗浄水（ロータンク式）	○	
屋外　南側外壁	散水栓	洗車・潅水用	○	

課題

給水配管平面図

設計する住宅の給水配管平面図を作成しよう。なお、例題と同じ条件とする。

Point

❶ 室内配管は、床下配管とする。配管ルートができるだけ短くなるようにする。
❷ 作成した配管平面図から、立面図（アイソメトリック図）を作成する。
❸ 立面図には、管径と配管長さを記入する。
❹ 埋設配管の埋設深さや床下配管の高さ、水栓の床上高さなどを考慮して、給水管の立ち上がり高さを決定する。
❺ 表 7.6 のように、給水・給湯の使用箇所をリストにする

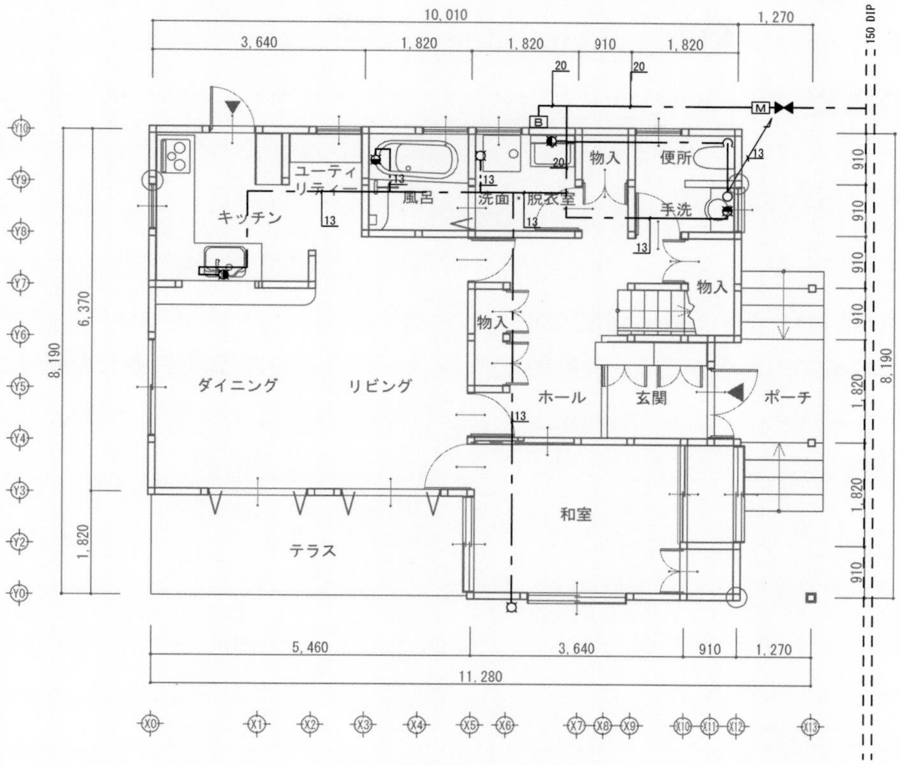

1 階給水配管平面図

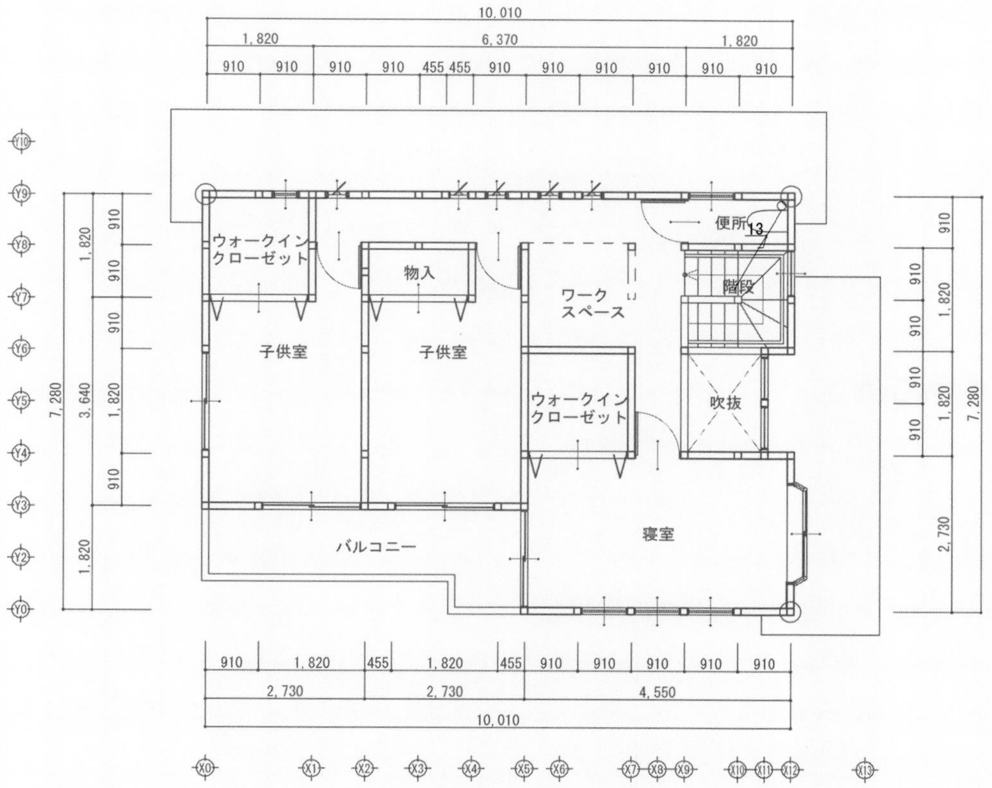

2 階給水配管平面図

図 7.9 モデル住宅の給水配管平面図の例

1章 設計の進め方
2章 設計準備
3章 設計初期の全体計画
4章 意匠設計
5章 軸組の計画
6章 壁量計算に基づく構造安全性の検討
7章 建築環境・設備設計

7.2.2 給湯設備

1 給湯の基礎

固体や液体の溶解度は、水温が高いほど大きいので、洗濯物や食器の汚れは水温が高いほど落ちやすくなる。また、浴槽で適温の湯に身体を浸すと、血行がよくなり、疲労回復効果やストレス緩和効果がある。そのため、住宅では給湯設備は不可欠である。

水を加熱すると体積膨張するので内部圧力が上昇する。また、溶存酸素が分離しやすくなるので、配管内部にエア溜まりができやすく、配管が腐食しやすくなる。

戸建住宅では、一般にガス給湯機またはヒートポンプ給湯機（商品名　エコキュート）で給湯を行い、使用箇所へ配管で湯を供給する。住宅において、給湯によるエネルギー消費量の比率は50%程度ともっとも高いことから、給湯における省エネルギー技術が求められる。

レジオネラ属菌[*6]対策のため、給湯温度は60°C以上とし、湯の滞留ができないような配管を計画する。

2 給湯使用箇所

給湯を必要とするのは、キッチン用混合水栓、洗面所混合水栓、浴室混合水栓（シャワー兼用）などである。キッチンでは、流しで食器洗浄に湯を用いる。特に、食器の油汚れを落とす場合には、湯を用いた方が落ちやすい。浴室では、浴槽に湯を張ったり、シャワーで湯を使用したりするが、それに加えて給湯機には浴槽に張った湯を追い焚きする機能が求められる。追い焚きとは、水または温度が低下した湯を循環加熱することである。トイレの温水洗浄便座は、付属の電気ヒーターで給水を加熱して洗浄に使用するので、給湯配管を接続する必要はない。

3 給湯機の選定

給湯機には、一般に都市ガスまたはLPガスを燃料とするガス給湯機と電気でヒートポンプを駆動して凝縮器の排熱で給水を加熱するヒートポンプ給湯機がある。また、給湯機には貯湯式と瞬間式がある。一般に、戸建住宅のガス給湯機は瞬間式（非貯湯式）であり、ヒートポンプ給湯機では安価な夜間電力を使用することから、貯湯式とする。

ガス給湯機では、1L/minの給水を25°C昇温できる加熱能力を「1号」と呼ぶ。1号の加熱能力は、水の比熱[*7]を4.186kJ/(kg・K)とすると、次式のようになる。

$$\begin{aligned} 1\text{号} &= 1L/\mathrm{min} \times 25K \times 4.186kJ/(kg \cdot K) \times 1kg/L \\ &= 104.65kJ/\mathrm{min} = 1.74kW \end{aligned}$$

6　土中に生息する細菌で、レジオネラ感染症を引き起こす。
7　比熱とは、単位質量の物質を単位温度上昇させるのに要する熱量のことをいう。

ここで、給湯使用の使用適温と適流量は次のようになる。

洗面器：38℃、8.0L/min

シャワー：40℃、8.5L/min

キッチン流し：39℃、7.5L/min

同時使用をシャワーとキッチン流しに限定すると、給水温度が冬期5℃の場合、

$$\{(40-5)\mathrm{K} \times 8.5L/\min + (39-5) \times 7.5L/\min\}$$
$$\times\ 4.186kJ/(kg \cdot K) \times 1kg/L$$
$$= 2312kJ/\min = 38.5kW$$
$$38.5 \,/\, 1.74 = 22.1 \rightarrow 24\text{号}$$

となる。したがって、この場合は24号のガス給湯機を選定すればよいことになる。

ガス給湯機とヒートポンプ給湯機の外形を写真7.3に示す。ガス給湯機には、給水管、都市ガス管、給湯管および操作用電源（単相100V）を接続する。ヒートポンプ給湯機には、給水管、給湯管、電源（単相200V）を接続する。また、給湯機は、浴槽の湯を循環して再加熱する追い焚き機能と一定量の湯を自動的に浴槽に入れる自動湯張り機能をもつものが一般的である。そのため、図7.10に示すように、給湯機能、追い焚き機能および自動湯張り機能を有するものが便利である。

(a) ガス給湯機（24号） ※9

(b) ヒートポンプ給湯機（460L） ※6

写真7.3 **給湯機**

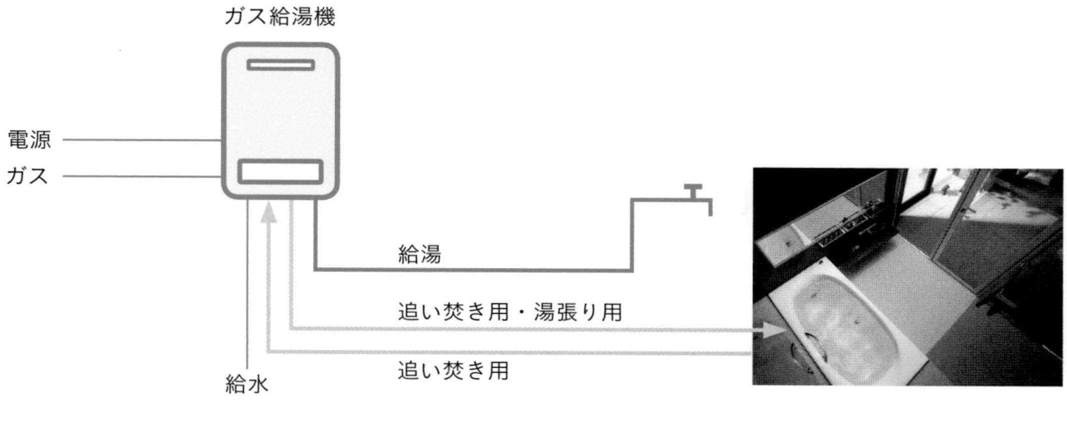

図7.10 **ガス給湯機の機能** ※7

4　給湯配管

給湯機から、洗面所・浴室・キッチンなどの給湯使用箇所まで給湯配管を施工する。また、浴槽の追い焚き用に給湯往・還の配管を設置する。給湯配管は、常に腐食環境に曝されていることと、温度変化による伸縮があることから、耐食性と耐久性を考慮して配管材料を決定する。管材には、ステンレス鋼管、耐熱塩化ビニルライニング鋼管、耐熱硬質塩化ビニル管、銅管などがある。さや管ヘッダー方式では、給湯ヘッダー以降は、架橋ポリエチレン管やポリブテン管で給湯使用箇所まで単独配管を施工する。

例題

給湯配管平面図

モデル住宅の給湯配管平面図を次の条件で作成すると、図 7.11 となる。

条件

❶ 給水設備演習問題で作成した配管平面図に給湯配管を加える。

❷ ガス給湯機を 1 階北側外壁に設置する。
ただし、ガス給湯機は 24 号とし、寸法を 600H × 470W × 240D とする。

i）ガス給湯機を 1 階北側外壁に設置して、給水配管を接続する。
ii）給湯機から給湯使用箇所（浴室・洗面所・キッチン）まで給湯配管を接続する。
iii）給湯配管は、なるべく給水配管に沿わせて施工する。

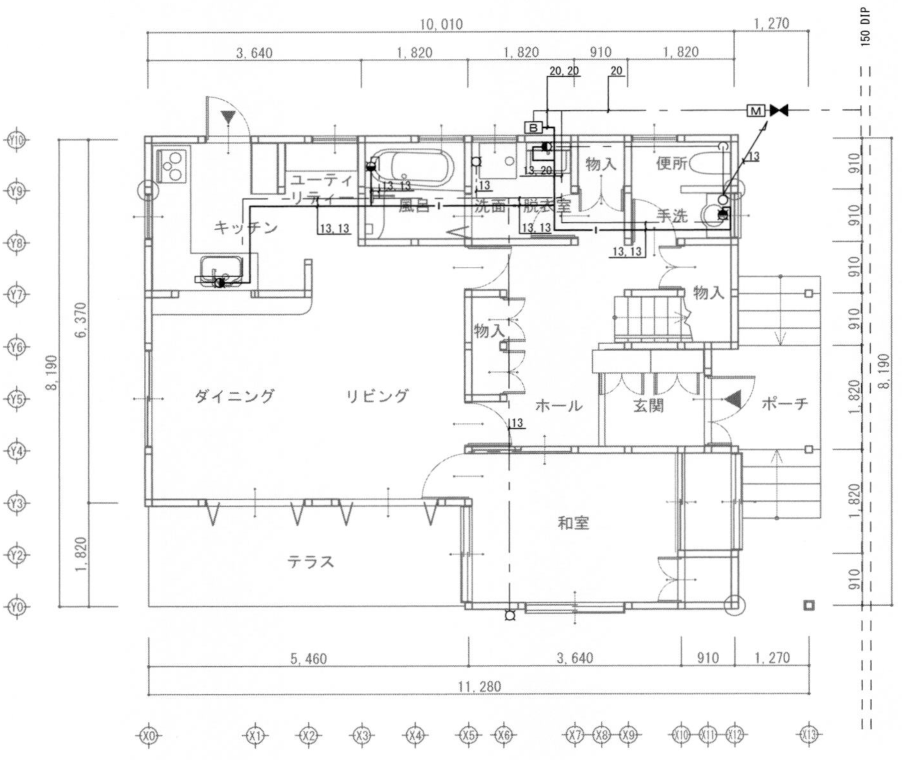

図 7.11　モデル住宅の給湯配管平面図の例

7.2.3 排水設備

1 排水の概要

① 排水管内の排水の流れ

排水管内の排水には、汚物や野菜くずなどの固形物（固体）、水（液体）、空気（気体）が入り混じっていることから、このような流れを混相流という。排水は、基本的に自然流下によって行われる重力式排水であることから、固形物が排水管内に残らないように搬送するために、下限平均流速を 0.6m/s 以上、上限平均流速を 1.5m/s 以下としている。給水管および給湯管では、管内は常時満水状態で水圧がかかっているが、排水管では、排水がなければトラップ以外の管内は空洞であり、排水した場合も満流状態で流れたり、空気を含んだ流れだったり、様々な状態になっている。そのため、排水管内の圧力変動が大きくなり、流れにくくなったり、トラップの封水が失われたりする恐れがある。これを防ぐために、比較的規模の大きい建物では、排水管に通気管を接続して大気開放することで管内の圧力変動を緩和する。戸建住宅の規模では、通気管を取る必要はないが、室内の排水管は最短距離で排水ますに接続して、排水が円滑に行われるようにする。

② 排水方式

排水設備は、衛生器具からの排水と屋根や敷地の雨水を排水管によって、公共下水道まで流下させるために設置される。公共下水道は、下水道法で規定された施設で、下水の廃水処理を行う終末処理場を有するものをいう。終末処理場で処理された排水は、河川や湖沼などの公共用水域へ放流される。生活排水は、便器からのし尿を含む排水である汚水とそれ以外の雑排水に分けられる。戸建住宅では、一般に排水管に勾配をつけて、公共下水道まで重力式排水を行う。敷地の条件から排水管に勾配がとれない場合は、最下部の排水槽に排水を貯留してから、排水ポンプで汲み上げて排水を行う。

③ トラップ

排水管内部は排水で汚染されているため、臭気や衛生害虫が発生する。これらが室内に侵入するのを防止するために、排水を行う衛生器具には、必ずトラップが取り付けられて、図 7.12 に示すように排水の一部が封水として溜まることで、排水管内部の空気と室内空気が遮断されるようになっている。封水深さは排水管内の圧力変動による封水の損失を防止するために、50 〜 100mm とすることと規定されている。トラップの種類を図 7.13 に示す。トラップには、管の途中に設けられている管トラップ（サイホン式）と排水器具の一部になっている隔壁トラップ（非サイホン式）がある。

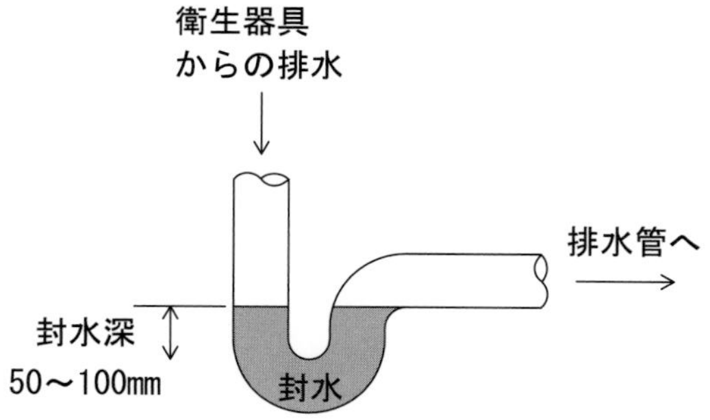

図 7.12 排水トラップ（P トラップの種類）

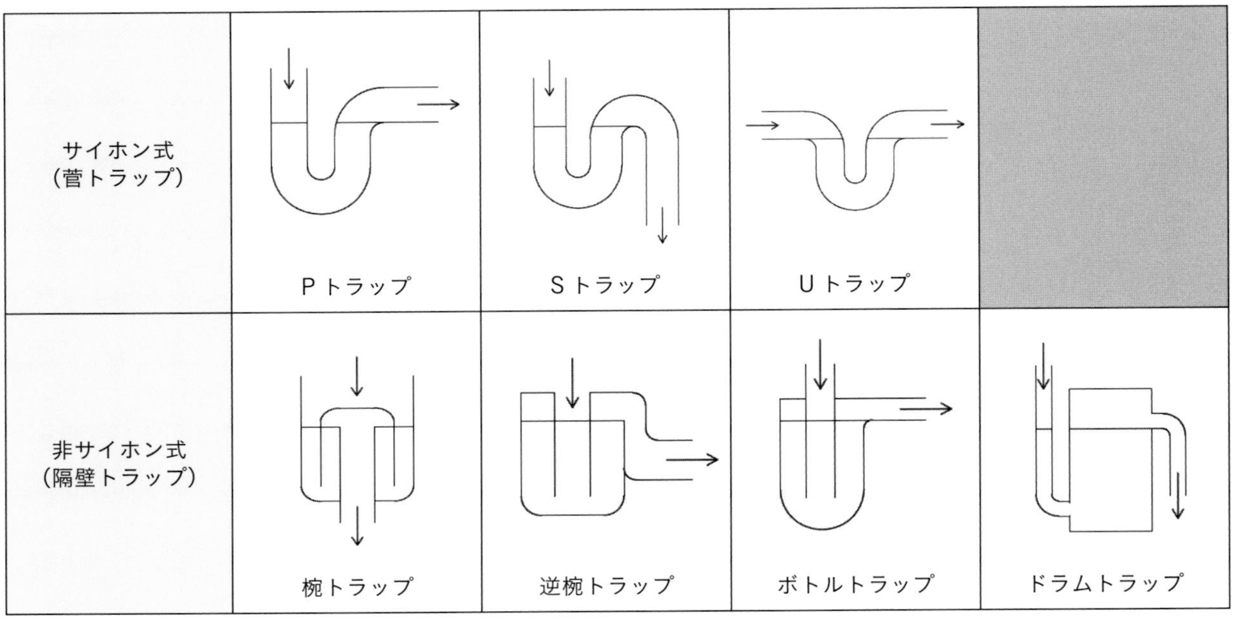

図 7.13　**トラップの種類**

④ 排水方式

敷地内における排水方式には、合流式と分流式がある。

合流式：汚水・雑排水と雨水を敷地内（最終ます）で合流してから、公共ますに放流する。公共ます（公設ますともいう）とは、下水道事業者が設置する排水ますである。

分流式：汚水・雑排水と雨水を建物内部・敷地内で別系統の配管で排水して、それぞれ公共汚水ますと公共雨水ますに放流する。

紛らわしいが、公共下水道にも合流式と分流式がある。

合流式下水道：汚水・雑排水（下水道法では、これらを汚水という）と雨水を合流して処理する。

分流式下水道：汚水・雑排水のみを公共下水道で処理し、雨水は都市下水路に放流する。

公共下水道が整備されていない地域では、合併処理浄化槽（汚水と雑排水を処理）を敷地内に設置して、排水処理を行ってから下水路に放流する。汚水のみを処理する単独処理浄化槽の設置は浄化槽法で禁止されている。以上を図 7.14 に示す。

課題

給湯設備平面図

設計する住宅の給湯設備平面図を作成しよう。なお、例題と同じ条件とする。

Point

❶ 給湯機から給湯使用箇所まで給湯配管を接続する。
❷ 浴室、洗面所、キッチンをまとめて配管する。
❸ 給湯配管は、なるべく給水配管に沿わせて施工する。

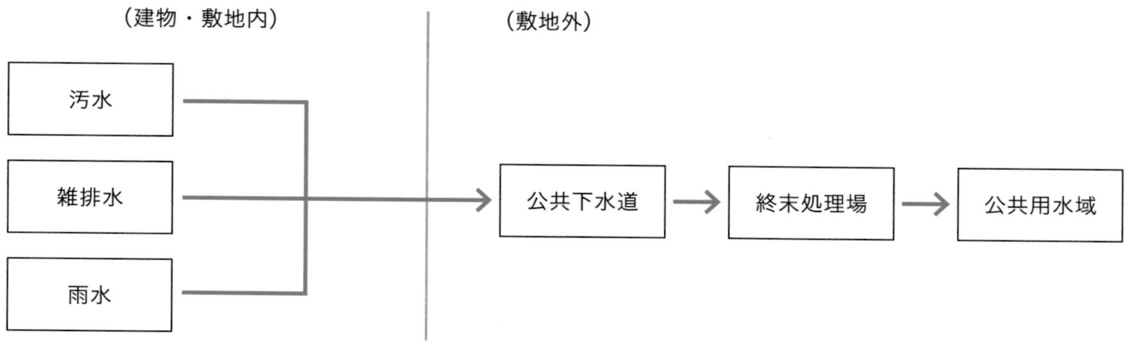

(a) 敷地内合流式 + 合流式下水道

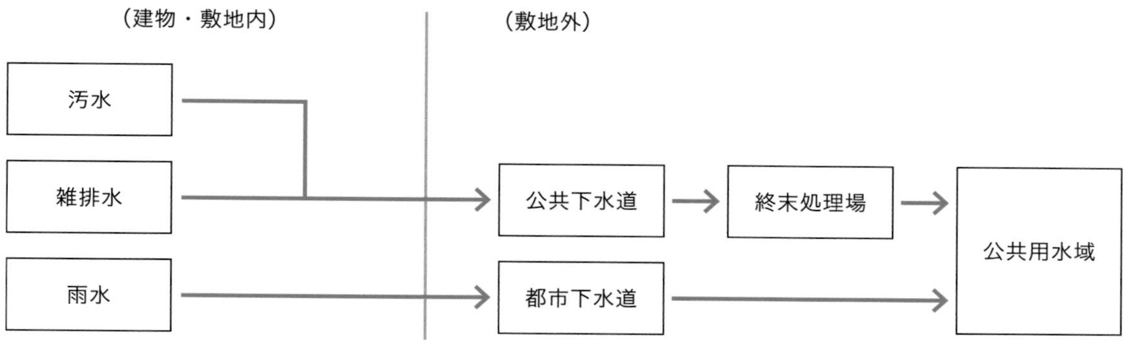

(b) 敷地内合流式 + 分流式下水道

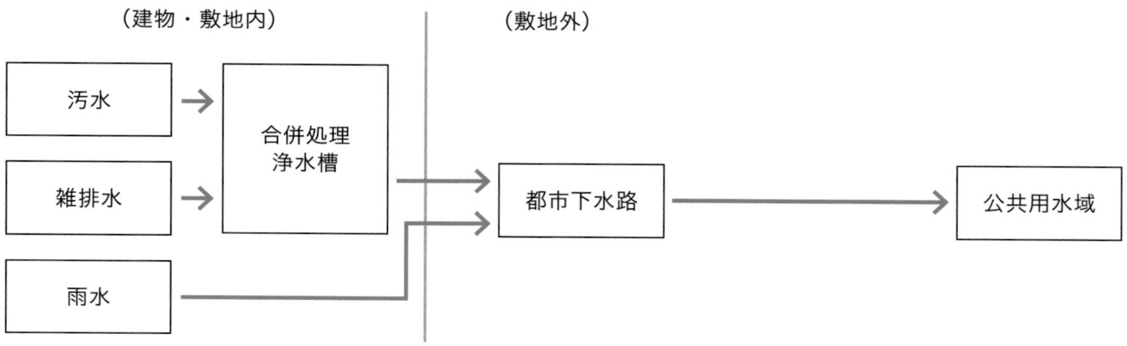

(c) 敷地内合流式 + 下水道未整備

図 7.14 **排水方式**

2　排水ますの配置

排水ますは、写真 7.4 に示すように、敷地埋設排水管の維持管理のための掃除口の役割を果たす円筒形または角柱の箱であり、コンクリート製または樹脂製である。コンクリート製の排水ますの蓋は、コンクリートまたはグレーチング・鋳鉄格子（敷地の雨水排水用）である。樹脂製の排水ますの蓋は、樹脂製である。排水ますには、流入管と流出管を接続するための開口が設けてある。排水ますの設置位置（埋設位置）は、以下の通りである。

① 敷地排水管の起点（最上流箇所）
② 敷地排水管の方向が変化する位置および合流点
③ 敷地排水管の管径、管種および勾配が変化する位置
④ 直管の管径の 120 倍以内の水平距離で、維持管理に適した位置

敷地内排水管は勾配を設けるので、排水管と接続する排水ますの深さは、排水管の流下方向の下流側ほど深くなる。排水ますの設置例を図 7.15 に平面図で示す。

写真 7.4　**樹脂製排水ます**　※8

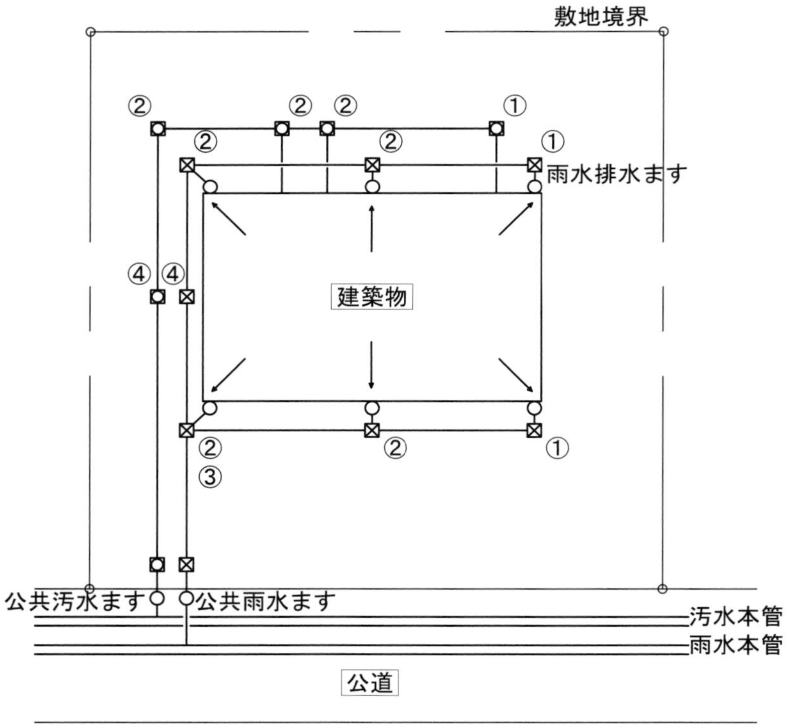

図 7.15　**排水ますの設置例**

3 雨水排水配管

雨水排水は、屋根の雨樋、ベランダのルーフドレン、敷地内の側溝・雨水ますから行う。

雨水排水管の管径は、その雨水排水管が受け持つ屋根面積の水平投影面積から決定する。また、1階屋根の上部に雨水を受ける外壁面がある場合には、降雨が外壁面に対して30°の角度で降るものとみなして、外壁面の面積の1/2（=sin30°）を1階屋根面積に加える。ただし、その地域の1時間最大降水量100mm/hを基準として、それより多い地域では、その比率で屋根面積を増加して算出する。表7.7に日本各地の最大降水量を示す。たとえば、1時間最大降水量130mm/hの高知では、対象とする屋根面積が100m²の場合、

$$100 \times 130 / 100 = 130\text{m}^2$$

の屋根面積があるものとみなして、雨水排水管の管径を決定する。表7.8から表7.10に雨水排水管の管径の選定基準を示す。

■表7.7　日本各地の最大降水量[8)]

地点	日降水量			1時間降水量			10分間降水量		
	mm	年月日	統計開始	mm	年月日	統計開始	mm	年月日	統計開始
札幌	207	1981.8.23	1876	50	1913.8.28	1889	19	1953.8.14	1937
仙台	329	1948.9.16	1926	94	1948.9.16	1937	30	1950.7.19	1937
金沢	234	1964.7.18	1886	77	1950.9.18	1937	29	1953.8.24	1937
東京	372	1958.9.26	1876	89	1939.7.31	1886	35	1966.6.7	1940
静岡	368	2004.6.30	1940	113	2003.7.4	1940	29	2003.7.4	1940
名古屋	428	2000.9.11	1891	97	2000.9.11	1891	29	1988.9.20	1940
大阪	251	1957.6.26	1883	78	1979.9.30	1889	25	1997.8.5	1937
高知	629	1998.9.24	1886	130	1998.9.24	1940	29	1998.9.24	1940
福岡	308	1953.6.25	1890	97	1997.7.28	1939	24	1997.7.28	1939
長崎	448	1982.7.23	1878	128	1982.7.23	36	36	1959.7.8	1940
熊本	481	1957.7.25	1891	81	2003.7.12	1891	27	1991.6.30	1937
宮崎	587	1939.10.16	1886	140	1995.9.30	1924	39	1995.9.30	1937
那覇	469	1959.10.16	1890	111	1998.7.17	1900	30	1979.6.11	1941

■表 7.8　雨水立て管の管径[8)]

管径（A）	許容最大屋根面積 [m^2]
50	67
65	135
75	197
100	425
125	770
150	1250
200	2700

■表 7.9　半円形横とい・溝の直径[8)]

内径 [mm]	流水断面積 [cm^2]	許容最大屋根面積 [m^2]					
		とい・溝の勾配					
		1/25	1/50	1/75	1/100	1/125	1/150
65	12.4	43	30				
75	16.6	62	44				
100	29.3	135	96	78			
125	45.8	245	174	141	123	110	
150	66.0	400	282	230	200	178	163

■表 7.10　雨水横管・敷地雨水管の管径[8)]

管径 [mm]	許容最大屋根面積 [m^2]					
	配管の勾配					
	1/25	1/50	1/75	1/100	1/125	1/150
65	137	97	79			
75	201	141	116	100		
100		306	250	216	193	176
125		554	454	392	351	320
150		904	738	637	572	552

4 排水配管

排水管の管径を決定するときは、次の規則を守る。

① 器具排水管の口径は、トラップの最小口径以上で、かつ 32A 以上とする。

② 排水管は、排水立て管、排水横枝管、排水横主管のいずれにおいても、排水の流下方向の管径を縮小しない。

③ 排水立て管の管径は、最下部の最大排水負荷を受け持つ部分の管径で統一する。上部ほど排水負荷が小さくなるが、管径を縮小しない。

排水管径は、器具排水負荷単位法により決定する。表 7.11 に衛生器具の排水負荷単位数を示す。表 7.12 と表 7.13 から管径を決定する。ただし、地中埋設排水配管の管径は、50A 以上とする。

■表 7.11 戸建住宅で使用する衛生器具の排水負荷単位数

衛生器具	トラップの最小口径 [mm]	器具排水負荷単位数
大便器	75	4
洗面器	32	1
浴槽	32	2
洗濯機	50	3
調理用流し	40	2

■表 7.12 排水横枝管および排水立て管の許容最大器具排水負荷単位数

管径 (A)	許容最大器具排水負荷単位数	
	排水横枝管	排水立て管 (3 階建て以下)
30	1	2
40	3	4
50	6	10
65	12	20
75	20	30
100	160	240

■表 7.13 排水横主管および敷地排水管の許容最大器具排水負荷単位数

管径 (A)	許容最大器具排水負荷単位数			
	勾配			
	1/200	1/100	1/50	1/25
50			21	26
65			24	31
75		20	27	36
100		180	216	250

5 排水配管平面図

敷地内では、雑排水・汚水排水の系統と雨水排水の系統を別系統とする。雑排水・汚水は最短ルートで建物外部に出して、排水ますに接続する。前述の排水ますを設置する基準にしたがって、排水管の要所に排水ますを設ける。埋設する排水管には、「管径・管種・勾配・長さ」を記入する。

(例)

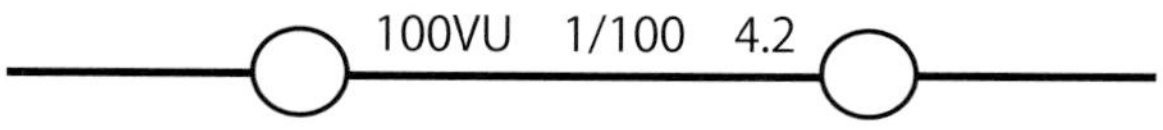

例題

排水配管平面図

モデル住宅の排水配管平面図を次の条件で作成すると、図 7.16 となる。

条件

❶ 給水設備演習問題で作成した配管平面図に給湯配管を加える。
❷ ガス給湯機を 1 階北側外壁に設置する。
ただし、ガス給湯機は 24 号とし、寸法を 600H × 470W × 240D とする。

i）汚水・雑排水は屋外の排水ますで合流する。雨水排水は汚水・雑排水と別系統でそれぞれの公共ますまで配管を行う。東側道路に埋設されている公共下水道と都市下水路へ放流する。

ii）キッチンの調理流しからの単独の排水管は、調理流しのトラップ径が 40A なので、40A とする。排水ます以降の敷地埋設管は 75A とする。浴槽からの雑排水管は、浴槽のトラップの最小径が 32A なので、1 サイズ余裕を見て 40A とする。洗濯機のトラップの最小径が 50A なので、洗面器の排水と合流して排水ますまで 50A で統一する。大便器からの排水管は 75A とし、1 階と 2 階の大便器の排水が合流してから排水ますまで 75A とする。

iii）敷地排水管は、勾配 1/100 で 20 排水負荷単位まで許容できるが、1 階と 2 階の便器の排水が合流した最終の排水ます以降公共汚水ますまでの配管は、余裕を見て 100A とする。

iv）雨水立て管は、建屋の隅角部に設置する。管径 50A で許容最大屋根面積 67m^2 なので、すべての雨水立て管の管径を 50A とする。雨水横管は、勾配 1/100 のとき、75A で許容最大屋根面積 100m^2 まで、100A で 216m^2 までとなっているので、基本的に 75A として、最終雨水ますから公共雨水ますまで 100A とする。管材は、硬質塩化ビニル管の薄肉管（VU）とする。

課題

排水配管平面図

設計する住宅の排水配管平面図を作成しよう。なお、例題と同じ条件とする。

Point

❶ 汚水・雑排水は室内では別系統とするが、屋外の排水ますで合流する。排水ますから汚水・雑排水の公共ますへ配管を接続する。
❷ 雨水排水は汚水・雑排水と別系統で雨水ますに接続し、雨水公共ますまで配管を行う。
❸ 汚水・雑排水公共ます及び雨水公共ますから、道路に埋設されている公共下水道と都市下水路へ放流する。

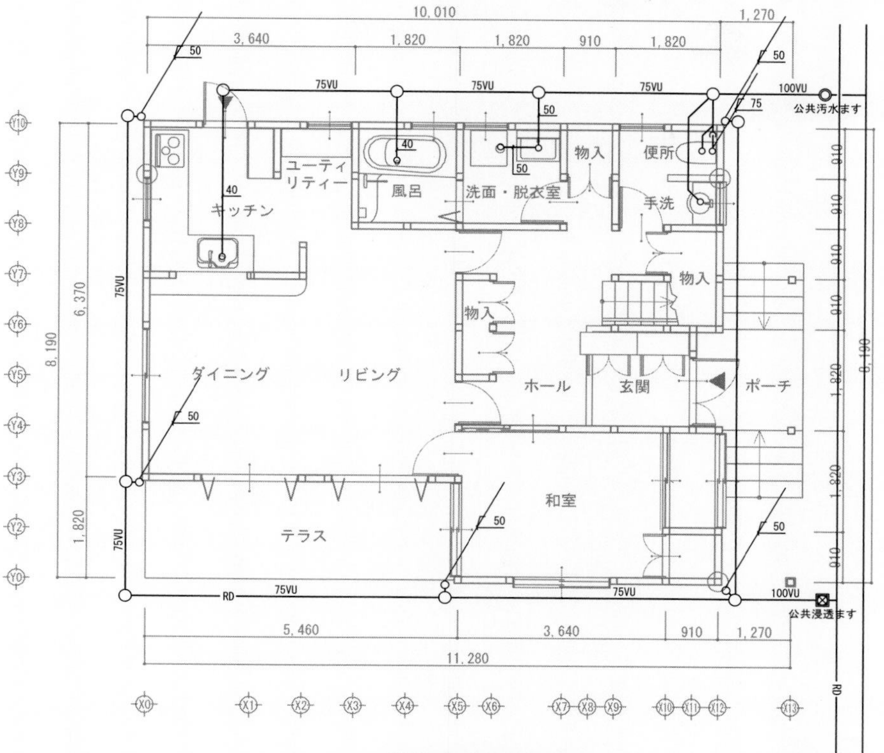

1 階排水配管平面図

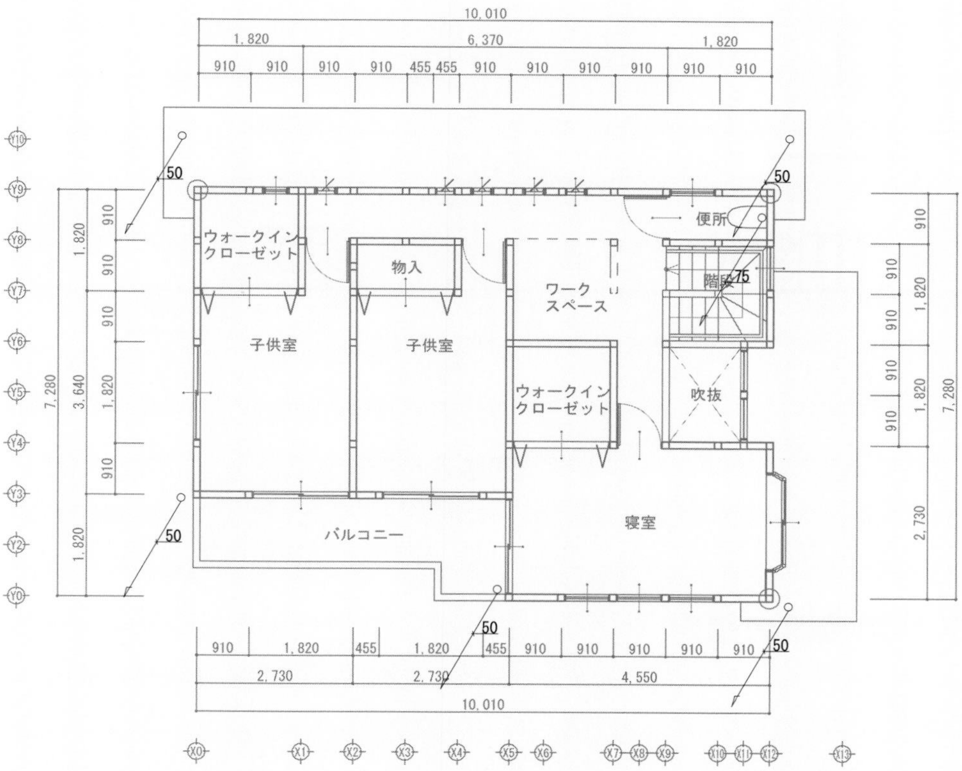

2 階排水配管平面図

図 7.16 モデル住宅の排水配管平面図の例

7.2.4 都市ガス配管

1 都市ガスの種類

現在都市ガスは液化天然ガス（LNG）を使用している。主成分はメタン（CH_4）である。ガス事業は、ガス事業法で一般ガス事業と簡易ガス事業に分けられるが、都市ガスは一般ガス事業者による事業となる。都市ガスの種類は、ウォッベ指数（WI）[*8]でグループ分けされ、一般には12A（WI=49.2～53.8）と13A（WI=52.7～57.8）が用いられている。

都市ガスの供給は、図7.17に示すように、都市ガス製造所から導管によって需要家へ供給される。ガス事業法施行規則で、1MPa以上を高圧、0.1MPa以上を中圧、0.1MPa未満を低圧と定義している。ガスホルダーから導管で中圧供給された都市ガスは、整圧器（ガバナー）で低圧に圧力調整されて需要家に供給される。都市ガス（12A・13A）の供給圧力は、最低1.0kPa、最高2.5kPaとなっている。

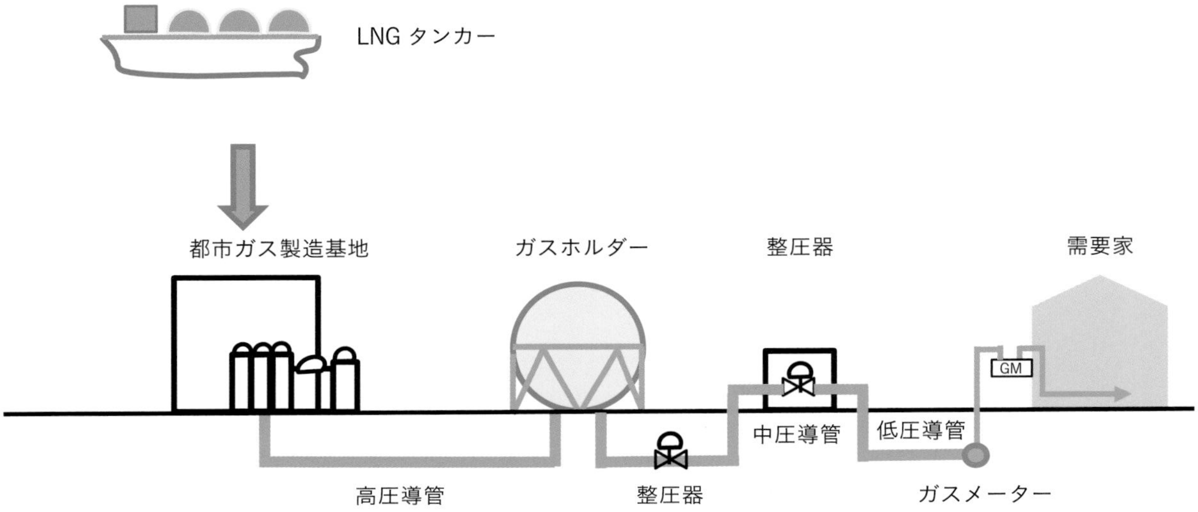

図7.17　**都市ガスの供給**

2 ガス使用機器の選定

戸建住宅で使用するガス機器は、給湯機、ガスコンロ、ガス炊飯器、ガスファンヒーター、ガス乾燥機、浴室暖房機などである。ガス給湯機の選定については、給湯設備の項を参照のこと。その他のガス機器については、メーカーのカタログを参照してほしい。

8　ウォッベ指数（WI）は、ガス発熱量（H[MJ/Nm^3]）をガスの比重（d：空気を1とする）の平方根で除した指数（$WI=\frac{H}{\sqrt{d}}$）である。

3 ガス配管

ガス配管は、公道に埋設されているガス本管から支管を分岐して敷地内へ引き込む。財産区分は、敷地境界でガス事業者と敷地の所有者に分けられる。ただし、ガスメーターはガス事業者の所有となる。管材には、炭素鋼鋼管（SGP）またはポリエチレン管（PE）を用いる。ガスメーターは、建物外壁の点検しやすい位置に設置する。

ガス設計流量は、設置予定のガス機器のうちで、ガス事業者が定める設計対象機器の合計ガス消費量に同時使用率 70% を乗じて算出する。管径の決定は、一般的には、ガス使用器具に必要圧力が供給できるように、使用ガス流量と管長から求める。戸建住宅では、ガス給湯機のガス接続管径が 20A であることから、引き込み管径を 20A としてガスメーター、給湯機まで 20A の同一管径として、それ以降はガスコンロ、ガス栓などまで 15A でよい。

ガス漏れおよび不完全燃焼の安全設備としては、写真 7.5 のようなガス漏れ警報機をガスコンロ付近の上部に設置する。都市ガス（主成分はメタン）も一酸化炭素も空気より比重が軽いので、取り付け位置は、天井面から 30cm 以内の高さとする。ガスメーター（マイコンメーター）は、震度 5 以上の地震を感知したときなどにガスを停止する機能を有している。

写真 7.5　**天井取り付け型ガス漏れ警報器**（新コスモス電気　XW-216G）※ 10

例題

都市ガス配管平面図

モデル住宅の都市ガス配管平面図を次の条件で作成すると、図 7.18 となる。

条件

❶ ガス本管（100A）は、東側公道に埋設されているものとする。
❷ ガスメーターを北側外壁に設置すること。
❸ ガス使用箇所は、ガス給湯機とガスコンロ（キッチン）とする。

ガスメーターは、北側外壁のガス給湯機の手前に設置する。給湯機以降のガス配管は 15A として、キッチンのガスコンロまで外壁に沿って露出配管で施工する。

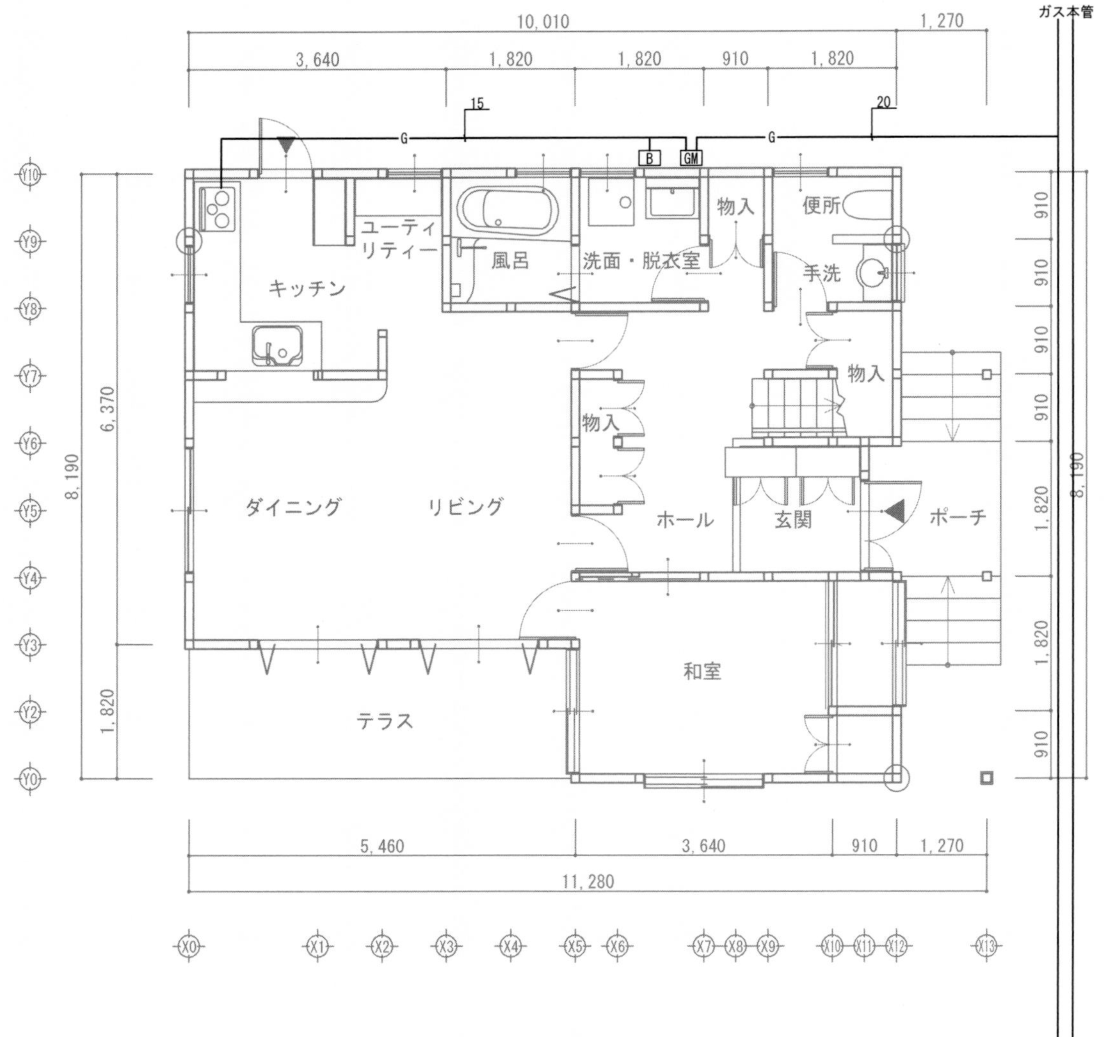

図 7.18　**都市ガス配管平面図**

課題

都市ガス配管平面図

設計する住宅の都市ガス配管平面図を作成しよう。なお、例題と同じ条件とする。

Point

❶ ガスメーターは、北側外壁のガス給湯機の手前に設置する。

❷ 給湯機以降のガス配管は 15A とし、キッチンのガスコンロまで外壁に沿って露出配管にする。

7.2.5 衛生器具設備

1 衛生器具の概要

衛生器具とは、給水・給湯設備から水・湯を供給し、使用済みの排水を速やかに排出するのに必要な器具類の総称である。したがって、衛生器具は給水管・給湯管・排水管と接続して使用される。衛生器具は、図 7.19 のように分類される。

衛生器具に求められる条件は以下の通りである。

① 常に清潔さが維持できるように、吸水・吸湿性がなく、表面が滑らかで清掃しやすい形状であること。

② 耐久性、耐食性、耐摩耗性に優れ、維持管理が容易であること。

③ 器具の製作・製造が容易であり、堅固に配管と接続できて、壁面や床面と固定できること。

④ 給水・給湯系統への逆流防止の配慮がなされていること。

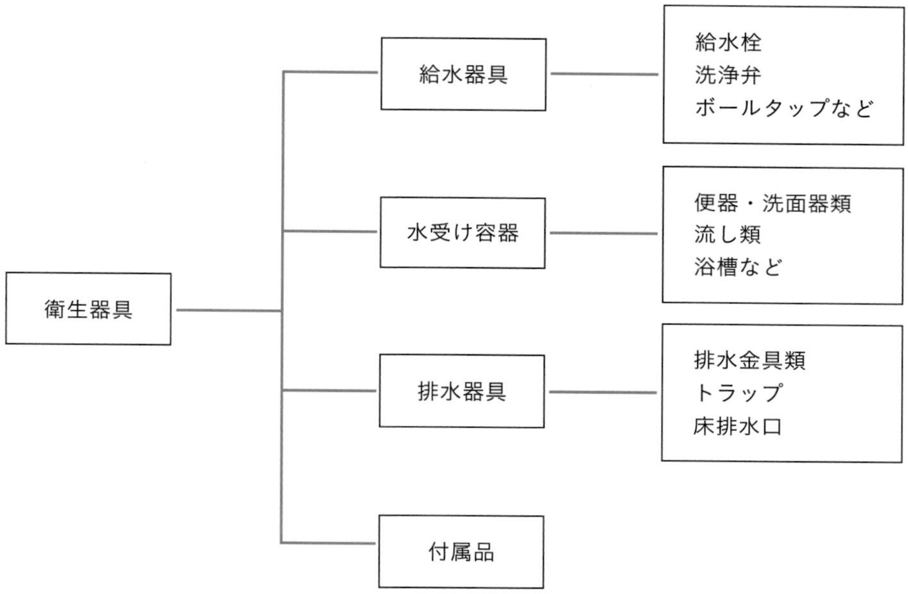

図 7.19 **衛生器具の分類**

2 衛生器具の種類

(i) 大便器

大便器は、和式と洋式（腰掛け式）に分類される。ユニバーサル・デザイン（誰にでも使いやすいこと）を考慮すると、住宅では図 7.2.22 のような洋式便器を使用するのが一般的である。大便器の洗浄方式には、洗い落とし式、サイホン式、サイホンゼット式、サイホンボルテックス式などがある。基本的には、水の落差を利用したり、トラップ部分を満水にしてサイホン作用を起こしたり、給水を渦巻状に流したりして、汚物を効率的に排水するしくみになっている。

大便器の給水方式には、洗浄水をタンクに溜めて使用する洗浄タンク式と洗浄弁で水を流して一気に洗浄する洗浄弁式があるが、住宅では便器の使用頻度が低いことから洗浄タンク式（ロータンク式）が用いられる。1回の洗浄水量は、以前は小8L、大13L程度であったが、最近の節水型便器 *9 では、大4.8L ～ 6L程度まで減少している。

(ii)　手洗い器・洗面器

手洗い器・洗面器は、手洗い、洗顔、歯磨き、洗濯など多目的に使用される。シングルレバー湯水混合水栓があると、湯温と湯量が調節できるので便利である。住宅では、スペースを考慮して写真7.7のように、鏡、棚や小物入れと一体化した洗面化粧台が使用されることが多い。

写真7.6　**洋式便器**　※7

写真7.7　**洗面台**　※6

写真7.8　**給水栓**　※7

写真7.9　**ユニットバス**　※6

9　JIS A5207:2014　衛生器具－便器・洗面器類　の節水形大便器洗浄水量では、節水Ⅰ形は8.5L以下、節水Ⅱ形は6.5L以下であり、8.5Lを超える洗浄水量の便器を一般形大便器という。

給水・給湯・雑排水配管の接続が必要である。

(iii) 給水栓

写真 7.8 に給水栓の例を示す。給水のみの水栓と、給水と給湯を備えた混合水栓がある。浴室では、シャワー切り替えの湯水混合水栓が使用される。

(iv) 浴槽

写真 7.9 に一般的なユニットバスを示す。浴槽、湯水混合水栓、棚、シャワー、内装が一体化されている。

3 衛生器具の使用箇所

(i) トイレ

戸建住宅のトイレでは、誰でもいつでも利用しやすいように、一般に腰掛け式大便器（ロータンク式）を設置して、温水洗浄便座を用いることが多い。温水洗浄便座を用いる場合は、ロータンク用の給水管から分岐して、給水用ホースを洗浄便座に接続する。温水洗浄便座用電源のために、壁面下部にコンセント（接地極付き）が必要である。

付属品として、タオル掛け、手摺り、ペーパーホルダー（ダブル）、棚を設置する。棚には、トイレットペーパーなどの備品を収納する。

天井に排気口を設置して、浴室と共通の排気ファンで排気を行う。

(ii) 浴室

浴槽と洗い場を設ける。浴槽の湯張りは、給湯栓からの給湯と自動湯張りの両方が利用できると便利である。給湯機の自動湯張り機能は、設定された湯温・湯量を自動的に浴槽に給湯する機能である。浴室の天井に排気口を設置して、発生した水蒸気などの排気を排気ファンで行う。浴室暖房乾燥機を設置することもある。

(iii) 洗面所

洗面、歯磨き、化粧などで使用することから、鏡、収納棚、石鹸入れなどを必要とする。前述のように、これらが一体化している洗面化粧台が使用されることが多い。浴室に隣接して脱衣室と洗濯機置き場を兼ねていることが多いので、入浴前後に必要な脱衣かごやタオル・洗剤・浴槽掃除用品などの収納棚が求められる。洗濯機用に、給排水とコンセント（接地極付き）が必要である。

(iv) キッチン

住宅のキッチンでは、流しで給水・給湯・雑排水を必要とし、給水と給湯のために湯水混合水栓を使用する。生ごみを粉砕して排水とともに流すためのディスポーザー（生ごみ粉砕機）の使用は、集合住宅で敷地内に排水処理設備を有するものに限られるので、戸建住宅では使用できない。

調理で発生する水蒸気、燃焼ガスなどを排気するために、レンジフードとレンジファンをコンロの上部に設置する。

(v) 屋外

植栽の潅水用あるいは洗車用に屋外に散水栓を設置する。散水栓ボックスに水栓が収納されていて、ふたを開けて、水栓にホースを接続して使用する。

7.2.6 換気設備

戸建住宅では、一般に第3種換気方式（自然給気・機械排気）が用いられる。調理による燃焼ガス・水蒸気・油分の排気、入浴による水蒸気の排気、トイレの臭気の排気のために、キッチン、浴室、脱衣室、トイレなどに換気設備が必要である。

建築基準法で、住宅の居室の機械換気が0.5回／h以上と定められている。モデル住宅の延べ床面積は約130m^2、天井高さは2.4mなので、室容積は312m^{3}となる。したがって、

$$312 \times 0.5 = 156\text{m}^3/\text{h}$$

以上の機械換気風量が必要となる。換気方式については規定されていないので、第3種換気方式で、所定の風量を確保すればよい。したがって、浴室・洗面所・トイレ系統排気ファンに、0.5回/h以上の風量を持たせればよいことになる。

1 キッチン系統排気ダクト

レンジファンとレンジフードをキッチンのガスレンジ排気用に設置する。調理で発生する燃焼ガス、水蒸気、油脂、臭気などの汚染物質をレンジフードで捕集して、排気を行う。IHヒーターでは、燃焼ガスは発生しないが、調理によって水蒸気、油煙、臭気が発生するので、同様の換気設備が必要である。レンジフードには、排気ファンおよび排気ダクト表面に油脂が付着するのを緩和するために、不織布のフィルターを設置して、適切な保守管理を行う。

2 浴室・洗面所・トイレ系統排気ダクト

一般に、浴室・洗面所・トイレ共通の排気を行う。天井埋め込みで排気ファンを設置して、ダクトを接続して外壁から排気する。浴室で発生した湯気が排気ダクト内部で結露する可能性があるので、ダクト内部に結露水が溜まらないように、順勾配*10で排気ダクトを施工することが望ましい。また、排気ファン停止時に外気が侵入しないように、シャッターを設けることもある。

3 ハイブリッド換気

自然換気が可能なときは自然換気を行い、室内外差圧が得られないときは、機械換気に切り替えることによって、換気量の確保と省エネルギー性を実現する換気方式をハイブリッド換気という。自然換気と機械換気の利点を組み合わせた換気方式である。風向によって、外気取り入れ方向を変えられるように、ダクト経路を設計する。

---

10 先下がりの勾配を順勾配、先上がりの勾配を逆勾配という。

7.2.7 空調設備

1 エアコンの選定

一般の建物では、空調機器を選定するときは、設計外気条件、設計室内条件、建築の仕様などから空調熱負荷計算を行う。住宅の場合は、建物の規模が小さく、対象室が定型的なので、対象室の面積からエアコンを選定する。たとえば、ダイキンでは、6畳用から29畳用の範囲で、対象室に適合した能力の家庭用エアコンを選択できるようになっている。

家庭用ルームエアコンは、一般にセパレート型が使用されている。これは、室内機1台に対して、室外機1台の構成になったものである。図7.20に、エアコンの構成を示す。一般にエアコンは、冷房モードと暖房モードを切り替えて使用する。エアコンの原理は、冷凍サイクルを用いて、冷媒を圧縮機で圧縮→凝縮器で放熱→膨張弁で膨張→蒸発器で蒸発→というサイクルにする。冷房モードでは、室内機内部の熱交換器を蒸発器として用い、室内空気を循環冷却する。暖房モードでは、四方弁で冷媒流路を切り替えて、室内機内部の熱交換器を凝縮器として用い、室内空気を循環加熱する。室外機の凝縮器の排熱をファンで屋外へ放熱する。エアコンの操作は、付属のリモコンでできるので、使用時はエアコンの構成を特に意識する必要はない。

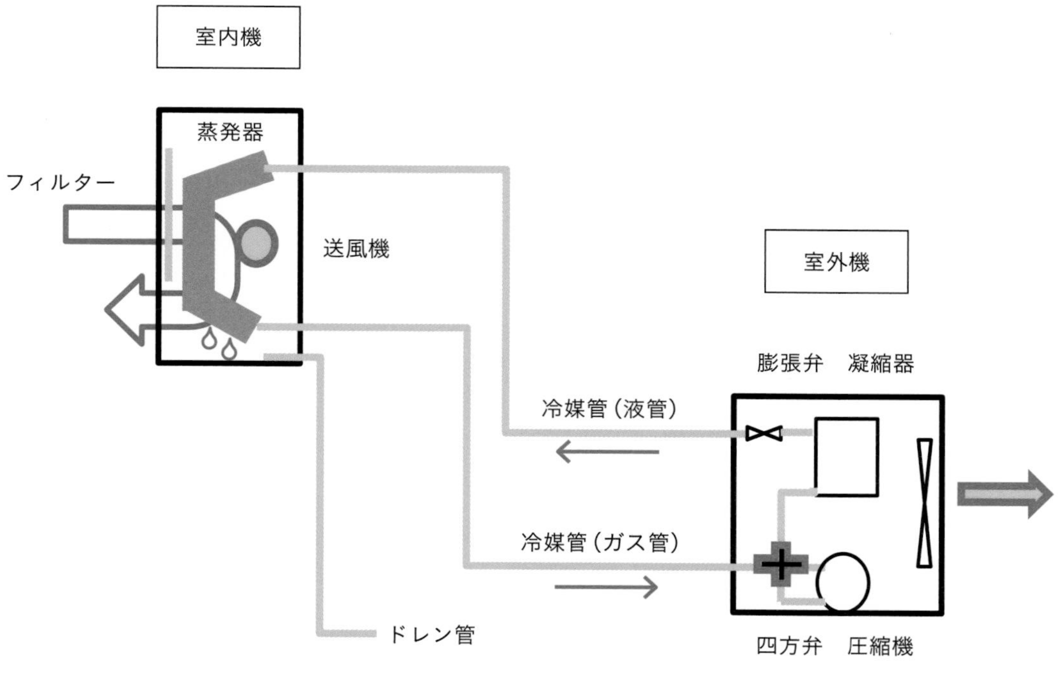

図7.20　**エアコンの構成（冷房運転）**

2　室内機・室外機取り付け位置

エアコンの室内機取り付け位置は、吹出し空気の気流分布を考慮して、壁面中央上部が好ましい。室外機に接続する冷媒配管とドレンホースの施工を考慮して、外壁面に設置することが望ましい。エアコンの電源として、写真 7.10 のように室内機近傍に専用コンセント（1 φ 100V または 200V）を設置する。

室外機設置場所は、隣家との位置関係および室外機が発生する騒音の影響を考慮したうえで、風通しのよい位置に決定する。

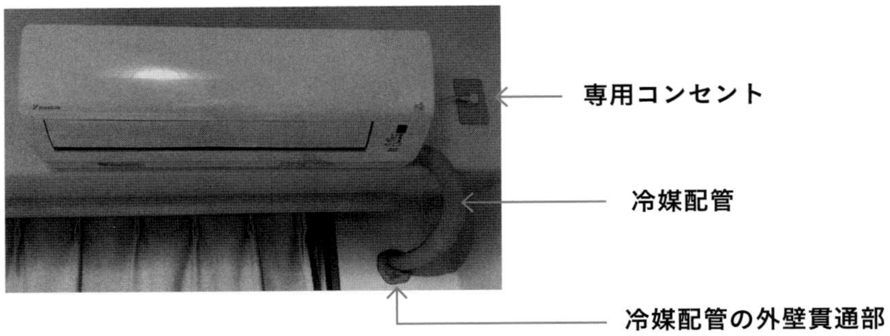

写真 7.10　エアコンの室内機回り　※ 10

3　冷媒配管・ドレン管

エアコンの冷媒配管（ガス管・液管）とドレンホースは束ねて専用の保温カバーで保温を行う。ドレンホースは、冷房運転時に室内機の熱交換器から排出される凝縮水を屋外へ排水するために用いられる。室外機の電源は、室内機側から取って、電源ケーブルを冷媒配管と合わせて、外壁を貫通するスリーブに通して施工し、貫通部の隙間は紙粘土などで塞ぐ。ドレンホースの水平部分は勾配をつけて、弛まないように施工し、ドレンが速やかに屋外に排水されるようにする。

7.2.8　電気設備

1　受電容量の決定

住宅では、交流単相 2 線式 100V または単相 2 線式 200V の電圧を使用する。受電容量は、負荷容量と同時使用率を考慮して決定する。受電容量（契約電力）が過小の場合、ブレーカーが落ちる頻度が高くなり、過大の場合、基本料金が高くなる。一般の戸建住宅では、分電盤のアンペアブレーカー容量は 50A 程度が適当と考えられる。従来は、電力会社（一般電気事業者）は地域独占であったが、平成 28 年（2016 年）4 月から電力完全自由化になったので、自由に電力会社（登録小売電気事業者）と受電契約ができるようになった。

電源周波数は、静岡県の富士川以東では 50Hz、以西では 60Hz である。

2 コンセント設備

コンセント設備は､居室､廊下（電気掃除機）､洗面脱衣室（洗濯機･洗面台－ヘアドライヤー・シェーバー・電動歯ブラシなど充電用）、トイレ（温水洗浄便座）、キッチン（IH ヒーター・電気ポット・炊飯器・冷蔵庫）などの室内の壁面に設置する。場合によっては、床、卓上に設置することもある。使用を想定する負荷に応じて、設置位置を決定する。屋外に設置する場合は、防水仕様のものを選定する。

一般には、コンセントは単相 2 線式 100V であるが、洗濯機およびトイレなどでは、漏電を防ぐために、負荷からの接地線を接続できるタイプ（接地極付き）とする。IH ヒーターでは、単相 200V の電源を使用することが多い。この場合は、単相 3 線式で給電されていて、分電盤の容量が 50A 以上でなくてはならない。分電盤に IH ヒーター専用回路を設置する。

3 照明設備

照明には、目的によって明視照明と雰囲気照明があるが、対象室の必要照度に応じて、照明の配置と種類を選定する。調光器によって照度を調節することもできる。ランプには、白熱灯、蛍光灯、LED などがあるが、電力消費量が少なく、耐用年数が長い（40000 時間）ことから、最近では LED が主流になっている。2020 年には、管球の出荷量の 100% が LED になる見込みである。

照明方式としては、室全体を均一な照度にする全体照明と必要な場所のみを対象とする局所照明がある。また、主照明と補助照明という分け方もある。戸建住宅では基本的に室ごとに全体照明を計画する。照明器具は、天井取付け型が一般的である。天井面に「引き掛けシーリング」（**写真 7.11**）というプラグを設置して、照明器具をそれに引っ掛けて取り付ける。照明の電源も、そのプラグから同時に取ることができるので便利である。居間などでは、主照明を天井照明として、補助照明にスタンドなどを用いることもある。スタンドの場合は、壁面のコンセントから電源を取る。キッチンでは、手元を照らすために流しとコンロの上部に局所照明を設置する。

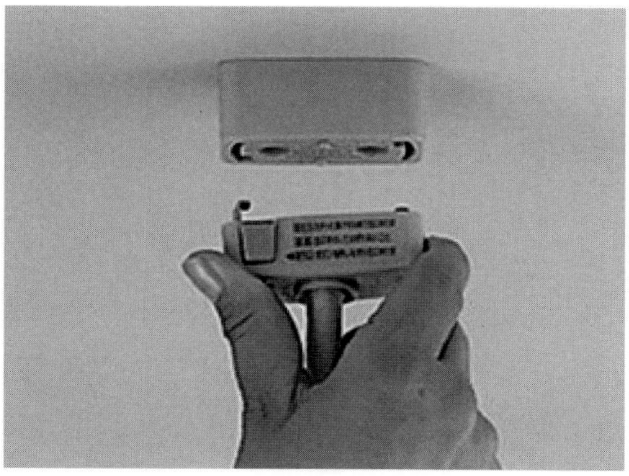

写真 7.11　引掛シーリング　※ 6

4　情報通信設備

戸建住宅の情報通信設備は、主として①テレビ受信設備、②電話設備、③インタホン設備に分類できる。

①　テレビ受信設備

住宅の屋根などに設置した地上デジタル波受信用アンテナおよび衛星放送受信アンテナでテレビ放送を受信して、BS 混合器を経由して、同軸ケーブルでテレビ端子まで送信する。

CATV（ケーブルテレビ）は、ケーブルテレビ局から光ファイバーや同軸ケーブルによって契約者に放送サービスと通信サービスを提供する。ケーブルテレビのネットワークを利用すると、インターネット接続サービスや電話サービスも受けることができる。

②　電話設備

電話設備は、電気通信事業者の電気通信回線の通信網に接続して、光または金属ケーブルで電話端子まで配線したものをいう。電話回線には、NTT によるアナログ回線、ディジタル回線、光ブロードバンド回線（インターネット回線を利用した IP 電話）がある。

③　インターネット設備

パソコンでインターネットを利用するには、固定回線（電話回線、光ケーブル回線）またはモバイル回線（無線（WiFi））を使用して行う。固定回線を使用する場合、パソコンまで有線で接続する場合とルーターを介して無線 LAN で接続する場合がある。モバイル回線では、直接外部のインターネットに無線でパソコンと接続させる。

④　インタホン設備

インタホンは、直接来客と顔を合わせることなく、来客の映像を確認し、会話ができ、音声と画像の記録ができる設備である。親機をインターネット回線に接続することで、スマートフォンで来客に対応できる機能もある。

⑤　防犯設備

防犯意識の向上により、住宅においても防犯設備が設置されるようになっている。インタホンで来訪者と通話をするだけでなく、来訪者の映像を確認して、映像を記録できるものもある。センサー付き監視カメラを屋外の各所に設置して、不審者の抑止・記録、侵入の防止・記録をすることもできる。動画記録方式と静止画記録方式がある。

⑥　自動火災報知設備

住宅用火災警報機は、写真 7.12 に示すように天井または壁面に設置し、火災の煙または熱を感知して、警報音を発生し、家族や近隣に火災の発生を知らせる。これによって、火災からの速やかな避難と初期消火が可能になる。消防法改正により、新築住宅では平成 18 年（2006 年）6 月から、既存住宅では平成 20 年（2008 年）6 月から住宅用火災警報機の設置が義務づけられている。

写真 7.12　**住宅用火災警報機**　※ 6

＜補足＞

SI（国際単位系）について

本テキストで使用されている単位系はSI（国際単位系）で、長さ [m]、質量 [kg]、時間 [s]、電流 [A]、熱力学温度 [K]、物質量 [mol]、光度 [cd] の7個の基本単位から構成される組立単位を使用する。単位の接頭辞には、表Aに示す記号を用いる。

■表A　SIの接頭辞

接頭辞	記号	10^n	備　考
テラ	T	10^{12}	
ギガ	G	10^{9}	
メガ	M	10^{6}	
キロ	k	10^{3}	
ヘクト	h	10^{2}	気圧はヘクトパスカル [hPa] で表示
デカ	D	10^{1}	
ミリ	m	10^{-3}	
マイクロ	μ	10^{-6}	
ナノ	n	10^{-9}	

■表B　物理量

物理量	名称	記号	ほかのSI単位による表現	基本単位による表現
力	ニュートン	N		$kg \cdot m/s^2$
圧力	パスカル	Pa	N/m^2	kg/ms^2
仕事／熱量	ジュール	J	$N \cdot m$	$kg \cdot m^2/s^2$
仕事率または電力	ワット	W	J/s	$kg \cdot m^2/s^3$
電力量	キロワットアワー	kWh	MJ 1kWh=3.6MJ	

＜参考文献＞

1)　建築申請実務研究会編：建築申請 memo2020、新日本法規出版、2020.1

2)　日本 ERI：建築基準法 目からウロコの確認申請、理工図書、2015.11

3)　大野隆司監修：学者の建築講座 建築製図第 3 版、市ヶ谷出版社、2008.3

4)　NPO 法人 木の建築フォラム 現代木割術研究会　松留愼一郎編：新装版 安全な構造の伏図の描き方、エクスナレッジ、2014.4

5)　一般社団法人　木を活かす建築推進協議会：平成 25 年省エネルギー基準対応　住宅省エネルギー技術　設計者講習テキスト、2015

6)　BENKAN：モルコジョイント施工マニュアル、2010

7)　独立行政法人高齢・障害・求職者雇用支援機構　職業能力開発総合大学校　能力開発研究センター編：三訂　配管製図、職業訓練教材研究会、2007

8)　一般社団法人　日本ガス協会ウェブサイト　http://www.gas.or.jp/gyosya/　2017 年 3 月 16 日確認

9)　空気調和・衛生工学会：空気調和・衛生工学会規格 SHASE-S 001-1998 図示記号、2003.12

10)　空気調和・衛生工学会：空気調和・衛生工学会規格 SHASE-S 206-2009 給排水衛生設備規準・同解説、2009.6

11)　厚生労働省：水道施設設計指針、2012

12)　空気調和・衛生工学会編：給排水・衛生設備計画設計の実務の知識　改訂 4 版、オーム社、2017.3

13)　空気調和・衛生工学会編：空気調和・衛生工学便覧第 14 版、2010.2

14)　神奈川県：給水装置工事設計施行基準・解説、2017.6

15)　奥村克夫：設備エンジニアのための電気設備、オーム社、2010.9

16)　パナソニック株式会社　ウェブサイト　http://www.panasonic.jp　2018 年 3 月 15 日確認

17)　和田浩一：木造住宅設計　第 2 版、職業能力開発総合大学校、2017.7

18)　ダイキン：ルームエアコン取扱説明書、2016

写真提供：

※ 1　株式会社 細田工務店

※ 2　アイディホーム 株式会社

※ 3　株式会社 石田工務店

※ 4　著者・和田浩一　撮影

※ 5　福井コンピュータアーキテクト株式会社

※ 6　パナソニック株式会社

※ 7　TOTO 株式会社

※ 8　アロン化成株式会社

※ 9　リンナイ株式会社

※ 10　著者・橋本幸博　撮影

建築図面・パース作成：福井コンピュータアーキテクト株式会社

3D 建築 CAD システム　ARCHITREND ZERO を利用

作図協力：中島慎・佐藤美咲・竹嶋唯・小田智史・林亮佑・的野博訓・中村直美・新野信夫

【謝辞】

本書は、科学研究費補助金（平成 28 ～ 30 年度基盤研究（C）、課番号 :16K01100、研究課題名：意匠・構造・環境・設備を統合した実践的な住宅設計技能習得のための教材開発、研究代表者：和田浩一）による研究成果の一部である。ここに記して謝意を表します。

索引

英数字

あ

か

さ

た

な・は

ま・や・ら・わ

和田　浩一（わだ こういち）　※担当：編著者、1 章～ 5 章、6.4 章

職業能力開発総合大学校 基盤ものづくり系 教授、博士（工学）、
一級建築士、インテリアプランナー

新潟大学大学院自然科学研究科環境管理科学専攻博士後期課程修了。新潟職業訓練短期大学校講師、高度職業能力開発促進センター助教授などを経て現職。主な著書に『建築系学生のための卒業設計の進め方』（井上書院、2007、共著）、『環境とデザイン』（朝倉書店、2008、共著）、『フィールドワークの実践 建築デザインの変革をめざして』（朝倉書店、2011、編著）、『四訂 建築［IV］建築計画・製図編』（職業訓練教材研究会、2014、監修）、『3D マイホームデザイナーで学ぶ 住宅プランニング』（技術評論社、2020、編著）などがある。設計方法と教育、人の行動と空間に関する研究などを行っている。

藤野　栄一（ふじの　えいいち）　※担当：6.1 ～ 6.3 章

職業能力開発総合大学校 基盤ものづくり系 教授、博士（工学）、
一級建築士、一級技能士（建築大工）

職業能力開発大学校研究課程建築・造形専攻修了。島根職業訓練短期大学校講師、高度職業能力開発促進センター講師、職業能力開発総合大学校東京校講師、職業能力開発総合大学校准教授を経て現職。木質構造を対象とした実験や解析による構造性能評価を得意とし、在来軸組工法による木造住宅の構造設計や耐震診断なども担当している。

橋本　幸博（はしもと　ゆきひろ）　※担当：7 章

職業能力開発総合大学校 新成長分野系
教授・図書館長、博士（工学）、一級管工事施工管理技士、
給水装置工事主任技術者、排水設備工事責任技術者（東京都）

東京大学工学部船舶工学科卒業。東洋熱工業(株)技術研究所などを経て現職。主な著書に『やさしくわかる建築・都市・環境のためのソフトコンピューティング』（丸善、2005、共著）、『これからはじめる 3 種冷凍』（電気書院、2006、単著）、『第 2 版　建築環境工学テキスト』（電気書院、2014、単著）、『2020 年版エネルギー管理士　熱分野　模範解答集』（電気書院、2019、共著）、『配管実技教科書　改訂 3 版』（雇用問題研究会、2020、監修）などがある。環境心理・生理、ZEB（net Zero Energy Building）に関する研究などを行っている。

■本書へのご意見、ご感想について

●本書に関するご質問については、下記の宛先にFAX もしくは書面、小社ウェブサイトの本書の「お問い合わせ」よりお送りください。

●電話によるご質問および本書の内容と関係のないご質問につきましては、お答えできかねます。あらかじめ以上のことをご了承の上、お問い合わせください。

●ご質問の際に記載いただいた個人情報は質問の返答以外の目的には使用いたしません。また、質問の返答後は速やかに削除させていただきます。

〒162-0846　東京都新宿区市谷左内町 21-13
株式会社技術評論社　書籍編集部
「木造住宅設計の教科書」質問係
FAX 番号：03-3267-2271
本書ウェブページ：https://gihyo.jp/book/2020/978-4-297-11704-7/

ブックデザイン：中山 正成／小澤 優（APRIL FOOL Inc.）
カバー・本文イラスト：ながの まみ
編集：最上谷 栄美子

木造住宅設計《もくぞうじゅうたくせっけい》の教科書《きょうかしょ》
～住宅計画《じゅうたくけいかく》・意匠《いしょう》・構造《こうぞう》・設備設計《せつびせっけい》まで一冊《いっさつ》でわかる

2020 年 11 月　7 日　初版　第 1 刷発行

編著者　和田《わだ》 浩一《こういち》
著　者　橋本《はしもと》 幸博《ゆきひろ》、藤野《ふじの》 栄一《えいいち》
発行者　片岡 巌
発行所　株式会社技術評論社
東京都新宿区市谷左内町 21-13
電話　03-3513-6150 販売促進部
03-3267-2270 書籍編集部
印刷／製本　日経印刷株式会社

ISBN 978-4-297-11704-7 C3052
Printed in Japan